中国社会科学院老年科研基金资助

中国社会科学院老学者文库

吕微 著

回到神话本身的神话学

（下册）

神话学的民俗学现象学—先验论革命

A Mythology Which Returns to the Myth Itself

Research Lectures on the Phenomenological-Transcendentalistic Revolution of Mythology by Way of Folkloristics

中国社会科学出版社

目　录

（下册）

第四章　神话：人的本原、本真的存在方式 …………………………（375）

第十二节　神话：纯粹实践理性情感信仰的双向逻辑—意向形式 ………………………………………………（375）

第十三节　神显的理想：神圣意志的道德法则理念—直观图型 ………………………………………………（480）

第十四节　神话理论图型—形象法在实践理性情感信仰中的主观使用 …………………………………（502）

第十五节　在逻辑上不自相矛盾与自相矛盾的神话现象 ……（520）

第十六节　以神话原型为根据对神话现象的价值判断 ………（534）

第十七节　神话法象实践的天赋义务能力与权利 ……………（554）

第五章　神话学革命的目的论与方法论 …………………………（589）

第十八节　神话学现象学—先验论革命的历史与逻辑 ………（589）

第十九节　通过理性实验回到神话敬重情感的理性信仰事实 ……………………………………………………（599）

附录一　柏拉图：muthos（神话）是好的假故事 …………………（664）

附录二　神话信仰—叙事是人的本原的存在 ……………………（682）

附录三　神话作为方法

——再谈神话是人的本原的存在 ……………………………（707）

参考文献 ……………………………………………………………………（713）

结　语 ……………………………………………………………………（734）

后　记 ……………………………………………………………………（738）

Contents

(Volume Ⅱ)

Chapter 4 Myth: The Original and Authentical Way of Human Existence ······························ (375)

Section 12 Myth: The Bidirectional Logical-Intentional Form of the Belief of Pure Practical Reason-Feeling ········ (375)

Section 13 The Ideal of Epiphany: The Idea-Intuition Schema of the Moral Law of the Holy Will ··········· (480)

Section 14 The Subjective Use of Schematism-Imagism of Mythological Theory in the Belief of Practical Reason-Feeling ··· (502)

Section 15 The Logically Coherent and The Logically Self-Contradictory Phenomenon of Myth ···················· (520)

Section 16 The Value Judgment about the Phenomenon of Myth which is Based on the Archetype of Myth ······ (534)

Section 17 The Capacity and Right for the Natural Duty of the Practice of Mythical Phänomen ·························· (554)

Chapter 5 The Teleology and Methodology of Mythological Revolution ································· (589)

Section 18 The History and Logic of the Phenomenological-Transcendentalistic Revolution of Mythology ········ (589)

Section 19 Returning to the Fact of Rational Belief of the Respect of Myth through the Experiment of Reason ··········· (599)

Appendix 1　Plato Muthos is a Good but Untrue Story ………… (664)

Appendix 2　The Mythical Belief-Narrative is the Original Existence of Human Beings ………………………… (682)

Appendix 3　Myth as Method：Re-discussing Myth is the Original Existence of Human Beings ………………… (707)

Bibliography ……………………………………………………………… (713)

Conclusion ……………………………………………………………… (734)

Epilog …………………………………………………………………… (738)

下　　册

第四章　神话：人的本原、本真的存在方式

第十二节　神话：纯粹实践理性情感信仰的双向逻辑—意向形式

我们已经依次从理论神话学的经典概念“神话”的理论定义与“实践命名”“混血”“混合”（故事题材内容质料规定性＋信仰体裁形式规定性）式“格林定义”，首先还原出同样是理论神话学建立在主体（个体—共同体）信仰心理意向形式基础上的神话“宪章”，进而间接通过“分析范畴”（巴斯科姆）过渡到直接使用现象学主观性观念直观方法反思地还原的共同体实践理性信仰意向形式任意约定的主观相对性、比较普遍性“实践命名”的“本族体裁分类体系”，并最终使用先验论客观性理念演绎方法还原出内在于所有叙事、表演、实践的主观准则的普遍逻辑形式即客观法则亦即道德法则（道德法则的客观存在）以及内在于任何叙事者、表演者、实践者主观观念的客观理念即有效交流的责任意向形式（对道德法则的主观意识）的纯粹实践理性信仰——理性基于道德法则先验综合地规定任意（纯粹实践理性信仰事实的客观类型）＋任意出于敬重情感而超验综合地反思纯粹理性（纯粹实践理性信仰事实的主观类型）——的双向逻辑—意向形式。[①] 我们暂时称这一双向逻辑—意向形式为人的本原性（实践的道德神圣性）、本真性（信仰的超验真实性）存在方式的“神话原型”即“神话本体”或

---

① “民间文学：本源的伦理关系和信仰情感”。户晓辉：《民间文学的自由叙事》，社会科学文献出版社2014年版，第171页。“神话首先是一种意向性的形式，主要是一种操作的意向性，它旨在完成对生活世界的整体理解。”户晓辉：《返回爱与自由的生活世界——纯粹民间文学关键词的哲学阐释》，江苏人民出版社2010年版，第283页。“神话在人的主观意向中的状态描述。”同上引书，第269页。

“神话本身”“神话自身”。

> 认定［道德法则立法者］至上的理智存在者的［超验真实性］此在与我们［对道德法则］的职责意识是联结在一起的，虽然这个认定本身属于理论理性［的假设而“附属于”实践理性的公设］；①然而，就理论理性而言，我们的理性将这种作为解释根据的认定视作假设，但是，在事关一个确实由道德法则给予我们的客体（至善［目的的可能性条件］）的可理解性时，从而在事关具有实践意图的需求时，这个［对至善目的的可能性条件的理论］认定能够称作信仰，更确切地说，纯粹理性的信仰［a pure rational belief］，因为惟有纯粹理性（既依照其理论的应用［既“与理性的理论需求一致”］亦依照其实践的应用［又“有益于道德「颁行的」意图”］）

---

① “所谓公设（Postulat），拉丁语的原意是‘要求’。”李秋零：《中译本导言》，［德］康德：《单纯理性限度内的宗教》，李秋零译，商务印书馆2012年版，xvi。“如果我做了我应当做的，那么我可以希望什么？这是实践的同时又是理论的，以至于实践方面只是作为引线而导向对理论问题以及（如果理论问题提高一步的话）思辨问题的回答。因为一切希望都是指向幸福的，并且它在关于实践和道德法则方面所是的东西，恰好和知识及自然法则在对事物的理论认识方面所是的是同一个东西。”［德］康德：《纯粹理性批判》，邓晓芒译，人民出版社2004年版，A805/B833，第612页。为什么“附属于”纯粹实践理性的“认定本身属于理论理性”？康德解释：“纯粹理性在其思辨应用中的需求仅仅导至假设，但是纯粹实践理性的需求导至公设。”［德］康德：《实践理性批判》，韩水法译，商务印书馆1999年版，S. 142，第155页。“所谓公设，我理解的是一种理论的，但在其本身不可证明的命题，它不可分离地附属于无条件有效的先天实践法则。”同上引书，S. 122，第134页。“这些公设不是理论的教条，而是必然的实践关怀的先决条件，因而虽然并不拓展思辨认识，却赋予一般思辨理性的理念（凭借它们与实践领域的关联）以客观实在性，并且证明思辨理性有正当理由持有这些概念，而思辨理性原本连主张它们的可能性也是不敢做的。”同上引书，S. 132，第144页。“自由的公设……滥觞于对于感性世界的独立性、以及依照理智世界的法则决定存在者意志的能力，即自由这个必然的先决条件。”同上引书，S. 132，第144—145页。“上帝的概念是一个在本源上不属于物理学，亦即不属于思辨理性的、而属于道德学的概念，并且人们也能够对其余的理性概念作如是说，而这些理性概念我们在前面已经将其措置为理性在其实践应用中的公设。”同上引书，S. 140，第153页。“纯粹实践理性的公设根据必然的实践法则设定了一个对象（上帝和灵魂不朽）自身的可能性，所以只是为了实践理性而已；因为这种设定的可能性完全不具有理论的可靠性，从而也不具有必然的可能性，这就是说，不是就客体而言已认识到的必然性，而只是就主体遵守它客观的然而实践在而言乃必然的认定，因此，它只是一个必然的假设。我不知道如何为这种虽然主观然而却真正的和无条件的理性必然性找到更好的措辞。”同上引书，S. 11“注释①”，第9页。

才是这种信仰所从出的源泉。[1]

纯粹实践理性信仰［a pure practical rational belief］……仿佛这个理性信仰［rational belief］在这里甚至作为一道［非认定至善目的的可能性条件不可的假言］命令被颁布出来，这就是认定至善［目的必然］是可能的。但是，一种颁行的信仰［情感］乃是无稽之谈……认定这种［至善目的的］可能性完全无需命令，承认这种［至善目的的］可能性也不需要实践［命令］的意向，而且思辨理性必定无需请求就许可它；因为确实没有人想能够［理论地］断定，世界上理性存在者与道德法则切合而得到幸福的配当，和所拥有的与这种配当相称的幸福，［“依照其理论的应用”“与理性的理论需求一致”］是不可能自在地处于联结之中的。[2]

具有道德意图的认可［至善目的的可能性条件］之准则的根据，亦即纯粹实践的理性信仰［a pure practical rational belief］。但是，这种信仰不是颁行的，而是既有益于道德的（颁行的）意图而又［“依照其理论的应用”］与理性的理论需求一致的我们判断的自愿决定：认定创造者的实存并使其成为理性进一步应用的［道德法则］基础；这种信仰自发地起源于道德意向；于是它［这种理性的信仰］甚至在善良人身上也可能常常动摇不定，但决不可能流于无信仰。[3]

理性的信仰（并非心理学意义上出于感性情绪的信仰）起源于任意对纯粹理性及其道德法则的敬重情感，但任意的敬重情感又起源于纯粹理性及其道德法则对任意的强制。没有纯粹理性及其道德法则对任意的先验综合规定，就不会有任意合于法则的责任行动，而没有任意对纯粹

---

① ［德］康德：《实践理性批判》，韩水法译，商务印书馆 1999 年版，S. 126，第 138 页；Immanuel Kant, *Critique of Practical Reason*, Translated and Edited by Mary Gregor, Cambridge University Press, 1997, p. 108。

② ［德］康德：《实践理性批判》，韩水法译，商务印书馆 1999 年版，S. 144，第 157—158 页；Immanuel Kant, *Critique of Practical Reason*, Translated and Edited by Mary Gregor, Cambridge University Press, 1997, p. 119。

③ ［德］康德：《实践理性批判》，韩水法译，商务印书馆 1999 年版，S. 146，第 159 页；Immanuel Kant, *Critique of Practical Reason*, Translated and Edited by Mary Gregor, Cambridge University Press, 1997, p. 121。

理性及其道德法则出于敬重情感的超验综合反思，更不会有任意出于法则的义务行为。而责任、义务，正是我们通过对任何叙事、表演与实践——当然首先是通过对神话信仰叙事体裁的表演和实践——的经验性现象的现象学主观性观念直观和先验论客观性理念演绎，而最终还原出来的内在于所有叙事（者）、表演（者）与实践（者）主观准则（观念）的“本质性因素”即纯粹实践理性信仰的双向逻辑—意向形式的职责剩余物。现在，我们已经证成了有效交流的应然责任（或义务、职责）体现了人的“同一个意志”中理性规定与任意反思的双向逻辑—意向形式间关系。现在，如果我们说，没有纯粹实践理性情感信仰的双向逻辑—意向形式，人就不可能在道德上成为人、作为人，那么，我们称纯粹实践理性情感信仰的双向逻辑—意向形式为人（类）的本原性（实践的道德神圣性）、本真性（信仰的超验真实性）存在方式，并称之为内在于神话现象甚至内在于所有叙事、表演和实践现象的神话原型（神话本体、神话本身、神话自身）——“在要求普遍有效［交流责任］的判断之旁站着恳求令人信服的神话”① ——也就不应该被视为无端的臆想了，如果唯有人的道德性存在（而不是超自然性的存在）才真正有资格被称为超越性存在、神圣性存在，进而由于普遍有效交流（交际、交往）的责任（义务、职责）是应然地内在于任何叙事、表演与实践现象的道德条件即人（类）天赋的自由（平等）权利与自律（道德）能力，② 那么，在神话原型是人（类）的本原性、本真性存在

① 户晓辉：《返回爱与自由的生活世界——纯粹民间文学关键词的哲学阐释》，江苏人民出版社 2010 年版，第 276 页。

② “所有的义务都对应着一种法权，它被视为权限（一般道德能力）。”［德］：康德：《道德形而上学》，张荣、李秋零译，载《康德著作全集》第 6 卷，中国人民大学出版社 2007 年版，S. 383，第 396 页。因此，我们甚至可以有条件地赞同格林兄弟“童话即神话蜕变说”，如果神话被理解为在逻辑上内在于童话意向形式的先验原型，而不是仅仅被理解为在时间中外在于童话意向内容的经验性原型。“在基督教的冲击下，有关欧洲异教徒神话的主题分裂成童话、谚语、谜语以及口头言语形象，然后反映在农民的习俗与方言表达中。换言之，是历史环境，而不是进化，改变了民俗表现形式中的主题的分布。每个体裁有其独特的属性和能力，但是，在不同的历史和文化环境中，同一个主题会出现在其他反映了这些变化的体裁中。例如，神话需要有信仰的态度才能成立，但在缺失信仰时，同样的主题会转变成童话。”［美］阿默思：《民俗学中类型的概念》，载《民俗学概念与方法——丹·本－阿默思文集》，张举文编译，中国社会科学出版社 2018 年版，第 91 页，包括“注释②”。“神话被他们视若人类文化的发祥地，艺术、历史、诗都发端于神话。”［德］卡西尔：《国家的神话》，张国忠译，熊伟校，浙江人民出版社 1988 年版，第 201 页。

方式的道德意义上，神话学家们有充分的理由断言："毋宁说，神话是一个适合人'居住'的世界，是人的一个本源的世界。"[①] 进而断定：人可以（被允许）非宗教地存在，如果（被许可甚至被赞许的）宗教是人对纯然理性意向形式界限之外的超越性（道德神圣性—超验真实性）意向对象出于畏惧情绪的非理性心理学信仰（启示宗教），但不可以（不允许）非神话地存在，如果神话是人从纯然理性意向形式界限之内对超越性（道德神圣性—超验真实性）意向对象出于敬重情感的非心理学理性信仰（理性神话）。而后者之所以能够被实践神话学家们称为"纯粹实践理性信仰"，乃因为，"我们所说的理想［对象］是建立在一个自然［即理性'自然而然'[②]］的而不仅仅是任意［启示］的理念［对象］之上的"。[③] 换句话说，"在缺乏［理智直观、理性直观或超感性］直观的情况下"，[④] 纯粹实践理性只能"依照其理论的应用"，使用"与理性的理论需求一致"的先验论客观性理念演绎方法"对所与的有条件者要求绝对的条件总体""为有条件者寻找无条件者""为一切有条件者设定无条件者"，使敬重的反思成为超验的综合，以理性的情感敬重地信仰一个"具有实体形式的神圣性理想"[⑤] 的意向对象，即通过"认定［神圣意志］创造者的实存"以为道德法则至善目的的

---

① 户晓辉：《返回爱与自由的生活世界——纯粹民间文学关键词的哲学阐释》，江苏人民出版社 2010 年版，第 261 页。"是意识对事物的本源反应。"同上引书，第 271 页。"神话就是存在本身、现实本身和存在本身的具体性。"同上引书，第 270 页。

② "从这个对于我们的理性自然而然却无法解释的考虑来看，那些极其认真地做出然而在乍看之下仿佛完全悖理的判断也就证明自己是正当的了。"［德］康德：《实践理性批判》，韩水法译，商务印书馆 1999 年版，S. 99，第 108—109 页。

③ ［德］康德：《纯粹理性批判》，邓晓芒译，人民出版社 2004 年版，A581/B609，第 464 页。"建立在历史学说和启示学说之上……运用于一种现有历史的宗教学说。"［德］康德：《道德形而上学》，张荣、李秋零译，载《康德著作全集》第 6 卷，中国人民大学出版社 2007 年版，S. 488，第 498 页。"被视为经验的启示。"同上引书，S. 12，第 13 页。"直接地（或者间接地）在经验中被给予……只能经验性地认识的、从而只是属于启示宗教。"同上引书，S. 487，第 497 页。

④ ［德］康德：《实践理性批判》，韩水法译，商务印书馆 1999 年版，S. 99，第 108 页。

⑤ ［德］康德：《实践理性批判》，韩水法译，商务印书馆 1999 年版，S. 158，第 172 页。"思想实在化。"同上引书，S. 49，第 52 页。"先验概念的实在化。"同上引书，S. 94，第 102 页。"纯粹理性理念的感性化（拟人化）。"同上引书，S. 137，第 149 页。"理念实体化。"［德］康德：《纯粹理性批判》，邓晓芒译，人民出版社 2004 年版，A580/B608，第 464 页。"理念的东西实在化和实体化。"同上引书，A615/B643，第 487 页。"丝毫也没有什么东西阻止我们把这些理念也假定为客观的和实体化的。"同上引书，A673/B701，第 526 页。

必然可能性发生条件；“而假若没有它［神圣意志］，那么人们应当谨严地树立为自己所作所为的［‘至善’实践］意图的那种东西就不会发生”。[①]

这里应该提请注意的是，“理性的信仰”是康德《实践理性批判》“辩证论”[②] 对道德法则至善（道德+幸福）目的的必然可能性实现条件（正义执法者），而不是对道德法则至善目的的必然可能性发生条件（神圣立法者）或“存在理由”的“理论假设—实践公设”——道德法则至善目的的实现条件不同于其发生条件，就前者而言“创造者的实存”是实现人出于纯粹理性的道德法则至善目的的工具（上帝工具论），就后者来说“创造者的实存”是神出于纯粹理性情感的道德法则至善目的本身（上帝目的论）——而笔者在本书中要纠正的恰恰就是康德“上帝工具论”的想法、看法、说法甚至做法。但是眼下，笔者（像康德那样）“经过慎重考虑暂时不把这个［‘上帝目的论’的］判断限制于我们理性［神话］的主观条件，为在许可它的方式得到切近的规定之后才应用这个限制”。[③] 这是因为，“如果没有预先准备好一个对这种理性［神话］能力本身的批判，我们就不可以冒险作这样的运用”，[④] 而我们“在这里还不能立即指出来”[⑤] 其应用的“主观条件”究竟是什么。所以眼下，读者可暂且忽略“创造者的实存”的“上帝目的论”，而根据康德《实践理性批判》“分析论”，任何实践现象的责任形式即理性信仰意向形式的反思对象即道德法则及其立法者，只能是人自身的纯粹实践理性普遍立法的自由意志，还不是“在人之上的存在者”意志。也就是说，按照“分析论”，如果道德法则的根据是“外在原因（比如上帝）”，即如果普遍立法的自由权利（权力）掌握在“一

① ［德］康德：《实践理性批判》，韩水法译，商务印书馆 1999 年版，S. 5，第 3 页。

② “这件事我们将在纯粹实践理性的辩证论里试做一下。”［德］康德：《实践理性批判》，韩水法译，商务印书馆 1999 年版，S. 64，第 70 页。

③ ［德］康德：《实践理性批判》，韩水法译，商务印书馆 1999 年版，S. 145，第 158 页。

④ ［德］康德：《道德形而上学奠基》，杨云飞译，邓晓芒校，人民出版社 2013 年版，S. 445，第87 页。

⑤ ［德］康德：《道德形而上学奠基》，杨云飞译，邓晓芒校，人民出版社 2013 年版，S. 447，第91 页。

只外来［意志］的手中”，[①] 那么道德实践就不会是自律而是他律的。

［道德］职责建立在一种的确完全独立于这些设定的、自身就必然真实的基础之上，也就是建立在道德法则之上，在这个范围内它［道德法则的发生］就无需另外关于事物的内在品格、关于世界秩序的隐秘目的或关于一个主宰世界的统治者的理论意见以为奥援，而最为完满地把我们联结到无条件合乎法则的行为上去。……因为行为应当所由出的意向是不能由［外部］命令灌注进去的，否则这里对活动的鞭策当下就是在手头的和外在的……在这种［外部

① “外来支持。”［德］康德：《纯粹理性批判》，邓晓芒译，人民出版社 2004 年版，A624/B652，第 493 页。“外来的……”同上引书，A625/B653，第 494 页。“外部命令。”同上引书，A816/B844，第 619 页。“外在的强制起作用的原因。”［德］康德：《道德形而上学奠基》，杨云飞译，邓晓芒校，人民出版社 2013 年版，S. 438，第 77 页。“外在的关系。”同上引书，S. 439，第 79 页。“外来的冲动。”同上引书，S. 444，第 86 页。“外来原因。”同上引书，S. 446，第 89 页。“外来的影响。”同上引书，S. 448，第 92 页。“外在规定。”同上引书，S. 457，第 105 页。“外在的动力。”［德］康德：《实践理性批判》，韩水法译，商务印书馆 1999 年版，S. 35，第 36 页。“德性原则中实践的质料的决定根据……客观的、外在的上帝的意志。”同上引书，S. 39，第 42 页。“外在原因（比如上帝）。”同上引书，S. 95，第 103 页。“外在东西的推动”“外力的推动。”同上引书，S. 96，第 104 页。“一只外来的手中。”同上引书，S. 101，第 110 页。“外在意志。”同上引书，S. 129，第 141 页。“外来影响。”［德］康德：《判断力批判》，李秋零译，载《康德著作全集》第 5 卷，中国人民大学出版社 2007 年版，S. 446，第 465 页。“我们外面的一种有理智的原因。”同上引书，S. 447，第 466 页。“外部可能性。”同上引书，S. 448“注释①”，第 467 页。“外在的创造者。”同上引书，S. 448，第 468 页。“外在任意的立法。”同上引书，S. 460，第 480 页。“外来的动机影响。”［德］康德：《道德形而上学》，张荣、李秋零译，载《康德著作全集》第 6 卷，中国人民大学出版社 2007 年版，S. 383，第 396 页。“实体之中的至上完满性，即上帝，从而作为外在的完满性（从实践意图来观察），乃是这个存在者达到所有一般目的的充分性。这样，如果现在目的必须预先给予我们，那么完满性（我们自身方面的内在完满性或上帝那里的外在完满性）概念唯有在与这些目的相关联时才能够成为意志的决定根据，但是一个目的，作为一个在实践规则决定意志之前出现并且包含这种决定的可能性根据的客体，从而作为被当作意志决定根据的意志质料，始终是经验的。”［德］康德：《实践理性批判》，韩水法译，商务印书馆 1999 年版，S. 41，第 43 页。“将这个据说给出善的无上概念的快乐对象置于幸福之中、置于完满性之中，置于道德情感之中或者置于上帝的意志之中，他们的原理因而总是他律。”同上引书，S. 64，第 69 页。“只要人们认定，上帝作为普遍的原初存在者也是实体实存的原因（这个命题是决不容许放弃的，否则作为一切存在者之存在者的上帝概念，以及神学中为一切所依赖的上帝的全足，亦需一起放弃），那么看来人们的确必须承认：人的行为在那种完全不受他支配的东西里，也就是在一个与他全然有别的、他的此在和他的因果性的整个决定完完全全以之为依靠的至上存在者那里，有其决定根据。”同上引书，S. 100—101，第 110 页。即对于人的纯粹理性自由意志的道德自律来说，上帝意志是外在的、他律的。

命令的］情况下，大多数合乎法则的行为就会因［对惩罚的］畏惧而发生，仅有少数合乎法则的行为会因［对神所许诺的幸福］希望而发生，而根本没有合乎法则的行为会因［敬重］职责而发生。可是，在至上的智慧眼中唯一维系个人价值乃至世界价值的行为的道德价值，就根本不会实存了。[①] 既然道德是建立在人这种自由［意志纯粹理性］的存在者的概念之上的，人这种存在者又正因为自由而通过自己的理性使自己受无条件的法则制约［，"人类的意志因自由之故能够直接由道德法则决定""否则一个自由的意志就会是荒谬之物了"］，那么，道德也就既不为了认识人的义务而需要另一种在人之上的存在者的理念，也不为了遵循人的义务而需要不同于法则自身的另一种动机。……因为不是产生自人自身和人的自由的东西，也就不能为人缺乏道德性提供补偿［，即如果没有自由，人们也就不能够用道德标准来评判人——笔者补注］。——因此，道德为了自身起见，（无论是在客观上就［理性的普遍］意愿而言，还是在主观上就［实践能力的］能够而言）绝对不需要宗教，相反，借助于纯粹的实践理性，道德是自给自足的［，[②]"比从一个神圣的、全善的意志中引出德性来的那个神学概念好"[③]］。

因此，"畏惧或希望作为［外在于理性的宗教］动力不容许被立为［道德法则的］基础，它们如果成为原则，就会摧毁行为的整个道德价值"。[④] 相反，唯有纯粹理性对任意的强制和任意出于敬重情感对纯粹理性的信仰，才可能保证"实践自由"的自律性即道德性。但是这样一来，一旦暂时搁置了"在人之上的存在者的理念"，人的"意志就不是仅仅服从法则，而且是这样来服从法则，以至于它也必须被视为是自己立法的，并且正是由于这一点才被视为是服从法则的……对这一法则

---

① ［德］康德：《实践理性批判》，韩水法译，商务印书馆 1999 年版，S. 143，第 156 页；S. 147，第 160—161 页。

② ［德］康德：《纯然理性界限内的宗教》，李秋零译，载《康德著作全集》第 6 卷，中国人民大学出版社 2007 年版，S. 3，第 4 页。

③ ［德］康德：《道德形而上学奠基》，杨云飞译，邓晓芒校，人民出版社 2013 年版，S. 443，第84 页。

④ ［德］康德：《实践理性批判》，韩水法译，商务印书馆 1999 年版，S. 129，第 142 页。

它［即人的意志］可以把自己看做是［法则的］创始者”。[1] 于是，以外在于人的神圣意志为信仰对象的神话（还有宗教）与道德的联结就会是“外在的和手头的”，而实践神话学关于“神话原型是人的本原性（实践的道德神圣性）、本真性（信仰的超验真实性）存在方式”的说法也就会落空了。

截至目前，我们谈论的神话原型，还只是使用主观性观念直观和客观性理念演绎方法而还原出来的内在于任何叙事、表演与实践现象的责任形式亦即纯粹实践理性强制规定一般实践理性的任意，而任意出于敬重情感反思地信仰纯粹实践理性的双向逻辑—意向形式的现象学—先验论剩余物。但是，如果神话原型作为意向形式（先验事实）要在“摹本”世界中实践、实现为神话现象（经验事实），就不能仅仅是空洞的意向形式，纯粹理性的意向形式还要自我“补充”与自身意向形式相符合的“先天所与”的意向对象。没有意向形式的意向对象是盲的，而没有意向对象的意向形式则是空的。现在，如果纯粹理性的意向形式自我“补充”而“先天所与”的仅仅是纯粹理性意向对象，那么当然，“道德为了自身起见，绝对不需要宗教，道德是自给自足的”“比从一个神圣的、全善的意志中引出德性来的那个神学概念好”。然而，如果纯粹理性的意向形式自我“补充”而“先天所与”的应该是纯粹理性情感的意向对象，那么道德为了自身起见，绝对需要神话（还有宗教），而道德不是自给自足的。于是现在的问题就是，当纯粹理性的意向形式在自我“补充”了“先天所与”的纯粹理性情感的意向对象之后，道德实践能否还是自律的而不是他律的？但为了回答这个问题，实践神话学“就需要一种纯粹实践理性的可能的［反思超验］综合运用”。

---

① ［德］康德：《道德形而上学奠基》，杨云飞译，邓晓芒校，人民出版社 2013 年版，S. 431，第 67 页。“这个理性存在者只服从那同时也是他自己所立的法。”同上引书，S. 434，第 71 页。“义务……仅仅基于理性存在者相互之间的关系，在这种关系中，一个理性存在者的意志必须永远同时被看作立法的意志，因为否则这些理性存在者就不能被设想为自在的目的本身了。从而理性把普遍立法的意志的每个准则都联系于每一个其他意志，也联系于每一个针对自身的行动……”同上引书，S. 434，第 71 页。

一、责任的规定性目的决定了积极自由地出于法则的实践道德性

道德实践，作为纯粹理性情感信仰自由地自律的双向逻辑—意向形式，在暂时搁置了感性—经验性的外在意向对象，甚至在暂时搁置了未经客观法则即道德法则普遍逻辑形式“检验”的“善”[①]的意向对象之后，当且仅当双向逻辑—意向形式自我“补充”了一个“先天所与”的先验意向对象，纯粹理性情感信仰的双向逻辑—意向形式才不至于自

---

① “如果意志除了在其准则对它自己的普遍立法的适合性中以外，在任何别的地方，从而，如果它走出自身之外，在它的任何一个客体的性状中，寻求这个应当规定意志的法则，那么任何时候都会冒出他律来”。［德］康德：《道德形而上学奠基》，杨云飞译，邓晓芒校，人民出版社2013年版，S. 441，第81页。“凡是在必须把意志的某个客体当做根据，以便向意志颁布那决定意志的规则的地方，这规则就只是他律。”同上引书，S. 444，第85页。“某位……评论家驳难《道德形而上学奠基》说，善的概念在那里没有先于道德法则确定起来。”［德］康德：《实践理性批判》，韩水法译，商务印书馆1999年版，S. 8—9，第7页。“所谓实践理性的对象概念，我理解为一种作为通过自由而可能的结果的客体之表象。于是成为实践认识的这样一种对象，也只意指意志对于行为的关联，通过这个关联对象或其对立面得以现实地造成。”同上引书，S. 57，第61—62页。“实践理性唯一的客体就是善与恶的客体。”同上引书，S. 58，第62页。“如果善的概念不是从一个先行的实践法则推论出来的，而相反应该充任这个法则的基础：那么这个概念只是某种东西的概念，这种东西的实存预示快乐，并因此决定了主体造成这种东西的因果性，亦即欲求能力。因为既然我们无法先天地洞见到，什么表象伴随着快乐，什么表象相反伴随着不快，那么要辨别什么是直接地善的，什么是直接地恶的，就惟有取决于经验了。”同上引书，S. 58，第62页。“将这个据说给出善的无上概念的快乐对象幸福之中、置于完满性之中，置于道德情感之中或者置于上帝的意志之中，他们的原理因而总是他律。”同上引书，S. 64，第69页。“善恶概念首先给意志决定了一个客体。但是，善恶概念本身委制于理性实践规则，而这个理性如果是纯粹理性，它就相对于意志的对象先天地决定意志。”同上引书，S. 67，第73页。“善恶名义之下行为对象的虽系质料却纯客观的决定根据”。同上引书，S. 75，第82页。“从各种先天的实践原理的可能性开始。唯有从这里出发，它才能继进到实践理性的对象概念，也就是绝对的善和恶的概念，以求依照那些原理初次把它们给出来（因为先于那些原则，它们不可能通过任何认识能力而作为善和恶被给予）。”同上引书，S. 90，第97—98页。“倘若我们先于道德法则就在善的名称之下认定随便一个客体作为意志的决定根据，然后从其中推出无上的实践原则，那么这个实践原则随后总是会带来他律，排挤道德原则。但是，不言而喻的是，倘若道德法则作为无上的条件已经包含在至善的概念里面，那么不单至善是一个客体，而且它的概念和它通过我们实践理性而可能的实存的表象同时就是纯粹意志的决定根据；因为，事实上正是已经包含在这个概念里面并且被一同思想的道德法则，而不是别的对象依照自律的原则决定意志。关于意志决定的概念的这种秩序不应当忽视；因为否则我们会误解自己，并且在一切都处于彼此极其和谐的地方，以为陷入了自相矛盾。”同上引书，S. 109—110，第120—121页。“这里最重要的是，这一理念产生自道德，而不是道德的基础；为自己确立一个目的，本身就已经以道德原理为前提。”［德］康德：《纯然理性界限内的宗教》，李秋零译，载《康德著作全集》第6卷，中国人民大学出版社2007年版，S. 5，第6页。

我满足为仅仅作为反思性、调节性（或范导性）合于法则的“消极自由”,[①] 而是进取为“积极自由”[②] 地出于法则的建构性（或构成性）、规定性的道德自律性实践。

> 德性的唯一原则就在于它对于法则的一切［感性的经验性外在］质料（亦即欲求的客体）的独立性，同时还在于通过一个准则必定具有的单纯［逻辑］的普遍立法形式来决定意愿。但是，前一种独立性是消极意义上的自由，而纯粹的并且本身实践的理性的自己立法，则是积极意义上的自由。[③] 作为实践能力，也就是作为通过理念（纯粹的理性概念）来规定我们的因果性的自由应用的能力，纯粹理性不仅在道德法则中包含着我们行动的一种［合法则性普遍逻辑形式的］范导性［或调节性反思］原则，而且还由此同时在一个只有理性才能思维、应当通过我们的行动在世界上按照那个法则予以实现的［纯粹理性的先验］客体的概念中提供了一个主观的建构性［、构成性先验客体］原则。……如果问题在于实践的

---

① “独立自主的目的，故而只是被消极地设想，亦即，绝不能和它相违背地去行动。”［德］康德：《道德形而上学奠基》，杨云飞译，邓晓芒校，人民出版社 2013 年版，S. 437，第 76 页。“以上对自由的解释是消极的。”同上引书，S. 446，第 89 页。“实践理性通过把自己放进一个知性世界来思考根本不会越过自己的界限，倒是当它想要进去直观自己、感觉自己的时候，它就越过了自己的界限。前者只是对感性世界的一个消极的观念，即感性世界并不为理性在规定意志时提供法制，而只有在这一点上才是积极的，即作为消极规定的那种自由，同时与一种（积极的）能力，甚至与理性的一种我们称之为意志的原因性结合在一起……但假如实践理性还从知性世界取来一个意志的客体，即一个动因，那么它就越过了它的界限，并自以为认识了某种它一无所知的东西……一切被规定到某个客体上的法则都提供他律，这他律只能在自然法则那里发现，并且也只能关涉到感官世界。”同上引书，S. 458，第 106—108 页。“盖缘自由的最初概念是消极的。”［德］康德：《实践理性批判》，韩水法译，商务印书馆 1999 年版，S. 29，第 30 页。“前一种独立性是消极意义上的自由。”同上引书，S. 33，第 34 页。“理性也做出了如下成就：它稳固地建立了本体概念，亦即稳固地建立了思维本体概念的可能性，乃至必然性，譬如，它不顾一切非难，使从消极方面来观察的自由之认定保存下来。”同上引书，S. 42—43，第 45 页。“人们也能够通过意志对于除道德法则以外的任何东西的独立性来定义实践自由。”同上引书，S. 93—94，第 102 页。“关于自由的学说惟有作为消极的条件才对于实践哲学来说是必要的。”［德］康德：《判断力批判》，李秋零译，载《来的著作全集》第 5 卷，中国人民大学出版社 2002 年版，S. 473，第 495 页。

② “一个积极的自由概念，这个概念更加丰富和富有成效。”［德］康德：《道德形而上学奠基》，杨云飞译，邓晓芒校，人民出版社 2013 年版，S. 446，第 89 页。“积极的自由概念提供了这个第三者。”同上引书，S. 447，第 90 页。

③ ［德］康德：《实践理性批判》，韩水法译，商务印书馆 1999 年版，S. 33，第 34 页。

> 东西，那么，这样一种（对于明智和智慧来说的）范导性［或调节性］原则，即把某种按照我们认识能力的性状只能被我们以某种方式设想为可能的东西当做目的，根据它来行动，就同时是建构性［或构成性］的，也就是说，在实践上作出［积极自由的目的性］规定的。①

根据康德的说法，所谓“消极自由”的道德实践，是说行为（或行动、活动）的主观准则合于客观法则的道德实践，这时纯粹理性在实践中仅仅以“自由行动……内在的审判者”② 身份对感性的经验性意向对象起单纯“判决的理性”③ 消极地反思的范导性、调节性作用。而所

---

① ［德］康德：《判断力批判》，李秋零译，载《康德著作全集》第5卷，中国人民大学出版社2007年版，S. 453，第472—473页；S. 457，第478页。“就欲求能力而言才包含着先天的建构性原则的理性，在实践理性批判中分得了自己的财产。”同上引书，S. 168，第177页。

② ［德］康德：《道德形而上学》，张荣、李秋零译，载《康德著作全集》第6卷，中国人民大学出版社2007年版，S. 438—439，第449—450页。

③ ［德］康德：《道德形而上学》，张荣、李秋零译，载《康德著作全集》第6卷，中国人民大学出版社2007年版，S. 401，第413页。“反思性的判断力……为了通过这样一个理念与人类知性相适合地作为范导性原则来引导对世界上的事物的评判。”［德］康德：《判断力批判》，李秋零译，载《康德著作全集》第5卷，中国人民大学出版社2007年版，S. 416，第434页。“康德伦理学中的‘形式’并不是知识论中的构成性原则，而是相对于准则的检验性原则。它并不会改变我们行为原则的内容，而只是对行为原则做道德性的审查、裁断。这就是说，康德的‘义务’观念并不是排斥或否定行为原则的价值内涵，而是要对这一价值内涵提供一个审查的维度。”宫睿：《论舍勒对康德道德哲学“形式主义”的批评》，《中国现象学与哲学评论》第十五辑“现象学与实践哲学”，上海译文出版社2014年版，第101页。“意志就是欲求能力，并不（像任意那样）是与行动相关……就理性能够规定任意而言，意志就是实践理性本身。”［德］康德：《道德形而上学》，张荣、李秋零译，载《康德著作全集》第6卷，中国人民大学出版社2007年版，S. 213，第220页。“绝对命令式……与任意的任何其他规定（通过这种规定就可能给任意加上一种意图）都没有关系，而只与任意的自由有关。”同上引书，S. 222，第229页。“法则来自意志，准则来自任意。任意在人里面是一种自由的任意；仅仅与法则相关的意志，既不能被称为自由也不能被称为不自由，因为它与行动无关，而是直接与为行动准则立法（因此是实践理性本身）有关，因此也是绝对必然的，甚至是不能够被强制的。所以，只有任意才能被称做自由的。”同上引书，S. 226，第233页。“伦理学不为行动立法（因为这是法学的事），而是只为行动的准则立法。”同上引书，S. 388，第401页。“如果法则要求行动的准则，而不能要求行动本身，那么，这就是一个信号，即法则为遵循（遵从）留下了自由任意的一个活动空间。”同上引书，S. 390，第402—403页。“这里没有行动的理性法则，而是只有行动准则的理性法则。”同上引书，S. 392，第405页。“法则在这里也只要求行动的准则，即不是在感性冲动中，而完全是在法则中寻找承担义务的根据，——因而不是要求行动本身。”同上引书，S. 392，第405页。“法则并不要求人的心灵本身中的这种内在行动，而只要求行动的准则。”同上引书，S. 393，第405页。“法则只适用于准则，而不适用于确定的行动。”同上引书，S. 393，第406页。“这个法则在伦理学中就可以是一个义务法则，它不是为行动而立，而只是为行动的准则而立的。”同上引书，S. 410，第422页。“准许自由的人性有一个活动空间。”同上引书，S. 446，第457页。

谓“积极自由”的道德实践，是说行为的主观准则出于客观法则的道德实践，这时纯粹理性在实践中以立法者身份自我“补充”而“先天所与”的意向对象积极地规定了道德实践的建构性、构成性。

> 人们可以用两种方式来思考目的与义务的关系：或者从目的出发，[消极地]发现合乎义务的行动的准则；或者相反，从义务出发，[积极地]发现同时是义务的目的。①

这就是说，当且仅当纯粹实践理性的超验综合反思—先验综合规定的普遍逻辑—意向形式自我“补充”了“先天所与”的建构性、构成性意向对象，才可能从消极自由的道德实践转换为积极自由的道德实践。

> 伦理学还提供了一种质料（自由任意的一个对象），即纯粹理性的一个目的，这个目的同时被表现为客观必然的[先验]目的，亦即对人来说被表现为义务[的目的]。——因为既然感性偏好把人诱导到可能与义务相悖的目的（作为任意的质料），所以，立法的理性要阻止它们的[感性的经验性]影响，只能再次通过一个[与感性的经验性目的]相反的道德目的，因而这个道德目的必须不依赖爱好而先天地被给予。……目的是（一个理性存在者的）任意的一个对象，通过它的表象，任意被规定采取一种产生这个对象的行动……我也有责任使包含在实践理性概念中的某种东西成为我的目的，因而在任意的[合于法则的普遍逻辑]形式规定根据之外还拥有一个[出于法则的纯粹意向形式的]质料的规定根据，即一个目的，它可能与出自感性冲动的目的相对立：这就会是一个本身就是义务的[纯粹理性的先验]目的的概念。……伦理学选择的一条相反的道路。它不能从人要为自己设定的[感性的经验性]目的

---

① [德]康德：《道德形而上学》，张荣、李秋零译，载《康德著作全集》第6卷，中国人民大学出版社2007年版，S. 382，第395页。

出发，并由此而拥有他应当采纳的准则，亦即拥有他的义务；因为这会是准则的一些经验性根据，它们并不提供义务概念，义务概念（绝对的应当）惟独在纯粹理性中才有其根源……因此在伦理学中，将是［出于法则的纯粹意向形式的］义务概念导向目的，并且必须按照道德原理就我们应当给自己设定的目的而言建立准则。……德性义务并不涉及某个目的（质料、任意的客体），而是仅仅涉及道德的意志规定的［普遍逻辑形式和纯粹意向］形式东西（例如，合乎义务的行动也必须是出自义务发生的）。只有一个同时是［出于法则的纯粹意向形式的］义务的目的才能被称为德性义务。……义务概念［首先］直接与法则［的普遍逻辑形式］相关（即便我还抽掉了作为法则的质料的一切目的）……准则在此被视为仅仅获得资格进行一种普遍立法的主观原理；这只是一个［消极地］否定的原则（与一个法则并不矛盾）。——但在这种情况下，还怎么可能对行动准则有一个法则呢？惟有一种同时是义务、为伦理学所特有的［出于法则的纯粹意向形式的先验］目的的概念，才论证了行动准则［能够成为出于法则的纯粹意向形式］的法则，因为主观目的（人人都有的［感性的经验性］目的）被置于客观目的（人人都应该使之成为自己目的的［纯粹理性的先验］目的）之下。“你应当使这个或者那个（［主观目的］例如他人的幸福）成为你的［客观］目的”，这一命令式涉及任意的质料（一个［先验］客体）。既然不是行动者同时企求一个［纯粹理性的先验］目的（作为任意的质料），就没有任何［积极］自由的行动是可能的，所以，如果有一个同时是义务的［纯粹理性的先验］目的，行动准则作为达成［这一纯粹理性的先验］目的的手段就必定只包含着获得一个可能的普遍立法的资格的［纯粹理性意向形式及相应的意向对象的先验］条件；对此，同时是义务的［纯粹理性的先验］目的使得具有这样一个准则成为一个法则，然而对于准则本身来说，与一种普遍的立法相一致的纯然［合于法则的普遍逻辑形式的消极自由的］可能性就已经足够。……但是，做了就是德性的事

> 情，并不因此马上就是真正的德性义务。前者只能涉及准则［合于法则的普遍逻辑］形式的东西，后者则关涉准则［出于法则的纯粹意向形式］的质料，亦即关涉一个同时被设想为义务的［纯粹理性的先验］目的。①

但是，道德实践的纯粹理性自由意志意向形式如何“自己规定自己去造成这些［纯粹理性的先验意向］对象”，② 以使道德实践从合于法

---

① ［德］康德：《道德形而上学》，张荣、李秋零译，载《康德著作全集》第6卷，中国人民大学出版社2007年版，S. 380—381，第393—394页；S. 381，第394页；S. 382，第395页；S. 383，第396页；S. 388—389，第401页；S. 389，第402页；S. 394，第407页。“被给予里面包含一种被动性，比如接受性、感受性等。所以凡是讲到‘被给予’、‘被提供’，就是通过直观经验的。”邓晓芒：《康德〈纯粹理性批判〉句读》（上），人民出版社2010年版，第685页。“‘被给予’这个词就是接受性。”同上引书，第736页。“感性就是被给予性，……被给予性也就是感性的意思。”同上引书，第743页。

② “这种意志要么是一种产生出与表象相符合的对象的能力，要么是一种自己规定自己去造成这些对象、亦即规定自己的原因性的能力。”［德］康德：《实践理性批判》，邓晓芒译，人民出版社2003年版，第16页。这段话韩水法译作：“理性处理意志的决定根据，而意志或者是产生与表象相符合的对象的一种能力，或者竟然就是决定自身而导致这些对象的能力，亦即决定其自身的因果性的能力。”［德］康德：《实践理性批判》，韩水法译，商务印书馆1999年版，S. 15，第13页。“理性由此第一次察觉到它自身独立地也可以是实践的。”［德］康德：《道德形而上学奠基》，杨云飞译，邓晓芒校，人民出版社2013年版，S. 410，第37—38页。“就一个意志只被理性规定而言它与自身的关系……如果理性自己独自规定行为，它必须先天必然地这样做。”同上引书，S. 427，第61页。“纯粹理性能够是实践的……不是以经验为条件的理性才是无条件地实践的。”［德］康德：《实践理性批判》，韩水法译，商务印书馆1999年版，S. 15，第13页。“纯粹理性必定是独立而自为地实践的，这就是说，通过实践规则的单纯形式决定意志，而毋需设定任何情感、从而毋需愉悦与不愉悦的表象作为欲求能力的质料，后者时时是原则的经验条件。只有当理性能够自为地决定意志（而不是服务于禀好）时……理性在实践法则中直接决定意志，而不必借助于偶然生发的快乐和不快的情感，甚至不必借助于对这个法则的快乐与不快的情感，这只是因为，如果使理性能够立法，那么它作为纯粹理性是能够实践的。”同上引书，S. 24—25，第23—24页。“纯粹而自在地实践的理性在这里是直接地立法的。”同上引书，S. 31，第31页。“纯粹理性凭借这个事实宣布自己是源始地立法的。”同上引书，S. 31，第32页。“纯粹理性只是自为地实践的。”同上引书，S. 31，第32页。“纯粹理性是实践的，也就是说，它能够不依赖于任何经验的东西自为地决定意志，——而且它通过一个事实做到这一点，在这个事实之中我们的纯粹理性证明自己实际上是实践的；这个事实就是理性借以决定意志去践行的德性原理之中的自律。——它同时指明：这个事实与意志自由的意识不可分割地联系在一起的，甚至与它二而一的。”同上引书，S. 42，第44页。“纯粹理性就是实践的……纯粹理性是否以及如何能够是实践的，也就是说，它是如何能够 （转下页）

（接上页）直接决定意志的。”同上引书，S. 45—46，第 48 页。“实践理性……只把作为感觉存在者的人类的因果性的决定根据（这是被给予的）放置在纯粹理性之中（它因此才称作是实践的）。”同上引书，S. 49，第 52 页。“理性通过道德法则为这个概念谋得的意义仅仅是实践的。”同上引书，S. 50，第 53 页。“实践法则的那个原则是先天的，纯粹理性被认为是自为地实践的。”同上引书，S. 62，第 67 页。“纯粹理性被认定是自为地实践的。”同上引书，S. 62，第 67—68 页。“这个法则，作为自由法则，是理性给予自己的，理性借此先天地证明自己是实践的。”同上引书，S. 65，第 70 页。“所有理智的东西，除了（借助道德法则的）自由之外，对我们都根本没有实在性，而且即使自由也只有在它是一个与那条法则不可分的先决条件的范围之内，才有实在性。”同上引书，S. 70，第 76 页。“纯粹理性当是不掺杂任何经验的决定根据而单纯自为地实践的。”同上引书，S. 91，第 99 页。“理性作为纯粹理性本身就是实践的。”同上引书，S. 105，第 115 页。“纯粹理性能够是自为地实践的，并且它事实上就是实践的。”同上引书，S. 121，第 132—133 页。“纯粹实践理性就其应当是实践的而言……”［德］康德：《判断力批判》，李秋零译，载《康德著作全集》第 5 卷，中国人民大学出版社 2007 年版，S. 455，第 474 页。“纯粹理性有能力自身就是实践的。”［德］康德：《道德形而上学》，张荣、李秋零译，载《康德著作全集》第 6 卷，中国人民大学出版社 2007 年版，S. 214，第 220 页。“假如这种法则并不是在我们心中给定的，我们借助理性也不能把它作为这样一种法则冥思苦想出来，或者附加给任意。然而，毕竟这种法则是惟一使我们意识到我们的任意独立于（我们的自由的）其他所有动机的规定，并由此而同时意识到对一切行动负责任的能力的法则。”［德］康德：《纯然理性界限内的宗教》，李秋零译，载《康德著作全集》第 6 卷，中国人民大学出版社 2007 年版，S. 26“注释①”，第 25 页。“第三种禀赋则以自身就是实践的，即无条件地立法的理性为根据。”同上引书，S. 28，第 27 页。“唯有一个理性存在者才具有按照对法则的表象，即按照原则去行动的能力，或者说它具有意志。既然从法则引出行动来需要理性，所以意志就不是别的。只是实践理性。”［德］康德：《道德形而上学奠基》，杨云飞译，邓晓芒校，人民出版社 2013 年版，S. 412，第 40 页。“但凡实践上善的就是那种东西，它借助理性的表象来规定意志，从而不是主观原因，而是客观上，即出于对每一个这样的理性存在者本身都有效的根据。”同上引书，S. 413，第 41 页。“意志被设想为一种自己按照某些法则的表象规定自身去行动的能力。而这样一种能力只能在理性存在者那里找到。”同上引书，S. 427，第 61 页。“意志是有生命的存在者就其是理性存在者而言的一种原因性，而自由就会是这种原因性当它能独立于外来的规定它的原因而起作用时的属性……以上对自由的解释是消极的，因此对揭示其本质并无成效；但它却引出了一个积极的自由概念。这个概念更加丰富和富有成效。既然因果性的概念带有法则的概念，按照这些法则其他的东西即结果必须通过我们叫做原因的东西被规定。”同上引书，S. 446，第 89 页。“只要理性存在者一般具有意志，亦即具有通过规则的表象来决定其因果性的能力，因而只要理性存在者有能力依照原理而行动，从而也就是有能力依照先天的实践原则（因为只有它才具有理性所要求于原理的那种必然性）行动。”［德］康德：《实践理性批判》，韩水法译，商务印书馆 1999 年版，S. 32，第 33 页。“知性除了与（理论认识中的）种种对象的关系之外，它还有一种与欲求能力的关系，欲求能力因此称作意志，并且在纯粹知性（它在这种情形下称作理性）通过一条法则的单纯表象是实践的范围内，这个能力称作纯粹意志。”同上引书，S. 55，第 59 页。“关于手段与目的的关系的判断，确实属于理性。但是，唯有理性能够洞悉手段与其意图之间的连接……于是人们也能够将意志定义为目的的能力，因为目的始终是依照原则决定欲求能力的根据。”同上引书，S. 58—59，第 63 页。“只要这个意志受理性法则的决定而使某种东西成为它的客体；因为意志决不受任何客体或客体表象的直接决定，相反它是使自己成为充任行为动机的理性规则（转下页）

则的普遍逻辑形式（内在于主观准则的普遍逻辑形式即客观法则亦即道德法则）的反思性、范导性、调节性消极自由，上升为出于法则的纯粹意向形式（内在于主观观念的对道德法则意识的客观理念）的纯粹实践理性先验意向对象的规定性、构成性、建构性积极自由呢？答案就在于实践理性“同一个意志”中超验综合反思性的纯粹意向形式与先验综合规定性的普遍逻辑形式，作为“对［感性的经验性］质料加以限制的法则的单纯［普遍逻辑］形式，同时就是将［纯粹理性的先验］

（接上页）（一个客体因此而成为现实的）的能力。”同上引书，S. 60，第 65 页。“法则的表象……意志自由地屈服于法则的意识……对于法则的屈服。”同上引书，S. 80，第 87 页。“实践理性并不处理对象以求认识它们，而是处理它自己（根据关于这些对象的认识）现实地实现这些对象的能力。”同上引书，S. 89，第 97 页。“理性，作为种种原则的能力，决定了一切心灵力量的关切。”同上引书，S. 119—120，第 131 页。“一个能够依照法则的表象发生行为的存在者正是一个理智存在者（理性存在者），并且依照这样一种法则表象的这样一个存在者的因果性正是这个存在者的意志。”同上引书，S. 125，第 137 页。“理性与其先天地依照原则规定所应当发生的东西的能力。”同上引书，S. 160，第 175 页。“作为尘世惟一具有知性，因而具有任意地自己给自己设定目的的能力的存在者。”［德］康德：《判断力批判》，李秋零译，载《康德著作全集》第 5 卷，中国人民大学出版社 2007 年版，S. 431，第 449 页。“作为实践能力，也就是作为通过理念（纯粹的理性概念）来规定我们的因果性的自由应用的能力。”同上引书，S. 453，第 472 页。“自由……通过从它那里产生的一种确定的因果性法则，不仅成就了其他超感性的东西（道德的终极目的及其可实现性的条件的）知识的材料，而且还作为事实阐明了它在行动中的实在性，但也正因为此，它不能提供别的任何证明根据，而只能提供在实践的意图（它也是宗教所需要的惟一意图）中有效的证明根据。”同上引书，S. 474，第 496 页。“欲求能力就是通过自己的表象而成为这些表象的对象之原因的能力。一个存在者按照自己的表象去行动的能力就叫做生命。”［德］康德：《道德形而上学》，张荣、李秋零译，载《康德著作全集》第 6 卷，中国人民大学出版社 2007 年版，S. 211，第 218 页。“纯粹理性，运用于任意而无视它这个客体，它作为原则的能力（而且在此是实践原则的能力，因而是作为立法的能力）就可能由于缺少法则的质料，只是使任意的准则对普遍法则本身的适应性的形式成为任意的至上法则和规定根据。”同上引书，S. 214，第 220—221 页。“义务概念所包含的就只能是自我强制（仅仅通过法则的表象）。”同上引书，S. 380，第 393 页。“目的是（一个理性存在者的）任意的一个对象，通过它的表象，任意被规定采取一种产生这个对象的行动。”同上引书，S. 381，第 394 页。“一般而言为自己设定某个目的的能力，是人类的显著特征。”同上引书，S. 392，第 404 页。“德性本身作为它自己的目的……道德的动机（法则的表象）。”同上引书，S. 397，第 410 页。“任意的一切规定都是从可能的行动的表象出发，通过对行动或者其后果感兴趣的愉快或不快的情感，而达成事实的。”同上引书，S. 399，第 411 页。“人们的一切道德实践关系都是人们在纯粹理性的表象中的一种关系，亦即遵循准则的自由行动的一种关系，这些准则获得了普遍立法的资格。”同上引书，S. 450—451，第 461 页。“从一个存在者具有理性这一点，根本不能推论说，理性包含着这样一种能力，即无条件地、通过确认自己的准则为普遍立法这样的纯然表象来规定任意，而且理性自身就是实践的。”［德］康德：《纯然理性界限内的宗教》，李秋零译，载《康德著作全集》第 6 卷，中国人民大学出版社 2007 年版，S. 26“注释①”，第 25 页。

质料补充给意志但并不以其为先决条件的根据"[1] 的纯粹意向形式。这就是说，当且仅当道德实践的双向逻辑—意向形式自我"补充"了出于法则的纯粹意向形式而"先天所与"的纯粹理性意向对象，道德实践才可能是建构性、构成性规定的积极自由。同样道理，作为人的本原性、本真性的存在方式的纯粹实践理性情感双向逻辑—意向形式的神话原型，也只有在自我补充了所与的先验意向对象之后，才可能完善为神话原型的完整结构，从而在经验现象的事实世界中直接地实践出根据神话原型的共同体宪章的神话现象。

> 但是，这样一个目的何以可能？这就是现在的问题。因为一件事情的概念的可能性（概念并不自相矛盾）并不足以假定该事物本身（概念的客观实在性）的可能性。[2]

二、从道德法则的普遍逻辑形式才能够推导出先验意向对象

如果道德法则是内在于任何实践的主观准则的普遍逻辑形式以及任何实践主体主观观念的责任意向形式——但我们暂且不应用"纯粹实践理性情感意向形式"而是应用"纯粹实践理性意向形式"的限制条件，"为在许可它［前者］的方式得到切近的规定之后才应用这个限制"——尽管道德法则"并不以其［感性的经验性意向对象］为先决条件的根据"，而是道德法则的普遍逻辑形式和责任意向形式"自身是无条件的，亦即不委质于任何其他［感性的经验性目的］条件"[3] 的道德实践主观动机根据的客观动力根据，那么，通过内在于准则（观念）的道德法则（意识）的普遍逻辑形式和责任意向形式推导出的、与之相符合的意向对象就"只能是所有可能［的任意］目的的主体本身"，[4] 即所有"有理性的存在者"的任意。这是因为，除了与纯粹实践理性普遍立法的自由意志从属于"同一个意志"的一般实践理性任意选择

---

① ［德］康德：《实践理性批判》，韩水法译，商务印书馆 1999 年版，S. 34，第 36 页。

② ［德］康德：《道德形而上学》，张荣、李秋零译，载《康德著作全集》第 6 卷，中国人民大学出版社 2007 年版，S. 381—382，第 395 页。

③ ［德］康德：《实践理性批判》，韩水法译，商务印书馆 1999 年版，S. 110，第 121 页。

④ ［德］康德：《道德形而上学奠基》，杨云飞译，邓晓芒校，人民出版社 2013 年版，S. 437，第76 页。

的自由意志，没有谁的“仅仅相对的和任意的目的”能够被用作与道德法则的普遍逻辑形式和责任意向形式相适应而统一的意向对象，作为“必须对每个准则充当在一切仅仅相对的和任意的目的上的限制性条件”而“必然对所有理性存在者同样有效”。进而，唯有“有理性的存在者”的任意本身，才必然可能是不会与自己的“同一个意志”中的理性自相矛盾并且与其他人的理性相互矛盾的道德立法的意向对象。

> 一种［由道德法则的普遍逻辑形式“推导”出来并由责任意向形式认可的客观］质料、即目的，于是这［道德法则的］公式就是：［所有］有理性的存在者，作为其本性中的目的，从而作为自在的目的本身，必须对每个准则充当在一切仅仅相对的和任意的目的上的［绝对］限制性条件。① ……意志被设想为一种自己按照某些法则的表象规定自身去行动的能力。而这样一种能力只能在理性存在者那里找到。现在，用来作为意志自我规定的客观基础的，就是［纯粹理性道德立法的客观］目的，而［客观］目的如果单纯由理性给予，就必然对所有理性存在者同样有效。②

内在于准则的纯粹理性道德法则的普遍逻辑形式自我“补充”而“先天所与”的对象，即“同一个意志”的“自己［理性］为自己［的任意］立”③ 的普遍合法则性形式的目的，只能是且不可能不是

---

① 自然范型的普遍形式原则（道德法则的第一公式）、人格—人性目的的先验质料原则（道德法则的第二公式）、意志自律的普遍形式—先验质料的综合原则（道德法则的第三公式）：“1）一种立足于普遍性的形式，于是道德命令的公式就是这样表述的：必须这样来选择准则，就好像它们应当如同普遍的自然法则那样有效。2）一种质料，即目的，于是这公式就是：有理性的存在者，作为其本性中的目的，从而作为自在的目的本身，必须对每个准则充当在一切仅仅相对的和任意的目的上的限制性条件。3）通过那个公式给全部准则一个完整规定，即：所有出于自己的立法的准则，应当与一个可能的目的王国——就像与一个自然王国那样——协调一致。”［德］康德：《道德形而上学奠基》，杨云飞译，邓晓芒校，人民出版社 2013 年版，S. 436，第 74 页。

② ［德］康德：《道德形而上学奠基》，杨云飞译，邓晓芒校，人民出版社 2013 年版，S. 436，第 74 页；S. 427，第 61 页。

③ ［德］康德：《道德形而上学》，张荣、李秋零译，载《康德著作全集》第 6 卷，中国人民大学出版社 2007 年版，S. 439“注释①”，第 449 页。

“［所有］有理性的存在者”自己的任意，而排除了“仅仅相对的和任意的目的”。这样，所谓道德立法也就是纯粹理性（“先验自由”）在排除了任意（“实践自由”）的所有感性的经验性目的之后（逻辑上的“之后”）却又把任意（受感性影响但不被感性决定而仍然由理性决定的意志）本身用作理性的先验目的。但是，“有理性的存在者”的“同一个意志”中作为“先验自由”的纯粹理性，能否通过其生而具有、与生俱来的天赋（自由）能力，就担当起道德立法的天赋（自律）权利呢？根据康德，道德实践的普遍立法仅仅依赖于纯粹实践理性自由意志的先验决定，而不能掺杂任何受感性影响（尽管不被其规定而仍然由理性决定）的一般实践理性任意选择的自由意志的经验性决定。因此，康德断然地拒绝了“仅仅借助于必须被设定的某种情感，不论其为何种类型”① 的“任何情感”甚至“无论情感由什么［原因甚至理性原因］所激发”的情感参与纯粹理性在道德实践中的普遍立法。②

① ［德］康德：《实践理性批判》，韩水法译，商务印书馆 1999 年版，S. 71，第 78 页。

② “一切经验性的东西作为德性原则的附属品，不仅完全不适合于德性的原则，而且甚至极其有损于道德的纯正性。”［德］康德：《道德形而上学奠基》，杨云飞译，邓晓芒校，人民出版社 2013 年版，S. 426，第 59 页。“这种关系，不管它基于爱好还是基于理性的表象，都只是让假言命令成为可能。”同上引书，S. 441，第 81 页。“在仅仅取决于普遍法则的事情上，也以为可以通过情感来帮忙，哪怕这些情感在程度上天然地相互具有无限的差别，而无法提供一个同样的善恶尺度，甚至一个人根本无法通过自己的情感对他人作出有效的判断。”同上引书，S. 442，第 83 页。“人在一度赋有这种自然禀具之后，就需要理性，以便随时考虑他的福和灾难，但是除此之外，他还将理性用于一个更高的目的，也就是不仅用于思考系自在善或自在恶的东西，而对此唯有纯粹的、绝无感性关切的理性才能判断，而且把这种判断与前一种判断完全区别开来，使它成为前一种判断的无上条件。”［德］康德：《实践理性批判》，韩水法译，商务印书馆 1999 年版，S. 62，第 67 页。“经验主义却把意向的德性连根拔掉，并且把一种完全不同的东西，亦即与一般禀好私相交往的经验的关切，代替职责而强加给德性。”同上引书，S. 71，第 77 页。“一切通过德性法则的意志决定的本质性东西就是：它作为自由意志，因而不但无需感觉冲动的协作，甚至拒绝所有这种冲动，并且瓦解那能够与上述法则相抵触的一切禀好。”同上引书，S. 72，第 79 页。“营造坚固并精确规定的原理。”同上引书，S. 85，第 93 页。“就会在源头上污染了道德的意向。”同上引书，S. 88，第 96 页。“人们必须首先依照这个原理渊源的纯粹性……”同上引书，S. 91，第 99 页。“在这里甚至最细微的误解就败坏意向。”同上引书，S. 109，第 120 页。“一如借助虚幻的泡沫，来贬低和丑化真实纯正的动力，即法则本身。”同上引书，S. 117，第 128—129 页。“在这里那条法则虽然出现在配当无上敬重的形式中，却并非出现在那么令人喜欢的形式里。”同上引书，S. 157—158，第 172 页。“通过枯燥而严肃的职责表象来调校心灵。”同上引书，S. 157，第 171 页。“但德性论在这种情况下也就在其根源上堕落了。”［德］康德：《道德形而上学》，张荣、李秋零译，载《康德著作全集》第 6 卷，中国人民大学出版社 2007 年版，S. 377，第 389 页。“道德目的必须不依赖爱好而先天地被给予。”同上引书，S. 381，第 394 页。“人的本性的脆弱，即在遵循自己认定的原则时不够坚定；而且与不纯正性相结合，没有按照道德的准绳把各种动机互相区分开来。”［德］康德：《纯然理性界限内的宗教》，李秋零译，载《康德著作全集》第 6 卷，中国人民大学出版社 2007 年版，S. 37，第 37 页。

德性论……一直回溯到形而上学的初始根据，以便使义务概念排除一切经验性的东西（任何情感）而毕竟成为动机。……建立在某种情感之上的并不像人们也许误以为的那样是一种道德原则……从病理学的或者纯感性的，① 哪怕是道德的情感（主观实践的情感而不是客观的情感）开始，也就是说，从意志的质料亦即目的开始，而不是从意志的［普遍逻辑］形式亦即法则开始，为的是由此出发规定义务，那么，当然就没有德性论的形而上学初始根据——因为无论情感由什么所激发，它都始终是自然的［感性情感］。②

康德曾借助“理性的实验”的现象学主观性观念直观方法证明，要区分饱含了同情情感的实践究竟是出于法则抑或仅仅是合于法则的道德实践有多么困难，③ 从而阐明，除非排除了“任何情感”，包括“本能层面”的“自爱”与“同情”，④ 自由意志就不可能具备在道德上普遍立法的纯粹理性的意志条件。康德“理性的实验”的直观对象主要是

① “只能由感性的冲动来规定，亦即从病理学上来规定。”［德］康德：《纯粹理性批判》，邓晓芒译，人民出版社 2004 年版，A802/B830，第 610 页。“实践性的而非病理学的爱。”［德］康德：《道德形而上学奠基》，杨云飞译，邓晓芒校，人民出版社 2013 年版，S. 399，第 21 页。“‘病理学的’在此的意义是指依赖于感性的，或由感性冲动所规定的，具有生理情绪的性质。”同上引书，S. 399“译者注（1）”，第 21 页。“病理学的兴趣。”同上引书，S. 413“注释①”，第 42 页。“偏好和反感这种任意的病理学规定根据。”［德］康德：《道德形而上学》，张荣、李秋零译，载《康德著作全集》第 6 卷，中国人民大学出版社 2007 年版，S. 219，第 226 页。“病理学的或者纯感性的。”同上引书，S. 376，第 389 页。“为了使人依照法则行动而必须走在对法则的遵循之前的愉快是病理学的，而且行事方式遵从的是自然秩序。”同上引书，S. 378，第 390 页。“病理学的情感……是一种先行于法则的表象的情感。”同上引书，S. 399，第 411 页。“排除一切病理学的刺激并在其纯洁性上通过纯然的理性表象恰恰最强烈地激发出来。”同上引书，S. 400，第 412 页。“病理学的恐惧。”［德］康德：《判断力批判》，李秋零译，载《康德著作全集》第 5 卷，中国人民大学出版社 2007 年版，S. 481，第 504 页。“‘病理学上的’（pathologisch），也就是生理学上的。”邓晓芒：《康德〈判断力批判〉释义》，生活·读书·新知三联书店 2008 年版，第 214 页。

② ［德］康德：《道德形而上学》，张荣、李秋零译，载《康德著作全集》第 6 卷，中国人民大学出版社 2007 年版，S. 375—377，第 388—389 页。

③ “困难的是，当一个行动是合乎义务的、并且此外主体还对之有直接的爱好时，能够看出上述区分。”［德］康德：《道德形而上学奠基》，杨云飞译，邓晓芒校，人民出版社 2013 年版，S. 397，第 17 页。

④ “本能层面（同情或自爱里面）。”［德］康德：《实践理性批判》，韩水法译，商务印书馆 1999 年版，S. 85，第 92 页。

人们的两种实践：一是“保存自己”，二是“帮助他人”。[①] 关于“保存自己”，康德写道：

> 内心的宁静因而对于一切造成生命快乐的东西而言只是消极的［而不是积极的生命价值］。所以在个人状况的［快乐的积极生命］价值都已经完全离他而去了之后，它［“内心的宁静”］是对于失去个人［道德］价值的这种危险的防范。它是对某种全然有别于生命的东西［即道德］的敬重的结果，经与后一种东西［即快乐的积极生命价值］的比较和对照，生命及其一切愉快［的积极价值］反而是全无价值的。他依然活着仅仅出于职责，而非因为它发现生命有一丝一毫［快乐的积极价值］的味道。[②] 保存自己的生命，虽然合乎义务，但并不是出于义务。相反，如果厌憎和悲伤绝望已使生命整个地索然无味；如果这个不幸的人意志坚强，面对他的命运奋起抗争，而不是怯懦或消沉地想要去死，却仍［以“内心的宁静”］保持他所不爱的这个生命，不是出于爱好或恐惧，而是出于义务：这时他的准则就有了道德内涵。[③]

关于“帮助他人”，康德写道：

> 出于对人的爱和同情的关怀而向他们行善，或出于对秩序的热爱而主持正义，是非常之好的，但这还不是我们举止的真正的道德准则，即与我们侧身于作为人的理性存在者的立场相切合的道德准

① “康德举的两个典型的例子（保存生命和帮助他人的责任），成为了批评者的重要靶子。”刘静：《正当与德性——康德理论的反思与重构》，中国社会科学出版社 2015 年版，第 17 页。对于道德行为必须“对它们直接地并无任何爱好”（［德］康德：《道德形而上学奠基》，杨云飞译，邓晓芒校，人民出版社 2013 年版，S. 397，第 17 页）将面临的批评，康德自己并非没有认识：“不动情这个词，好像就是没有情感，因而就任意的对象而言意味着主观的漠然，就落了坏名声。”［德］康德：《道德形而上学》，张荣、李秋零译，载《康德著作全集》第 6 卷，中国人民大学出版社 2007 年版，S. 408，第 421 页。

② ［德］康德：《实践理性批判》，韩水法译，商务印书馆 1999 年版，S. 88，第 96 页。

③ ［德］康德：《道德形而上学奠基》，杨云飞译，邓晓芒校，人民出版社 2013 年版，S. 398，第18 页。

则……[①]在能够做到的情况下做好事，这是一种义务，另外，也有一些灵魂如此易于为同情心所打动，以致他们不带虚荣或利己的其他动因而对于在周围播撒欢乐感到由衷的愉快，而且他们能够对别人的满足感到高兴，只要这满足是他们造成的。但我认为，在这种情形下的这类行动，无论多么合乎义务，多么值得爱戴，却仍然没有任何真正的道德价值，而是和其他的爱好同一层次的，比如，对荣誉的爱好，如果它碰巧实际上符合公共利益，并且是合乎义务的，故而是值得赞赏的，那么它应该受到表扬和鼓励，但不值得非常尊重；因为这种准则缺乏道德内涵，也就是说具有道德内涵的行动不是出于爱好，而只是出于义务去做。那么假设那位爱人类者的内心笼罩着自己忧伤的阴云，那种忧伤熄灭了他对别人命运的一切同情，这时他仍然还有能力改善他人的困境，但别人的困苦打动不了他，因为他对付自己的就够麻烦的了，而现在，由于再没有什么爱好来诱惑他，但他却使自己从这死一般的麻木中挣扎出来，不是出于任何爱好，仅仅是出于义务而做出了这一行动，这时他的行动才首次具有了自己真正的道德价值。更有甚者，如果大自然在这个或那个人的心中注入的同情心根本就不多，如果这个人气质上很冷漠，对他人的痛苦无动于衷，也许这是由于，他自己对于自身的痛苦天生具备特别的耐受力和持久的坚忍，他假定甚至要求每个其他的人也有同样的能力；如果大自然本来就没有把这样一个人构造成一个爱人类者，那么，难道他就不会从自己身上还找到一种来源，自己给自己带来一种远远高于一个天生好脾气的人所可能具有的价值？当然可以！那种道德的、无以伦比的最高的品格的价值恰恰由此开始，因为，他做好事不是出于爱好，而是出于义务。……一种从情感与爱好的动机中，同时又从理性概念中复合起来的混杂的道德学说，必定使内心在不能纳入任何原则之下的那些动因之间摇摆，这些动因只能非常偶然地导向善，但更经常地也能导致恶。[②]

---

① ［德］康德：《实践理性批判》，韩水法译，商务印书馆 1999 年版，S. 82，第 89 页。

② ［德］康德：《道德形而上学奠基》，杨云飞译，邓晓芒校，人民出版社 2013 年版，S. 398—399，第 18—19 页；S. 411，第 38 页。

出于感性本能的情感动力（主观动机），之所以“只能非常偶然地导向善，但更经常地也能导致恶”，乃因为，如果“道德狂热”[①]“宗教狂热”[②] 以出于道德情感主观动机的名义参与普遍立法，就会污染应该“单单委质于立法的理性”因而“纯粹的、绝无感性关切的理性才能判断”[③] 的立法意向的纯洁性与神圣性。于是康德认为，凡以伦理“功业”[④] 自许的“道德狂热”和“宗教狂热”情感与“本能层面”“同

① ［德］康德：《实践理性批判》，韩水法译，商务印书馆 1999 年版，S. 84，第 92 页；S. 85—86，第 93 页。

② ［德］康德：《实践理性批判》，韩水法译，商务印书馆 1999 年版，S. 84，第 91 页。

③ ［德］康德：《实践理性批判》，韩水法译，商务印书馆 1999 年版，S. 62，第 67 页。

④ “这个事业的……那个主要目标，即普遍的幸福，从而反倒赋予了自身以尊严和权威。”［德］康德：《纯粹理性批判》，邓晓芒译，人民出版社 2004 年版，A851/B879，第 641 页。“敬重是我们对于［‘职责和本分’的］功业不得不表示的礼赞，无论我们愿意与否；我们至多可以在外表上抑制它，但却不能提防在内心感受到它。”［德］康德：《实践理性批判》，韩水法译，商务印书馆 1999 年版，S. 77，第 84 页。“唯有职责和本分是我们必须赋予我们与道德法则的关系的名称。”同上引书，S. 82，第 89 页。“遏制对上帝之爱方面的宗教狂热。”同上引书，S. 84，第 91 页。“正是这种本分而非功业原本是他们应当思考的。”同上引书，S. 85，第 92 页。“作为单纯的功业来期待——这就是真正的道德狂热和过度自负。”同上引书，S. 85，第 92 页。“不允许以功业的价值而自豪。”同上引书，S. 85，第 93 页。“最一般意义上的狂热是指根据某些原理着意逾越人类理性的界限，那么道德狂热就是指逾越人类纯粹实践理性所确立的界限。”同上引书，S. 85，第 93 页。“斯多亚派，都倡导道德狂热以替代清醒而明智的德性纪律，尽管后者的狂热较具英雄特色。”同上引书，S. 86，第 93 页。“我只是希望，不用充斥我们那多愁善感的书籍的所谓高贵（超级功业的）行为的例子来扰乱他们，而把一切都单单放置在职责上，放置在一个人能够和必须在他自己眼里通过未违背职责的意识给予自己的价值上，因为凡事一流于空洞的愿望和对于无法攀及的完满性的向往，就只产生那类小说主角，他们由于为自己过度的伟大而自豪，就让遵守普通和平凡的本分给自己蠲免了，因为这在他们看来乃是渺小而无意义的……赞美那些突现出伟大、无私和富于同情的意向和人性，是完全恰当的。但人们在这里不应该过多关心太短暂易逝的灵魂升华，而必须多留意能够期以长久印象的委心职责，因为后者具有原理（但前者只具有冲动）。人们只要稍一反省，他们就总是会发现，他们由于某种原因对于人类负有一种责任，从而不使职责的思想受到自以为是的功业想象的压制。同上引书，S. 155，包括“注释①”，第 169 页。“自命的内在的慷慨和高贵的功业思想。”同上引书，S. 157，第 171 页。“高贵、慷慨的和求功业的行为。”同上引书，S. 157，第 171 页。“无论任何时候我们把夸耀功业的念头带入我们的行为，动力随后就已经混杂进某种自爱的东西，于是得到了来自感性层面的一些襄助。”同上引书，S. 159，第 173—174 页。“他所做的刚好符合法则，就是本分。”［德］康德：《道德形而上学》，张荣、李秋零译，载《康德著作全集》第 6 卷，中国人民大学出版社 2007 年版，S. 227，第 235 页。“义务仅仅是他的本分。”同上引书，S. 453，第 465 页。“无论一个人任何有道德，他所能够作出的一切善行，都毕竟仅仅是义务；而履行自己的义务，也无非就是做在通常的道德秩序之中的事情，从而也就是不值得惊赞的。毋宁说，这样的惊赞是我们的道德情感的一种变质，好像顺从义务是某种非同寻常的、有功劳的事情似的。”［德］康德：《纯然理性界限内的宗教》，李秋零译，载《康德著作全集》第 6 卷，中国人民大学出版社 2007 年版，S. 48—49，第 49 页。

情”的“自爱”“自负”“自私”“自大”甚至“自赞”而“让自己沉醉于这样一类愉快”[①] 的情感，在性质上都一样是纯粹理性道德立法的障碍。

一切禀好共同构成利己主义。这种利己主义或者是自爱的利己主义，这是一种对自己的过度的钟爱，或者是对自己惬意的利己主义。前者特别称为自私，后者特别地称为自负……自大的主张。……人们可以将这样一种偏向，即使依照其意愿的主观决定根据的自我成为一般意志的客观决定根据的偏向，称作自爱，这种自爱如果使自身成为立法的和无条件的实践原则，便叫作自负。……人类（按照我们全部的洞见，每一个理性的创造物）所立足的德性层次，乃是对于道德法则的敬重。那个致力于使创造物遵守道德法则的意向就是：应当出于职责，而不是出于自愿的爱慕，以及万不得已时出于无需命令的、自己乐意采取的努力来遵守道德法则；他能够时时居于其中的道德状态，乃是德行，亦即处于斗争之中的道德意向，而不是在臆想中拥有的意志意向的完全纯粹性之中的神圣性。人们通过鼓励行为来使心灵具有高尚、崇高、慷慨之感，他们因此而使心灵置于这样一种幻想之中：似乎构成他们行为的决定根据的东西不是职责，即对法则的敬重，而法则的束轭不论乐意与否是他们必须戴上的，并且这个法则始终因为他们遵守它（服从它）而贬损他们；而且仿佛心灵不是期待那些行为出于职责，而是将它们作为单纯的功业来期待——这就是真正的道德狂热和过度自负。因为不仅通过以这样的原则仿效这样的业绩，他们丝毫没有满足法则的精神，而后者居于委质于法则的意向之中，而不居于行为的合法则性（无论其原则会是什么）之中，他们不仅把动力置于本能层面（同情或自爱里面），而不是置于道德层面（法则里面），而且他们以这样的方式制造了一种依违不定的、过分的和幻想的思维方式，以一种既无需鞭策亦无需控御的心灵志愿的良好来自许，而任何命令对这种心灵也是绝无必要的，于是忘却了他们的本分，正是这种本分而非功业原本是他们应当思考的。……这个严肃神圣的规

---

① ［德］康德：《实践理性批判》，韩水法译，商务印书馆1999年版，S. 152，第166页。

> 矩，它不允许我们虚荣的自爱以本能的冲动（在它类似于道德性的范围内）来要弄它，也不允许以功业的价值而自豪。只要我们搜寻一下，对于一切值得宣扬的行为，我们就会发现一个发布命令的职责法则，它不允许听任于那种可能满足我们偏好的东西。这是从道德上塑造心灵的唯一的表述方式，因为只有它才能营造坚固并精确规定的原理。如果一般意义上的狂热是指根据某些原理着意逾越人类理性的界限，那么道德狂热就是指逾越人类纯粹实践理性所确立的界限，而纯粹实践理性借此界限禁止将合乎职责的行为的主观决定根据，亦即这种行为的道德动力置于别处，而不是置于法则本身之中，禁止将因此而被携入准则的意向置于别处，而不是置于对法则的敬重之中，它因而命令将那摧毁一切傲慢一切虚荣自爱的职责思想设立为人类一切道德性的无上生活原则。……对于《福音书》中的道德学说，我们可以毫不虚伪、实事求是地照样说，它首先凭借道德原则的纯粹性，但同时凭借道德原则与有限存在者的局限相切合的性质，让人类的一切善行都委质于那放在他们眼前的职责的管教，这种职责不允许人们热衷于虚幻的道德完满性；它同时为喜欢无视自己界限的自负和自爱设立了谦卑的限制（亦即自知之明）。①

康德并不是不认可“同情心”的感性情感对道德实践在主观上的促进作用；康德甚至没有否认某种类型的情感（假如有“纯粹理性情感”）理应成为普遍立法的“充分的决定根据”，但现在我们暂时还不能将其用作道德立法的“限制”条件。现在（在我们的引用中），康德还只是说不能够“仅仅借助于必须被设定的某种情感，不论其为何种类型”的“任何情感”“参与最高立法”，② 使之“成为立法的和无条件的实践原则”。而且康德只是在讨论立法意向形式的纯粹理性条件时才特别强调，如果纯粹理性与“同情心”的感性情感共在于同一个立法的意志中，我们就很难区分出道德立法所应该根据的纯粹理性。因为只

---

① ［德］康德：《实践理性批判》，韩水法译，商务印书馆 1999 年版，S. 73，第 79 页；S. 74，第 80 页；S. 84—85，第 92 页；S. 85—86，第 93 页；S. 86，第 93—94 页。

② ［德］康德：《实践理性批判》，韩水法译，商务印书馆 1999 年版，S. 74，第 81 页。

有纯粹理性的立法意向，才可能给出在逻辑上具有普遍形式的意向对象，并且最终在“同一个意志”的意向形式—意向对象的内部关系以及诸意向形式的外部关系中自己与自己的任意以及自己与他人的任意相互一致的普遍立法，而任何出于感性情感的立法意向，都只能给出在逻辑上非普遍形式的意向对象，并最终在“同一个意志”的意向形式—意向对象的内部关系以及诸意向形式的外部关系中自相矛盾、自我冲突、自行瓦解。因此，像“他人的幸福”这样的意向对象，之所以能成为道德立法在逻辑上合法则性普遍形式的统一性对象，不是因为立法者出于感性情感的同情心，而是因为假若“排除了他人幸福”，“幸福”（包括“我个人的幸福”）就不可能成就统一性对象在逻辑形式上“法则的普遍性”。

> 实践理性（意志）并不只是要照管别人的利益［Interresse，“利益”或可译作“兴趣”“关切”[①] ——笔者补注］，而只是要证明它自己作为至上立法的颁布命令的［纯粹理性］权威。所以，比如说我应当努力增进他人的幸福，不是因为我对他人幸福的实存［在感性情感上］有所关心（不管是通过［感性情感同情心］直接的爱好，还是间接地通过理性获得某种［感性情感的］愉悦），而仅仅是因为排除了他人幸福的那种准则，不能在同一个意愿中作为普遍法则［的意向对象］来理解。[②] 譬如，这个［实践的主观准则］质料或许是我个人的幸福，如果我把它授予每个人（就如事实上我可以把它授予有限存在者一样），那么只有在我把别人的幸福也包括在它［准则］里面的时候，它才能成为客观的实践法则［的普遍意向对象］。于是，旨在促进他人幸福的法则并不是来自于它是每个人［感性情感］意愿的客体这个先决条件，而只是来自于如下事实：理性为了给予自爱的准则以法则的客观有效性所需要

---

① “利益”（interesse）或可译作“关切”。“排除了作为动机的任何一种利益的全部混杂”“排除了一切利益”。［德］康德：《道德形而上学奠基》，杨云飞译，邓晓芒校，人民出版社 2013 年版，S. 431，第 67 页，以及“译者注（1）”。“一个起决定作用的道德关切是能够存在的。”［德］康德：《实践理性批判》，韩水法译，商务印书馆 1999 年版，S. 145，第 158 页。

② ［德］康德：《道德形而上学奠基》，杨云飞译，邓晓芒校，人民出版社 2013 年版，S. 441，第 81—82 页。

用作条件［在逻辑上］的普遍性形式［和普遍性意向形式］，是意志的决定根据；于是，客体（他人的幸福）不是纯粹意志的决定根据，唯有单纯的法则［在逻辑上的普遍形式和普遍性意向］形式才是纯粹意志的决定根据，通过这种法则［的纯粹理性普遍］形式我限制我建立在［感性情感］禀好之上的准则［质料］，以为它裁成法则的普遍性，并且使它因此适合于纯粹实践理性［的普遍意向形式］；正是出于这种［爱人才可能爱己的法则形式对这种质料的］限制，而不是出于附加一个外在的［对象刺激起来的感性情感同情心］动力，将我的自爱的准则也扩展到他人的幸福上这个义务概念才能够产生出来。[①] 我们使自己成为他人的目的，而且这种准则永远只有通过取得一个普遍法则［形式］的资格，因而通过一个意志，才能让人有责任也使他人对我们成为目的，所以，他人的幸福就是一个同时是义务的目的。[②] 一个行动在它以他人的幸福为目标之前，必须首先就自身而言按照道德法则加以权衡。因此，该行动对他人幸福的促进，仅仅在一定的［道德法则的普遍形式］条件下才是义务，不能用来作为道德法则的最高原则。[③]

康德在这里实际上区分了道德立法在逻辑上的普遍形式和在意向上的普遍形式，[④] 换句话说，只有道德立法的纯粹理性意向形式才可能给出在逻辑上合法则性普遍形式的意向对象（反过来说就是“不论其为何种类型”的感性意向形式都不可能给出在逻辑上合法则性普遍形式的意向对象）。

凡是在必须把意志的某个客体当做根据，以便向意志颁布那决

---

① ［德］康德：《实践理性批判》，韩水法译，商务印书馆 1999 年版，S. 34—35，第 36 页。

② ［德］康德：《道德形而上学》，张荣、李秋零译，载《康德著作全集》第 6 卷，中国人民大学出版社 2007 年版，S. 393，第 406 页。

③ ［德］康德：《纯然理性界限内的宗教》，李秋零译，载《康德著作全集》第 6 卷，中国人民大学出版社 2007 年版，S. 3“注释①”，第 5 页。

④ 道德立法的普遍意向形式是说：（1）纯粹实践理性意向形式的普遍性（“任何时候都与自己一致地思维”）；（2）纯粹实践理性意向形式与意向对象的统一性（“站在别人的地位上思维”）；（3）纯粹实践理性意向的自律性（“自己思维”）。

定意志的规则的地方，这规则就只是他律；这命令就是有条件的，即，如果或者由于一个人想要这个客体，他就应当如此这般地行动；因而它永远不能道德地，即定言地下命令。不管这个客体是像在个人幸福的原则中那样凭借爱好，还是像在完善原则中那样，凭借一般的指向我们可能意愿的对象的那个理性来规定意志，意志都绝不是通过行动的［法则形式］表象直接地规定自身，而只是通过动机来规定自身，这动机以行动的预期结果来影响意志；我应当做某事，是因为我想要某种别的东西，并且这里还必须有另一个在我主体中的法则被当做根据，根据这个法则我必然地想要这个他物，这个法则又需要一条命令来限制这个准则。[①] 这是因为，由于借我们之力才可能的客体的表象应当按照主体的自然性状在主体意志上实行的这一冲动是属于主体的自然本性的，不论这是感性的（爱好的和鉴赏的）本性，还是知性的和理性的本性，它们都在按照自己本性的特殊构造在一个客体上带着愉悦来操练自身，所以真正说来，这就会是自然本性提供了法则，这样一种法则本身，不仅必须只通过经验来认识和证明，从而自身是偶然的，并因此不适于成为如道德法则所必需的那样一类毋庸置疑的实践规则，而且，它始终只是意志的他律，这个意志并不给予自身以法则，而是某个外来的冲动借助于主体的一个在接受冲动方面已被规定了的自然本性来为它提供法则。……如果意志除了在其准则对他自己的普遍立法的适合性中以外，在任何别的地方，从而，如果它走出自身［的纯粹理性意向形式界限］之外，在它的任何一个客体的性状中，寻求这个应当规定意志的法则，那么任何时候都会冒出他律来。在这种情况下就不是意志给自己立法，而是客体通过它对意志的关系给意志立法。这种关系，不管它基于爱好［的感性表象］还是基于理性的表象，都只是让假言命令成为可能：我应当做某件事情，是因为我想要某种别的东西。相反，道德的、因而定言的命令是：即使我不想

① “因为这么一个依赖的意志就会本身还需要另一条法则，来把它自爱的利益限制在对普遍法则有效的条件之上。”［德］康德：《道德形而上学奠基》，杨云飞译，邓晓芒校，人民出版社 2013 年版，S. 432，第 68 页。

要任何别的东西，我也应当如此这般地行动。①

这里的问题是，固然，纯粹理性意向形式能够保证道德立法在逻辑上合法则性形式普遍性，但是，如此地排除了“不论其为何种类型”的“任何情感”于立法意向之外，就会导致无论“我个人的幸福”还是“他人的幸福”都只有根据立法意向在逻辑上合法则性的形式普遍性——而不是在意向上合目的性的实质普遍性——才能够在主观准则中被接纳为统一性的意向对象，从而使得无论“我个人的幸福”还是“他人的幸福”在客观的立法（法则动因）意向上——不是在主观的执法（准则动机）意向上——首先就是一个“无情”之物。

> 所以，问题就是这样的：对所有理性存在者来说，将其行动任何时候都按照他们自己能够愿意［wollen/will］其应当用做普遍法则［在逻辑上合法则性形式］的那样一些准则来评判，难道是一条必然法则吗？②

但为了回答这个问题，我们需要像康德那样，做一个反方向的“理性的实验”。

三、任意普遍地希望道德法则不仅出于纯粹理性也出于客观情感

这一反方向的“理性的实验”要回答以下问题：如果立法意向“只能与我们意愿的理知原因有关”，③ 而不允许任何意愿的情感原因嫁接于普遍立法的客观理性意向（而不仅仅是“行出法则”的主观情感意向），进而“如果我把它［纯粹理性的立法意向］授予每个人（就如事实上我可以把它授予［所有有理性的］有限存在者一样）”，那么因

---

① ［德］康德：《道德形而上学奠基》，杨云飞译，邓晓芒校，人民出版社2013年版，S. 444，第85—86页；S. 441，第81页。

② ［德］康德：《道德形而上学奠基》，杨云飞译，邓晓芒校，人民出版社2013年版，S. 426，第60页；Immanuel Kant，*Groundwork of the Metaphysics of Morals*，A German-English Edition，Edited by Jens Timmermann，English Translation by Mary Gregor，Revised by Jens Timmermann，Permission of Cambridge University Press，First published 2001，S. 462，pp. 80－81。

③ “意志尽可以是自由的，但这却只能与我们意愿的理知原因有关。”［德］康德：《纯粹理性批判》，邓晓芒译，人民出版社2004年版，A798/B826，第608页。

纯粹理性道德法则客观动力的强制而敬重纯粹理性道德法则的有限存在者的主观动机即意愿，是否就愿意接受仅仅有纯粹理性意向参与而没有“在客观上就意愿而言”的“客观的情感”意向参与的普遍立法呢？即情感仅仅属于“理性的事实”的“主观类型”而没有可能首先属于“客观类型”呢？

> ［如果某人］境况如意，然而，当他看到别人不得不去克服极大的艰难困苦时（他也有能力帮助他们），却想：这跟我有什么关系？就让每个人都如上天所愿，或者如他能使自己做到的那样幸福吧；我不想从他那里得到什么，甚至也不会嫉妒他；只是我没有兴趣对他的福利或他在困境中所需要的做点什么！现在，如果这样一种思维方式成为普遍的自然法则，人类当然还会安然无恙，而且无疑比起每个人都奢谈同情和好意，哪怕尽量也把它们附带地付诸实施，但是另一方面只要可能就欺骗人，就出卖人的权利，或者在别处侵害他们来，要更好些。但是，尽管根据那个［对他人的福利和困境“没有兴趣”的］准则一种普遍的自然法则依然很好地存在是可能的，然而愿意这样一条［“没有兴趣”的］原则作为自然法则而处处有效却是不可能的。因为一个决心这样做的意志，将会是自相矛盾的，这是由于，［即便“有不少人会乐于同意，别人不应对他行善，只要他可以免除对别人表示善行”，①］他需要别人的爱和同情这样的情况毕竟有时是可能［甚至“不可能”不］发生的，而凭借这样一条产生于他自己的意志的［“没有兴趣”的准则一旦被用作］自然法则，［但如果没有对别人的爱与同情，］他就会自己剥夺自己期望得到［别人的“爱和同情”］帮助的全部希望了。②每个身处困境的人都期望自己能得到其他人的帮助。但是，如果他让自己的准则，即不想在其他人身处困境时又向他们提供援助，声张出去，也就是说，不使它成为普遍的准许法则，那么，当他本人

---

① ［德］康德：《道德形而上学奠基》，杨云飞译，邓晓芒校，人民出版社 2013 年版，S. 430“注释①”，第 65 页。

② ［德］康德：《道德形而上学奠基》，杨云飞译，邓晓芒校，人民出版社 2013 年版，S. 423，第 55—56 页。

> 身处困境时，［“即使他恬无怜悯之心，并非人人也会立刻同样待他”，[1] 但］每个人都同样会拒绝给他以自己的援助，或者至少有权拒绝他。所以，如果自私自利的准则会成为普遍的法则，它本身就将自相矛盾，也就是说，它是有悖于义务的，进而对有需要的人行善这一公益性准则就是人们的普遍义务。……由于我们的自爱不可能与被他人爱（在危难时得到帮助）的需要相分离，所以我们使自己成为他人的目的，而且这种准则永远只有通过取得一个普遍法则的资格，因而通过一个意志，才能让人有责任也使他人对我们成为目的，所以，他人的幸福就是一个同时是义务的目的。……我愿意任何他人都对我有善意，因此，我也应当对每个他人有善意……允许你自己对自己有善意，其条件是：你也对任何他人有善意……[2]

这样，通过“理性的实验”的现象学观念直观而反证的每个人意愿的主观必然性，康德承认，人们实际上普遍地希望道德法则也出于“对每个他人有善意”“对任何他人有善意”的情感——而不单单出于不含“不论其为何种类型”的“任何情感”的纯粹理性——作为立法意向的客观必然性动力即动因（这里不说敬重法则的主观必然性情感动力即动机）。这就是说，在没有情感参与的立法条件下，“如果理性完全决定意志，那么行为就会不可避免［即必然可能尽管不是必然现实］地依照这个规则发生”。[3] 但是人们因出于纯粹理性的道德法则而“得到其他人的帮助”的同时，“每个身处困境的人都期望”道德法则在出于纯粹理性的同时也出于情感，而“这样的情况”并非只是“有时是可能发生的”，而是“每个身处困境的人都期望”的作为立法意向客观动因（不是“行出法则”的主观动机）的“爱和同情”情感的“全部希望”。但这就与康德关于实践的道德性起源于纯粹理性对任意的客观强制规定与任意出于敬重情感对纯粹理性的主观信仰反思的命题不一致了。

---

① ［德］康德：《实践理性批判》，韩水法译，商务印书馆1999年版，S. 69，第75页。

② ［德］康德：《道德形而上学》，张荣、李秋零译，载《康德著作全集》第6卷，中国人民大学出版社2007年版，S. 453，第464页；S. 393，第406页；S. 451，第461—462页。

③ ［德］康德：《实践理性批判》，韩水法译，商务印书馆1999年版，S. 20，第18页。

康德“理性的信仰”说，一方面用理性对任意的客观规定来解释理性信仰在实践上的正当性，另一方面又用任意对理性的主观反思来解释敬重情感在实践上的有效性。这样，当康德用起源于理性的敬重把与情感无涉的纯粹理性奉为信仰的对象，就把自己逼上了道德普遍立法的纯粹理性条件：理性立法的意向对象是含情感的任意，但任意的情感却不能参与理性的立法；或者反过来说，任意敬重情感信仰的意向对象是普遍立法的理性，但理性却拒绝任意的情感参与普遍立法。于是，最终为道德立法的规定性意向形式只能够是纯粹理性而不可能有情感。换句话说，情感只能够是道德实践行出法则的主观必然性动力（动机），而不可能是道德立法的客观必然性动力（动因），但情感作为道德立法的客观必然性动力（动因）却是有限存在者的普遍意愿。而这就是道德实践的普遍立法所内涵的真正问题：如何能够使道德法则不仅在客观上出于纯粹理性同时也在客观上出于情感（这里的情感不是主观上对法则的敬重）？若非如此，道德立法就不会是人们的情感在主观间客观（普遍、必然）地愿意的。这是因为，如果道德法则要求人们出于主观的情感而遵循道德法则，但道德法则本身却不是出于客观的情感，那么“虽然自然根据这样一条［纯粹理性的］普遍法则总还能存在下去……［但人们］不可能愿意这［样一条不是出于客观情感的纯粹理性道德法则］会成为一条普遍［形式］的自然法则”①“没有人希望有如此遭遇，甚至也许不希望在那样［一种纯粹理性而没有任何情感即合理却无情因

① ［德］康德：《道德形而上学奠基》，杨云飞译，邓晓芒校，人民出版社 2013 年版，S. 423，第 55 页。“我们必定能够愿意我们行动的准则成为一条普遍的法则：一般来说这就是对行动作道德评判的法规。有些行动有这样的性状：它们的准则就连无矛盾地被设想为普遍的自然法则也不可能，更不用说我们还会愿意它应当成为这样一个法则了。在其他一些行动那里虽然不会遇到那种那种的不可能性，但是却仍然不可能愿意它们的准则被提升为一条自然法则的普遍性，因为这样一个意志将会是自相矛盾的……现在，如果我们在每次违背义务时注意一下自己，我们就会发现，我们实际上并不愿意我们的准则真能成为一条普遍的法则，因为这对我们来说是不可能的；毋宁说，倒是这些准则的反面应当普遍地保持为一条法则，只是我们自以为有这种自由，为了自己或者（哪怕只是这一次）为了有利于我们的爱好而例外一次……我们实际上承认定言命令的有效性，并且（带着对它的最大敬重）只是允许自己有一些在我们看来无关紧要和迫不得已的例外而已。”同上引书，S. 424，第 56—57 页。这样，康德就从反面证明了每一个人对道德法则的主观必然性意识。

而没有被‘爱和同情’的幸福感受］的环境中生活一下”。[①] 这就是说，如果我们每一个人的任意主观上必然（客观、普遍）地意愿出于“爱和同情”的理性情感的道德法则，然而作为道德立法者的有限存在者的立法意向只能出于纯粹理性而绝对不能缘于任何性质、类型的情感，那么“出于情感的普遍立法”作为道德实践的自律性命题，就不可思议了：对于有限存在者来说，“法则情感……［是］一个十足的矛盾”，[②] 普遍立法出于“理智的情感会是一种矛盾”[③] 吗？“这个困难看起来使得这种［理性与情感的］结合不可行”。[④] 但是，理性激发任意的情感敬重地信仰理性自身，而情感却不能作为立法的意向，只是“人类理性在其纯粹运用中”尝试过的一条歧途，[⑤] 它恰恰以反证的方式从反方向证明了，情感与理性“契合一致”的普遍立法意向形式，对于道德实践来说，不仅应该是主观必然性动力（动机），更应该首先是客观必然性动力（动因）。于是，“正是在这里就包含着一个悖论”[⑥] 或“终归会陷入矛盾”。[⑦] 而这样的“矛盾”“悖论”完全不同于前述康德陷入的所谓“自由和意志的自己立法两者都是自律，因而是可以互换的概念……一个不能用来解释另一个，以及［一个不能］为另一个提供根据”[⑧] 的

---

① ［德］康德：《实践理性批判》，韩水法译，商务印书馆 1999 年版，S. 88，第 95 页。

② ［德］康德：《实践理性批判》，韩水法译，商务印书馆 1999 年版，S. 39，第 42 页。

③ ［德］康德：《实践理性批判》，韩水法译，商务印书馆 1999 年版，S. 117，第 128 页。

④ ［德］康德：《实践理性批判》，韩水法译，商务印书馆 1999 年版，S. 95，第 104 页。

⑤ “在这里和在任何其他地方一样，人类理性在其纯粹运用中，只要它还未经过批判，在成功地找到那条唯一真实的道路之前，都曾尝试过所有可能的歧途。”［德］康德：《道德形而上学奠基》，杨云飞译，邓晓芒校，人民出版社 2013 年版，S. 442，第 82 页。

⑥ ［德］康德：《道德形而上学奠基》，杨云飞译，邓晓芒校，人民出版社 2013 年版，S. 439，第78 页。

⑦ ［德］康德：《道德形而上学奠基》，杨云飞译，邓晓芒校，人民出版社 2013 年版，S. 435，第73 页。

⑧ “显然，在此人们必须坦率地承认，这样一种循环看起来是无法摆脱的。我们假定自己在起作用的原因的秩序中是自由的，是为了在德性法则之下的目的秩序中来设想自己，接着，我们把自己设想为服从这些德性法则的，是因为我们已把意志自由赋予了自己；这是因为，自由和意志的自己立法两者都是自律，因而是可以互换的概念，但正是由于这一点，一个不能用来解释另一个，以及为另一个提供根据，而是最多只能是为了逻辑的意图，把同一对象的那些显得不同的表象归结为一个唯一的概念。”［德］康德：《道德形而上学奠基》，杨云飞译，邓晓芒校，人民出版社 2013 年版，S. 450，第 95 页。

"循环论证"。[1] 而且康德早已通过将人的"同一个意志"还原为纯粹实践理性普遍立法和任意选择的两种自由意志，而解构了那个"拙劣的循环解释"。[2] 现在，这是一个更深层次的两难困境，即道德法则究竟应该仅仅起源于纯粹理性的意向形式，还是也应该起源于情感的意向形式？进而在后者的条件下，道德立法是否还能够保持其自由的自律性？对于康德来说，这一次遭遇的困难，远比"服从法则的自由和立法的自由"之间的逻辑困境更难处理，即：如若不是从纯粹理性意向形式界限之内超越到纯粹理性意向形式界限之外而还原出一种分析的同一性的普遍理性情感，而仍然停滞于人的意向之内，人的特殊感性情感——即便是纯粹理性先验综合地规定任意而出于法则的道德情感——断然不能参与纯粹理性的普遍立法。然而一旦从纯粹理性意向形式界限之内超越到纯粹理性意向形式界限之外而超验综合地还原出来的情感又如何可能是自由、自律的普遍立法？但是，面对每一个普通人的任意对于道德法则应该出于"爱和同情"的普遍"意愿"，[3] 诚实（虔诚）的康德还是毅然决然地踏上了超验综合—反思还原的不归之路。这样，在理性的尽头（终点或起点）即"人类理性的边界"，当"一切［实践］知识在这个［纯粹理性意向形式的］理念的边界上都终止了"，理性就会自己"迫使我们的理性判断"出于敬重情感的理性信仰而"扩张到所想到的那些［纯粹理性意向形式］界限之外""跨越这一［纯粹理性意向的］边界"到"人之上的存在者的理念""人之外的一个有权威的道德立法者的理念""架起一座……［反思—信仰之］桥来到达最高存在者""通过形而上学以可靠推论的［理念演绎］方式从这个世界的认识达到上

---

① "纠缠于循环论证之中。"［德］康德：《道德形而上学奠基》，杨云飞译，邓晓芒校，人民出版社2013年版，S. 443，第84页。"在自己的原因论中陷入了循环论证。"［德］康德：《道德形而上学》，张荣、李秋零译，载《康德著作全集》第6卷，中国人民大学出版社2007年版，S. 377，第390页。

② ［德］康德：《道德形而上学奠基》，杨云飞译，邓晓芒校，人民出版社2013年版，S. 443，第84页。

③ 并非如一些康德学者断言的那样，康德漠视个体的自然诉求。"按照威廉斯的观点，康德伦理学是将人从特殊情境和各方的特殊特征中进行抽象，使人从特殊性和统一性中分离出来，人最后成为了一个仅仅具有善良意志的抽象的人，进而成为按照普遍化原则行动的道德主体。而康德对不偏不倚强调的代价则是对品格的忽视和对个体的漠视。"刘静：《正当与德性——康德理论的反思与重构》，中国社会科学出版社2015年版，第6页。

帝的概念及其实存的证明”,[①] 从而让康德能够断然地在“神圣意志”[②]（纯粹理性情感分析的同一性的意志）和人的善良意志（纯粹理性“绝对善良的意志”[③] 和任意“并不绝对善良的意志”[④]）之间划出了一道

① ［德］康德：《实践理性批判》，韩水法译，商务印书馆 1999 年版，S. 138，第 151 页。“先验理念的这种运用毕竟就会已经超出了它的规定性和许可性的边界。”［德］康德：《纯粹理性批判》，邓晓芒译，人民出版社 2004 年版，A580/B608，第 464 页。“架起一座什么桥来到达最高存在者。”同上引书，A621/B649，第 491 页。“作一个超越经验边界的跳跃。”同上引书，A636/B664，第 502 页。“敢于通过单纯理念的力量飞越一切可能经验。”同上引书，A638/B666，第 503 页。“人类理性仍有一种自然的倾向要跨越这一边界。”同上引书，A642/B670，第 505 页。“一切知识在这个理念的边界上都终止了。”［德］康德：《道德形而上学奠基》，杨云飞译，邓晓芒校，人民出版社 2013 年版，S. 462，第 113 页。“力求在原则中达到人类理性的边界的哲学所能公正地要求的一切。”同上引书，S. 463，第 115 页。“扩张到所想到的那些界限之外。”［德］康德：《实践理性批判》，韩水法译，商务印书馆 1999 年版，S. 49，第 52 页。“必然的存在者当被认识到是在我们之外被给予的。”同上引书，S. 105，第 115 页。“唯有自由概念允许我们无需逾出我们之外而为有条件者和感性的东西寻得无条件者和理智的东西。”同上引书，S. 105，第 115 页。“迫使我们的理性判断超出世界。”［德］康德：《判断力批判》，李秋零译，载《康德著作全集》第 5 卷，中国人民大学出版社 2002 年版，S. 448，第 467 页。“在人之上的存在者的理念。”［德］康德：《纯然理性界限内的宗教》，李秋零译，载《康德著作全集》第 6 卷，中国人民大学出版社 2007 年版，S. 3，第 4 页。“道德不可避免地要导致宗教。这样一来，道德也就延伸到了人之外的一个有权威的道德立法者的理念。”同上引书，S. 6，第 7 页。

② “神圣的意志。”［德］康德：《纯粹理性批判》，邓晓芒译，人民出版社 2004 年版，A698/B726，第 542 页。“上帝的意志，或者一般地说，神圣的意志。”［德］康德：《道德形而上学奠基》，杨云飞译，邓晓芒校，人民出版社 2013 年版，S. 414，第 42 页。“神圣的、绝对善良的意志。”同上引书，S. 439，第 79 页。“作为规定我们意志的原因的某种独立自主的完善性（上帝的意志）。”同上引书，S. 442，第 82 页。“一个神圣的、全善的意志……神圣意志概念。”同上引书，S. 443，第 84 页。“一个道德上完满的（神圣的和仁慈的）、同时也全能的意志。”［德］康德：《实践理性批判》，韩水法译，商务印书馆 1999 年版，S. 129，第 141 页。“一个神圣的和仁慈的世界创造者的意志。”同上引书，S. 129，第 142 页。“源始至善的上帝意志的神圣性。”同上引书，S. 131，第 143 页。“一个神圣的存在者。”［德］康德：《道德形而上学》，张荣、李秋零译，载《康德著作全集》第 6 卷，中国人民大学出版社 2007 年版，S. 222，第 229 页。“神圣的存在者。”同上引书，S. 379，第 392 页。

③ “一种自在的本身就善良的意志。”［德］康德：《道德形而上学奠基》，杨云飞译，邓晓芒校，人民出版社 2013 年版，S. 396，第 16 页。“一个善良意志。”同上引书，S. 397，第 17 页。“一个完全善良的意志。”同上引书，S. 414，第 42 页。“一个绝对善良意志。”同上引书，S. 426，第 59 页。“一个绝对善良的意志。”同上引书，S. 437，第 75 页。“一个无条件的善良意志。”同上引书，S. 437，第 75 页。“这个没有限制条件的绝对善良的意志。”同上引书，S. 437，第 76 页。“一个可能的绝对善良的意志。”同上引书，S. 437，第 76 页。“神圣的、绝对的善良意志。”S. 439，第 79 页。“一个自在的善良的意志。”同上引书，S. 443，第 84 页。“绝对善良的意志。”同上引书，S. 444，第 86 页。“一个绝对善良的意志。”同上引书，S. 447，第 90 页。“绝对善良意志。”同上引书，S. 447，第 90 页。

④ “一个并非绝对善良的意志。”［德］康德：《道德形而上学奠基》，杨云飞译，邓晓芒校，人民出版社 2013 年版，S. 413，第 41 页。“一个并不绝对善良的意志。”同上引书，S. 439，第 79 页。

泾渭分明的界限——不同于在人的“同一个意志”划分出纯粹实践理性普遍立法的自由意志和一般实践理性任意选择的自由意志——即，康德理想目的王国中没有义务的“法则创作者”即作为“最高立法者”“国王”的意志，与有义务的“责任创作者”兼“立法成员”和“臣民”的意志之间的鸿沟，让一种不同于人的不能参与普遍立法的敬重情感而能够参与普遍立法的“法则情感”[①]即“客观的情感”——我们可以称之为与“出于法则的后法则道德情感”不同的“法则所出的前法则神圣情感”——自我显现。

四、只有纯粹理性情感神圣意志才应该是道德法则的客观意向形式

我们［每一个普通人］虽然是那个因自由而可能的、因［纯粹］实践理性而向我们呈现为敬重的德性王国的立法成员，但同时也是其臣民，而非其国王。[②] 这个王国就可以叫做［“以爱命令人的法则”“实践的爱”“实践性的爱”的］目的王国（当然这只是一个理想）。然而，如果一个理性存在者虽然在目的王国中普遍立法，但自己也服从这些法则，那它就作为臣民属于目的王国。如果它作为立法者不服从任何一个其他理性存在者的意志，它就作为国王属于目的王国。理性存在者任何时候都必须把自己看做在一个通过意志自由而可能的目的王国中的立法者，无论是作为臣民，还是作为国王。然而，对于后一种［国王的］地位，它不能只凭其意志的［主观］准则来保持，而只有当它是一个完全独立的［普遍立法的神圣意志］存在者，并不需要也不限制与其意志相符的能力时，才得以保持……［因此］义务并不适合目的王国中［拥有神圣意志］的国王，[③] 但它却适合于、并且完全在同等程度上适合于

---

① “职责概念不能从这种情感推导出来，否则我们必须思想一种法则情感本身；这倘若还不成其为一个十足的矛盾，它也会完全取消了职责概念……”［德］康德：《实践理性批判》，韩水法译，商务印书馆1999年版，S. 38—39，第42页。

② ［德］康德：《实践理性批判》，韩水法译，商务印书馆1999年版，S. 82，第89—90页。

③ 但康德也说过：“一个上帝，亦即一个服从道德法则的世界的创造者。”［德］康德：《判断力批判》，李秋零译，载《康德著作全集》第5卷，中国人民大学出版社2007年版，S. 476，第498页。

> 它的每个［仅仅具有纯粹理性意志的］臣民。根据这条原则行动的实践必然性，也即义务，完全不以［感性］感情、冲动和爱好为基础……现在，［出于纯粹理性的］道德性就是一个理性存在者能成为自在目的本身的唯一条件，因为只有通过［必然导致］道德性［的纯粹理性］，理性存在者才可能成为目的王国中的一个立法者……这样的［道德性］行动既不需要由任何主观倾向……［而通过道德］情感：它们［目的王国的臣民］把实施这些行动的［纯粹理性］意志表现为直接敬重的对象。……这只不过是它使理性存在者参与到了普遍立法中来，并通过这种参与使这个理性存在者适于成为一个可能的目的王国中的臣民，对此理性存在者通过自己［纯粹理性］的特有本性本来就已确定了的，它作为自在的目的本身，同时正因此而作为目的王国中的立法者……①

"通过自己［纯粹理性］的特有本性"，每一个存在者依凭其纯粹理性都"可能成为目的王国中的一个立法者""作为目的王国中的立法者"。

> 作为立法者的存在者（它们正因此也被称为人格）……一个理性存在者的世界，作为一个目的王国，以这种方式就有可能，这就是通过作为成员的所有人格的自己立法而可能。因此，任何一个理性存在者都必须这样行动，就好像它通过自己的准则任何时候都是普遍的目的王国中的一个立法者一样。②

但是，除了目的王国的臣民自己也同时作为立法者之外，为什么还要为目的王国特别设定一个不是作为臣民的神圣意志立法者国王？当然，在将人的纯粹理性自由意志设定为立法条件的同时又将神圣意志设想为立法条件这个问题上，康德也曾犹豫。

---

① ［德］康德：《道德形而上学奠基》，杨云飞译，邓晓芒校，人民出版社2013年版，S. 433—435，第70—73页。

② ［德］康德：《道德形而上学奠基》，杨云飞译，邓晓芒校，人民出版社2013年版，S. 438，第77页。

> 在德性的合理的根据或理性根基中，［出于纯粹理性的］完善性的本体论概念却还是要比从一个神圣的、全善的意志中引出德性来的那个神学概念好；这不仅是因为，我们毕竟不能直观到这个［神圣］意志的完善性，而只能从我们的概念中——在其中德性概念是最首要的——［“通过形而上学以可靠推论的（理念演绎）方式”］推出它来，而且是因为，如果我们不这样做（假如这样做了，那将会是怎样一个拙劣的循环解释），［在“同一个意志”下，康德区分了理性与任意，因而并未“纠缠于循环论证之中”——笔者补注］这个还留下给我们的神圣意志概念，就会不得不从［与宗教狂热难解难分的］荣誉欲和统治欲等属性出发，与权力和仇恨的可怕［道德狂热］表象结合着，来为一个与［纯粹理性的自律性］道德性截然对立的规矩体系奠定基础了。但是，如果我必须在［建立在感性基础上的］道德感的概念和一般完善性的［纯粹理性道德］概念之间进行选择，那么我将会选定后者，因为它至少使问题的裁决从感性脱离开来，并把它带到纯粹理性的法庭上……①

但是康德担心，人作为有限理性意志存在者，毕竟不是神圣意志存在者。但是，如果作为有限理性意志存在者的人，以神圣意志存在者的立法者自居，那么“当它［国王］是一个完全独立的［神圣意志］存在者，并不需要也不限制与其［神圣］意志相符的［自由］能力”，也就是说，“服从这些法则”的“义务并不适合目的王国中［拥有神圣意志］的国王”，这个国王可以“不服从任何一个其他理性存在者［臣民］的意志”，那么，这样“无法无天”立法者，就可能与“权力”、“统治欲”以及“荣誉”、“仇恨”等可以因自负而自爱的“功业”而不是与自律（自我立法且自我行法）的“本分”联系在一起了。但是现在，如果普遍立法的意向对象就是有限理性意志存在者的任意，而任意一方面出于敬重情感而理性地信仰普遍立法的纯粹理性，另一方面又希望普遍立法并非仅仅出于纯粹理性，同时也是出于“爱和同情”的普遍情感的意志决定——这并不是主观偶然或或然地现实性而是主观间

① ［德］康德：《道德形而上学奠基》，杨云飞译，邓晓芒校，人民出版社2013年版，S. 443，第84页。

客观、普遍的必然性实践要求——那么设想、设定道德法则起源于神圣意志即纯粹理性情感的自由意志，就不仅在逻辑上而且在实践上也是正当的，即“从我们的［纯粹理性］概念中——在其中德性概念是最首要的——推出它［神圣意志的立法者理念］来”；尽管“假如这样做了，那将会是怎样一个拙劣的［新一轮］循环解释”，即“你把德性概念放到上帝里面，你又从上帝概念里面引出德性概念，那岂不是循环论证吗”?①

> 正是在这里就包含着一个悖论……虽然可以设想，不论自然王国还是［道德］目的王国，都将统一在一个国王之下，［但也正是因为这个悖论，］这样目的王国就会不再只是单纯的理念，而将获得真正的［道德实践］实在性，但这样一来，那个［有限理性存在者的］意志由此虽然将增加一个强有力的［纯粹理性情感神圣意志的客观］动机，却绝不能有助于增加它的内在［道德性的绝对］价值；② 因为，尽管如此，这位唯一不受限制的［神圣意志］立法者自身，却仍然必须被设想为这样，仿佛它只根据其不自利的、纯然从那个［纯粹理性情感意志的］理念出发而规范自己本身的行为来评判理性存在者的价值似的。事物的［道德］本质并不因其外在的关系而改变，而且唯有那不考虑这些［外在］关系的东西独自构成了人的［道德性的内在］绝对价值，不论是谁，甚至于最高存在［的神圣意志］，都必须据此［道德性的内在绝对价值］来评判人。③

目的王国之所以被康德称为“目的王国”，乃因为，目的王国有一个主观间客观的终极目的的始源动力。但是现在，这个终极目的的始源动力，是唯有立法者的神圣意志（纯粹理性情感意志）而不是纯粹理

① 邓晓芒：《康德〈道德形而上学奠基〉句读》（下），人民出版社 2012 年版，第 654 页。

② “对于这个价值既不能增添什么，也不能减少什么。”［德］康德：《道德形而上学奠基》，杨云飞译，邓晓芒校，人民出版社 2013 年版，S. 394，第 13 页。

③ ［德］康德：《道德形而上学奠基》，杨云飞译，邓晓芒校，人民出版社 2013 年版，S. 439，第 78—79 页。

性意志才必然可能的，因为这个终极目的，并非永恒世界中至善（道德+幸福）的“洪福”，而是“尘世中的至善”即“作为立法者的存在者（它们正因此也被称为人格）”作为道德立法的自在目的，即被道德法则所规定的同时，也被道德法则所从出的纯粹实践理性情感（“爱与同情”）“无等差”地关切。但这样一种关切必须是“已经内在地必然寓于［立法的］行动主体（例如一个神圣的存在者）”（因而这种关切才能出于普遍的情感）；否则，如果这样一种关切只是偶然寓于立法主体（因而这种关切只能出于个别的情感），那么这种关切就不能是道德法则必然地自我给予的。

> ［定言］命令式是一条实践规则，通过它，就自身而言偶然的行动被变成了必然的。它与一条实践法则的区别在于，实践法则虽然表现一个行动的必然性，但却不考虑这个行动就自身而言是已经内在地必然寓于行动主体（例如一个神圣的存在者）之中，还是（例如对人来说）偶然的……①

根据康德，“道德目的论为此目的并不需要我们［理性］外面的一种有理智的原因来解释这种内在的合目的性”，② 也就是说，“道德为了自身起见，（无论是在客观上就意愿而言，还是在主观上就能够而言）绝对不需要宗教，相反，借助于纯粹的实践理性，道德是自给自足的”“比从一个神圣的、全善的意志中引出德性来的那个神学概念好”。这是康德《实践理性批判》“分析论”的结论，即道德实践仅仅以道德性为目的的时候，绝对不需要超越人的纯粹理性的外在立法者。康德认为，只有在道德实践以永恒中的至善（道德+幸福）为终极目的而由上帝保证“洪福”的时候，才需要宗教的支援。但是现在，我们在这里说的不是永恒世界中“至善”（道德+幸福）的“洪福”，而是“尘

① ［德］康德：《道德形而上学》，张荣、李秋零译，载《康德著作全集》第6卷，中国人民大学出版社2007年版，S. 222，第229页。

② ［德］康德：《判断力批判》，李秋零译，载《康德著作全集》第5卷，中国人民大学出版社2007年版，S. 447，第466页。

世中的至善”。①

> 虽然就道德来说，为了正当地行动并不需要一个［像“幸福”那样感性的经验性］目的，相反，从根本上来说，包含着运用自由的［普遍合法则性］形式条件的法则对它来说就足够了。但是，从道德中毕竟产生出一种目的［的理念］……即使此事并不完全由我们掌握，但我们能够以什么作为一个［纯粹理性的目的还是纯粹理性情感的］目的来调整自己的所作所为，以便至少与它［道德法则的普遍合法则性形式］协调一致，这些都不可能是无关紧要的。因此，虽然这只是一个客体的理念，这个客体既把我们所应有的所有那些目的的形式条件（义务［的普遍形式]），同时又把我们所拥有的一切目的的所有与此协调一致的有条件的东西（与对义务的那种遵循相适应的幸福），结合在一起并包含在［一个“至善”的目的］自身之中，也就是说，它是一种尘世上的至善的［目的］理念。为使这种［尘世上的］至善可能，我们必须假定一个更高的、道德的、最圣洁的和全能的存在者，惟有这个存在者才能把至善的两种因素［即道德与幸福在尘世中］结合起来。但是，这个理念（从实践上来看）却不是空洞的，因为它满足了我们的自然需要，即为自己的所作所为在整体上设想某种可以由理性加以辩护的终极目的，否则，这种自然需要就会是道德决定的一种障碍。但是，这里最重要的是，这一理念产生自道德，而不是道德的基础；为自己确立一个目的，本身就已经以道德原理为前提。因此，对于道德而言，它是否为自己构成了一个所有事物的终极目的的概念（与这个终极目的协调一致，它虽然并不增加道德义务的数目［即价值]，但却为它们造就了一个把所有的目的结合起来的特殊的关联点），这不可能是无关紧要的；因为只有这样，才能够在客观上赋予出自自由的合目的性与我们根本不能缺乏的自然合目的性的结合以实践

① ［德］康德：《判断力批判》，李秋零译，载《康德著作全集》第5卷，中国人民大学出版社2007年版，S. 450，第469页。“尘世的至善。”同上引书，S. 469，第490页。“尘世上的至善。”［德］康德：《纯然理性界限内的宗教》，李秋零译，载《康德著作全集》第6卷，中国人民大学出版社2007年版，S. 5，第6页。“尘世上可能的至善。”同上引书，S. 6“注释①”，第8页。

的实在性。[①]

“尘世中的至善”，就是人们能够在尘世中配享幸福的道德与配当道德的幸福——“理性存在者的一种与遵循道德法则和谐一致的幸福”[②]——因而“尘世中的至善”幸福不是那种客观（最终依赖于生理）的经验，[③]而首先是一种主观（纯粹依赖于心理）的经验。幸福作为配当道德的配享，如果是客观的外感觉（生理）经验，以上帝作为道德法则至善目的的实现（行法）条件，只能够期待于来世——因为“在那里，纯粹理性［道德能力］如果具备与它相切合的自然能力［像上帝那样］，就会造成至善”[④]——但如果是主观的内感觉（心理）经验，以上帝作为道德法则的发生（立法）条件（这时上帝与法则不是“外在的关系”而是内在的关系），就可能也可以期待于现世。这就是说，所谓“尘世中的至善”幸福，作为被“爱和同情”在当下在主观上就产生的纯粹心理感受或感觉，只能够来自道德法则本身自带的“爱和同情”的客观动机，即立法者的纯粹实践理性情感，而不可能来自行法者“爱和同情”的主观动机，即行法者的感性情感甚至道德情感，因为后者只是偶然或或然的现实性，而前者才是客观的必然性。但这就需要一个拥有纯粹理性情感的神圣意志的道德立法者的公设，从而“每个身处困境的人都期望”的“尘世中的至善”幸福，能够被设想为“属神意志”[⑤]超验的“属神目的”。

> 理性存在者的一切包含着一个人的意志与另一个人的意志相一致的原则的道德关系都可以归溯到爱和敬重，而且就这个原则是实

---

① ［德］康德：《纯然理性界限内的宗教》，李秋零译，载《康德著作全集》第6卷，中国人民大学出版社2007年版，S. 4—5，第6页。

② ［德］康德：《判断力批判》，李秋零译，载《康德著作全集》第5卷，中国人民大学出版社2007年版，S. 451，第470页。

③ “所有以这种终极目的为根据的实践命题都是综合的，同时又是经验性的。”［德］康德：《纯然理性界限内的宗教》，李秋零译，载《康德著作全集》第6卷，中国人民大学出版社2007年版，S. 6“注释①”，第7—8页。

④ ［德］康德：《实践理性批判》，韩水法译，商务印书馆1999年版，S. 43，第46页。

⑤ ［德］康德：《道德形而上学》，张荣、李秋零译，载《康德著作全集》第6卷，中国人民大学出版社2007年版，S. 219，第226页。

践的而言，意志就爱而言的规定根据可以归溯到目的，就敬重而言的规定根据可以归溯到他人［反思］的法权［“设定这种至善的可能性就不仅是我们的权限”① “认定并设定这些超感性的东西的权利”②］。——如果这些存在者中的一个是对别的存在者只有法权而没有义务的存在者（上帝［即道德理想目的王国的立法者国王］），因而别的存在者对前者就只有义务而没有［规定的法权但有反思的］法权，那么他们之间的道德关系就是超验［综合—先验规定地双向意向］的（反之，人们的意志的彼此交互地限制的、人与人的道德关系具有一种内在［于社会关系］的原则）。就人类而言的属神目的（［通过］人类［纯粹理性］的创造与引导［还原］），③ 人们只能把它［即“属神意志”的“属神目的”］设想为仅仅出自［纯粹理性情感神圣意志的人类之］爱，也就是说，它［“属神意志”的“属神目的”“实践的善意”的人类之爱的结果］就是人的幸福。……人们也可以这样表述：上帝创造了理性存在者，仿佛是出自在自身之外拥有的某种东西的需要，他可以爱这［个被自己创造的］东西，或者他也被这东西［敬重地］所爱。④

这样，康德讲述的神圣意志目的王国的故事就不仅仅是属于康德的“个人神话”（individual myth 或 personal myth）或“自我神话”（self-myth），而是对每一个有限理性意志存在者尽管主观但却普遍的意愿——“对每个他人有善意”“对任何他人有善意”——来说都必然有效的神话，尽管是一个看起来充满悖论（“理智的情感会是一种矛盾”）的神话。但这悖论不是“把德性概念放到［外在的］上帝里面又从［外在的］上帝概念里面引出德性概念”（邓晓芒），而是有限理性意志

---

① ［德］康德：《实践理性批判》，韩水法译，商务印书馆 1999 年版，S. 125，第 137 页。

② ［德］康德：《实践理性批判》，韩水法译，商务印书馆 1999 年版，S. 57，第 61 页。

③ “既然道德的各种法则是通过依照它们所采纳的、作为一切目的的最高（本身是无条件的）条件的准则的普遍合法则性的纯然形式，而使人负有义务，所以它根本不需要自由任意的一种质料性的规定根据。……道德为了自己本身起见，并不需要必须先行于意志规定的目的观念……”［德］康德：《纯然理性界限内的宗教》，李秋零译，载《康德著作全集》第 6 卷，中国人民大学出版社 2007 年版，S. 3—4，第 4—5 页。

④ ［德］康德：《道德形而上学》，张荣、李秋零译，载《康德著作全集》第 6 卷，中国人民大学出版社 2007 年版，S. 488，第 498—499 页。

存在者从自己的纯粹意向形式界限之内超越到意向形式界限之外，将纯粹理性情感的意向形式（不是纯粹理性的敬重情感的信仰意向形式）设想、设定（“人类的创造与引导”“归溯”）为内在于道德法则的客观必然性动力。

理性意识到自己无能满足自己［对配当的幸福］的道德需要，就扩张自己［的理性］，一直扩展到似乎能够弥补那种缺陷的超越性理念［例如“上帝”那里］，但它并不把这些理念当做扩展了［理论认识］的领土据为己有。它并不否认这些［上帝］理念的对象［在理论上既无法承认也无法否认其实存的］的可能性或者现实性，它只是不能把它们［这些理念］接纳入自己的思维和行动的［主观］准则。它甚至指望，如果在无法探究的超自然物的领域，还有什么东西虽然超出了它［在理论理性上］能够说明的范围，但对于弥补道德［立法］上的无能却是必要的，那么，这种东西即使不可认识，也会对它［立法］的善良意志大有益处。这样的指望带有一种信仰，这种信仰可以被称之为（对那种东西的［立法］可能性）进行［理性］反思的信仰，因为它觉得那种［理论地］宣称自己是一种［否定上帝实存的］知识的独断是不真诚的或者僭妄的。……［但是，］如果理性坚守其［理论］界限，神恩作用就不会被接纳入理性的准则。正如它一般不会接纳任何超自然的事物一样，因为正是在超自然的事物这里，［理论］理性的一切运用都终止了。——在理论上说明这些［神恩］作用的根据何在，是不可能的事情，因为我们对原因和结果概念的使用不能被扩展到经验的对象之外，因而也不可能被扩展到自然之外。但是，假定在［道德］实践上运用这一［超自然事物的上帝］理念，则是完全自相矛盾的。因为作为［在道德上的实践］运用，它就需要假定一种［自由的因果性］规则，来规范我们为了达到某种东西而必须自己（出自某种意图［而自律地］）造成的善的东西；而期待神恩的作用，则恰恰意味着相反的东西，即善（道德上的善）不是我们的［自律］行为，而是另一种存在者［规定我们而他律］的行为，因而我们只能通过［在道德上］无所作为来获得它；而这［对于道德自律来说］是自相矛盾的。所以，我们可以承认，它是某种不可理

> 解的东西，但是，无论是为了理论上的使用，还是为了实践上的使用，我们都不能把它接纳入我们的准则。①

但是，尽管不能把神恩接纳进道德实践的主观准则——因为接纳神恩进入主观准则就等于给客观法则添加一个外在意志，“即善（道德上的善）不是我们的行为，而是另一种存在者的行为”——却并不意味着不能把神恩接纳进道德实践自律的客观法则，而康德正是这样做的：

> 既然已经承认，纯粹道德法则作为［定言］命令（不是作为明智的［假言］规则）毫不宽容地与每个人联结在一起，那么品行端正的人就很可以说，我愿欲：有一位［立法的］上帝！②

而“品行端正”的人们这样做的时候，并不意味着道德的他律，这是因为，现在，康德不再像《实践理性批判》“辩证论”那样把上帝设定为道德法则至善（道德+幸福）目的的必然可能性实现条件（手段理由、工具理由），而设想、设定为道德法则的发生条件（存在理由）。换句话说，现在，不是先有了（启示宗教信仰的）上帝，然后才有了道德法则（这当然是他律），而是先有了道德法则才有了（“反思的信仰”的）神圣意志（这自然是自律），而且不是将神圣意志（作为工具、手段）置于主观准则当中（这当然是他律），而是将神圣意志（作为目的）自律地置于客观法则当中（这责任是自律），因为，这是“每

---

① ［德］康德：《纯然理性界限内的宗教》，李秋零译，载《康德著作全集》第6卷，中国人民大学出版社2007年版，S. 52“注释♀”，第53—54页。

② ［德］康德：《实践理性批判》，韩水法译，商务印书馆1999年版，S. 143，第157页。“就道德的宗教而言，一条原理就是：每一个人都必须尽其所能去做，以便成为一个更善的人。只有当他不埋没自己天赋的才能，利用自己向善的原初禀赋，以便成为一个更善的人时，他才能够希望由更高的协助补上他自己力所不及的东西……为了配得上这种援助，每个人自己必须做些什么，却是根本的，因而对每个人都必要的。”［德］康德：《纯然理性界限内的宗教》，李秋零译，载《康德著作全集》第6卷，中国人民大学出版社2007年版，S. 51—52，第52—53页。“假定为了成为善的或者更加善的，还需要一种超自然的协助，无论这种协助是仅仅在于减少障碍，还是也作出积极的援助，人都必须事先就使自己配得上接受这种协助，并且必须假定有这种援助（这是非同小可的事情）。也就是说，把力量的积极增长纳入自己的准则。只有这样，善才能被归诸他，他才能被看作是一个善的人。……我们由此而只是使自己能够接受一种我们所无法探究的更高的援助。”同上引书，S. 44—45，第45页。

个……人都期望”的：不是偶然的同情而是普遍的爱，因而“反思的信仰”必然设想和设定：道德法则不仅应该出于纯粹理性，也不仅应该出于理性与情感在准则当中先验综合的主观必然性动力（动机），而是更应该出于分析地同一性纯粹理性情感在法则本身当中主观间客观的必然性动力（动因）。这样，把“神圣意志”（上帝）的理念甚至理想接纳为道德法则的立法条件（存在理由），“与其说是客观—实践上的［这不容质疑——笔者补注］，不如说是［理论上］主观的，即为的是使理性的［神恩］理念更接近直观，并由此更接近［每个人‘愿欲’的］情感”，[①] 而这“愿欲”的情感，只要他希望道德法则出于“爱和同情”分析的同一性理性情感神圣意志，从而现实地得到被“爱和同情”的幸福感受或感觉。这样，根据康德，道德法则的神圣性，就不仅意味着出于纯粹理性，更意味着出于纯粹理性情感；“若无这个［理性情感的］命题，或者道德法则将被完全褫夺去它的神圣性”。[②] 否则我们无法理解，既然纯粹理性的自由意志是道德法则唯一的“存在理由”，为何一谈到道德法则，康德就会让出神圣意志（康德心目中道德法则的真正客观动力），以衬照出存在者的理性有限性。

五、超验完善性的神圣意志与不完善的纯粹理性有限意志

在康德看来，有限存在者不可能有“与上帝的意志的完全适合”[③] 的纯粹理性情感神圣性，即便人的“内在自由”[④] 意志中有纯粹理性的部分。“在这个［纯粹理性情感的神圣］意志里面，意向完全切合于道德法则［因而］是至善的无上条件……但是，意志与道德法则的完全切合是神圣性，是一种没有哪一个感觉世界的理性存在者在其此在的某一时刻能够达到的完满性”，因为神圣意志纯粹理性情感分析的同一性（或者说“上帝的综观”[⑤]），对于有限理性存在者的意志（即便是纯粹理性意志）来说，是一件无法做到的事情。但人做不到的事情，作为超

---

① ［德］康德：《道德形而上学奠基》，杨云飞译，邓晓芒校，人民出版社 2013 年版，S. 436，第74 页。

② ［德］康德：《实践理性批判》，韩水法译，商务印书馆 1999 年版，S. 122，第 134 页。

③ ［德］康德：《实践理性批判》，韩水法译，商务印书馆 1999 年版，S. 124；第 135 页。

④ ［德］康德：《实践理性批判》，韩水法译，商务印书馆 1999 年版，S. 161；第 176 页。

⑤ “唯上帝能够综观。”［德］康德：《实践理性批判》，韩水法译，商务印书馆 1999 年版，S. 122—123，第 134—135 页。

越性存在者的神可以做到。正因如此，上帝才有资格充当道德法则“神圣的立法者（和创造者）”[①] 即“作为立法者的上帝”。[②] 因此，唯有上帝的纯粹理性情感神圣意志才是通过道德法则规定任意的真正动力即道德实践的客观动因——区别于任意敬重道德法则的主观动力—动机——所以康德才说，道德法则导致无需任何感性动力参与而单纯由纯粹理性动力指定的实践任务，准确地说则应该是，道德法则导致无需本能情感的感性动力参与而由纯粹理性情感动力指定的实践任务。这就是说，尽管“上帝不是感觉的对象”，但上帝的纯粹理性情感却是“直接敬重的对象”。所以拥有纯粹理性情感神圣意志的上帝才被设想、设定为道德法则的立法者（因为是纯粹理性情感的存在者），但同时却不是道德义务的承担者（因为不是感性本能的存在者），即上帝“只有法权［权利—权力］而没有义务”。[③] 只有有限存在者才既是道德法则的立法者（因其纯粹理性的存在）同时也是道德义务的承担者（因其感性的存在），即既有（立法的）权利也还有（行法的）义务。

> 一个完全善良的［纯粹理性情感神圣］意志，尽管同样也会服从（善的）客观法则，但却不能由此将它表现为被迫按照法则行动，因为它自发地按其主观性状只能为善的表象所规定。故而，没有什么命令适合上帝的意志，或者一般地说，神圣的意志；在［神圣意志］这里不是这种“应当”［的定言命令］所该待的地方，因为［上帝的主观］意愿自发地已经必然与法则一致了。[④]
>
> 在神的意志中人们不能设想有任何［本能的感性］兴趣。[⑤]
>
> 作为立法者不服从任何一个其他理性存在者的意志……一个完

① ［德］康德：《实践理性批判》，韩水法译，商务印书馆1999年版，S. 131“注释①”，第143页。

② ［德］康德：《判断力批判》，李秋零译，载《康德著作全集》第5卷，中国人民大学出版社2007年版，S. 460，第480页。

③ ［德］康德：《道德形而上学》，张荣、李秋零译，载《康德著作全集》第6卷，中国人民大学出版社2007年版，S. 227，第235页；S. 488，第498页。

④ ［德］康德：《道德形而上学奠基》，杨云飞译，邓晓芒校，人民出版社2013年版，S. 414，第42页。

⑤ ［德］康德：《道德形而上学奠基》，杨云飞译，邓晓芒校，人民出版社2013年版，S. 413“注释①”，第42页。

全独立的存在者，并不需要也不限制与其意志相符的能力……义务并不适合目的王国中［拥有神圣意志］的国王。①

一个无条件的善良意志……这个意志是绝对善的，它不可能是恶的，所以它的准则，如果被做成一条普遍法则，绝不可能与自身冲突。②

准则必然与自律法则协调一致的意志，是神圣的、绝对善良的意志……所以，［被强制规定的］责任是不能被归于一个神圣的存在者的。③

只要理性存在者有能力依照原理行动，从而也就是有能力依照先天的实践原则（因为只有它才具有理性所要求于原理的那种必然性）行动。因此，它［这种能力就］并非仅限于人类，而且也扩展到一切具有理性和意志的有限存在者，它甚至将作为最高理智的无限存在者也包括进来了。但是在人类这里，这个法则具有一个命令的形式，因为我们虽然设定作为理性存在者的人类具有纯粹［理性的］意志，但是我们无法设定作为受需要和感性动机刺激的存在者的人类具有［纯粹理性情感的］神圣意志，亦即不可能有任何与道德法则相抵触的准则这样一种意志。④

在全足的理智［情感神圣意志］存在者那里，意愿被正确地表象为不可能是一条同时并非客观法则的准则；出于这个缘故而赋予意愿的神圣性概念，纵然不使这种意愿超越一切实践法则，却也使它超越了一切起限制作用的实践法则，因而超越了义务和职责。⑤

我不能在每一个理性存在者那里都设定这种［感性本能］需要（在上帝那里是完全没有的）。⑥

人们决不能［单单］赋予神的意志以［道德实践的主观］动

---

① ［德］康德：《道德形而上学奠基》，杨云飞译，邓晓芒校，人民出版社 2013 年版，S. 433—434，第 70—71 页。

② ［德］康德：《道德形而上学奠基》，杨云飞译，邓晓芒校，人民出版社 2013 年版，S. 437，第75 页。

③ ［德］康德：《道德形而上学奠基》，杨云飞译，邓晓芒校，人民出版社 2013 年版，S. 439，第79 页。

④ ［德］康德：《实践理性批判》，韩水法译，商务印书馆 1999 年版，S. 32，第 33 页。

⑤ ［德］康德：《实践理性批判》，韩水法译，商务印书馆 1999 年版，S. 32，第 34 页。

⑥ ［德］康德：《实践理性批判》，韩水法译，商务印书馆 1999 年版，S. 34，第 36 页。

力［，因为神的意志是道德实践的客观动力与主观动力分析的同一性］。[①]

对于道德法则的敬重不能赋予一个至上的或超脱一切感性的存在者，感性对于它不可能成为实践理性的障碍。[②]

［主观］动力概念、关切概念和准则概念，只能运用于有限的存在者。因为它们一概以存在者本性的［感性］局限性为先决条件，盖缘存在者意愿的主观性质并非自发地符合实践理性的客观法则；它们设定［有限］存在者有一种以任何方式被推动而至活动的需要，因为一种内在的障碍遏止了这个活动。这些［主观动力、关切和准则］概念因此不能运用于上帝的［神圣］意志。[③]

仿佛我们某一天能够做到这一点：我们无需对法则的敬重，因为后者是与［对法则的］畏惧或至少与犯规的担心联结在一起的，而犹如完全独立不依的崇高神性，仿佛通过意志与纯粹道德法则的一种变成我们本性的、永不更移的契合一致，某一天终于能够拥有意志的神圣性（而德性法则，也由于那时候我们决不可能再受诱惑去背弃它，便可能最终对我们完全不复是一道命令）。这就是说，道德法则对于绝对完满的存在者的［纯粹理性情感］意志是一条神圣性的法则，但对于每一个有限的理性存在者的意志则是一条职责法则，一条道德强制性的法则，一条通过对法则的敬重以及出于对其职责的敬畏而决定有限的理性存在者的行为的法则。[④]

上帝不是感觉的对象。[⑤]

就像《福音书》中的所有道德规矩一样，描述了最为完满的德性意向，然而它作为没有一个［作为有限理性意志存在者的］创造物能够达到的神圣性的理想，仍然是我们应当接近并且在一个不断却无限的进程中为之努力的榜样。如果一个理性的创造物［的主观意愿］某一天达到了能够完全乐意去执行一切道德法则的层次，这

① ［德］康德：《实践理性批判》，韩水法译，商务印书馆 1999 年版，S. 72，第 78 页。

② ［德］康德：《实践理性批判》，韩水法译，商务印书馆 1999 年版，S. 76，第 82 页。

③ ［德］康德：《实践理性批判》，韩水法译，商务印书馆 1999 年版，S. 79，第 86 页。

④ ［德］康德：《实践理性批判》，韩水法译，商务印书馆 1999 年版，S. 81—82，第 88—89 页。

⑤ ［德］康德：《实践理性批判》，韩水法译，商务印书馆 1999 年版，S. 83，第 90 页。

无非就意指：在他心中，甚至连存在着引诱他去偏离这些道德法则的［感性］欲望的可能性都没有。[①]

并不担忧意志对于法则的内在拒绝的爱……亦即单纯对法则（它在此时也就不再会是命令，而同时在主观上渐入神圣性的道德性，不再会是德行）的爱。[②]

意志意向的完全纯粹性之中的神圣性。[③]

决不把这个主体单纯用作手段，若非同时把它用作目的……这个条件我们甚至有权授予上帝的意志。[④]

意志与道德法则的完全切合是神圣性，是一种没有哪一个感觉世界的理性存在者在其此在的某一时刻能够达到的完满性。[⑤]

上帝，亦即是一个［必然］服从道德法则的世界的创造者。[⑥]

一个只有法权而没有义务的立法者的意志（因而是属神的意志）。[⑦]

有限的神圣存在者（他们就连被引诱去违背义务也根本不可能）。[⑧]

德性意味着意志的一种道德力量。但这还没有穷尽这个［德性］概念；因为这种力量也可能属于一个神圣［意志］的（超人的）存在者，在他身上没有任何阻碍的［感性本能］冲动来抵制他的［纯粹理性情感］意志的法则；因此，他［在主观上］很乐意遵循法则来做这一切。[⑨]

---

① ［德］康德：《实践理性批判》，韩水法译，商务印书馆 1999 年版，S. 83，第 90—91 页。

② ［德］康德：《实践理性批判》，韩水法译，商务印书馆 1999 年版，S. 84，第 91 页。

③ ［德］康德：《实践理性批判》，韩水法译，商务印书馆 1999 年版，S. 84，第 92 页。

④ ［德］康德：《实践理性批判》，韩水法译，商务印书馆 1999 年版，S. 87，第 95 页。

⑤ ［德］康德：《实践理性批判》，韩水法译，商务印书馆 1999 年版，S. 122，第 134 页。

⑥ ［德］康德：《判断力批判》，李秋零译，载《康德著作全集》第 5 卷，中国人民大学出版社 2007 年版，S. 476，第 498 页。

⑦ ［德］康德：《道德形而上学》，张荣、李秋零译，载《康德著作全集》第 6 卷，中国人民大学出版社 2007 年版，S. 227，第 235 页。

⑧ ［德］康德：《道德形而上学》，张荣、李秋零译，载《康德著作全集》第 6 卷，中国人民大学出版社 2007 年版，S. 383，第 396 页。

⑨ ［德］康德：《道德形而上学》，张荣、李秋零译，载《康德著作全集》第 6 卷，中国人民大学出版社 2007 年版，S. 405，第 417 页。

一个是对别的存在者只有法权而没有义务的存在者（上帝）。[1]

当然，在有限存在者意志的纯粹理性与神圣意志的纯粹理性情感之间，在“人的道德性在其最高阶段上”[2] 有重叠的部分，但这重叠的部分“毕竟不比德性多任何东西；即便它完全是纯粹［理性］的”。[3]“人类［有限理性］意志的主观不完善性”[4] 即与神圣意志不重叠的部分，就是纯粹理性的情感（不是以感性为条件的情感）。换句话说，神圣意志的纯粹理性情感是一个悖论式的神圣性命题（“理智的情感会是一种矛盾”）。康德曾经设想，如果人的意志能够完全摒弃与神的意志不重叠的部分（感性），而专注于与神的意志重叠的部分（纯粹理性），或许能够（至少在“臆想”中）与神的意志契合一致。但这实际上是做不到的，因为人的意志与神的意志不重叠的部分除了感性的本能还有理性的情感，而理性的情感却是道德立法必定要求的客观动力。而人的意志所能够拥有的起源于理性而非起源于感性的情感（道德情感而不是本能情感），只是任意因理性的强制而敬重地信仰道德法则而产生的先验综合规定性（而不是分析的同一性）情感，因而只能用作道德实践（行出法则）的主观动力，不能用作道德实践（立法）的客观动力。以此，康德清楚地区分了“绝对完满的存在者的意志”与“有限的理性存在者的意志”，尽管后者就自身的纯粹理性来说，在道德上也是神圣的，在人格上也是有尊严的，“犹如完全独立不依的崇高神性”，就好像人的“同一个意志”中的任意出于敬重情感把内在于“同一个意志”的纯粹理性理性地信仰为神圣性对象。否则，如果敬重情感的理性信仰对象不是内在于人的“同一个意志”而是外在于人的另一个意志，康德担心，道德立法和行出法则的道德实践就可能是他律——“善（道德上的善）不是我们的行为，而是另一种存在者的行为”——因此，康德

① ［德］康德：《道德形而上学》，张荣、李秋零译，载《康德著作全集》第6卷，中国人民大学出版社2007年版，S. 488，第498页。

② ［德］康德：《道德形而上学》，张荣、李秋零译，载《康德著作全集》第6卷，中国人民大学出版社2007年版，S. 383，第396页。

③ ［德］康德：《道德形而上学》，张荣、李秋零译，载《康德著作全集》第6卷，中国人民大学出版社2007年版，S. 383，第396页。

④ ［德］康德：《道德形而上学奠基》，杨云飞译，邓晓芒校，人民出版社2013年版，S. 414，第42页。

才会不无矛盾地说：

> 先天地和无条件地通过我们自己的理性约束我们的法则，也可以表述为产生自最高立法者的意志，亦即产生自一个只有法权而没有义务的立法者的意志（因而是属神的意志）。但是，这仅仅指的是一个道德存在者的理念，其意志对所有人而言都是法则，不过无须把它设想为法则的创作者。①

但是，最终，康德还是倾向于将纯粹理性情感的神圣意志设想为道德立法者，这是因为，非如此就不能一改道德立法之单纯出于纯粹理性自由意志的先验意向形式为出于纯粹理性情感的神圣自由意志的超验意向形式。从而，不仅能够出于纯粹而“无偏私的理性……并无偏爱的理性”（impartial reason）② 而普遍地立法，而且更能够出于“爱和同情”的纯粹理性情感而普遍地立法。但是，由于情感不能像理性那样被设想为出于普遍的意志，而只能被设想为出于个别个体的意志，一个能够给出纯粹理性情感的超验个体的“理想”就被设定了。

> 理念包含任何可能的经验性的认识都够不着的某种完备性，而理性在它们那里只怀有一个系统的统一性的意向，理性力图使经验性的可能的统一性去接近这种系统的统一性，却任何时候也不会完全达到它。但比理念显得还有更远离客观实在性的［超验实在性］就是我称之为理想的东西，我把它理解为不单纯是具体的、而且是个体的理念，即作为一种个别之物、惟有通过理念才能规定或才被完全规定之物的理念。［人格中的］人性在其整个完善性中不仅包含有对属于这一本性的、构成我们的人性概念的一切本质属性的扩展，一直扩展到与人性的目的完全重合，而这将是我们对完善人性的理念；而且也包含有除了这［人性］概念之外的一切属于这个理

---

① ［德］康德：《道德形而上学》，张荣、李秋零译，载《康德著作全集》第 6 卷，中国人民大学出版社 2007 年版，S. 227，第 235 页。

② ［德］康德：《实践理性批判》，韩水法译，商务印书馆 1999 年版，S. 110，第 121 页；S. 124，第 136 页。Immanuel Kant，*Critique of Practical Reason*，Translated and Edited by Mary Gregor，Cambridge University Press，1997，S. 110，p. 92；S. 124，p. 104.

念的通盘规定的东西；因为在一切相互对立的谓词中只有惟一的一个谓词能够与最完善的人的理念相适合。凡对我们是一个理想的东西，在柏拉图看来就是一个神圣知性的理念，一个在神圣知性的纯粹直观中的单独的对象，即可能存在者的每一类中的那个最完善者，以及现象中一切摹本的那个原始根据。但不用如此铤而走险，我们也不得不承认人类的理性不仅包含理念，而且也包含理想，这些理想虽然不像柏拉图的理想那样具有创造性的力量，但毕竟具有实践的力量（作为调节性［但也作为规定性］的原则），并且给某些行动的完善性的可能性提供着根据。道德的诸概念并不完全是些纯粹的理性概念，因为它们要以某种［好像是实在的］经验性的东西（愉快或不愉快［的情感］）为根据。然而它们就理性借以给本身无法则的自由建立限制的那种原则来说（因而如果我们只注意它们的［普遍］形式的话），是完全能够被用作纯粹理性概念的例子的。德行，以及连同它一起的、在其完全纯洁性中的人类智慧，都是理念。但（斯多亚派的）圣贤是一种理想，即一种仅仅在思想中实存的人……但这种人与智慧的理念是完全重合的。① 正如理念提供规则一样，理想在这种情况下就是用作摹本的通盘规定的蓝本，而我们所具有的衡量我们行动的标尺，无非是我们心中的这种神圣的人的行为，借此我们对自己进行比较、评判，并由此而改进自己，虽然这个标尺是永远也不可能达到的。这些理想，虽然我们不可能［在理论上］承认它们的客观实在性（实存），但毕竟不因为［“仅仅在思想中实存”］这一点就可以被看作是幻影，而是充当了［纯粹］理性的一个不可缺少的标尺，［纯粹］理性需要关于某个在其种类中完全完备的东西的概念，以便评估和测量不完备的东西的程度和缺陷……［实践］理性以其理想所要达到的则是按照先天规则所作的通盘规定；因此［纯粹］理性设想出于一个应当可以按照原则来通盘规定的［理性信仰的］对象，虽然对此还缺乏经验中的充分条件［，“因为它们要以某种「好像是」经验性的东西（愉

① “斯多亚派说，意识到自己的德行，就是幸福……给德行选择了一个尊称，对于他们来说，唯有德行才是真正的智慧。”［德］康德：《实践理性批判》，韩水法译，商务印书馆1999年版，S. 111，第122页。

快或不愉快［的情感］）为根据”——笔者补注］、因而这概念本身是超验的［因为人与神“之间的道德关系的原则就是超验的”[①]——笔者补注］。[②]

在康德对“理想”即任意出于敬重情感的理性信仰对象的设想中，“理想”就是对“神圣的人的行为”“最为完满的德性意向”“完善人性的理念”“最完善的人的理念”与“绝对完满的存在者”的“完全符合”“完全重合”“完全完备”的“完全规定”“通盘规定”——“虽然这个标尺是［有限存在者］永远也不可能达到的”——因为这一“通盘规定”包括了“人性在其整个完善性中不仅包含有对属于这一［有限存在者］本性的、构成我们的人性概念的一切本质属性的扩展，一直到与人性的目的完全重合，而这将是我们对完善人性的理念；而且也包含有除了这［人性］概念之外的一切属于这个理念的通盘规定的东西”。这就是说，如果“道德的诸概念并不完全是些纯粹的理性概念，因为它们要以某种［好像是］经验性的东西（愉快或不愉快［的纯粹理性情感］）为根据”——但“在经验中却必然是始终受限制的”[③]“还缺乏经验中的充分条件”的条件下——那么，通过理念演绎而反思地还原出一个先验地拥有纯粹理性情感的理想（个体的理念）作为立法主体——“这概念本身是超验的”——就是道德实践的必然要求。如果经验性的个体、个别之物依赖于感性直观，那么超验的个体、个别之物就依赖于理智直观即理性的直观亦即理性信仰。庶几，人类理性才有可能设想、设定一种纯粹理性情感，以作为道德立法的神圣意志的客观动力。因此，“人类的理性不仅［应该］包含理念，而且也［应该］包含理想”，从而，纯粹理性情感才必然可能（应该且能够）被设想、设

---

① “如果这些存在者中的一个是对别的存在者只有法权而没有义务的存在者（上帝），因而别的存在者对前者就只有义务而没有法权，那么，他们之间的道德关系的原则就是超验的（反之，人们的意志是彼此交互限制的，人与人的道德关系具有一种内在的原则）。”［德］康德：《道德形而上学》，李秋零译，《康德著作全集》第6卷，中国人民大学出版社2007年版，S. 488，第498页。

② ［德］康德：《纯粹理性批判》，邓晓芒译，人民出版社2004年版，A568—571/B596—599，第455—457页。

③ ［德］康德：《道德形而上学》，张荣、李秋零译，载《康德著作全集》第6卷，中国人民大学出版社2007年版，S. 472，第484页。

定为“一切法则的那个核心……［即］一切法则之中的那条法则”。[①]

六、纯粹理性情感出于爱和同情的神圣意志是道德法则的超验动力

如果人们追问上帝创世的终极目的，那么他们不应该举出世界上理性存在者的幸福，而必须举出至善；至善为这个存在者的那个［幸福］愿望添加了一个条件，也就是配当幸福［的道德条件］，亦即这些理性存在者的德性，因为只有它包含着他们据以能够希望凭借一个智慧的创造者之手享有幸福的标准，……所以人们不能够将一个单单以［给予理性存在者以幸福的］仁慈为基础的目的赋予至上独立的智慧［，好像至上独立的智慧单单是给予幸福的“仁慈的统治者”[②]］。因为只有在切合与作为源始至善的上帝［纯粹理性情感］意志的神圣性符合一致这个限制条件时，人们才能思想这种仁慈（相对于理性存在者的幸福而言）［当下感受到的“实践的善意”］的结果［，且并未因善行就获致爱。[③]——笔者补注］……敬重上帝的命令，遵守上帝的法则托付给我们的神圣职责……倘若

---

① ［德］康德：《实践理性批判》，韩水法译，商务印书馆 1999 年版，S. 83，第 90 页。

② “神圣的立法者（和创造者），是仁慈的统治者（和维持者）和公正的审判者，这三种特性包含了上帝借以成为宗教对象的一切，而与这些特性相切合，形而上学的完满性自动地将自己添入理性。”［德］康德：《实践理性批判》，韩水法译，商务印书馆 1999 年版，S. 131“注释①”，第 143 页。“世界创造者的最高智慧的特性也有三种：第一，世界创造者作为立法者（造物主）的神圣；第二，世界创造者作为统治者（维持者）的仁善；世界创造者作为审判者的正义。”［德］康德：《论神义论中一切哲学尝试的失败》，李秋零译，载《康德著作全集》第 8 卷，中国人民大学出版社 2010 年版，S. 257，第 260 页。“三种特性中的一个绝不可以回溯到另一个，例如把正义回溯到仁善，从而把整体回溯到一个较小的数字；三种特性共同构成了道德上的上帝概念。也不可能改变三种特性的顺序，而不损害以这一道德上的概念为基础的宗教。我们自己的纯粹理性规定着这一顺序，如果立法甚至屈居仁善之后，就不再有立法的尊严和义务的固定概念了。人虽然首先期望幸福，但却发现并且满足于（尽管是不情愿的）配享幸福，即自己自由地运用与神圣法则相一致，在创造者的意图中是他仁善的条件，因而必然先行于仁善。因为以主观目的（自爱）为基础的愿望，不能决定无条件地给意志以规定的法则所规定的客观目的（智慧）。”同上引书，S. 257“注释①”，第 260 页。“对我们来说最亲密地临在的神圣存在者（道德上的立法的理性）。”［德］康德：《道德形而上学》，张荣、李秋零译，载《康德著作全集》第 6 卷，中国人民大学出版社 2007 年版，S. 440，第 450 页。

③ “人类虽然也能够因善行而获致爱。”［德］康德：《实践理性批判》，韩水法译，商务印书馆 1999 年版，S. 131，第 143—144 页。

> 后者（以人的口吻说）［因给予人以幸福而］使上帝配当爱，那么它就由于前者［“上帝的命令”“上帝的法则”而］成为礼拜（崇拜）的对象。……于是，外在存在者［当下感受到的“实践的善意”］的幸福就可以是一个［神圣意志的］理性存在者的意志的客体。但是，倘若［人们当下感受到的“实践的善意”的］这种幸福是［人们的主观］准则的决定根据，那么人们就必须设定：我们在［能够给予我们以“实践的善意”的］他人的康宁之中不仅发现一种自然的愉快，而且还发现犹如同情心在人类那里所引起的那种［感性］需要。但是，我不能在每一个理性存在者那里都设定这种［“同情心”“自然的愉快”的感性本能］需要（［而像“同情心”“自然的愉快”这样的感性需要］在上帝那里是完全没有的）。①

但是，尽管在神圣意志那里完全没有“在人类那里所引起的那种［‘同情心’‘自然的愉快’的感性本能］需要”，但我们却有充分的理由设想“仅能归于至上存在者［神圣意志在纯粹理性情感上］的自满自足”，② 而且，唯有将上帝设想为纯粹理性情感的神圣意志，我们也才可能设想“爱和同情”的“始源的至善”“完满愿欲”在尘世中“无偏私的理性……并无偏爱的理性”地“通盘规定”（普遍立法）的“实践的善意”的目的动机（而不是在“不朽”中“派生的至善”的目的结果），而“爱和同情”“无偏私”“并无偏爱”的“始源的至善”“实践的善意”的目的动机是无法仅凭有限存在者的感性，以客观的意向形式普遍地给予的。因为在人这里，感性的目的动力（动机），只能是主观的，而理性的目的动力（动因），尽管是客观的，却不是普遍感性的“爱”与好像是“自然的愉快”的“同情心”。但是如果没有理性的情感——这对人类来说不能是分析的同一性的主动原因而只能是先验综合的被动结果——人们就无法感受到作为“尘世中的至善”的“实践的善意”。然而，每一个人都能够感受到“尘世中的至善”的“实践

① ［德］康德：《实践理性批判》，韩水法译，商务印书馆 1999 年版，S. 131，第 143 页；S. 34，第 36 页。

② “与人们仅能归于至上存在者的自满自足相类似。”［德］康德：《实践理性批判》，韩水法译，商务印书馆 1999 年版，S. 118，第 130 页。

的善意”：

> 这不仅在将自己当作目的的人那有偏私［情感的理性存在者］的眼里是需要的，而且在将世界上一般之人视作目的本身的那无偏私的理性［情感的神圣意志存在者的］判断之中也是需要的。因为需要幸福，也配当幸福，却仍然享受不到幸福，这可能与一个理性而同时全能的存在者［并不只是纯粹理性而且也是纯粹理性情感］的完满愿欲是完全不相符的，即使我们仅仅为了［感受到“尘世中的至善”“实践的善意”在理论上］试验而设想这样一个存在者。……倘若［尘世中的］至善依照［出于纯粹理性情感神圣意志的］实践规则是不可能的，那么命令去促进这种［尘世的］至善的道德法则也必定流于幻想，指向空洞想象的目的，从而本身就是虚妄的。①

由于我们每一个或所有的被创造物（有限理性意志存在者）都希望道德法则出于因“爱和同情”而“无偏私”“并无偏爱”的纯粹理性情感（“爱”）的客观动机（这必然可能是普遍的）——不是出于单纯感性情感（如“同情心”）的主观动机（这必然不可能是普遍的）——所以“这个条件我们甚至有权授予上帝的意志”，进而人们才能够说，“对［‘尘世中的至善’幸福感受的期待而不是对来世来生］幸福的希望首先只是与宗教一起发轫的”② ——但并非“只有在宗教参与之后，我们确实才有希望以我们配当幸福所做努力的程度分享幸福”，③ 因为“上帝的命令”“上帝的法则”发轫于“无偏私”“并无偏爱”的“爱”的“实践的善意”，而无待于“我们［为］配当幸福所做努力的程度”的行善结果④——“但是，若非仅仅通过我的［有限］意志与一种神圣的和仁慈的世界创造者的意志契合一致［的努力］，我就不能希望去造

① ［德］康德：《实践理性批判》，韩水法译，商务印书馆1999年版，S. 110，第121—122页；S. 114，第125页。

② ［德］康德：《实践理性批判》，韩水法译，商务印书馆1999年版，S. 130，第143页。

③ ［德］康德：《实践理性批判》，韩水法译，商务印书馆1999年版，S. 130，第142页

④ “以行善为结果。”［德］康德：《道德形而上学》，张荣、李秋零译，载《康德著作全集》第6卷，中国人民大学出版社2007年版，S. 449，第460页。

成这个［尘世中的］至善"[①] 即对上帝"实践的善意"的幸福感受。与设想中纯粹理性情感神圣意志的"善意"（道德法则的发生条件或"存在理由"）不同，有限理性意志存在者：

> 行善施行起来要困难得多，尤其是当它应当不是出自对他人的好感（爱慕），而是出自义务，要牺牲和伤害某些［出于感性本能的自然］情欲而发生的时候。——这种善行是义务。……［对人来说，］善意（善意的爱）作为一种行为可以服从于义务法则［，但不能够反过来说，义务法则服从于善意——笔者补注］……尽我们的能力向他人行善是义务，不论［我们从自然情感上］爱不爱他们。……因为善意始终还是一种义务，哪怕是对于仇视人类者，人们当然不可能［从自然情感上］爱这种人，但毕竟可以［出于义务］向他们表示善意［，包括"惩罚的……善意"[②]——笔者补注］。……行善是义务。……人们有责任向他人行善。[③]

有限理性存在者"并非绝对善良的意志"是分裂的，一方面人拥有纯粹理性的意志，另一方面也拥有受感性影响（尽管不被感性规定而仍然由理性自我规定）的一般理性意志。因而人的纯粹理性和单纯感性情感（经验性综合或者先验综合）的意向形式，与神的纯粹理性情感（分析地同一性）的意向形式无法完全"契合一致"（"理智的情感会是一种矛盾"）。对于人的意志来说，纯粹理性情感的分析的同一性，是一种奢望。因此，在至善目的的理想王国的普遍立法中，人出于纯粹理

---

① ［德］康德：《实践理性批判》，韩水法译，商务印书馆 1999 年版，S. 129，第 142 页。

② "在我们实践理性的理念之中，尚有某种随同违反道德法则而来的东西，亦即违反法则的配当惩罚。享受幸福与惩罚概念本身实在是毫无干系的。因为施行惩罚的人虽然很可以同时心怀善良意图，而使惩罚指向这个目标，然而惩罚作为惩罚，亦即作为自己的单纯祸害，仍然首先必须是有根据的，这样，倘若事情到此为止，而受惩者也察觉不到隐藏在这种严厉之后的善意，他自己必须承认：他是罪有应得，他的遭受与他的行为恰好相符。在每一种惩罚里面，首先必须有正义，这种正义构成了惩罚概念的本质的东西。善意虽然也能够与惩罚结合在一起，但是受惩者因其行为绝无理由将它筹算在内。"［德］康德：《实践理性批判》，韩水法译，商务印书馆 1999 年版，S. 37，第 40 页。

③ ［德］康德：《道德形而上学》，张荣、李秋零译，载《康德著作全集》第 6 卷，中国人民大学出版社 2007 年版，S. 393，第 406 页；S. 401—402，第 413—414 页；S. 473，第 484 页。

性的立法与神出于纯粹理性情感的立法，不可同日而语。

> 诸如爱上帝甚于一切和爱汝邻人如爱己这样一类［出于纯粹理性情感的］命令的可能性与法则是完全符合一致的。因为它正是作为命令，要求敬重那条［出于纯粹理性情感而］以爱命令人的法则，而非听任［感性情感］随意的选择使爱成为原则。但是，对上帝的爱，作为禀好（本能的爱）是不可能的；因为上帝不是感觉的［经验性对象而是纯粹理性情感的超验］对象。这同一种［感性情感的］爱对于人诚然是可能的，但不能被命令；因为没有一个人能够仅仅因命令［而本能地］去爱某人。因此正是［出于纯粹理性情感的］实践的爱［作为命令］在一切法则的那个核心之中［作为法则的发生条件或"存在理由"］才被理解。爱上帝在这个意义上意谓着乐意执行它［出于纯粹理性情感］的命令；爱邻人意谓着乐意对他履行所有［出于纯粹理性情感命令的］职责。但是，那个使［纯粹理性情感的爱］这件事情成为规则的命令也不能命令人们具有这种［纯粹理性情感而］合乎职责的行为中的意向，而只能命令人们努力追求它。因为一个关于人们应当乐意做某事的命令，是自相矛盾的，盖缘如果我们自己已经知道我们有责任去做什么事了，如果我们此外还意识到乐意去做此事，那么这样的命令就是毫无必要的；假如虽然我们做了此事，但并非乐意，而只是出于对法则的敬重，那么使这个敬重成为准则的［主观］动力的［客观］命令，就会恰恰与那个被命令的［主观］意向相抵触［而激发出后者］。所以一切法则之中的那条［"以爱命令人"的］法则，就像《福音书》中的所有道德规矩一样，描述了最为完满的［纯粹理性情感］德性意向，然而它作为没有一个创造物［的有限性］能够达到的神圣性的理想，仍然是我们应当接近并且在一个不断却无限的进程中为之努力的榜样。① 由此我们也可以理解《圣经》中的经文，里面命令我们要爱邻人，甚至要爱我们的敌人。因为［感性的］爱作为一种［本能的］爱好是无法被命令的，但是出于义

① ［德］康德：《实践理性批判》，韩水法译，商务印书馆 1999 年版，S. 83，第 90—91 页。

务本身的善行，即使根本没有任何爱好驱使我们去实行之，甚至还被自然的、难以克服的反感所抵制，却是实践性的而非病理学［即感性］的爱，它在于［神圣］意志，而不在于［感性本能的自然］情感偏好；在于行动［出于爱］的原则，而不在于［感性本能自然情感］温柔的同情心；但唯有这种［纯粹理性情感的］实践性的爱能被命令［地规定人的有限意志甚至包括在其中的纯粹理性意志］。①

单凭出于感性本能的爱的情感——人（类）的任意就受其影响——我们人（类）能够个别地爱亲人、朋友、熟人，却不可能出于纯粹理性情感的爱而普遍地爱邻人、敌人、陌生人，②“因为［对人来说］理智的情感会是一种矛盾”“一个关于人们应当乐意做某事的命令，是自相矛盾的”“作为禀好（本能的爱）……对于人诚然是可能的，但不能被命令；因为没有一个人能够仅仅因命令去爱某人”“不可能由别人赋予义务来具有这种情感”，只有神圣意志出于纯粹理性情感的爱，才必然可能有普遍地爱的慈爱、仁爱、兼爱与博爱，即“实践的善意”“实践的爱”“实践性的爱”“人类之爱”。③

爱是感知的事情，不是意愿的事情，而且我能够爱，不是因为

---

① ［德］康德：《道德形而上学奠基》，杨云飞译，邓晓芒校，人民出版社 2013 年版，S. 399，第 20—21 页。

② “人们当然不可能爱这种人。”［德］康德：《道德形而上学》，张荣、李秋零译，载《康德著作全集》第 6 卷，中国人民大学出版社 2007 年版，S. 402，第 414 页。“一个人对我来说毕竟比另一个人更近，而我在善意中是我自己最近的人……如果一个人对我来说（在善意的义务中）比他人更近，因而我有责任对一个人比对他人有更大的善意，但对我来说我自己承认（即便按照义务）比任何他人都更近，那么，看来我要不与自己相矛盾就不能说：我应当爱每个人如同爱我自己；因为自爱的标准不会准许有程度上的差别——人们马上就看到：这里说的不单是愿望中的善意，这种善意真正说来就是对任何他人的福乐的纯然愉悦，甚至为此可以不作出某种贡献（每一个为自己，上帝为我们），而是一种实际的、实践的善意，亦即使他人的福乐和得救成为自己的目的（行善）。因为在愿望中，我对所有人同样有善意，但在行善时，程度却按照被爱者的不同（他们中的一个人与我的关系比他人更近）而毕竟很为不同，这并不侵犯准则的普遍性。”同上引书，S. 451—452，第 462—463 页。

③ “施莱尔马赫宣称，对有真正宗教情感的人来说，一切教义上的差别都是无关宏旨的，宗教是爱，但它不是爱‘这’和‘那’或某一特定对象，而是对宇宙和无限的爱。”［德］卡西尔：《国家的神话》，张国忠译，熊伟校，浙江人民出版社 1988 年版，第 204 页。

我愿意，但更不是因为我应当（被强制去爱）。因此［对人来说］，一种爱的义务是胡说八道［，但义务的爱不是胡说八道——笔者补注］。……在善意所涉及的不是他人的幸福，而是使自己的所有目的完全并且自由地顺从另一个（哪怕是一个超人的）存在者的目的的地方，人们说的是同时对我们而言是义务的爱。但是，一切义务都是强迫，是一种强制，哪怕它是按照一个法则的自我强制。不过，人们出于强制而做的事，并不是由于爱而这么做的。……对爱来说不可能存在什么义务。……爱和敬重就是伴随着这些义务的执行的［纯粹理性］情感……对邻人的爱，尽管这位邻人［在道德上］可能很少值得敬重；同样，对每个人必要的敬重，尽管他［在道德上］会被评判为几乎不配得到爱。……爱在这里并不是被理解为情感（审美的），即理解为对他人的完善性的愉快，不是被理解为对愉悦的爱（因为不可能由别人赋予义务来具有这种情感），［对神来说，爱必须被设想为法则的条件，］而［对人来说，爱］必须被设想为［以法则为条件的］善意（作为实践）的［主观］准则，它以［实际的］善行为结果。……人类之爱（博爱）由于在这里被设想为实践的［爱的纯粹理性情感］，从而不是被设想为对人身上的愉悦的爱，所以必须被设定在［神的“实践的爱”的］实际的善意中，并因此涉及［人的］行动的［主观］准则。……善意的［主观］准则（实践上的以人为友）是所有人们彼此间的义务，不论人们认为这些人［在道德上］是否值得爱，所依据的伦理学的完善法则：爱你的邻人如爱你自己。……［纯粹理性情感的］善意就是以他人的幸福（福乐）为乐［“至上存在者的自满自足”］；但［人的］行善却是把这种善意当做目的的［主观］准则，而且这方面的［客观］义务就是通过理性［情感的命令］强制主体把这种［主观］准则当做普遍法则来接受。①

因此，爱邻人，爱敌人，爱陌生人，爱所有的人，就是纯粹理性情

① ［德］康德：《道德形而上学》，张荣、李秋零译，载《康德著作全集》第6卷，中国人民大学出版社2007年版，S. 401—402，第413—414页；S. 410，第422页；S. 448，第459页；S. 449，第460页；S. 450，第461页；S. 452，第463页。

感神圣意志给人类规定的“神圣的义务”[①] 即“义务的爱”“爱的义务”[②]“纯然爱的义务”。[③] 感性的爱不能够被命令，但理性的爱（有限理性意志存在者不具备这种爱的天赋）必须也能够被命令，即：神圣意志出于纯粹理性情感的普遍之爱先验综合地强制规定有限理性意志单纯感性情感的个别（特殊）之爱的定言命令——这就是说，对人来说，“爱的义务”是自相矛盾的。但“义务的爱”不是自相矛盾的——出于纯粹理性情感的爱与出于单纯感性情感的爱，是两种异质的爱，所以前者才能够命令后者，如果人（类）要求道德法则不仅出于纯粹理性而且进一步要求道德法则出于纯粹理性情感神圣意志的神圣之爱。这样，道德法则的定言命令，最终应该不仅仅出于纯粹理性意志的意向形式，而是更应该出于纯粹理性情感神圣意志的意向形式，即“义务的实现在于真正意志的［意向］形式”，[④] 而这“真正意志的［意向］形式”“迫使我们的理性判断超出［纯粹理性的意志］世界”，以发现一个能够通过纯粹理性情感神圣意志的意向形式给出“人类之爱”“无偏私”的超验意向目的（客体、对象、质料、内容）的客观法则动力（动因），并将这一客观动力用作我们人（类）道德实践的主观准则动力（动机）。[⑤]

---

① ［德］康德：《道德形而上学》，张荣、李秋零译，载《康德著作全集》第6卷，中国人民大学出版社2007年版，S. 455，第466页。

② ［德］康德：《道德形而上学》，张荣、李秋零译，载《康德著作全集》第6卷，中国人民大学出版社2007年版，S. 402，第414页；S. 470，第482页。

③ ［德］康德：《道德形而上学》，张荣、李秋零译，载《康德著作全集》第6卷，中国人民大学出版社2007年版，S. 464，第476页。

④ ［德］康德：《判断力批判》，邓晓芒译，人民出版社2002年版，第308页。“真正的意志的形式”，李秋零译作“认真的意志的形式”。［德］康德：《判断力批判》，李秋零译，载《康德著作全集》第5卷，中国人民大学出版社2007年版，S. 451，第471页。

⑤ “如果意志不是自在地完全合乎理性（这就像在人身上现实发生的那样）：那么被认为客观上必然的那些行动就是主观偶然的了，而按照客观法则对这样一个意志的规定就是强制，就是说，客观法则与一个并非绝对善良的意志的关系可以被表象为对应该理性存在者的意志的规定，虽然是通过理性的根据规定，但这一意志按照其自然本性而言并不是必然服从这些根据的……这个意志按照其主观性状来说，并不必然地由此被规定（并不成为一种强制）……该意志并不总是因为设想自己做某事会是善的就去做它。”［德］康德：《道德形而上学奠基》，杨云飞译，邓晓芒校，人民出版社2013年版，S. 413，第40—41页。“这个意志不会因为某个行动是善的就马上实施这一行动……该主体的准则还是可能会违背实践理性的客观法则。”同上引书，S. 414，第43页。“某一原则客观上必须要是普遍法则，然而主观上却不能普遍有效，而要允许有例外……由此原则的普遍性就变成了单纯的普适性。”同上引书，S. 424，第57页。“尽管理性存在者即使自己一丝不苟地遵守这些准则，它却不能指望其他每个理性存在者因此也同样信守这些准则。”同上引书，S. 438，第78页。“像我们一样还通过作为另一 （转下页）

另一个人虽然可以强制我去做某种不是我的目的（而只是达到另一个人的目的的手段）的事情，但不能强制我使它成为我的目的，而且如果我不使它成为我的目的，我不可能有任何目的。后者是一个自相矛盾：一个自由行为同时却不自由。——但是，为自己本身设定的一个同时是义务的目的，这并不是矛盾，[①]因为这时是我

（接上页）类动机的感性受到刺激的存在者，在他们那里理性单单为了自己而会去做的事情并不总是会发生。”同上引书，S. 449，第93页。“在实践知识里面，即在单纯处理意志的决定根据的知识里面，人为自己所立的原理并不因此就是他势必服从的法则，因为理性在实践层面只处理主体，亦即欲求能力，而规则会以各种形式取决于欲求能力的特殊性质。”［德］康德：《实践理性批判》，韩水法译，商务印书馆1999年版，S. 20，第18页。“我们也不能假设这种必然性以同样程度存在于一切主体之中。”同上引书，S. 20，第19页。“自由意志并不出于自身被决定去遵循这样一些准则。”同上引书，S. 44，第46—47页。“存在者的理性凭其天性并不必然合乎客观法则。”同上引书，S. 72，第78页。“存在者意愿的主观性质并非自发地符合实践理性的客观法则。”同上引书，S. 79，第86页。“人出自主观原因的准则并非自动地与那些客观的原因相一致。”［德］康德：《道德形而上学》，张荣、李秋零译，载《康德著作全集》第6卷，中国人民大学出版社2007年版，S. 214，第221页。“主体也会在采用其准则时失去自由，而这种自由正是一个出自义务的行动的特征。”同上引书，S. 409，第422页。“由于我们的任意受到感性的刺激，而且这样一来不是自行去适合纯粹的意志，而是常常与之矛盾。”同上引书，S. 221，第228页。“即便是最具理性的尘世存在者，为了规定自己的任意，也可能总是需要某些自己从偏好的客体获得的动机。”［德］康德：《纯然理性界限内的宗教》，李秋零译，载《康德著作全集》第6卷，中国人民大学出版社2007年版，S. 26“注释①”，第25页。

① “爱作为一种爱好是无法被命令的，但是出于义务本身的善行，即使根本没有任何爱好驱使我们去实行之，甚至还被自然的、难以克服的反感所抵制，却是实践性的而非病理学的爱，它在于意志，而不在于情感偏好；在于行动的原则，而不在于温柔的同情心；但惟独这种实践性的爱能被命令。”［德］康德：《道德形而上学奠基》，杨云飞译，邓晓芒校，人民出版社2013年版，S. 399，第21页。“因为这个‘应当’真正说来是一种意愿，这意愿对每一个理性存在者都会有效，其条件是只要理性在它那里没有阻碍地是实践的。”同上引书，S. 449，第93页。“每个人应当自求幸福这样一个命令是愚蠢的；因为人们从不命令每个人去做他已经不可避免地自动要做的事情。”［德］康德：《实践理性批判》，韩水法译，商务印书馆1999年版，S. 37，第39页。“这同一种爱对于人诚然是可能的，但不能被命令；因为没有一个人能够仅仅因命令而去爱某人。……一个关于人们应当乐意做某事的命令，是自相矛盾的，盖缘如果我们自己已经知道有责任去做什么事了，如果我们此外还意识到乐意去做此事，那么这样的命令就是毫无必要的。”同上引书，S. 83，第90页。“一种颁行的信仰乃是无稽之谈……认定这种可能性完全无需命令，承认这种可能性也不需要实践的意向……”同上引书，S. 144，第157页。“承认一般幸福的可能性完全无需命令。”同上引书，S. 144，第158页。“这种信仰不是颁行的，而是既有益于道德的（颁行的）意图而又与理性的理论需求一致的我们判断的自愿决定。”同上引书，S. 146，第159页。“行为应当所由从出的意向是不能由命令灌注进去的，否则这里对活动的鞭策当下就是在手头的和外在的。”同上引书，S. 147，第160页。“自己的幸福虽然是一个所有人（由于其本性的冲动）都具有的目的，但这个目的却永远不能被视为义务而不自相矛盾。每个人不可避免地已经自动想要的东西，就不属于义务的概念；因为义务是强制具有一个不乐意采纳的目的。所以，说（转下页）

自己强制自己，这与自由是完全契合的。……善意（善意的爱）作为一种行为可以服从于义务法则。但是，人们常常把一种对他人无私的善意也（尽管不是本义的）叫做爱；不错，在善意所涉及的不是他人的幸福，而是使自己的所有目的完全并且自由地顺从另一个（哪怕是一个超人的）存在者的目的的地方，人们说的是同时对我们而言是义务的爱。[①]

七、道德良知是纯粹理性反思地还原到纯粹理性情感的自然进程

自由的［纯粹理性］概念（作为一切无条件的实践法则的基本概念）能够把理性扩展到那些［自身］界限之外……从这一［人的纯粹理性的自由］理念中可以推论到那个通常对我们完全隐蔽起来的［纯粹理性情感的神圣意志］存在者的实存和性状。[②]

（接上页）人有义务全力促成其自己的幸福，是自相矛盾的。”［德］康德：《道德形而上学》，张荣、李秋零译，载《康德著作全集》第6卷，中国人民大学出版社2007年版，S. 386，第399页。“不可能存在任何拥有一种道德情感或者获得这样一种道德情感的义务，因为一切责任意识都把道德情感当做基础，以便意识到蕴涵在义务概念中的强制；而是每个人（作为一个道德存在者）心中原本就有这种道德情感。”同上引书，S. 399，第411—412页。“爱是感知的事情，不是意愿的事情，而且我能够爱，不是因为我意愿，但更不是因为我应当（被强制去爱）。因此，一种爱的义务是胡说八道。……但是，人们也常常把一种对他人无私的善意也（尽管不是本义的）叫做爱……不过，人们出于强制而做的事，并不是由于爱而这么做的。”同上引书，S. 401，第413—414页。“惟有对满意的爱才会是直接的。但是，对这种爱（作为一种与一个对象的实存的表象直接结合的愉快），亦即不得不被迫对此感到愉快，这是一个矛盾。”同上引书，S. 402，第414页。“对爱来说不可能存在什么义务。”同上引书，S. 410，第422页。“并不是好像我由此就会有责任爱我自己（因为即使没有义务法则，这种情况照样不可避免地发生，对此并不存在任何义务的承担）。”同上引书，S. 451，第462页。“同一个人格中出自一种义务的情感。”同上引书，S. 469，第481页。“自己的幸福是理性的尘世存在者的主观的终极目的（由于自己的依赖于感性对象的本性，每一个理性的尘世存在者都具有这种主观的终极目的，关于这种目的，说人们应该具有它，是愚蠢的）。”［德］康德：《纯然理性界限内的宗教》，李秋零译，载《康德著作全集》第6卷，中国人民大学出版社2007年版，S. 6“注释①”，第7页。

① ［德］康德：《道德形而上学》，张荣、李秋零译，载《康德著作全集》第6卷，中国人民大学出版社2007年版，S. 381，第394—395页；S. 401，第413—414页。

② ［德］康德：《判断力批判》，李秋零译，载《康德著作全集》第5卷，中国人民大学出版社2007年版，S. 474，第496页；S. 474，第495页。

康德称这一“迫使我们［自己］的理性判断超出这个［纯粹理性的意志］世界”而扩展到道德法则之应然发生的纯粹理性情感神圣意志意向形式的超验条件为“一个与自己［的纯粹理性意志］不同的他者”，就好像是自己当中的“另一个人格”① 的“一位局外人”，② 我们可以称之为自己人格中神性（神圣性）的神格。但是，如果有限存在者希望自己能够与那个“他者”相联结，这个“综合命题总是需要一个第三者”，③ 但是在《道德形而上学奠基》中，康德尚未点明这个“第三者”究竟是谁。

> 除了自律，即那种自身就是自己的法则的意志的［自律］属性之外，意志的自由还能是什么［属性］呢？但是意志在一切行动中都是自身的法则这个命题，只是表达了这个原则：只按照也能把自身作为普遍法则的对象这个［主观］准则而行动。但这正是［道德法则］定言命令的公式和德性的［客观］原则：因此，一个自由的［普遍逻辑形式］原则和一个服从德性法则的［主观意向形式］原则完全是一回事［，即“理性的事实”的客观类型与主观类型“完全是一回事”——笔者补注］。所以如果预设了意志自由，那么仅仅通过剖析它［自由］的概念就能从中得出德性及其原则。然而，该原则毕竟还是一个综合命题：一个绝对善良的意志就是一个其［主观］准则总是能把自身视做普遍法则而［把普遍法则］包括在自身内的意志，因为通过对绝对善良意志概念的剖析，不可能找到准则的那种［总能把法则包括在自身内的］属性。但这种综合命题只有这样才是可能的：两个认识相互之间，通过与某个在其中双方都能被发现的第三者的联系而结合起来。积极的自由概念提供了这个第三者……自由向我们所指明的、对它我们先天地就

① “另一个人格……一个（与一般的人，亦即）与自己不同的他者。”［德］康德：《道德形而上学》，张荣、李秋零译，载《康德著作全集》第 6 卷，中国人民大学出版社 2007 年版，S. 438，第 449 页。

② ［德］康德：《纯然理性界限内的宗教》，李秋零译，载《康德著作全集》第 6 卷，中国人民大学出版社 2007 年版，S. 6，第 7 页。

③ ［德］康德：《纯粹理性批判》，邓晓芒译，人民出版社 2004 年版，A259/B315，第 234 页。“我们为了能够超出一个概念之外，就必须有一个第三者即中介性的知识。”同上引书，A732/B760，第 565 页。

有一个理念［甚至理想］的这个第三者是什么，在这里还不能立即指出来，也不能说明自由概念从纯粹实践理性中的［反思］演绎，甚至连同一种定言命令的可能性……①

到了《道德形而上学》，康德才明确指明了这个由“积极的自由概念提供”的“第三者”就是在人自己的意志当中纯粹理性的“良知”② ——即康德称之为“义务的表象”、孟子称之为“善端”（《孟子·公孙丑上》）③ 的“责任感”主观意向形式——根据康德，正是我们之内的良知“迫使我们［自己］的理性判断超出这个［纯粹理性的意志］世界”导向“上帝”的理念：“一个这样的存在者的概念在先验的理解中来思考，就是关于上帝的［理性］概念，所以纯粹理性的理想就是某种先验神学的对象”。④ 上帝作为被“通盘规定”⑤ 为纯粹理性情感的一个“先验的理想”。⑥ 即人（类）的理性”根据自己“理性的自然素质”⑦“自然的倾向”⑧ 在“跨越这一［理性］边界”的“自然

---

① ［德］康德：《道德形而上学奠基》，杨云飞译，邓晓芒校，人民出版社 2013 年版，S. 446—447，第 90—91 页。

② “这个第三者就是指人的意志作为知性世界的一种主体”“第三者就是这种本质上是知性世界的人的意志”。邓晓芒：《康德〈道德形而上学奠基〉句读》（下），人民出版社 2012 年版，第 685—686 页。

③ “恻隐之心，仁之端也；羞耻之心，义之端也；辞让之心，礼之端也；是非之心，智之端也。人之有是四端也，犹其有四体也。有是四端而自谓不能者，自贼者也。”杨伯峻：《孟子译注》（上），中华书局 1960 年版，第 60 页。

④ ［德］康德：《纯粹理性批判》，邓晓芒译，人民出版社 2004 年版，A580/B608，第 464 页。

⑤ “通盘规定这一原则所涉及的是内容，而不仅仅是逻辑的形式。它是一切应当造成一物之完备概念的那些谓词的综合的原理，而不只是通过两个对立谓词之一而来的分析性表象的原理，它包含有某种先验的预设，即对构成一切可能性的质料的预设，而这质料则应当先天地包含有构成每一物之特殊的可能性的材料。”［德］康德：《纯粹理性批判》，邓晓芒译，人民出版社 2004 年版，A572—573/B600—601，第 458—459 页。“这个理念……把自己纯化为一个先天地得到通盘规定的概念，并因此成了有关一个单独对象的概念，这对象通过这单纯的理念而得到通盘规定，因而必须被称之为纯粹理性的一个理想。”同上引书，A573—574/B601—602，第 459 页。

⑥ ［德］康德：《纯粹理性批判》，邓晓芒译，人民出版社 2004 年版，A572/B600，第 458 页。

⑦ ［德］康德：《纯粹理性批判》，邓晓芒译，人民出版社 2004 年版，A669/B697，第 523 页。

⑧ “人类理性仍有一种自然的倾向要跨越这一边界。”［德］康德：《纯粹理性批判》，邓晓芒译，人民出版社 2004 年版，A642/B670，第 505 页。“这种自然倾向康德认为它是出自于人的一种道德性。”邓晓芒：《康德〈纯粹理性批判〉句读》（上），人民出版社 2010 年版，第 715 页。

进程”[①] 中出于敬重情感超验综合地反思还原的“一个我们永远也不能按其总体性来具体描述的［个体、实体］概念，所以它是建立在一个只在理性［信仰］中占有其位置的理念之上的”[②] “单独存在者……一个［实体、］个体的表象”。[③]

> 我们所说的理想是建立在一个自然的［反思还原进程］而不仅仅是任意的理念之上的。因此我要问；理性如何导致了把诸物的一切可能性都看作是从惟一的、作为基础的、也就是最高实在性的［无条件条件的必然］可能性中派生出来的，并且由此预设了这种可能性是包含在某个特殊的［实体化、个体化］原始存在者之中的呢？……虽然无条件者就其本身和依其单纯概念而言并不是作为现实而被给予出来的，但只有它能够完成那些被引向其根据的诸条件的系列。这就是每个人的理性、哪怕最普通的理性都在［反思地］采取的自然进程，虽然并非每个人的理性都在这上面坚持不懈。人类理性不是从概念开始的，而是从普通经验开始的，所以是以某种实存之物为基础的。但如果这个基地不是立足于绝对必然之物这块不可动摇的磐石上，它就会沉陷。但如果这不可动摇的磐石的外面和底下还有空的空间，而且如果不是它本身充满着一切并因此不再给“为什么”留下任何余地，亦即它就其实在性而言不是无限的，那么，它自己就会失去支撑而悬浮起来。……所以，最实在的存在者这个理想虽然只是一个单纯的［超验］表象，却是首先被清楚意识到、也就是被制作成［超验反思的意向对象的信仰］客体，接着被实体化，最后，通过理性的一种完成统一性的自然［反思还原］进程……甚至被人格化了……如果有物（不论何物）实存，那么也

---

① “每个人的理性、哪怕最普通的理性都在采取的自然进程，虽然并非每个人的理性都在这上面坚持不懈。”［德］康德：《纯粹理性批判》，邓晓芒译，人民出版社2004年版，A584/B612，第466页。“通过理性的一种完成统一性的自然进程。”同上引书，A583/B611“注释①”，第466页。“普通知性的逐步变得明白起来的自然进程。”同上引书，A590/B618，第470页。

② ［德］康德：《纯粹理性批判》，邓晓芒译，人民出版社2004年版，A573/B601，第459页。

③ ［德］康德：《纯粹理性批判》，邓晓芒译，人民出版社2004年版，A576/B604，第461页。

必须承认总有某物以必然的方式实存……直到一个非偶然地、正因此也无条件必然地存有的原因。这就是理性［反思还原地］前进到原始存在者所依据的那个［反思还原的超验综合］论证。[①]

如果理性反思还原的“自然进程”是我们每一个人的实践理性最一般的意向信仰形式——康德称之为人类庸常理性的“理性的事实”——那么人的实践理性反思还原的信仰意向形式就起源于我们每一个人灵魂中纯粹理性的良知。正是纯粹理性的良知，作为具备纯粹理性因而能够联结人的纯粹理性意志和神圣意志的纯粹理性的“第三者”，让我们每一个人都必然可能（反思地还原、理性地信仰、超验综合地）联结自己的任意（先验自由的实践主体）和拥有纯粹理性情感神圣意志（超验实体—理想个体）。于是，在一个超验理想的实体—个体当中，我们就必然可能调节性地实践公设一个纯粹理性情感分析地同一性（不是经验性地综合甚至先验地综合）的神圣意志，用作道德实践客观法则“真正的意志形式”的构成性客观动力（动因）之源。

人对天生是自己的审判者的自己［“同一个意志”中“与自己不同的他者”的“另一个人格”“局外人”有信仰］的义务……每个人都有良知，发现自己由于一个内在的审判者而受到监视、威胁，并且一般而言受到尊重（和畏惧结合在一起的敬重），而这种守护着他心中的法则的力量不是某种他自己给自己（任意地）造就的东西，而是被并入他［生而具有、与生俱来的天赋］的本质的。当他打算逃脱时，良知就如影随形地跟随着他。……这种源始的禀赋、理智的禀赋和（因为它是义务的表象）道德的禀赋，被称为良知，自身包含着独特之处；尽管这种良知的事是人［的理性］与自己［的任意］的事，但人却毕竟发现［自己的任意］被自己的理性所迫使，做这事［好像］是按照另一个人格的［定言］指令……因此，人的良知在一切义务那里都将必须设想一个（与一般

① ［德］康德：《纯粹理性批判》，邓晓芒译，人民出版社 2004 年版，A581/B609，第 464 页；A584/B612，第 466—467 页；A583/B611“注释①［康德自注］”，第 466 页；A584/B612，第 467 页。

的人，亦即）与自己不同的他者，作为他行动的审判者［而且作为他行动的立法者］，如果良知不应当处在与自己的矛盾之中的话。这个他者可以是一个现实的人格［例如“圣贤”尧舜］，或者是理性为自己造就的纯然理想的人格［例如上帝、佛陀］。这样一种理想的人格（已授权的良知［作为“第三者”的］审判者）［——“这个唤起敬重的人格理念，将我们本性的崇高性（依照它的天职）陈于我们的眼前”[①]——］必须是一个［能够联结人的纯粹理性和神圣意志的纯粹理性的］知人心者……但同时，他必须也是最能赋予义务的，也就是说，他必须是这样一个人格，或者被设想为这样一个人格，在与他的关系中一切义务都完全应当被视为他［作为神圣意志］的命令，因为良知对于一切自由行为来说就是内在的审判者。——现在，既然这样一个道德存在者同时必须具有一切（天上和地上的）权力，因为若不然他就不能使其法则产生与之相应［的“实际善意”］的效果（这毕竟是［立法者、统治者和］审判者的职务必然需要的），但这样一个对一切都握有权力的道德存在者就叫做上帝，所以，良知就必须被设想为在上帝面前对应为其行为承担责任的主观原则［即理性信仰意向形式的准则］，的确，后一个［神圣意志的］概念（尽管仅仅是模糊地）将在任何时候都包含在那种道德的自我意识之中。这要说的无非是，人通过他的良知不可避免地把他引向［最高存在者］的理念而有资格，但再说少一点，人通过他的良知而有责任把自身之外的这样一个最高存在者当做现实的来接受；因为这个理念不是客观地，通过理论理性被给予他的，而仅仅是主观地，通过实践的、自己赋予自己义务的、遵从理念而行动的理性被给予他的；而且人借助这种理性，仅仅根据与一切有理性的世间存在者的一个立法者［、统治者和审判者］的类似性，就得到一个纯然的指引，把有良知（它也被称为 religio［宗教］）想象成在一个与我们自己有别、但却对我们来说最亲密地临在的神圣存在者（道德上的立法者［、统治者和审判者］）面前负责任，并且使自己的意志服从正义的规则。一般宗教的概念在此对人来说，纯然是“把人的所有义务评判为神的诫命的一个原则

---

① ［德］康德：《实践理性批判》，韩水法译，商务印书馆 1999 年版，S. 87，第 95 页。

［即法则］”。[①]

这就是说，“良知”作为联结人的意志的纯粹理性和神圣意志的纯粹理性的“第三者”，实际上也就是我们已反复讨论的、人出于敬重情感而反思地还原的理性信仰意向形式的主观准则：“良知就必须被设想为在上帝面前对应为其行为承担责任的主观原则”“人通过他的良知不可避免地把他引向［最高存在者］的理念而有资格”“人通过他的良知而有责任把自身之外的这样一个最高存在者当做现实的来接受”“把有良知想象成在一个与我们自己有别、但却对我们来说最亲密地临在的神圣存在者（道德上的立法者、统治者和审判者）面前负有责任”。于是，良知就扮演了人的道德实践意向形式的双向角色：一方面，良知对自我的审判；另一方面，良知对“他者”的信仰。正因如此，康德才说，“良知……它也被称为 religio［宗教］”。依此类推，我们也就同样可以断言：敬重就是信仰。而超验综合的反思还原也就是神话。

> 既然促进［“实际善意”的尘世中的］至善原本是我们的职责，那么设定这种至善的［必然］可能性［发生条件］就不仅是我们的权限［warrant，正当理由］，[②] 而且也是与作为［道德实践］需求的职责联结在一起的必然性；因为［“实际善意”的尘世中的］至善只有在［纯粹理性情感神圣意志“源始至善”的］上帝的此在的条件下才发生，所以这就将上帝的此在这个先决条件与职责不可分割地联结在一起，亦即认定上帝的此在，在道德上是必然［；“拥有宗教是人对自己的义务”“认定至上的理智存在者的此在与我们的职责意识是联结在一起的”］。这里或应注意：这种道德必然性是主观的，亦即是［道德实践的主观］需求，而不是客观的，亦即它本身不是［理论认识的］职责；因为并不存在任何认定

① ［德］康德：《道德形而上学》，张荣、李秋零译，载《康德著作全集》第 6 卷，中国人民大学出版社 2007 年版，S. 437—440，第 448—450 页。

② “权限［warrant］。”［德］康德：《实践理性批判》，韩水法译，商务印书馆 1999 年版，S. 125，第 137 页。“认定并设定这些超感性的东西的权利［warrant］。”［德］康德：《实践理性批判》，韩水法译，商务印书馆 1999 年版，S. 57，第 61 页。Immanuel Kant，*Critique of Practical Reason*，Translated and Edited by Mary Gregor，Cambridge University Press，1997，S. 125，p. 105；S. 57，p. 49.

某种事物的实存（盖缘这单纯事关理性的理论应用）的［**理论认识的**］职责。[①] 这也不可以做如下理解：认定上帝的此在作为一个

① “希望……这是实践的同时又是理论的。”［德］康德：《纯粹理性批判》邓晓芒译，人民出版社2004年版，A805/B833，第612页。“思辨哲学的一项不容推卸的任务就是……这一义务仅仅是思辨哲学的责任，以便它为实践哲学扫清道路……实践哲学要求思辨理性的只是结束它自己在理论问题上卷入的争执，以便实践理性拥有宁静和免受外来攻击的安全，这攻击可能会对实践哲学想在上面定居的土地向它提出争议。”［德］康德：《道德形而上学奠基》，杨云飞译，邓晓芒校，人民出版社2013年版，S. 456—457，第104—105页。“思辨理性只能将自由概念以或然的，即并非不可思维的方式树立起来，而不能确保它的客观实在性，而且思辨理性如此办理，只是以免将那些它至少必须承认可以思维的东西，假定为不可能，从而危及了理性的存在，使它陷入怀疑主义的深渊之中。”［德］康德：《实践理性批判》，韩水法译，商务印书馆1999年版，S. 3，第1页。“解释欲求能力的客体是如何可能的，因为这作为理论自然知识的任务留给了思辨的理性批判。”同上引书，S. 45，第48页。“意志的因果性是否足以实现客体，这作为有关愿望客体的可能性的研究，就留待理性的理论原则来判断了。”同上引书，S. 45，第48页。“思辨理性必须设定它至少是可能的。”同上引书，S. 47，第50页。“不过，从理论上来考察，它始终是一个纯粹的、先天地被给予的知性概念，它能够运用于对象之上，而不论这些对象是以感性的方式或不是以感性的方式被给予的；虽然在后一种情形下，它没有任何确定的理论意义和运用，而只是知性有关某种一般客体的一种形式的，却仍然本质的思想。”同上引书，S. 50，第53页。“思辨理性敞开一个对它而言乃空虚的位置，即理智世界，以便把无条件者移置在其中。……现在纯粹实践理性用理智世界中一个确定的因果性法则（通过自由），即道德法则，填满了这个虚位。”同上引书，S. 49，第52页。“因为没有任何直观能够构成这种运用的基础，盖缘直观始终只能是感性的，所以本体原因相对于理性的理论应用虽然是一个可能的和可以思想的概念，却仍然是一个空虚的概念。”同上引书，S. 55—56，第60页。“现在一个不以经验为条件的因果性概念虽然在理论上是空洞的（没有与自身相适应的直观），但永远是可能的。”同上引书，S. 56，第60页。“这种认识所能扩展的程度自然止限于为纯粹实践的意图所必需的范围。”同上引书，S. 106，第116页。“这里很清楚：如果为着第一个意图的理性能力不足以肯定地确立某些命题，后者同时也并不与它相矛盾，只要这些命题不可分割地属于纯粹理性的实践关切，尽管作为一个不是在它自己园地里生长的、却仍然得到了充分论证的外来贡献，它就必须认定它们，必须尝试把它们与它作为思辨理性有权把握的东西相比较并且联结起来；但是它必须明白，这些不是它的洞见，而是它应用为着某个别的意图，也就是实践的意图的拓展，这与它限制思辨理性过失的关切是毫无抵触的。”同上引书，S. 121，第133页。“纯粹实践理性的一个公设（所谓公设，我理解的是一种理论的，但在其本身不可证明的命题，它不可分割地附属于无条件有效的先天实践法则）。”同上引书，S. 122，第134页。“并不存在任何认定某种事物的实存（盖缘这单纯事关理性的理论应用）的职责。”同上引书，S. 125，第137—138页。“在这里，只有努力产生和促进世界上的至善才属于职责，这种至善的可能性因而也能够被设定，但是，我们的理性发现，若非以至上的理智存在者为先决条件，这种可能性是无法思想的；于是，认定至上的理智存在者的此在与我们的职责意识是联结在一起的，虽然这个认定本身属于理论理性；然而，就理论理性而言，我们的理性将这种作为解释根据的认定视作假设，但是，在事关一个确实由道德法则给予我们的客体（至善）的可理解性时，从而在事关具有实践意图的需求时，这个认定能够称作信仰，更确切地说，纯粹理性的信仰，因为惟有纯粹理性（既依照其理论的应用亦依照其实践的应用）才是这种信仰所从出的源泉。”同上引书，S. 126，第138页。“这些公设不（转下页）

所有一般义务的［立法］根据是必然的（因为一如已经充分证明的，这个根据仅仅依赖于［纯粹］理性本身的自律）[1]［，也就是说，“道德为了自身起见，绝对不需要宗教，相反，借助于纯粹的实践理性，道德是自给自足的”“比从一个神圣的、全善的意志中引出德性来的那个神学概念好”］。

（接上页）是理论的教条，而是必然的实践关怀的先决条件，因而虽然并不拓展思辨认识，却赋予一般思辨理性的理念（凭借它们与实践领域的关联）以客观实在性，并且证明思辨理性有正当理由持有这些概念，而思辨理性原本连主张它们的可能性也是不敢做的。”同上引书，S. 132，第 144 页。“若非设定三个理论概念（因为它们是单纯的纯粹理性概念，无法为自身觅得相应的直观，从而无法以理论的方式为自身觅得客观实在性），即自由，不朽和上帝，这个至善就是不可能的。然而，实践法则要求至善能够在世界上实存，通过这个实践法则纯粹理性地思辨那些对象的可能性，思辨理性不可能保证的它们的客观实在性，就被设定了……而理论理性因此被证明有正当理由去设定它们。”同上引书，S. 134，第 146—147 页。“思辨理性……从根本上说，仅仅为了确保其实践应用。”同上引书，S. 135，第 148 页。“在这种情况下理论理性所能做的无过于通过范畴单纯地思想那些客体。”同上引书，S. 136，第 149 页。“思辨理性位居旁观，其功绩顶多是修饰并非在其自己园地生长起来的概念，并且不是以来自自然观察的、现在才首次出现的一系列证明，助长这个概念的声威（这已经建立起来了），反而只是凭臆想的理论理性的洞见光大其奢华。”同上引书，S. 140—141，第 154 页。“纯粹理性在其思辨应用中的需求仅仅导至假设，但是纯粹实践理性的需求则导至公设……纯粹实践理性的需求建立在如下职责的基础上：使某种东西（至善）成为我意志的对象并竭尽全力促进它；但是，在这件事上我必须设定对象的可能性，从而也必须设定这种可能性的条件，也就是上帝，自由和不朽，因为我不能凭借思辨理性证明这些条件，虽然我也不能否证它们。”同上引书，S. 142，第 155—156 页。“努力追求一个概念的客体，而这个概念在根本上是空虚而无客体的，这在实践上是不可能的。”同上引书，S. 143，第 156 页。“这是一个有其绝对必然的意图的需求，它证明它的设定不仅作为被允许的假设，而且作为具有实践意图的公设是有正当理由的。”同上引书，S. 143，第 156—157 页。“思辨理性必定无需请求就许可它。”同上引书，S. 144，第 157—158 页。“思辨理性无力以切合这个目的的方式解决交付给它的这个极端重要的任务。”同上引书，S. 146，第 159 页。“这是人们在思辨哲学中所能够要求的最起码的东西，思辨哲学自告奋勇要凭借一个惟一的目的的理念来把道德目的与自然目的结合起来；但是，即便是这件小事，也毕竟远远超过了它所能够提供的。”［德］康德：《判断力批判》，李秋零译，载《康德著作全集》第 5 卷，中国人民大学出版社 2007 年版，S. 454，第 474 页。“信念（作为状态，不是作为行动）是在把对于理论知识来说无法达到的东西视之为真时理性在道德上的思维方式。因此，它是心灵持久的原理，即把为了最高的道德上的终极目的的可能性而必须预设为条件的东西由于对这一终极目的的责任而假定为真的；尽管这一目的的可能性（但它的不可能性也一样）是不能为我们所看出的。”同上引书，S. 471—472，第 493—494 页。“关于上帝和灵魂性状的学说则相反，属于理论哲学……以便此后把这二者与道德法则（它只有在自由的条件下才是可能的）所命令的东西联结起来，并由此确立一种宗教。”同上引书，S. 473，第 495 页。

① ［德］康德：《实践理性批判》，韩水法译，商务印书馆 1999 年版，S. 125—126，第 137—138 页。

但是现在，如果我们设想道德法则不仅应该出于纯粹理性的自律，而且更应该出于纯粹理性情感（有限理性存在者不可能拥有这样的普遍情感、客观情感或超验情感），那么，人的纯粹理性出于敬重情感理性地信仰一个超验的神圣意志，就是必然的道德职责。因为，从纯粹理性界限之内（由有限理性存在者自己）设定一个纯粹理性情感的超验对象，这仍然是纯粹理性的自律。这是因为，不是先有了神圣意志“他者”（被“当做法则”“用作原则”）的客观原则才有了“良知”，而是先有了“良知”（理性信仰意向形式）的主观原则才有了“他者”。

> 基督教的道德原则本身并不是神学的（从而不是他律），是纯粹实践理性自身的自律［的信仰］,[①] 因为这种道德学说不是以［关于］神的［理论］知识及其［外在］意志为这种法则的基础［，因为“基督教的道德原则”来自我们每一个人心中的道德良知，因而仍然是“纯粹实践理性自身的自律”——笔者补注］，而是以它们为在遵循这个法则的条件下达到［“实际善意”的尘世中的］至善的基础，它甚至把遵循这个法则的根本动力不是置于所愿望的遵循法则的后果［“派生的至善”］之中，而只是置于［出于纯粹理性情感神圣意志“爱和同情”“始源至善”的］职责的表象之中，盖缘获得这种［道德］后果的［幸福］配当就在于忠实地遵守［“始源至善”自由—自律的］职责。[②]

---

① “Fides（信念）……这一表述和这个特殊的理念是如何进入道德哲学的，因为它最初是与基督教一道被引入的，而采用这个词也许会显得只是对基督教的语言的一种谄媚的模仿。但是，这并不是惟一的实例，即这个奇特的宗教在其极为朴素的陈述中以比哲学迄今所能够提供的远为确定和纯粹的道德性概念丰富了哲学，而这些概念一旦存在，就被理性自由地赞同，并且作为理性能够而且应当自行想到和引入的概念而被采纳。”［德］康德：《判断力批判》，李秋零译，载《康德著作全集》第5卷，中国人民大学出版社2007年版，S. 471“注释①”，第493页。

② ［德］康德：《实践理性批判》，韩水法译，商务印书馆1999年版，S. 129，第141页。

八、纯粹理性情感神圣意志的爱和同情在尘世中实际的善意

所谓“至善”，根据康德，一般是指“所愿望的遵循法则［而在不朽中德福相配］的后果”，[①] 从而是“最高的派生的善”[②]“派生的至善（极善世界）”，[③] 但同样也是根据康德，“至善”首先是指出于“爱和同情”——康德也称之为“实践的爱”“实践性的爱”“人类之爱

① ［德］康德：《实践理性批判》，韩水法译，商务印书馆 1999 年版，S. 129，第 141 页。

② “至善”的直接意思就是：道德 + 幸福，即道德实践的完整目的、终极目的。“道德法则要求去促进的终极目的并不是义务的根据；因为这根据蕴涵在道德法则之中……促进一切理性存在者的终极目的（幸福，就其与义务一致的可能来说）的意图毕竟正是由义务的法则交付的……既然思辨理性完全确信后者永远不可能发生，相反那些其对象超越了自然的理念却能够无矛盾地来设想，所以它为了它自己的实践法则和由这法则交付的任务，因而出于道德的考虑，就必须承认那些理念是实在的，以免与自身发生矛盾。”［德］康德：《判断力批判》，李秋零译，载《康德著作全集》第 5 卷，中国人民大学出版社 2007 年版，S. 471“注释①”，第 492—493 页。“一个终极目的不可能为理性的任何法则所要求。”同上引书，S. 471“注释①”，第 493 页。康德区分了“最高的善”和“完整的善”。［德］康德：《道德形而上学奠基》，杨云飞译，邓晓芒校，人民出版社 2013 年版，S. 396，第 16 页；S. 412，第 39 页。后者是道德法则的完整目的、终极目的：“有条件的第二位的意图。”前者是道德法则的第一目的：“第一位的和无条件的意图。”同上引书，S. 396，第 16 页。“最高的、无条件的善。”同上引书，S. 401，第 23 页。“自在善。”［德］康德：《实践理性批判》，韩水法译，商务印书馆 1999 年版，S. 62，第 67 页。“自在地善。”同上引书，S. 62，第 67 页。“绝对地善的，在一切方面善的，并且是一切善的无上条件。”同上引书，S. 62，第 67 页。“根本的善。”同上引书，S. 62，第 67 页。“无条件 - 善。”同上引书，S. 74，第 80 页。“自在和绝对善。”同上引书，S. 74，第 80 页。“绝对的善和恶的概念。”同上引书，S. 90，第 97 页。“无上的善（作为至善的第一条件）是德性。”同上引书，S. 119，第 130 页。康德还区分了“最高的派生的善”和“最高的本源的善”，［德］康德：《纯粹理性批判》，邓晓芒译，人民出版社 2004 年版，A810—811/B838—839，第 615 页；A814/B842，第 617 页。后者即道德法则的完整目的、终极目的，而前者是后者的必然可能性实现条件：“至善的可能性。”［德］康德：《实践理性批判》，韩水法译，商务印书馆 1999 年版，S. 124，第 136 页；S. 125，第 137 页；S. 126，第 138 页；S. 136，第 149 页；S. 138，第 151 页；S. 139，第 152 页；S. 142，第 156 页；S. 143，第 156 页；S. 144，第 157 页；S. 145，第 158 页；S. 145，第 159 页。“至善的无上实践条件。”同上引书，S. 126，第 138 页。“至善可能性的全部条件。”同上引书，S. 126，第 138 页。“设定独立不依的至善，亦即上帝的此在而成为至善。”同上引书，S. 132，第 145 页。“至善的客体的可能性。”同上引书，S. 134，第 147 页。“客体的东西之所以可能的必然条件。”同上引书，S. 135，第 147 页。“纯粹实践理性的必然客体（至善）的可能性根据。”同上引书，S. 135，第 148 页。

③ ［德］康德：《实践理性批判》，韩水法译，商务印书馆 1999 年版，S. 125，第 137 页；S. 128，第 141 页。

(博爱)"[①] ——"以爱命令人"的上帝即"道德上最完善的[纯粹理性情感]意志"本身的"最高的本源的善""源始的至善"[②]"独立不依的至善，亦即上帝的此在"。[③]

> 我把对这样一种理智[—情感]的理念称之为[理性信仰对象的]至善的理想，在这种理念中，与最高幸福结合着的道德上最完善的[纯粹理性情感]意志是世上一切[人的当下]幸福[感受]的原因，只要这幸福与德性（作为配得幸福的）具有精确的比例。[为了被"爱和同情"的"实际的善意""实践的善意"而当下感受到"人的幸福"，"敬重那条以爱命令人的法则"而向善的意愿仍然是享福的前提，即人类必须通过愿意自救而被爱——笔者补注]所以纯粹理性只能在这个最高的本源的善的[神圣意志]理想中找到那两个最高的派生的善的[道德+幸福]要素在实践上必然连结的根据，也就是一个理智[-情感]的、即道德的世界的[始源至善的立法]根据。[④]

正是因为神圣意志是纯粹理性情感意向形式与纯粹理性情感意向对象分析的同一性，所以神圣意志出于纯粹理性情感"爱和同情"的

---

① [德]康德：《道德形而上学》，张荣、李秋零译，载《康德著作全集》第6卷，中国人民大学出版社2007年版，S. 450，第461页。"人类之爱。"同上引书，S. 401，第413页；S. 450—451，第461—462页；S. 456—460，第467—471页；S. 466，第478页。"普遍的人类之爱。"同上引书，S. 451，第462页。"普遍的邻人之爱。"同上引书，S. 458，第469页；"爱的义务。"同上引书，S. 470，第482页；"交互之爱。"同上引书，S. 471，第482页。"行善是义务。经常履行这种义务，并且实现了自己的行善意图的人，最后就真的爱上了那个他曾经对之行善的人。所以，如果这叫做你应当爱你的邻人如你自己，那么，它就并不叫做你要直接地（首先）去爱并且借助这种爱（然后）行善，而是叫做对你的邻人行善，并且这种行善将在你心中造成人类之爱（作为一般行善偏好的能力）！"同上引书，S. 402，第414页。

② [德]康德：《实践理性批判》，韩水法译，商务印书馆1999年版，S. 125，第137页。"源始至善。"同上引书，S. 131，第143页。

③ [德]康德：《实践理性批判》，韩水法译，商务印书馆1999年版，S. 132，第145页。"人类文化不是人类自由的意识活动的产物。它来源于某'更高的必然性'——这种必然性是形而上学的，它是无意识地产生作用、进行创造的自然精神。"[德]卡西尔：《国家的神话》，张国忠译，熊伟校，浙江人民出版社1988年版，第201页。

④ [德]康德：《纯粹理性批判》，邓晓芒译，人民出版社2004年版，A810—811/B838—839，第615页。

“始源至善”才必然可能先于在不朽中保证德福相配的“派生的至善”，就已经在尘世中播撒了“实际的善意”“实践的善意”“仁慈”的种子，于是，相比于尘世中“始源的至善”，不朽中“派生的至善”倒在其次了，尽管后者的必然可能性也在理论上无可否定。由于神圣意志作为道德实践“至上的立法者”、统治者和审判者出于纯粹理性情感“爱和同情”“始源的至善”，既是不朽中“派生的至善”、更是尘世上“实际的善意”“实践的善意”共同的“属神意志”“属神目的”的无条件条件，因而“促进这一［‘属神意志’‘属神目的’的］意图则是义务”，[①] 所以有限意志存在者出于敬重情感对神圣意志存在者的理性信仰，也就是道德义务——康德称之为“人对天生是自己的［立法者、统治者和］审判者的自己［应尽］的义务”——尽管我们并不能从理论上证明纯粹理性情感神圣意志作为实体、作为个体理想的超验实在性，就像我们不能从理论上解释：人何以天赋地就拥有道德的“良知”（“善端”），让我们的纯粹理性从纯粹理性意向形式的界限之内，以“第三者”超验综合的意向方式——良知作为“义务的表象”——超越到纯粹理性意向形式界限之外，反思还原地联结于纯粹理性情感的神圣意志即理性信仰的意向对象，作为“以爱命令人的法则”“至上的立法者”。

九、对纯粹理性情感神圣意志的理性信仰是超验综合的道德义务

尽管人们无法从理论上认识上帝的存在，但可以从实践上“认定上帝的此在，在道德上是必然”因而“拥有宗教是人对自己的义务”，康德称这种义务（或责任、职责）为有限理性意志存在者在实践上“至上的天职……［或］天职的法则”。[②]

> 通过作为纯粹实践理性［情感］客体的最终目的的至善概念［即神圣意志在尘世中造成的“实际的善意”“实践的善意”］，道德法则导至［敬重情感理性信仰“良知”的］宗教，亦即导至一

① ［德］康德：《判断力批判》，李秋零译，载《康德著作全集》第5卷，中国人民大学出版社2007年版，S. 472，第494页。

② ［德］康德：《实践理性批判》，韩水法译，商务印书馆1999年版，S. 87，第94页。

切职责乃上帝［出于纯粹理性情感神圣意志的“爱和同情”“以爱命令人的法则”］的命令而非［仅仅同样出于“善意”的］上帝的制裁的认识，亦即它们不是外在［于人的］意志任意的、自身偶然的训示，而是每一个自由意志自身的［自律］本质的法则；但是这种法则仍然必须被看作最高存在者［出于纯粹理性情感神圣意志的爱］的命令，因为我们只有从一个道德上完满的（神圣的和仁慈的）、同时也全能的［神圣］意志那里，从而通过与这个［纯粹理性情感神圣］意志的契合一致才能希望达到至善，而把后者［“实践的善意”］立为我们努力的对象，乃是道德法则为我们造就的［理性情感信仰的］职责……①［上帝存在作为］道德的论证不是要提供上帝存在的一种客观有效的［理论认识—经验］证明，不是要向信念不坚定的人证明有一个上帝存在，而是要向他证明，如果他想在道德上始终如一地思想［“以爱命令人的法则”］，他就必须把这一命题的假定接受进他的实践理性［信仰“良知”的敬重情感意向形式］的准则中去［，作为“以爱命令人的法则”的客观动力——笔者补注］。这也不是要说：假定一切理性的尘世存在者［在不朽中］都有符合其德性的幸福，乃是为了道德性而必要的，相反，它是由于道德性而必要的。因此，它是一个主观上为了道德的存在者［在尘世中获得至善］而充足的论证。②……［良知］是否有能力从这同一些材料出发提供一个至上的、亦即独立的、有理智［—情感］的存在者的这一概念，③使这个存在者也是一个上帝，亦即是一个服从道德法则的世界的创造者，从而对于世界之存在的一个终极目的的［“尘世中的至善”］理念来说是充分地规定了的，这是一个一切的关键所在的问题……［即］为了宗教而要求的一个实践的概念。④……以这样的方式，一种［出于敬重情感理性信仰“良知”意向形式的］神学也就直接地导向了宗教［它也

---

① ［德］康德：《实践理性批判》，韩水法译，商务印书馆1999年版，S. 129，第141页。

② ［德］康德：《判断力批判》，李秋零译，载《康德著作全集》第5卷，中国人民大学出版社2007年版，S. 450“注释①”，第470页。

③ “物本身的本性为理性的统一性提供了材料。”［德］康德：《纯粹理性批判》，邓晓芒译，人民出版社2004年版，A652/B680，第512页。

④ ［德］康德：《判断力批判》，李秋零译，载《康德著作全集》第5卷，中国人民大学出版社2007年版，S. 476，第498页。

可以被称为myth（神话）——笔者补注]，也就是说，导向了对我们［良知］的义务是神的诫命的［神话或神学］知识；因为对我们［良知］的义务和其中由［我们的纯粹］理性交付给我们的终极目的的［理论］知识能够首先确定地产生出上帝［存在］的概念，因而这个［上帝存在的］概念就其［道德的］起源而言就已经与对这个存在者［在道德上良知］的责任不可分割了……［即］上帝的［实践］概念和对上帝的存在的（实践上的）确信产生自道德性的基本理念的那种宗教［或神话］。因为如果我们必须把一个世界创造者的全能、全知等当做从［起源于启示宗教的历史经验等］别的地方给予我们的概念来预设，只不过是为了此后把我们关于义务的概念运用于我们与这世界创造者的［启示］关系，那么这些［义务］概念就必然会严重地带有［非自律地］强制和被迫服从的色彩；相反，如果是对道德法则的敬重完全自由地按照我们自己的理性的规范向我们显示的规定的终极目的，我们就以完全有别于病理学的恐惧的真诚敬畏，把一种与这终极目的及其实现协调一致的原因一起接纳入我们的道德景仰，并自愿地服从于它。……［上帝存在的理念］仅仅对于宗教来说，亦即对于理性［信仰］的实践应用，尤其是道德应用来说，才在主观的意图上是必要的。[①] ……［因此，］承认这种［出于敬重情感的理性］信仰并且认可宗教［或神话］学说是一种普遍的［良知］义务学说的一个不可缺少的部分。……一切宗教，如果人们这样来解释它，说它是“一切作为（类似）神的诫命的义务的总和”，那么，其形式的东西就属于哲学道德，因为由此所表达的只是理性与神的理念的关系……（这些义务与一个属神的、先天地被给予的意志的关系）来思想，这样做的根据只是［实践上］主观的和逻辑［上形式］的。也就是说，不在这里设想一个他者及其意志（普遍立法的理性只是他的代言人），亦即神，我们就不能完全使义务的承担（道德的强制）对我们直观化。——只有这种就神（真正说来是我们给自己制作的关于这样一个存在者的理念）而言的义务才是人对自己的义务……只

① ［德］康德：《判断力批判》，李秋零译，载《康德著作全集》第5卷，中国人民大学出版社2007年版，S. 481—482，第503—505页。

是主观的、在我们自己的立法理性中强化道德动机的责任。①

正如道德原理是“我如果不在自己眼里成为可憎的就不能放弃的”，通过道德原理而导致的宗教同样是“我……不能放弃的”，如果“人是目的”是人的存在的终极目的（“自然目的”②），即至善（道德+幸福），进而，我之所以不能够放弃宗教，仅仅在于，宗教就是纯粹理性情感神圣意志通过人的良知（作为第三者）对人的纯粹理性和任意的强制规定（先验综合），以及人的纯粹理性和任意通过自己的良知对纯粹理性情感神圣意志出于敬重情感的理性信仰（超验综合）的双向意向形式及其先天地所与的意向对象，也就是人应然（必然可能）的本原性（实践的道德超越性）、本真性（信仰的超验真实性）神话原型（神话本体、神话本身或神话自身）存在方式。这样，通过人（类）的良知（“义务的表象……被称为良知”）的意向形式而建构的人与神之间（先验综合规定—超验综合反思）的双向意向形式的形而上学结构，神话学的民俗学现象学—先验论革命就最终还原出作为人（类）之所以能够成为人、作为人而存在的本原性（实践的道德神圣性）、本真性（信仰的超验真实性）存在方式的神话原型。这就是说，如果经验（现实的事实）世界中的神话现象总显现为人与超越自身的超越性对象之间信仰—强制的存在关系，那么这种信仰—强制的存在关系逻辑上首先就存在于联结人的存在现象与本体存在的道德责任（义务、职责）的良知关系中。如若没有人通过自己的良知而建构的人与神之间在道德上信仰—强制的双向意向形式关系——即纯粹形式的意向关系，因为理论无法给予作为意向对象的神的存在以任何质料的经验性证明——人就无法以道德性的存在方式而存在，所以，理性宗教或道德神话就是人作为人而存在的无条件条件。据此，神话学家们完全可以理由充分地说：道德良知必然是神话现象的神话原型，而神话原型也必然就是道德的良知。

---

① ［德］康德：《道德形而上学》，张荣、李秋零译，在《康德著作全集》第6卷，中国人民大学出版社2007年版，S. 487，第497页。

② ［德］康德：《道德形而上学奠基》，杨云飞译，邓晓芒校，人民出版社2013年版，S. 432，第69页；［德］康德：《道德形而上学》，张荣、李秋零译，载《康德著作全集》第6卷，中国人民大学出版社2007年版，S. 424，第433页。

十、对神圣意志理性地信仰的道德义务自然进程是神话的原型

现在，根据人（类）的本原性（实践的道德神圣性）、本真性（信仰的超验真实性）存在方式，神话学家已经可以断言，所谓“神话原型”（神话本体或神话本身、神话自身），或者说，神话现象在逻辑上（不是在时间上）的起源，既不是非理性（感性心理）信仰的意向形式，也不是单纯理性（非感性心理）的意向形式，而是人（类）的纯粹理性和任意出于敬重情感理性（超验综合）地信仰神圣意志（作为道德实践客观法则的客观动因）的反思性、调节性以及纯粹理性情感神圣意志强制（先验综合）地规定人（类）的纯粹理性和任意（作为道德实践主观准则的主观动机）的构成性双向“良知”意向形式。康德深刻地认识到人（类）的理性（即便是纯粹理性）的有限性，所以，康德才考虑从纯粹理性意向形式界限之内，“迫使我们的理性判断超出这个［纯粹理性的意志］世界之外去”设想一个纯粹理性情感（分析地同一的）神圣意志，作为“以爱命令人的法则”的神圣性起源。而人的纯粹理性“良知”之所以必须也能够做到这一点，乃因为，人（类）的“同一个意志”已经“原罪”地自我分化为“在类属上不同”[①] 的纯粹实践理性普遍立法的自由意志与一般实践理性任意选择的自由意志。而人（类）的道德“良知”（“善端”“义务的表象”），作为具备人的意志与神的意志共有的纯粹理性部分的“第三者”意向形式，就能够综合地联结人的意志与神的意志，使人的意志必然可能反思地还原到神的意志，从而保证了道德立法在纯粹理性上的神圣性以及在普遍情感上的纯洁性。由于人的情感只能是本能的、感性的、个别的，所以不被允许参与普遍立法，但道德立法应该出于普遍情感而不是单单出于纯粹理性的“实践的爱”，这就要求一个拥有纯粹理性情感分析的同一性的神圣意志。人（类）的纯粹理性“良知”的“第三者”做到了这一点。一个纯粹理性情感神圣意志“以爱命令人的法则”立法者，通过“良知”（“义务的表象”）出于敬重情感的理性信仰反思还原（超验综合）的意向形式，就这样被设想并设定了。进而，由于神圣意

---

① ［德］康德：《道德形而上学》，张荣、李秋零译，载《康德著作全集》第6卷，中国人民大学出版社2007年版，S. 439“注释①”，第449页。

志是道德“良知”（“义务的表象”）从纯粹理性意向形式界限之内超越到纯粹理性意向形式之外自律地“补充”而“先天所与”的意向对象，而不是首先“启示”地“所与”了神圣意志，然后为神圣意志“补充”了他律的“对神的义务”，就在实践上坚持了道德的自律而避免了他律。

席勒、叔本华曾经同声声讨康德的道德法则纯粹理性起源说；① 但席勒、叔本华都错了。康德并非一味反对任何性质、任何类型的情感参与立法，而只是反对起源于感性本能的自然情感（同情心）参与道德实践的普遍立法，因为起源于感性本能的自然情感（同情心）无法被普遍化为道德实践的客观必然性动力（动因）。但是，起源于纯粹理性（尽管以“易感性”为感性条件）的道德情感同样不能被普遍化为道德实践的客观必然性动力（动因），而只能被普遍化为道德实践的主观必然性动力（动机）。正因如此，在普遍立法的实践问题上，康德既站在人的立场上，拒绝了起源于感性的情感，也拒绝了起源于理性的情感参与普遍立法。与此同时，康德也因此站在了神的立场上，设想并设定了神圣意志分析地同一性的纯粹理性情感参与普遍立法在客观上（对于神圣意志自己来说无所谓主观还是客观）的必然可能性。正是因为在神圣

① “还有一个错误，因为它同任何一个人的感情都相抵触，所以是常被驳斥的；席勒在一篇箴言诗里就曾加以讥刺。这就是那迂腐的规定，硬说一个行为，如果真要是善的，值得称颂的，那么这行为就仅仅只能是由于尊重已认识到的准则和义务概念，只能按照理性在抽象中意识到的规范来完成，而不是由于志趣，不是由于对别人怀有好意，不是由于好心肠的关怀，同情或一时的情绪高昂来完成的……”［德］叔本华：《作为意志和表象的世界》，石冲白译，杨一之校，商务印书馆1982年版，第715页。“一个行为，他［康德］说，除非是单纯地当作一种义务，为了义务的缘故，不是感觉喜欢它而去做的，便没有真正的道德价值；并且，如果一个人，他心中没有同情心，对别人的痛苦漠不关心，在气质上对人冷漠无情，尽管如此，只要他完全出于可怜的义务感而施惠于人，只有这种性格才开始具有价值。这一断言，它是违反真实的道德情操的；这种把无爱尊为至上，它恰恰是和基督教的道德教义相反，后者把爱置于万事之首……这种愚蠢的道德迂拙之论，席勒曾用适切的两首讽刺短诗加以讥讽，诗的题目是《良心的顾忌》与《决定》。”［德］叔本华：《伦理学的两个基本问题》，任立、孟庆时译，商务印书馆1996年版，第155—156页。《良心的疑虑》：“我愿为朋友效劳，可惜我凭爱好而为之，因此我经常感到懊恼，因为我并非有德者。”《决断》：“现在没有别的办法，你得试著轻视它们，然后嫌恶地去做义务命你去做的事情。”转引自李明辉《康德的「道德情感」理论与席勒对康德伦理学的批判》，《揭谛》2004年第7期，第37—76页。“康德宣称如果同情的感情并没有直接地服务于理性的目的，那么它就应该被摈弃，哪怕一个友人正在我们眼前经受痛苦。”［美］迈克尔：《同情的启蒙——18世纪与当代的正义和道德情感》，胡靖译，译林出版社2016年版，第135页。

意志那里，纯粹理性情感是分析的同一性意向形式的“同一个意志”，于是，通过人（类）的纯粹理性“良知”反思地还原出纯粹理性情感神圣意志“以爱命令人的法则”，就最终成就了道德实践之既出于内在于（也超出于）人的纯粹理性“良知”的纯粹理性情感神圣意志的普遍立法也出于道德情感而行出法则的自律性统一性。康德认为，唯有将神圣意志的纯粹理性情感加之于人的纯粹理性之上的道德立法，道德实践才必然可能出于“爱和同情”地维护每一个人的意志（纯粹理性和任意）在道德人格上的自由权利与自律的尊严。

所以，比起席勒、叔本华浅薄、尖刻的嘲讽，康德的思想要深刻得多，也朴素、醇厚得多。而根据康德，真正的道德法则（“法则的那个核心”“一切法则之中的那条法则”）不应该仅仅起源于人的纯粹理性意志，更应该被设想、设定为起源于纯粹理性情感的神圣意志。如果道德实践仅仅在客观上起源于人的纯粹理性意志，即便在主观上也起源于人的理性信仰的敬重情感，那么道德实践也就还没有超出人的界限，但只有超出了人的界限，从人的理性界限之内通过纯粹理性的“良知”反思地还原到神的纯粹理性情感“爱和同情”的“实践的爱”“实践性的爱”“人类之爱（博爱）”的神圣意志“先验的理想”或“先验的原型”,[①] 才能打破人的纯粹理性和任意在“同一个意志”内部“拙劣的循环解释”，在神的（纯粹理性情感分析的同一性）意志和人的（纯粹理性—任意先验综合甚至经验性综合的）意志之间架起一座沟通的桥梁——这座桥梁一头连接着人的并不绝对善良的意志，另一头连接着神的绝对善良的意志——即被康德称为“第三者”的人（类）的“良知”。[②]“良知”是我们作为人（类）的每一个人、所有的人与生俱来、生而具有的道德天赋。出于感性情感、本能情感，以及受感性影响（尽管不被感性决定而仍然由理性决定）的任意，我们每一个人、所有的人

---

① ［德］康德：《纯粹理性批判》，邓晓芒译，人民出版社 2004 年版，A571/B599，包括“注释①”，第 458 页。

② 自由是人生而具有的必然可能性，但道德不是人与生俱来的必然现实性。“德性必须被获得（不是生而具有的）……人的道德能力倘若本身通过决心的力量在与强大的相反偏好的冲突中产生的，它就会不是德性了。德性是出自纯粹实践理性的产品……德性能够并且必须被教授，这是从它并非生而具有得出的；因此，德性论是一种教义。”［德］康德：《道德形而上学》，张荣、李秋零译，载《康德著作全集》第 6 卷，中国人民大学出版社 2007 年版，S. 477，第 487 页。

只可能现实地爱自己的亲人、朋友即自己熟悉的人，却不可能必然地爱自己的邻居、敌人以及所有陌生的人。但幸运的是，尽管并不是先验地就拥有普遍情感，但我们却先验地就拥有纯粹理性的“良知”，这“良知”的“善端”可以调节、引导我们人（类）反思地还原出在人的意志之上、之外的神圣意志。神圣意志是这样一种意志，它是纯粹理性的意志，同时也是纯粹情感的意志，即纯粹理性和纯粹情感分析的同一性的慈爱、仁爱、兼爱或博爱的意志。对于纯粹理性情感分析的同一性神圣意志来说，“它在自身中不屈服任何矛盾”[①] ——尽管站在人的立场上看“理智的情感会是一种矛盾”，但是站在神的立场上看“神圣性在唯一一个对理性［情感分析同一性的］存在者之此在的理智直观里一览无余”[②] ——所以神圣意志可以出于理性情感地爱（爱就是理性的情感，而情感也是理性的爱，不是一个引起另一个的意向间关系）所有的人（包括邻人、敌人等陌生人），只有这样一种出于纯粹理性情感的神圣意志，而不是仅仅出于纯粹理性的人的意志才更能够激发或激起任意对纯粹理性情感的理性信仰的敬重情感的超验综合反思性——或者这样说也可以：如果仅有纯粹理性对任意的先验综合规定性，人的道德性存在就至多是出于理性的实践自由的自律性，但如果再加上纯粹理性情感对纯粹理性—任意的超验综合规定性，人的道德性存在就可能是出于理性情感的先验自由 + 实践自由的自律性——即如若仅仅是纯粹理性的人的意志，借用康德的话说，就只会让人景仰，但景仰还不是敬重。因此，对康德来说，真正的宗教、真正的信仰，也就是真正的神话，是人的纯粹理性“善端”的“良知”和任意出于敬重情感对纯粹理性情感神圣意志“爱和同情”的“实践的爱”“实践性的爱”“人类之爱（博爱）”即“以爱命令人的法则”的理性信仰，从而把神圣意志设想为道德法则的真正立法者，即“把这种［‘良知’意向形式的主观］准则当做普遍法则来接受”，让“主观上［‘良知’的准则］被视作［客观］

---

① ［德］康德：《纯粹理性批判》，邓晓芒译，人民出版社 2004 年版，A623/B651，第 492 页。“在人的本原性存在与实践的信仰—叙事结构中，神话的叙事内容结构就是神话的信仰形式结构，二者是二而一一而二的东西。我讲述一个对象和我认定一个对象，在人的本原存在的实践层面不分伯仲，叙事就是信仰，而信仰也就是叙事。”吕微：《神话信仰—叙事是人的本原的存在（代序）》，载杨利慧等《现代口承神话的民族志研究——以四个汉族社区为个案》，陕西师范大学出版社 2011 年版，第 20 页。见本书下册“附录二”。

② ［德］康德：《实践理性批判》，韩水法译，商务印书馆 1999 年版，S. 123，第 135 页。

动力的德性本身”。[①]

> 通过一个法则下命令者就是立法者。他［这里指“人”——笔者补注］是根据法则的责任［或义务、职责］的创作者，但并不总是法则［本身］的创作者。在后一种情况下，［人作为法则本身的创作者，人自己给自己立的］法则就会是实证的（偶然的）和任意的。先天地和无条件地通过我们自己的理性［发现并用来］约束我们的法则，也可以被表述为产生自［目的王国国王的］最高立法者的［神圣］意志，亦即产生自一个只有法权而没有义务的立法者的［神圣］意志（因而是属神的意志）。但是，这仅仅指的是一个道德存在者的理念，其［神圣］意志对所有人而言都是法则，不过［如果没有人的纯粹理性“善端”“良知”的意向形式，人们当然也就］无须把它［神圣意志］设想为法则［本身］的创作者。[②]

这里，康德阐述了他的一项重要思想：人不是道德法则的“创作者”，而只是道德法则的“发现者”。而且“这个原理无需求索无需发明；它长久以来就在所有人的理性之中，与人的存在融为一体，是德性的原理”。[③] 如果人是法则的“创作者”，那么法则就会是“实证的（偶然的）和任意的”而不是严格地普遍的、客观地必然的，即便法则的“创作者”出于纯粹理性。但是，尽管我们不能设定人的法则的“创作者”，却可以设定神是法则的“创作者”。这是因为，将道德法则设想、设定为“属神意志”的“属神目的”，既避免了人（类）的理性狂妄（以为自己可以“实证”地发明法则），进而也保证了道德法则在起源上神秘性，就像自由的起源、纯粹理性的起源，都是我们人（类）自己的理性无法认识的“理性的事实”。[④] 我们人（类）自己的理性只能

---

① ［德］康德：《实践理性批判》，韩水法译，商务印书馆1999年版，S. 76，第82页。

② ［德］康德：《道德形而上学》，张荣、李秋零译，载《康德著作全集》第6卷，中国人民大学出版社2007年版，S. 227，第235页。

③ ［德］康德：《实践理性批判》，韩水法译，商务印书馆1999年版，S. 105，第115页。

④ “绝对善良的意志，它的原则必须是一个定言命令，它就在一切客体方面不受规定，而只包含一般的意愿的形式，也就是作为自律，即每一个善良意志的准则在使自身 （转下页）

（接上页）成为普遍法则方面的适应性，它本身就是每一个理性存在者的意志自身所承担起来的唯一法则，不必以任何动机或兴趣作为它的基础。这样一个实践的先天综合命题是如何可能的，以及为什么它是必然的……意志的自律不可避免地与这个命题联系在一起，或者毋宁说就是它的基础。”［德］康德：《道德形而上学奠基》，杨云飞译，邓晓芒校，人民出版社2013年版，S. 444—445，第86—87页。“就在他里面可能是纯粹能动性的东西而言，他必须把自己归入智性世界，对这一世界他却没有进一步的认识。”同上引书，S. 451，第97页。“人们永远不能理解自由如何可能。”同上引书，S. 456，第104页。“如果理性胆敢去解释纯粹理性如何可能是实践的，它就会越过自己所有的界限，而这就会与解释自由如何可能的任务完全是一回事了……自由是一个单纯的理念，它的客观实在性不能以任何方式按照自然法则被阐明，从而也不能在任何可能的经验中被阐明；所以，正因为它本身绝不能按照任何一种类比来配上一个实例，它就绝不能被理解，或者那怕只是被认出来。”同上引书，S. 458—459，第108页。“解释意志自由的主观不可能性，和找出并理解人对道德发展中所能怀有的关切的不可能性，这二者是一回事。”同上引书，S. 459—460，第109页。“完全不可能看出，也就是先天地理解到，一个在自身之中不包含任何感性成分的单纯观念如何会产生出一种愉快或者不快的感觉；因为这是一种特殊种类的因果性，对于它，和对于所有的因果性一样，我们根本不能先天地规定任何东西，因此必须仅仅询问经验……在这里，纯粹理性单凭理念（这理念根本不为经验提供任何对象）却应当是某个固然处在经验之中的结果的原因，所以，对于我们人来说完全不可能去解释，作为法则的准则的普遍性、从而德性，如何以及为什么会使我们感到关切。”同上引书，S. 460，第110页。“一个定言命令如何会是可能的这个问题，虽然只能回答到这样的程度：人们能够指出唯一使它成为可能的前提，就是自由的理念……但这个前提本身如何会是可能的，这是通过任何人类理性都永远无法看出来的。”同上引书，S. 461，第111页。“纯粹理性没有其他可以从任何别的地方取来的动机，如何能够单独就是实践的，也就是说，纯粹理性的一切作为法则的准则之普遍有效性这一单纯的原则（这无疑会是一个纯粹实践理性的形式），没有意志的一切质料（对象），以便人们可以事先对之怀有某种关切，又如何能够单独地自己提供一种动机，并导致一种会被称为纯粹道德上的关切，或者换句话说，纯粹理性如何可能是实践的，对此一切人类理性都完全没有能力作出解释，而试图进行解释的一切辛苦和劳作都是白费力气。这种情况就正像我仿佛试图探究自由本身作为一个意志的原因性如何可能一样。因为在这里，我抛开了哲学的解释根据，并且没有任何别的解释根据。”同上引书，S. 461—462，第111—112页。“感性领域……并没有把一切都包括在自身中，而是在它之外还有更多的东西；只是对这更多之物我并无进一步的认识。”同上引书，S. 462，第112页。“在这里，动机必定是完全找不到的，因为否则的话，一个理知世界的这一理念本身就不得不成为动机，或者是成为理性本源地对之怀有一种关切的东西了；但是，使这一点可被理解正好是我们不能解决的课题。”同上引书，S. 462，第113页。“理性不知疲倦地寻求无条件必然的东西，并且发现自己被迫假定它，却没有任何办法使自己去理解它；只要理性能够发现与这个前提相容的概念，就是够幸运的了。所以，对于我们有关道德性的至上原则的演绎没有什么可指责的；相反，人们必定会责备的是一般人类理性，说它不能使一个无条件的实践法则（诸如此类的法则必定是定言命令）在其绝对必然性上能够理解；因为理性不想通过一个条件，即借助任何一种被作为根据的关切来做这件事情，这一点是不能责怪它的，因为那样一来，这法则就不会是道德法则，即自由的至上法则了。这样，我们固然不理解道德命令的实践的无条件的必然性，但我们毕竟理解这命令的不可理解性，这就是对一门力求在原则中达到人类理性的边界的哲学所能公正地要求的一切。”同上引书，S. 463，第114—115页。“理性不以偶然为满足，它不断（转下页）

（接上页）地寻求必然的知识。然而，只有在找到了知识的条件的时候，它才能把握必然。除非条件本身是必然的，理性就得不到满足，所以它就必须去追求条件的条件如此等等，以至无穷。所以，必须设想条件全体的理念，一个全体，如果是全体的话，就不能有进一步的条件了，因此，凡是必然的东西必定是无条件的必然。这样对无条件必然的理念，却不能给我们以知识，因为它没有相应的感性对象。我们已经看到，纯粹实践理性同样也必须设想一个无条件必然的行为法则，对于不完全的理性动因来说，就是定言命令。只有在发现它的条件，我们才能理解一种必然性，一个无条件的必然性，必定是不可理解的。所以，康德完全没有必要以一种似是而非的外貌作出结论，说定言命令的无条件必然性是不可理解的，而我们所理解的只是它的不可理解性。"［美］帕通：《论证分析》，载［德］康德《道德形而上学原理》，苗力田译，上海人民出版社 2005 年版，"附录"，第 141—142 页。"在思辨理性的所有理念里面，自由是我们先天地知道其可能性却仍然不理解的唯一理念，因为它是我们所知道的道德法则的条件。"［德］康德：《实践理性批判》，韩水法译，商务印书馆 1999 年版，S. 4，第 2 页。"一个已由纯粹理性批判证明其有正当理由然而无法经验地描述的因果性概念，这就是自由概念。"同上引书，S. 15，第 13 页。"我们既不能直接意识到自由，盖缘自由的最初概念是消极的，也不能从经验中推论出自由概念，因为经验只让我们认识到现象的法则。从而认识到自然的机械作用，自由的直接对立面。"同上引书，S. 29，第 30 页。"自由作为一个肯定的概念，就需要一种理智的直观，而在这里我们完全不可以认定这种直观。"同上引书，S. 31，第 32 页。"自由概念，构成这些法则的基础。……法则唯有在与意志自由的关联之中才是可能的，但在设定自由之后就是必然的，或者反过来说：自由之所以是必然的，乃是因为这些法则作为实践的公设是必然的。至于道德法则的这个意识，或者与之二而一的自由意识，是如何可能的，无法有其进一步的解释，然而，它们的可容许性在理论批判里面已经得到了相当充分的辩护。"同上引书，S. 46，第 49 页。"一旦我们达到基本的力量或者基本的能力，人类的一切洞见就到了尽头，因为它们的可能性是无法把握的，但也同样是不能随意捏造或认定的。……没有什么经验可以证明这个能力，但是思辨理性必须设定它至少是可能的：这个能力就是自由能力。"同上引书，S. 47，第 49—50 页。"理论理性原来不得不至少认定自由的可能性。"同上引书，S. 48，第 51 页。"由此我确实不认识被赋予这种因果性的对象是一个什么东西……不能把这种思想转变为对于如此行事的存在者的认识，即便仅仅认识其可能性。"同上引书，S. 48—49，第 52 页。"根本不理解，原因概念对于认识这种事物有什么样的决定根据。"同上引书，S. 49，第 53 页。"我们不仅把意志的主体（人类）推想为属于纯粹知性世界，虽然在这样一种关联中它不是为我们所认识的。"同上引书，S. 50，第 54 页。"完全不能承认关于物自身的这样一种先天的认识。"同上引书，S. 53，第 56 页。"对于物自身，人们完全不了解，确实也无法明白。"同上引书，S. 53，第 57 页。"一条法则如何能够自为地和直接地成为意志的决定根据（这也是全部道德性的本质所在），这是一个人类理性无法解决的问题，而与自由意志如何可能这个问题乃是同出一辙的。于是，我们必须先天地指明的，不是道德法则何以在自身给出了一个动力，而是它作为一个动力，在心灵上产生了（更恰当地说，必须产生）什么作用。"同上引书，S. 72，第 78—79 页。"我们不能认识纯粹实践法则作为动力的力量。"同上引书，S. 78，第 85 页。"一种单纯理智的理念对于情感的这种影响是无法为思辨理性所解释的，并且我们也不必感到奇怪我们必须满足于如下一点，即我们所能先天地洞察到的确只限于：在每一个有限的理性存在者那里，这样一种情感是与道德法则的表象不可分割地联结在一起的。"同上引书，S. 80，第 86—87 页。"有效原因的自由就其可能性来说是根本无法洞见的，在感觉世界里尤其如此。如果我们只是能够得到充分的保证，这种自由的不可能性无法证明，并且现在又由设定这种自由的道德法则强制去认定这种自由，也同样通过这个法则而得到证明有理由来认定这种自由，那就是万幸了！"同上引书，S. 94，第 102 页。"我们借此既不认识我们心灵（转下页）

是根据道德法则的义务（或责任、职责）的“创作者”，即通过“义务的表象”也就是“善端”“良知”的意向形式，沟通人与神之间的意向关系，成为“根据法则的责任的创作者”。就像我们说，人类创作了神话，是无稽之谈。神话，作为人之为人应然（应该、应当）且必然可能的本原性、本真性存在方式的无条件条件，是我们人生而具有、与生俱来的天赋。神话，是人（类）的悖论式存在方式。所谓“悖论式存在方式”是说，在神话的存在方式中，人（类）从纯粹理性的意向形式界限之内，超验综合地反思还原到纯粹理性意向形式界限之外的一个超越理性（超经验、超自然）的神圣意志存在者，然后将这个超越性存在者设想、设定为出于纯粹理性情感的道德法则的“创作者”（从人的意志到神的意志再到人的意志），而不是首先根据“启示”把非理性情感的意志设想、设定为人（实体、个体）的“创作者”（从神的意志

（接上页）的本性，也不认识理智世界，也不认识至上存在者……但是，自由是如何可能的，以及人们应该如何在理论上和肯定地表象这类因果性，并不因此被洞见了，而所洞见的无非是，这样一种［自由的］因果性是通过道德法则和为了道德法则设定的。……人类知性永远无法探究到它们的可能性，但是，它们不是真正的概念，这一点是任何诡辩永远也无法从甚至最为庸常之人的信念里夺取的。”同上引书，S. 133—134，第146页。“人认识到自由本身无法理解的特性。”［德］康德：《道德形而上学》，张荣、李秋零译，载《康德著作全集》第6卷，中国人民大学出版社2007年版，S. 379“注释①”，第393页。“德性就是人在遵循自己的义务时准则的力量。——任何力量都只是通过它能够克服障碍才被认识到。”同上引书，S. 394，第407页。“在道德实践关系中不可理解的自由特性通过理性对内在立法意志的影响使自己显露出来。”同上引书，S. 418，第427页。“自由的一个行为不能（像一个自然结果一样）按照全部是现象的结果和其原因的联系这一自然法则来演绎和解释。”同上引书，S. 431，第441页。“灵魂的这种自我认识中的不可理解性。”同上引书，S. 483，第493页。“不能把人格性的禀赋看做是已包含在前一种禀赋的概念之中，而是必须把它看做是一种特殊的禀赋。因为从一个存在者具有理性这一点，根本不能推论说，理性包含着这样一种能力，即无条件地、通过确认自己的准则为普遍立法这样的纯然表象来规定任意，而且理性自身就是实践的；至少就我们所能认识到的来说是这样。……假如这种法则并不是在我们心中给定的，我们借助理性也不能把它作为这样一种法则冥思苦想出来，或者附加给任意。然而，毕竟这种法则中是惟一使我们意识到我们的任意独立于（我们的自由的）其他所有动机的规定，并由此而同时意识到对一切行动负责任的能力的法则。”［德］康德：《纯然理性界限内的宗教》，李秋零译，载《康德著作全集》第6卷，中国人民大学出版社2007年版，S. 26“注释①”，第25页。“对于我们而言，就不存在可理解的根据来说明我们道德上的恶最初可能是从哪里来的。——这种不可理解性……就被看做是我们所完全不能理解的了。”同上引书，S. 43—44，第43—44页。“圣洁起源的禀赋，即便是其不可理解性，也必然对心灵起着振奋的作用。”同上引书，S. 50，第50—51页。“心灵的深处（他的准则最初的主观根据）对他来说本身是无法探究的。”同上引书，S. 51，第52页。

到人的意志），[1] 所以神话原型的理性信仰在实践上应然地是道德的自律而不是他律。

十一、对纯粹理性情感神圣意志的理性信仰能够抑制理性的狂热

出于纯粹理性情感的道德法则而实践的“人类之爱（博爱）”“实际的善意”“实践的善意”一旦进入人的灵魂（“理性的事实”的客观类型），就必然可能激起每一个有限存在者因神圣意志的“爱和同情”（“实践的爱”“实践性的爱”）而感受到因被爱也爱人的“内心有福”[2]（“理性的事实”的主观类型）。这是每一个有限存在者在此生此世（尘世）就能够得到的“道德幸福”，[3] 即“通过未违背职责的意识给予自己的价值”[4] 的“那不曾做过不配幸福［即非道德］的事的人就必须能够有希望分享幸福”[5] ——“因为没有其他人有权要求我牺牲我那并非不道德的目的”[6] ——康德称之为“自我酬报的道德体系”。[7] 这种“自我酬报的道德体系”甚至无待于来世来生（不朽）因德福相配而得到的“派生的至善”。但这里所谓的“酬报”只是因为被“爱和同情”“实际的善意”“实践的善意”所感动进而将这感动传达给所有的他人或别人的“内心有福”，而不是仅仅因为自己出于同情心而爱他人或别人的德行（“爱［人］和行善”）从而“对自己满足的情感”即德性因

---

① “只要人们认定，上帝作为普遍的原初存在者也是实体实存的原因，那么看来人们的确必须承认：人的行为在那种完全不受他支配的东西里，也就是在一个与他全然有别的、他的此在和他的因果性的整个决定完完全全以之为依靠的至上存在者那里，有其决定根据”，尽管对于基督教来说“这个命题是决不容许放弃的”。［德］康德：《实践理性批判》，韩水法译，商务印书馆 1999 年版，S. 100—101，第 110 页。

② ［德］康德：《道德形而上学》，张荣、李秋零译，载《康德著作全集》第 6 卷，中国人民大学出版社 2007 年版，S. 377，第 390 页。“耶稣被圣灵感动就欢乐。”《圣经·新约·路加福音》第 10 节第 21 段“耶稣的欢乐”，中国基督教协会 2002 年版。

③ “在道德幸福和自然幸福之间作出区分。”［德］康德：《道德形而上学》，张荣、李秋零译，载《康德著作全集》第 6 卷，中国人民大学出版社 2007 年版，S. 387，第 400 页。“病理学的愉快与道德的愉快。”同上引书，S. 378，第 390 页。

④ ［德］康德：《实践理性批判》，韩水法译，商务印书馆 1999 年版，S. 155，第 169 页。

⑤ ［德］康德：《纯粹理性批判》，邓晓芒译，人民出版社 2004 年版，A813/B841，第 617 页。

⑥ ［德］康德：《道德形而上学》，张荣、李秋零译，载《康德著作全集》第 6 卷，中国人民大学出版社 2007 年版，S. 388，第 401 页。

⑦ ［德］康德：《纯粹理性批判》，邓晓芒译，人民出版社 2004 年版，A809—810/B837—838，第 615 页。

“对自己的满意”而对“自己的酬报”亦即因德性和德行而陷入的道德自负进而道德自爱。

> 就……责任而言出现了其伦理回报的主观原则，亦即按照德性法则对它们的易感性［道德情感］的主观原则，也就是一种道德上的愉快的原则，这种愉快超出了纯然的对自己的满意，而且人们赞美它；说德性在这种意识中就是他自己的酬报。①

这里是说，尽管人出于感性本能的自然情感而爱人完全不需要法则的命令，但人若希望自己能够出于纯粹理性情感而普遍地爱人却必定需要神圣意志“以爱命令人的法则”。任意要行出慈爱、仁爱、兼爱、博爱的“人类之爱”，没有人的纯粹理性善良意志和任意自内向外（人的纯粹理性和任意对纯粹理性情感神圣意志）的超验综合反思（出于敬重情感的理性信仰），以及纯粹理性情感神圣意志的神圣诫命（真正的道德法则）自外向内（纯粹理性情感神圣意志对人的纯粹理性和任意）的先验综合规定，把神圣意志“以爱命令人的法则”（既是主观准则也是客观法则）用作“人类之爱”的客观原则，以限制人的有限意志的任意性意向性，普遍的“爱和同情”就是不可能的。因此，我们感受到的神圣意志的“爱和同情”，就不是人出于自身善良意志的任意甚至纯粹理性，而是代行神圣意志“人类之爱（博爱）”的德性和德行——对于人自身分裂的纯粹理性和任意来说，慈爱、仁爱、兼爱、博爱的“人类之爱”是难以做到的——但这样也就杜绝了有限存在者仅仅因爱人而“造成对自己的满意”的任何值得夸耀“自己的酬报”资格。进而，如果有限理性意志存在者不是视为“爱和行善”为代行神圣意志“实际的善意”“实践的善意”——“普遍立法的理性只是他［‘属神意志’‘属神目的’］的代言人”——即不是自视为只服从神圣意志的道德本分，而是自视为人通过纯粹理性甚至任意而自我建立的道德功业而感到惬意（自负、自爱），就会僭越神圣意志的立法权威——“因为酬报（白白的奖赏）……仅仅与爱和行善［的‘属神意志’‘属神目

---

①［德］康德：《道德形而上学》，张荣、李秋零译，载《康德著作全集》第6卷，中国人民大学出版社2007年版，S. 391，第404页。

的'］相关。在这样一个［纯粹理性情感神圣意志的］存在者那里更不可能有报酬的要求，而一种［要求］酬报的正义在上帝对人的关系中就是一个矛盾"[①] ——但是一旦人的道德本分沦为道德功业，真正的道德实践反倒不可能了。[②] 康德深刻地认识到，仅仅凭借人（类）的善良意志纯粹理性的意向形式，其最高境界只能是道德法则导致无需任何感性动力参与而单纯由纯粹理性动力指定的实践任务，即消极自由地从意向形式中排除任何非理性情感的意向形式及其意向对象，因而不可能有积极自由的纯粹理性情感意向形式及其"人类之爱（博爱）"的意向对象的"实践任务"。因此，如若人（类）希望实践"爱的德性"而不仅仅是"思的德性"，[③] 就不得不出于敬重情感而理性地信仰一个以纯粹理性情感神圣意志为道德立法者的神话存在方式而存在。但是，二百年前康德这一从人的纯粹理性意志形式界限之内向人的纯粹理性意向形式界限之外的纯粹理性情感神圣意志"延伸"而以敬重情感—理性信仰的存在方式而存在——"实践理性仍然超出了道德法则""超越了道德所包含的义务概念"的纯粹理性——的道德宗教学暨道德神话学思想，如今又有谁能够真正地理解呢？正如李安宅（1935）说过的，"康德打通内外［从纯粹理性意向形式界限之内向纯粹理性意向形式界限之外——笔者补注］的办法，所以成了继往开来的大师。然而他死了一百多年了，真能体会他明白底贡献的还不算十分多，哲学界依然打在［纯粹理性界限之内的］圈子"。[④]

如果"存在着一个上帝，因而在尘世上也存在着一种至善"这个命题（作为信条）仅仅是从道德中产生的话，那么，这个命题就

① ［德］康德：《道德形而上学》，张荣、李秋零译，载《康德著作全集》第6卷，中国人民大学出版社2007年版，S. 489，第499页。

② "但是，所有的东西，包括最崇高的东西，只要人们把他们的理念用来满足自己的需要，就会在人们的手下变得渺小。"［德］康德：《纯然理性界限内的宗教》，李秋零译，《康德著作全集》第6卷，中国人民大学出版社2007年版，S. 7，第9页。

③ "人作为爱之在优先于人作为认识之在、意愿之在，挚爱的德性高于'思'的德性——这是舍勒哲学的基本命题。"［德］舍勒：《爱的秩序》，林克等译，生活·读书·新知三联书店1995年版，封底。

④ 李安宅：《编者按》，［英］马林诺夫斯基：《巫术　科学　宗教与神话》，李安宅译，中国民间文艺出版社1986年版，第62页。李安宅1935年译就《巫术　科学　宗教与神话》，见李安宅《译者序》，同上引书，第6页。

是一个先天综合命题。虽然这个命题仅仅是在实践关系中假定的，但是，它却超越了道德所包含的义务概念［纯粹理性性质的限制］（而且义务概念不以任意的任何质料为前提，而是以其纯粹形式的法则为前提），因而不能以分析［而只能以超验综合反思］的方式从后者［“义务”概念］引申出来。不过，这样一个先天命题是怎样可能的？与所有人的一个道德上的立法者的这个纯然的理念协调一致，这［“道德上的立法者”的理念］虽然与一般义务的道德概念是同一的，而且就此来说，要求这种协调一致的命题［就人的意志与神圣意志都内在地有纯粹理性的成分而言］也是分析的［，但就人的意志与神圣意志不是“同一个意志”来说则是超验综合的关系——笔者补注］，但是，假定一个道德上的立法者的存在，其内涵却超出了这样一个对象的纯然［理性］可能性。……每一个人都应该［出于“实际的善意”“实践的善意”而“爱和行善”］使尘世上可能的至善成为自己的终极目的。这是一个实践的先天综合命题，而且是一个客观实践的、由纯粹理性［通过超验综合而反思地还原到一个神圣意志才必然可能］提出的先天综合命题，因为它［神圣意志］是一个超出了尘世上的义务概念，并附加上了义务的后果（一种［“尘世上可能的至善”］效果）的命题，是一个不包含在［纯粹理性的］道德法则之中、因而不能以分析［而只能以超验综合反思］的方式从［纯粹理性的］道德法则中引申出来的命题。……也就是说，“要使尘世上可能的至善成为你的终极目的”这一命题，是一个先天综合命题。它是由道德法则自身［得以立法的神圣意志］引入的。而这样一来，实践理性仍然超出了道德法则［自身的纯粹理性］，这种超出之所以可能，乃是由于把法则与人的那种必须在法则之外为一切行动设想一个［幸福］目的的自然属性联系起来了（人的这种属性，使人成为经验的对象）；而这一先天综合命题（恰如理论的、同时也是先天综合的命题一样）之所以可能，乃是由于它在根本上包含了在经验中［可以理论地］认识一种自由的任意的规定根据的先天原则，只要这种经验在人的目的中表现出道德性的效果，并作为尘世上的因果性，赋予德性的概念以客观的、即使只是实践的实在性。[1] ……如同由一位［拥有神圣意志的“另一个人格”］局外人作出的，但同时又会感到理性强迫他承认这一判断是他自己的判断。这样一来，人也就证明了自身中在道德上起作用的需要，即要为自己的义务设想一个终极目的，来作为义务的结果。因此，道德不可避免地要导致宗教。这样一来，道德也就延伸到了人之外的一个有［神圣意志］权威的道德立法者的理念。在这个立法者的［神圣］意志中，（创世的）终极目的也就是那种同时能够并且应该是人［在尘世中的至善］的终极目的的东西。如果道德是根据其法则的神圣性来认识极大的敬重的对象，那么，它在宗教的层次上就是根据最高的［创造］、实施的那些法则的原因来想象崇拜的对象，并以崇拜的庄严性表现出来的。……凡是只有在被自由地敬重时才能确实受到崇敬的东西，都必须服从于只有借助强制性法则才能获得其威望的那些形式。[2]

这样，我们通过现象学—先验论观念直观—理念演绎的主观性—客观性反思方法，最终还原出人的任何性质、类型的叙事、表演以及（无论是道德还是非道德）实践的本原性（实践的道德神圣性）、本真性（信仰的超验真实性）理性情感信仰的双向意向形式及其意向对象的神话原型存在方式，即神话现象应然（必然可能）的理想类型（神话本体或神话本身、神话自身），亦即有限理性意志存在者从意向形式的“纯然理性界限内”对纯粹理性情感神圣意志意向形式及其意向对象出于敬重情感的理性信仰的超验综合，并且将神圣意志纯粹理性情感的爱的原则（主观准则与客观法则分析的同一性原则）用作人的纯粹理性和任意的客观法则，先验综合地强制规定纯粹理性和任意的意向形式及其意向对象，从而责成了人的本真性、本原性神话存在方式。因此，我们才有条件据此必然可能的蓝本世界中单一的神话原型，阐明现实的摹本世界中多样的神话现象——无论自然神话现象还是道德神话现象，也无论是启示神话现象还是理性神话现象——的超验起源。尽管后者（自

---

① ［德］康德：《纯然理性界限内的宗教》，李秋零译，载《康德著作全集》第6卷，中国人民大学出版社2007年版，S. 6“注释①”，第7—8页。

② ［德］康德：《纯然理性界限内的宗教》，李秋零译，载《康德著作全集》第6卷，中国人民大学出版社2007年版，S. 6—7，第7—9页。

然神话、启示神话）在时间上偶然或或然现实地先于前者（理性神话、道德神话），但后者在逻辑上必然可能先于前者。换句话说，“虽然恐惧首先能够产生诸神（鬼神），但理性却凭借其道德原则首先产生出上帝的概念……作为一个神祇”① 并作为我们对“神圣知性的［超感性］纯粹直观”而构成了任何神话实践的自由权利与自律（道德）能力的先验条件。②

十二、纯粹实践理性信仰的神话学与启示神话学的学科属性

参考康德对哲学的划分，笔者在本书中把神话学划分为以认识实然事实（神话现象）为目的的理论神话学和以认识应然事实（神话本体）为目的的实践神话学［见关于本书的说明］。而类比于康德对神学和伦理学的划分，笔者在本书中把神话学的研究对象即神话现象划分为自然神话（“启示神学”和“理性神学”都有“自然神学”）和道德神话（道德的“启示神学”是先有神学后有道德学的“神学道德学”，道德的“理性神学”是先有道德学后有神学的“道德神学”）。

如果说神话学的现象学—先验论革命建立在对神话现象应然（必然可能）的神话原型的超验综合反思还原的认识基础上，因而跨越了理论神话学和实践神话学之间的界限，那么，神话学就需要像康德那样进一步思考神话学本身“所属的学科的界限规定的问题”：“宗教学说［这里用‘宗教学说’代指神话学——笔者补注］是必须被视为伦理学的一个部分（因为在这里谈不上人们相互的法权），还是完全处在一种纯粹哲学的道德的界限之外?”即，或者承认：“宗教学说作为对上帝的［崇拜义务而不是对道德法则的敬重］义务的学说，处于纯粹道德哲学的界限之外”，或者“承认这种信仰并且认可宗教学说是一种普遍的义务学说的一个不可缺少的部分”。③

---

① ［德］康德：《判断力批判》，李秋零译，载《康德著作全集》第5卷，中国人民大学出版社2007年版，S. 447，第466页。

② 人的先验感性信仰（非理性心理）能力以人的先验理性信仰能力为存在条件，参见安德明《天人之际的非常对话——甘肃天水地区的农事禳灾研究》，中国社会科学出版社2003年版，第218页。

③ ［德］康德：《道德形而上学》，张荣、李秋零译，载《康德著作全集》第6卷，中国人民大学出版社2007年版，S. 486—487，第496—497页。

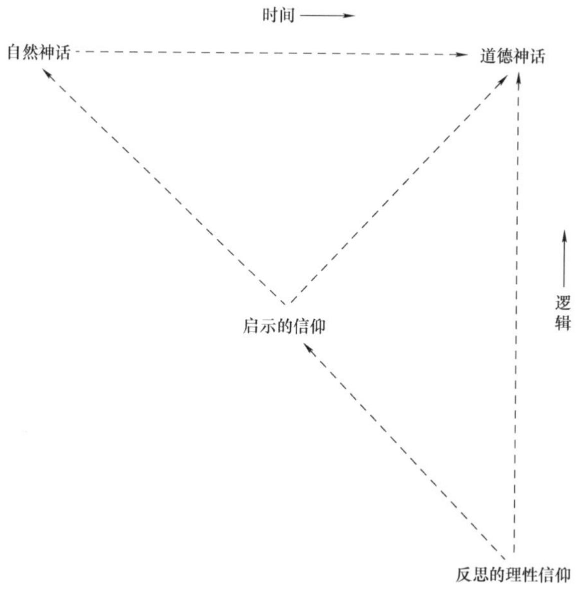

在作为内在立法的纯粹实践哲学的伦理学中，只有人对人的道德关系［“人们相互的法权”“人们的意志是彼此交互限制的，人与人的道德关系具有一种内在（于理性）的原则”①］对我们来说才是可理解的：但在上帝与人之间这方面存在怎样一种关系［“他们之间的道德关系的原则就是超验的”②］，却完全超出了伦理学的界限，而且对我们来说是绝对无法理解的……［因此，］伦理学不能扩展到相互的人类义务的界限之外。……一切宗教，如果人们这样来理解它，说它是“一切作为（类似）神的诫命的义务的总和”，那么，其［合道德法则性形式以及出于道德法则的意向］形式的东西就属于哲学道德，因为由此所表达的只是理性与神的理念的关系，这种理念是理性自己给自己制作的，而在这种情况下，一种宗教义务还没有成为对（erga［神］）作为一个在我们的理念之外实存的存在者的神的［单纯服务于神的义务而不是服从于道德

① ［德］康德：《道德形而上学》，张荣、李秋零译，载《康德著作全集》第 6 卷，中国人民大学出版社 2007 年版，S. 488，第 498 页。

② ［德］康德：《道德形而上学》，张荣、李秋零译，载《康德著作全集》第 6 卷，中国人民大学出版社 2007 年版，S. 488，第 498 页。

的］义务，因为我们在这里还不考虑神［在理论上］的实存。——所有人类［道德］义务都应当按照这种［合道德法则性形式及出于道德法则的意向］形式的东西来思想，这样做的根据只是［在实践上］主观的和逻辑的。也就是说，不在这里［从理性意向形式界限之内超越到理性意向形式之外而］设想一个他者［“局外人”“另一个人格”］及其意志（普遍立法的理性只是［纯粹理性情感神圣意志］他的代言人），亦即神，我们就不能完全使义务［出于纯粹理性情感］的承担（道德的强制）对我们直观化。——只有这种就神（真正说来是我们给自己制作的关于这样一个存在者的理念）而言的义务才是人对自己的［道德］义务，也就是说，不是客观的、对一个［实存的］他者提供某种服务的责任，而只是主观的、在我们自己的立法理性中强化道德［立法的纯粹理性情感的客观］动机的责任。但是，说到宗教的质料［即仅仅对神提供服务而合于法则形式和出于法则的意向形式］的东西、对［实存的］（erga）神［提供服务］的义务的总和，亦即应当为［实存的］神提供的服务，宗教就会能够包含特殊的、不是仅仅从［道德上］普遍立法的理性出发的、因而不能被我们先天地认识而是只能经验性地认识的、从而只是属于启示宗教的、作为［实存的］神的诫命［而为神提供服务］的义务；因此，［启示］宗教也不能任意地预设这种存在者的存在，并不仅仅是［在道德］实践意图中关于这种存在者的观念，而是当做直接地（或者间接地）在［历史和］经验中被给予的［启示］来阐释。但这样一种［启示］宗教，无论它怎样［在历史经验中］有根有据，都毕竟不能构成纯粹哲学的道德的一个部分。因此宗教，作为对神［提供服务］的义务的学说，处在纯粹哲学的伦理学的一切界限之外……［不能］为了伦理学的完整性而把在那种［仅仅在启示］意义上设想的宗教拉入到伦理学中。虽然可以说有一种“纯然理性界限内的宗教”，但这［启示］宗教并不是从纯然理性中派生出来的，而是同时建立在历史学说和启示学说［的经验］之上的，而且仅仅包含着纯粹实践理性与这些学说［在道德上］的一致（即它不与这些学说相冲突）。但在这种情况下，它也就不是纯粹的，而是运用于一种现有历史［和启示经验］的宗教学说，对它来说，在一种作为纯粹实践哲学的伦理学中就没有位置了。[①]

但这并不是说，凡属于启示宗教的自然神话就不可能后天地被附加上经验性（功利性）的伦理功能甚至准先验的道德功能。[②]“说到宗教的质料”，道德神话当然只有纯粹道德性的内容，而自然神话则既有非伦理的内容也可能有功利性伦理的内容但不可能有纯粹道德性的内容。也就是说，自然神话可能“包含着纯粹实践理性与这些学说［在伦理内容上］的一致（即它不与这些学说相冲突）”。自然神话和道德神话都可能或者起源于启示或者起源于理性，而启示神话和理性神话都可能或者产生了自然神话或者产生了道德神话。启示的道德神话是启示在先、道德在后，因而是启示道德神话，而理性的道德神话是理性在前、道德在后，因而是理性的道德神话。道德神话当然只可能起源于纯粹理性，但自然神话则可能既起源于非理性也可能起源于理性，但不是纯粹实践理性而只是一般实践理性。[③]“起源的完全不同质性和差异性才能

① ［德］康德：《道德形而上学》，张荣、李秋零译，载《康德著作全集》第6卷，中国人民大学出版社2007年版，S. 490，第501页；S. 487—488，第497—498页。

② “祈祷在低级文化阶段上就已经在宗教中出现了，但是在这里还没有道德基础。在它里面请求愿望的实现，然而愿望只限于一些个人的利益。只是在较后和较高的道德阶段上，崇拜者才开始把关于帮助立善去恶的祈祷补加到求福中去。祈祷通过这种方式变成了道德的工具。”［英］泰勒：《原始文化——神话、哲学、宗教、语言、艺术和习俗发展之研究》，连树声译，谢继胜、尹虎彬、姜德顺校，上海文艺出版社1992年版，第798—799页。

③ “如果我把神学理解为对原始存在者的知识，那么它要么就是从单纯理性而来的（理性神学），要么就是从启示而来的（天启神学）。前一种神学在这里要么仅仅通过纯粹理性、借助于纯然先验的概念（原始的、最实在的存在者，全部存在的存在者）来设想它的对象，这叫作先验的神学，要么通过一个它从自然中（从我们的灵魂中）借来的概念而将其对象设想为最高理智，这就必须叫作自然的神学。”［德］康德：《纯粹理性批判》，邓晓芒译，人民出版社2004年版，A631/B659，第497—498页。“神学的道德学包含的伦理法则预设了一个最高世界统治者的存有，反之，道德神学则是对一个最高存在者的存有的以伦理法则为根据的确信。”同上引书，A632/B660“注释②［康德自注］”，第499页。“如果我们不以道德法则为基础或用道德法则作引线的话，就任何地方都不可能有什么理性的神学了。”同上引书，A636/B664，第502页。“自然神学是理性从自然的种种目的（它们只能经验性地被认识）推论到自然的至上原因及其属性的尝试。一种道德神学（伦理神学）则是从自然中的理性存在者的道德目的（它能够先天地被认识）推论到那个原因及其属性的尝试。”［德］康德：《判断力批判》，李秋零译，载《康德著作全集》第5卷，中国人民大学出版社2007年版，S. 436，第455页。“但就宗教而言，也就是说，就与作为立法者的上帝相关的道德而言，如果对上帝的理论知识必须先行的话，那么，道德就不得不取决于神学，并且不仅引入一个至上存在者的外在任意的立法来取代理性内在必然的立法，而且在这种立法中，我们对上帝的本性的洞识所具有的一切缺陷也必然延伸到道德规范上来，并如此使宗教变成非道德的而颠倒之。”同上引书，S. 460，第480—481页。“一种伦理神学是完全可能的；因为没有神学，道德虽然能够凭借其规则而存在，但却不是凭借正是这种规则交付的终极意图而存在，没有使理性就这种终极意图而言显露出来。但是，一种（纯粹理性的）神学伦理学是不可能的；因为并非理性原初地自己给予的、理性作为纯粹的实践能力也造成对其遵循的实践法则，就不可能是道德的。”同上引书，S. 485，第507—508页。

确定一门科学的界限”。[1]

就完全处于我们的经验［和理论理性］界限之外，但根据其可能性却在我们［实践理性界限之内］的理念中，例如在关于上帝的理念中发现的东西而言，我们同样也有义务，它被称为宗教义务，亦即“认识我们所有的义务都是（类似于）神的诫命”的义务。但是，这不是对上帝［实存］的义务的［理论］意识。因为既然这个理念完全是从我们在自己的［实践］理性中产生的，是由我们或者是以理论的意图，即为了解释世界整体的合目的性［，即为了不让理论理性与实践理性相互矛盾］，或者也是为了在我们的行为中用于［道德］动机，而自己制作的，所以在这里，我们在自己面前就没有一个被给予的、我们对之必须承担［提供服务的］义务的存在者；因为那样的话，这个存在者的现实性就必须首先通过经验得到证明（［宗教的历史或经验］启示）；相反，这是人对自己的［道德］义务，即把这个不可避免地要呈现给理性的［上帝］理念运用到我们心中的道德法则上去，在此这一点具有极大的道德效益。所以，在这种（实践的）意义上就可以说：拥有宗教是人对自己的义务。[2] ……启示至少也能够把纯粹的理性宗教包容在自身之中，但不能反过来说后者包容着前者的历史性［、经验性启示的］部分，因而我将能够把前者［启示宗教］看做是信仰的一个比较宽泛的领域，它把后者［理性宗教］作为一个比较狭小的领域包容在它自身之中（不是作为两个彼此外在的圆，而是作为两个［交叉、重叠的］同心圆）。在这两个圆的后一个圆内，哲学家必须保持作为纯粹的理性导师（从单纯［实践］的先天原则出发）的身份，因而在这一方面不考虑任何经验［的目的］。从这一立场出发，我也可以进行第二种尝试，即从某种被视为［历史］经验的启示［宗教］开始，并且，在我不考虑纯粹的理性宗教（如果它构成了一个独立存在的体系）的时候，也可以根据道德概念仅仅片面地把

---

① ［德］康德：《纯粹理性批判》，邓晓芒译，人民出版社2004年版，A844/B872，第637页。

② ［德］康德：《道德形而上学》，张荣、李秋零译，载《康德著作全集》第6卷，中国人民大学出版社2007年版，S. 443—444，第454—455页。

> 启示［的道德宗教］视为历史性的体系，并看一看这个体系是否能把人们引回到前面所说的宗教的纯粹［道德性］的理性体系。后者虽然在理论的目的看来不是独立的［，因为这就要经验地证明神的实存］，但在道德实践的目的看来却是独立的，并且对于作为先天的理性概念（在排除掉一切经验性的东西之后还剩下来的［纯粹理性］概念）只存在于这一关系之中的真正的宗教来说，也是足够的。如果这种做法是对的，那么，就可以说，在理性和《圣经》之间不仅可以发现和睦相处，而且可以发现亲如一体的状况，以至于谁遵循其中的一个（在道德概念的指导下），就不会不同另一个保持一致。假如这种做法不对，那么，就会或者一个人信奉两种宗教，而这是荒唐的，或者一个人既有一种［理性］宗教又有一种［因启示而对神的实存的］崇拜。在这种情况下，由于后者并不（像［理性］宗教那样）是［有道德上］自在的目的，而是仅仅作为［服务于道德目的的］手段才具有一种价值，因而二者必然经常为了短时间的相互结合而被搅混在一起，但旋即又像油和水那样彼此分离，并且必然使纯粹道德的东西（理性宗教）浮在上面。①

这就是说，唯有从道德实践的纯粹目的出发，“通过纯粹道德的原理，才能实施从德性论向宗教的跨越，因为若不然，这种宗教的认信［/信仰］就会［在实践目的上］是不纯正的”。② 但是，只要根据“直接地（或者间接地）在［历史和］经验之被给予的［启示］来阐释”神的存在，启示宗教所谓“正确可靠的先验洞察……［就会在］任何时候都是有缺陷的”，③ 例如不同启示的宗教就是对不同神祇或者出于道德目的或者出于非道德目的、或者出于理性敬重或者出于畏惧心理的道德信仰和自然崇拜。因此康德认为，“这样一种［在历史上起源于启

---

① ［德］康德：《纯然理性界限内的宗教》，李秋零译，载《康德著作全集》第6卷，中国人民大学出版社2007年版，S. 12—13，第13—14页。

② ［德］康德：《道德形而上学》，张荣、李秋零译，载《康德著作全集》第6卷，中国人民大学出版社2007年版，S. 478，第488页。

③ ［德］康德：《纯粹理性批判》，邓晓芒译，人民出版社2004年版，A818/B846，第620页。

示经验的］宗教，无论它怎样地［因“体验之真”[①]而在经验中］有根有据，都毕竟不能［立即就］构成纯粹哲学的道德的一个部分”，尽管理性宗教与启示宗教之间在道德信仰上会有交叉、重叠的部分——启示宗教、理性宗教都能够至少被赋予道德执法的“威胁”功能，例如“头顶三尺有神灵”因而“人在做天在看”——因为，这样一种“宗教，作为对神［提供服务］的义务的学说，处在纯粹哲学的伦理学的一切［理性］界限之外”，尽管处在经验界限之内。同样，如果神话现象也“并不是从纯然理性［的道德意图］中派生出来……这种情况下，它也就不是纯粹［理性界限之内］的”神话，尽管这些神话现象也或然地“包含着纯粹实践理性与这些［神话启示］学说的一致（即它不与这些学说相冲突）”的部分。当然，这样一些神话现象“在一种作为纯粹实践性质的伦理学中就没有［‘一个部分’］的位置了”。但反过来说，起源于纯粹实践理性的神话，尽管其信仰对象超出经验界限之外，但作为“［理性信仰意向］形式的东西”仍然自我限定在理性界限之内，而不是理性界限之外的神话、信仰和宗教。

> 因为这些道德法则恰好是由其［纯粹理性］内部的实践必然性而把我们引向一个［纯粹理性意向形式界限之外的］独立原因的［实践］预设或一个智慧的世界统治者的［实践］预设的，为的是赋予那些法则以［出于纯粹理性情感的立法］效力，所以我们就不能根据这种［立法］效力反过来又把道德法则看做是偶然的和由单

---

① “真理融贯意义上的‘真’，实即向贝拉及林贝所谓的‘语言—文化共同体’退却，向具体的语境退却，也就是到各个信仰体系、实践共同体内部寻找命题的真假判断标准。但是由于各个体系内部、共同体内部有不同的标准，因此对同一信念命题也就产生了不同的真假判断。”周伟驰：《彼此内外——宗教哲学的新齐物论》，宗教文化出版社 2008 年版，第 36—37 页。“基督教信仰中，‘耶稣是一个确实在历史上出现过的人’是一个历史知识意义上的命题，原则上是可以经由历史的考证证实的，因此在这点上我们不能说‘耶稣确有其人’与‘没有耶稣这个人’两个判断都同时为真。但是，假如承认历史上确有耶稣其人，‘耶稣是基督’这个命题则可以说是一个宗教信念命题。它对于基督徒来说是真，对犹太人来说是假。对于这样的命题，我们无法用一个统一的标准来判定孰真孰假。我们只能说，基督徒经验到耶稣为基督，但犹太人并没有经验到。基督徒经验到了，因此‘耶稣是基督’对他们确实为真。犹太人没有经验到，因此在没有经验到时说‘耶稣不是基督’也确实合理。二者都有经验以及背景信念作为支撑，即可以达到所谓的‘真理融贯论’，将两个相反的命题毫不矛盾地融入自己的信念体系中，从而在各自的体系中都为真。”同上引书，“对‘体认为真’的进一步深化”，第 35—36 页。

> 纯的［外部］意志推出来的，尤其不能看成由这样一个我们若不依照道德法则来构想就对其完全没有［理性］概念的［神的外部］意志推出来的。只要实践理性有权引导我们，我们就不会由于行动是上帝的命令而把这些行动看做是［为外部意志提供服务的］义务性的，相反，我们之所以把它们［道德法则］看做是神的命令，倒是由于我们［首先］从内心感到有义务［的主观间客观性需要］。我们将会在以理性原则为根据的合［纯粹理性情感神圣意志］目的性的统一之下来探讨自由［立法］，并且我们只有把出自理性本性的行动本身教给我们的那个道德法则保持神圣性，我们才相信自己是合乎神的意志的，而我们只有通过促进我们自己和别人身上的［尘］世上的至善［即神圣意志出于“爱和同情”“属神意志”“属神目的”“实际的善意”“实践的善意”在尘世中造成“人的幸福”感受的“人类之爱（博爱）”的直接结果］，才相信自己是服务于神的［纯粹理性情感神圣］意志的。①

只要“义务性”是服务于外部意志，且“人们出于个人利益仍然遵守它”，② 都只能是道德的他律，即便外部意志被附加了道德执法（奖惩）的伦理功能；反过来说，只有服从内部意志的“义务性”才可能是道德的自律。但有一点，如果我们的内部意志，仅仅是纯粹理性，那么道德法则的动力（及其结果），就仍然不是每一个人或所有的人的纯粹理性意愿（动机）甚至神的纯粹理性情感完满意愿（动因）所愿意的。尽管出于道德法则的纯粹理性动力，也能够造成一个合于纯粹理性意向形式但不是出于纯粹理性情感意向形式的所谓“道德世界”。即“如果［前者］这样一种［纯粹理性的］思维方式成为普遍的自然法则，人类当然还会安然无恙……［或者说，］根据准则的一种普遍的自然法则依然很好地存在是可能的，然而［让人们在情感甚至在理性上普遍地］愿意这样一条原则作为自然法则而处处有效却是不可能的”。但是，如果我们内部意志的纯粹理性把道德法则的动力托付于神圣意

① ［德］康德：《纯粹理性批判》，邓晓芒译，人民出版社 2004 年版，A818—819/B846—847，包括“德文编者注释①”，第 620—621 页。“神圣性”，邓晓芒译作“圣洁”。

② ［德］康德：《实践理性批判》，韩水法译，商务印书馆 1999 年版，S. 152，第 165—166 页。

志——这神圣意志仍然在人的意志内部，用康德话说，“这种［神圣意志的］理念是理性自己给自己制作的”，“真正说来是我们给自己制作的关于这样一个［神圣意志］存在者的理念”，因而神圣意志存在者就仍然是一个“纯然理性界限内……”存在的理念——那么道德法则就会以其纯粹理性情感的内在性神圣性动力，自律地给出一个不仅出于纯粹理性意向形式而且也出于纯粹理性情感意向形式的意向对象（让每一个人或所有的人都能够被爱并且因被爱而能够爱人），并且是每一个人或所有的人出于纯粹理性就能够设想并且出于情感普遍地愿意的一个由神圣意志立法并执法而行出“人类之爱”的道德法则的至善理想的目的王国。正因如此，人的纯粹理性善良意志即“良知”才把纯粹理性情感的神圣意志内在地设想为道德法则的神圣性动力，而纯粹理性善良意志的“良知”携领着从属于自身“同一个意志”的任意出于敬重情感而理性地信仰这个道德法则的真正立法者和执法者。这样，我们也就可以纠正康德《实践理性批判》“辩证论”关于宗教起源于道德法则“至善［道德+幸福］”“目的的整体”① 之必然可能性的实现条件——上帝作为“手段的……因果性”② 即“仅仅作为手段才具有一种价值”③ 即“对于想达到目的人要求他对于手段有愿望”④ 的“同一个意志”的“纯粹思辨理性的一个分析原理”，⑤ 同时也是实践的“一个分析命题”⑥“一个分析的实践命题”⑦ ——的理性信仰工具论。⑧ 即，如果我

---

① ［德］康德：《实践理性批判》，韩水法译，商务印书馆1999年版，S. 87，第94页。

② ［德］康德：《判断力批判》，李秋零译，载《康德著作全集》第5卷，中国人民大学出版社2007年版，S. 450，第470页。

③ ［德］康德：《纯然理性界限内的宗教》，李秋零译，载《康德著作全集》第6卷，中国人民大学出版社2007年版，S. 13，第14页。

④ ［德］康德：《道德形而上学奠基》，杨云飞译，邓晓芒校，人民出版社2013年版，S. 419，第49页。

⑤ ［德］康德：《实践理性批判》，韩水法译，商务印书馆1999年版，S. 48，第51页。

⑥ ［德］康德：《道德形而上学奠基》，杨云飞译，邓晓芒校，人民出版社2013年版，S. 417，第47页。

⑦ ［德］康德：《道德形而上学奠基》，杨云飞译，邓晓芒校，人民出版社2013年版，S. 419，第49页。

⑧ “既然有一些实践法则是绝对必要的（即道德法则），所以如果这些法则有必要把任何一个存有预设为它们的约束力的可能性条件，那这存有就必须被要求，这是因为，这个推论由以出发走向这样确定的条件的那个有条件者本身是先天地被认作绝对必要的。”（转下页）

（接上页）［德］康德：《纯粹理性批判》，邓晓芒译，人民出版社2004年版，A634/B662，第500页。“只有当我们把一个依照道德法则发布命令的最高理性同时又作为自然的原因而置于基础的位置上时，才可以有希望。”同上引书，A810/B838，第615页。“我把对这样一种理智的理念称之为至善的理想，在这种理念中，与最高幸福结合着的道德上最完善的意志是世上一切幸福的原因，只要这幸福与德性（作为配得幸福的）具有精确的比例。所以纯粹理性只能在这个最高的本源的善的理想中找到那两个最高的派生的善的要素在实践上必然连结的根据，也就是一个理知的、即道德的世界的根据。既然我们必须通过理性把自己设想为必然属于这样一个世界的，哪怕感官世界向我们呈现出的只不过是一个现象的世界，则我们也必须假定那个道德世界是我们在感官世界中的行为的一个后果，而由于感官世界并未向我们显露出那种连结，所以必须假定那个道德世界是我们未来的世界。所以上帝和来世是两个按照纯粹理性的原则而与这同一个理性让我们承担的义务不可分的预设。”同上引书，A811/B839，第615—616页。“这样一个统治者，连同在我们必须看做来世的这样一个世界中的生活，都是它所不得不假定的，要么，它就必须把道德法则看做空洞的幻影，因为道德法则的必然后果（理性把这后果与道德法则连结起来）没有那种预设就必然会取消。”同上引书，A811/B839，第616页。“没有一个上帝和一个我们现在看不见但却希望着的世界，德性的这些高尚的理念虽然是赞许和惊叹的对象，但却不是立意和实行的动机，因为它们并未实现那对于每一个理性存在者是自然的、而且被同一个纯粹理性先天规定的、也是必然的全部目的。”同上引书，A813/B841，第617页。“只有一个惟一的条件可以使这个目的与所有的目的全都关联起来，并使之具有实践的效力，这就是：有一个上帝和一个来世；我甚至完全确定地知道，没有人会知道可以在道德法则之下导致诸目的的这种统一的其他条件。”同上引书，A828/B856，第626页。“上帝和不朽的理念不是道德法则的条件，而只是被这条法则所决定的意志的必然客体的条件，这就是说，是我们纯粹理性的单纯实践应用的条件。于是，对于这些理念，不仅我不想说及现实性，而且甚至我们也不能断言认识和理解它们的可能性。然而它们却是道德上受决定的意志运用于其先天所与的客体（至善）时的条件。因此，在这种实践的关联里，它们的可能性是能够而且必须被认定的，虽然并未从理论上认识它们，理解他们。因为就实践的意图而言，这些理念不包含任何内在的不可能（矛盾），对于后一个要求就足够了。这里与思辨理性相比较，现在有一个信念的单纯主观的根据，不过这个根据对于一个同样纯粹却又实践的理性来说则的客观有效的，而且这个根据凭借自由概念还使上帝和不朽两个理念获得了客观实在性和权限，甚至还带来非认定这些理念不可的主观必然性（纯粹理性的一种需要）。……这种需要乃是一种法则的需要：认定某种东西，而假若没有它，那么人们能应当谨严地树立为自己所作所为的意图的那种东西就不会发生。”［德］康德：《实践理性批判》，韩水法译，商务印书馆1999年版，S. 4—5，第2—3页。“上帝的意志，如果人们把与它契合一致，而不是把先行的独立于上帝理念的实践原则当作意志的客体，只有通过我们期望于它的幸福才能成为意志的动机。”同上引书，S. 41，第43页。“但是因为这种联结为人认识到是先天的，从而是实践必然的，而不是从经验里面推论出来的，并且至善的可能性因此也不依赖于任何经验的原则，所以这个概念的演绎必须是先验的。通过意志自由产生至善，这是先天地（在道德上）必然的；因此至善可能的条件也必定单单依赖于先天的认识根据。”同上引书，S. 113，第124页。“法则必定……导致至善的第二个元素的可能性，也就是与那德性切合的幸福的可能性，它这样做必须以与这种结果相适合的原因的此在为先决条件，这就是说，它必须设定上帝的实存，作为必然属于至善（它是与纯粹理性的立法必然联结在一起的我们意志的客体）的可能性。”同上引书，S. 124，第136页。“在纯粹理性的实践任务里面，亦即在对于至善的必然追求之中，这样一种联系是被设定为必然的：我们应当设法促进至善（它因此也必定是可能的）。”同上引书，（转下页）

（接上页）S. 125，第136—137页。“自然的无上原因，只要它必须为了至善而被设定，就是这样一个存在者，它通过知性和意志成为自然的原因（从而是自然的创作者），亦即上帝。因此，派生的至善（极善世界）可能性的公设同时就是一个源始的至善的现实性的公设，也就是上帝实存的公设。既然促进至善原本是我们的职责，那么设定这种至善的可能性就不仅是我们的权限，而且也是与作为需求的职责联结在一起的必然性；因为至善只有在上帝的此在的条件下才发生，所以这就将上帝的此在这个先决条件与职责不可分割地联结在一起，亦即认定上帝的此在，在道德上是必然。这里或应注意：这种道德必然性是主观的，亦即是需求，而不是客观的，亦即它本身不是职责；因为并不存在任何认定某种事物的实存（盖缘这单纯事关理性的理论应用）的职责。这也不可以做如下理解：认定上帝的此在作为一个所有一般义务的根据是必然的（因为一如已经充分证明的，这个根据仅仅依赖于理性本身的自律）。在这里，只有努力产生和促进世界上的至善才属于职责，这种至善的可能性因而也能够被设定，但是，我们的理性发现，若非以至上的理智存在者为先决条件，这种可能性是无法思想的；于是，认定至上的理智存在者的此在与我们的职责意识是联结在一起的，虽然这个认定本身属于理论理性……”同上引书，S. 125—126，第137—138页。“通过使派生的至善成为可能的神圣创造者。”同上引书，S. 129，第141页。“若非仅仅通过我的意志与一个神圣的和仁慈的世界创造者的意志契合一致，我就不能希望去造成这个至善。”同上引书，S. 129，第142页。“对幸福的希望首先只是与宗教一起发轫的。”同上引书，S. 130，第143页。“一个理智世界通过设定独立不依的至善，亦即上帝的此在而成为至善。”同上引书，S. 132，第145页。“为思辨理性虽然必须思想、却又必须任其作为先验理想而无规定的东西，即源始存在者的神学概念提供了意义（为了实践的意图，即作为由那个法则决定的意志之对象的可能性条件），即理智世界里至善的无上原则，后者是凭借在同一世界秉政的道德立法的。”同上引书，S. 133，第145页。“实现纯粹实践理性的必然客体（至善）的可能性根据。”同上引书，S. 135，第148页。“但这种实在性始终只是在与道德法则的施行相关联时（而不为思辨的鹄的）被赋予的。”同上引书，S. 138，第151页。“只有在以具有至上完满性的世界创造者为先决条件时，道德原理才允许它有可能性。”同上引书，S. 140，第153页。“通过对于我们自己的敬重进入我们自由的意识的方便之门”以“裁成对自己的信任，而若无这种信任……道德意向和这样一种品格的意识，人类之中的至善，就完全不能够发生”。同上引书，S. 161，第176页；S. 157，第171—172页。“道德法则作为应用我们的自由的形式上的理性条件，独自就使我们负有义务，无须依赖某个目的来作为质料上的条件；但是，它毕竟也为我们乃至先天地规定了一个终极目的，它使我们有义务追求这一目的，而这一目的也就是通过自由而得以可能的尘世中的至善。人（而且按照我们的一切概念，也是每一个理性的有限存在者）是上述法则之下能够为自己设定一个终极目的，其主观的条件就是幸福。因此，在尘世上可能的、应当尽我们所能当做终极目的来促进的自然至善，就是幸福：其客观条件就是人与道德性亦即配享幸福的法则的一致。但是，按照我们的所有理性能力，我们都不可能把通过道德法则为我们提出的终极目的的这个两个［道德＋幸福的］要素表象为通过纯然的自然原因联结起来的、适合上述终极目的的理念的。因此，如果我们不把除自然的因果性之外的另一种（手段的）因果性与我们的自由联结起来，这样一个目的通过运用我们的力量的实践必然性的概念，就与实现这一目的的自然可能性的理论概念不相一致。因此，我们必须假定一个道德的世界原因（一个世界创造者），以便按照道德法则为我们预设一个终极目的；而后者在多大程度上是必要的，假定前者也就在多大程度上（亦即在同样的等级上和出自同样的理由）是必要的：也就是说，有一个上（转下页）

们不再视上帝为道德法则“派生的至善”目的的实现条件（正义审判者），而是视之为“决不能为任何人（甚至上帝）单单用作手段”①的道德法则“始源的至善”目的本身的发生条件（神圣立法者、仁慈统治者），②那么因道德而导致的宗教（我的目的就是神的目的，神的目的也是我的目的；而不是说神的手段才是我的目的，神的目的就是我的手段），就会成就人的本原性（实践的道德超越性）、本真性（信仰的超验真实性）存在方式，即与人之所以能够作为人、成为人而存在相始终的纯粹实践理性情感信仰双向意向形式的神话原型的必然可能性，而所有神话现象，无论道德神话现象还是自然神话现象，都将以此神话原型为本质条件。

（接上页）帝存在。”［德］康德：《判断力批判》，李秋零译，载《康德著作全集》第5卷，中国人民大学出版社2007年版，S. 450，第469—470页。“这样，他就必须在实践方面，也就是说，至少为了对在道德上给他规定的终极目的的可能性形成一个概念，而假定一个道德上的世界创造者的存在，也就是说，假定上帝的存在……”同上引书，S. 453，第472页。“没有一位世界的创造者和同时是立法者的统治者，我们就根本不能使自己理解这样一种与道德法则及其客体相关的、存在于这种终极目的中的合目的性的可能性。”同上引书，S. 455，第475页。“一个最高的道德上立法的创造者的现实性只是对于我们理性的实践应用来说才得到了充分的阐明。”同上引书，S. 456，第475页。“我们的理性为了它无论如何通过其自己的立法交付给我们的目的的可能性而需要一个理念。”同上引书，S. 456，第476页。“上帝的理念的客观实在性，作为道德的世界创造者的客观实在性。”同上引书，S. 456，第476页。“关于上帝的概念惟有通过与我们的义务的客体的关系，作为实现这种义务的终极目的之可能性的条件，才获得在我们的视之为真中被视为信念之事的优先权；与此相反，这同一个概念毕竟不能使它的客体作为事实生效，因为虽然义务的必然性对于实践理性来说是非常清楚的，但达到义务的终极目的，就这一目的并不完全由完全我们控制而言，却只是为了理性的实践应用而假定的，因而并不像义务本身那样在实践上是必然的。”同上引书，S. 470—471，第492页。“但是，如果应该把最严格地遵循道德法则设想为造成至善（作为目的）的原因，那么，由于人的能力并不足以造成幸福与配享幸福的一致，因而必须假定一个全能的道德存在者来作为世界的统治者，使上述状况在他的关怀下发生。这也就是说，道德必然导致宗教。”［德］康德：《纯然理性界限内的宗教》，李秋零译，载《康德著作全集》第6卷，中国人民大学出版社2007年版，S. 6“注释①”，第8页。

① ［德］康德：《实践理性批判》，韩水法译，商务印书馆1999年版，S. 131，第144页。

② “在安斯库姆看来，康德伦理学对道德义务的理解乃是立足于‘上帝作为立法者’这个思想之上的。”刘静：《正当与德性——康德理论的反思与重构》，中国社会科学出版社2015年版，第4页。

第十三节　神显的理想：神圣意志的道德法则理念—直观图型

在以上章节，笔者使用的是现象学—先验论主观性观念直观—客观性理念演绎（通过对观念的直观和悬搁而达成对理念的演绎和还原）的分析＋超验综合的康德式反思方法，尽管康德经常笼统地说这是“分析”的反思方法。但从现在开始，笔者将沿着康德的思路，一改纯粹分析（逐渐过渡到超验综合）的方法而采用先验综合的规定性方法，直观地“明示”（描述、展示）神话原型在经验事实的现实世界中被任意地构造出——或者在逻辑上自我统一或者在逻辑上自相矛盾、自我冲突甚至自行瓦解——诸神话现象的可能与现实途径。康德所谓“分析”方法，即便用于说明康德自己，也并不准确且并不全面。因为，根据康德之于“分析”概念的经典阐明，所谓“分析”判断只不过是“说明性的判断”“只是通过分析把主词概念分解为它的分概念，这些分概念在主词中已经（虽然是模糊地）被想到过了”。但神圣意志（纯粹理性情感分析的同一性意志）并不可能从人的善良意志（纯粹理性＋任意情感的先验综合，对于人的意志来说，“理智的情感会是一种矛盾”）中分析出来，而这就需要我们运用先验论超验综合方法反思地将其演绎地还原出来。因此，无论神圣意志是通过理念演绎—超验综合方法反思地“推论”并设想、设定的，还是通过观念直观—综合体验（“神圣知性的纯粹直观”）“方法”的启示而接受的，纯粹实践理性善良意志的良知都只能满足于对这一看起来超越到纯然理性意向形式界限之外——其实仍然是在纯粹理性意向形式界限之内即“在我们自己的立法理性中”“神的理念……这种理念是理性自己给自己制作的……真正说来是我们给自己制作的关于这样一个存在者的理念”——的神圣意志出于敬重情感的理性信仰，否则人（类）努力“通过我们的行为举止成为现实”①的道德理想的目的王国就将是一个冷酷无情的现实世界以及未来世界甚至过去世界，而这是我们每一个人或所有的人在主观（动机—动力）

① ［德］康德：《道德形而上学奠基》，杨云飞译，邓晓芒校，人民出版社2013年版，S. 436，“注释①［康德自注］”，第74页。

上都不会愿意也不会希望的事情，因而这种意愿和希望反过来也就成了人（类）的存在“无上”而“完整”[①]的至善目的客观性（动力—动因）无条件条件。于是现在，当我们已经认识到，道德法则起源于纯粹理性情感神圣意志对“人类之爱（博爱）”及其“以爱命令人的法则”即“神的诫命”；进一步的问题就是，在人（类）这一本原性（实践的道德神圣性）、本真性（信仰的超验真实性）神话原型的存在方式中，任意将以怎样的方式，接受神圣意志先验综合的定言命令，在现实世界中实现为实践的道德神圣性和信仰的超验真实性的神话现象？而根据康德的理论，这一人的任意被引导、调节地建构、构成的神话现象的中介条件就是神圣意志出于纯粹理性情感的道德法则的理性概念（理念）—感性直观的（理想）图型：“这个［法则］理念为了实现出来，就需要一个图型，即需要一个从目的原则中先天得到规定的本质性的杂多和各部分［内容］的秩序”[②]的道德法则图型。

关于“图型”（Schema），康德给出过多种说法：“范畴的图型”“概念的图型”“知性概念的图型”“纯粹知性的图型”“纯粹知性概念的图型”“先验的图型”“一般纯粹知性概念的先验图型”[③]……在康德看来，图型，从理论上说就是对概念、范畴的先验直观（而非经验性直观）构造，[④]亦即，图型是人们在认识过程中，将先验知性概念、范畴

① “至上既能够意指无上的东西，也能够意指完整的东西。前者是这样一种东西，它自身是无条件的，亦即不委质于任何其他条件；后者是这样一种整体，它不是某个更大的同类整体的一个部分。”［德］康德：《实践理性批判》，韩水法译，商务印书馆 1999 年版，S. 110，第 121 页。

② ［德］康德：《纯粹理性批判》，邓晓芒译，人民出版社 2004 年版，A833/B861，第 629—630 页。

③ ［德］康德：《纯粹理性批判》，邓晓芒译，人民出版社 2004 年版，A137—148/B176—187，第 138—145 页。

④ “出自概念的构造的理性知识。但构造一个概念就意味着：把它与它相应的直观先验地展现出来。所以一个概念的构造要求一个非经验性的直观，因而后者作为直观是一个个别客体，但作为一个概念（即一个普遍的表象）的构造而仍然必须在表象中表达出对一切隶属于该概念之下的可能直观的普遍有效性。所以我构造一个三角形，是由于我把与这个概念相应的对象要么通过在纯粹直观中的单纯想像、要么按照这种想像也在纸上以经验性的直观描绘出来，但两次都是完全先天地描绘，并没有为此从任何一个经验中借来范本。个别被画出的图形是经验性的，却仍然用于表达概念而无损于其普遍性，因为在这个经验性的直观中被注意的永远只是构造这个概念的行动……”［德］康德：《纯粹理性批判》，邓晓芒译，人民出版社 2004 年版，A713—714/B741—742，第 553 页。

表象（观念对象）应用（联结）于感性直观的经验性现象（事实对象）的中介条件——理论“理性对于这个概念有一个感性直观中的图型”[①]“自然法则，作为感性直观的对象本身所委质的法则，必定有一个图型”[②]——图型一方面先验地就拥有知性（概念或范畴）的特性，另一方面也先验地就具有感性（直观）的特质，正是这种先验地兼有知性概念与感性直观的两面或双重的性质，使得图型能够被用作联结知性概念、范畴表象与感性直观现象的中介条件。当然，也正是因为图型的这种两面性或双重性，康德除了称图型为“理性图型”“知性图型”“知性概念图型”，也称图型为“感性概念图型”或“感性图型”、“直观……图型”、“实体的图型”。[③]

> 必须有一个第三者，它一方面必须与范畴同质，另一方面与现象同质，并使前者应用于后者之上成为可能。这个中介的表象必须是纯粹的（没有任何经验性的东西），但却一方面是智性的［先验概念形式］，另一方面是感性的［先验直观形式］。这样一种表象［形式］就是先验的图型……范畴在现象上的应用借助于先验［图型］的时间［和空间］规定而成为可能，后者作为知性概念［规定时间—空间］的图型对于现象被归摄到范畴之下起了中介作用。[④]

---

① ［德］康德：《实践理性批判》，韩水法译，商务印书馆1999年版，S. 68，第74页。

② ［德］康德：《实践理性批判》，韩水法译，商务印书馆1999年版，S. 68，第74页。

③ ［德］康德：《纯粹理性批判》，邓晓芒译，人民出版社2004年版，A137—147/B176—187，第138—145页；A664—665/B692—693，第520—521页。“纯粹先天的知性概念……作为图型”“感性直观中的图型”“自然概念的图型”“自然法则，作为感性直观的对象本身所委质的法则，必定有一个图型”“不是依照法则的某个事例的图型，而是法则本身的图型”“感性的图型”。［德］康德：《实践理性批判》，韩水法译，商务印书馆1999年版，S. 68—69，第74—75页。

④ ［德］康德：《纯粹理性批判》，邓晓芒译，人民出版社2004年版，A138—139/B177—178，第139页。“图型无非是按照规则的先天时间规定而已。”同上引书，A145/B184，第143页。“每一个范畴的图型都包含和表现着仅仅一种时间的规定。”同上引书，A145/B184，第143页。“所谓的先验图型就是‘时间的先验规定’，或者我们简而言之，就是时间，所以范畴的先验图型就是时间图型，但是具体一点说，就是时间的先验规定。也就是说在时间中我们把后天的材料都已经淘去了，都把它铲除干净了以后，剩下的那种先验的规定，那就是先验的图型。正是它使得知性范畴应用于感性经验的现象上成为可能，它在这双方之间起了一个中介作用。”邓晓芒：《康德〈纯粹理性批判〉句读》（上），人民出版社2010年版，第484页。

在《纯粹理性批判》中，康德列举了理论认识的诸多条件：先验知性的概念形式、经验性的感性现象质料，以及先验的感性直观形式（空间与时间）。[①] 康德认为，空间与时间（先验的感性直观形式）是概念、范畴（先验知性的概念形式）先验地综合（联结）现象（经验性的感性直观质料）的中介条件，而概念形式对于直观质料的综合（联结）之所以又是先验的，乃因为，先于概念形式与直观质料的综合，在先验知性的概念形式与先验感性的直观形式之间，已先期完成了纯粹认识形式（概念形式和直观形式都是认识形式）之间的先验综合（康德称之为“纯综合”即“纯粹形式综合”）。与此同时，康德又认为，在理论认识过程中，仅有先验感性直观形式（时间、空间）的中介条件还不够，因为，时间（包括空间）形式仅仅具有让质料作为现象显现的被动接受性，还不具备用普遍性原理把质料对象规定成为现象对象的主动自发性。因此，针对概念形式与直观形式（时间、空间）之间先验纯综合之所以可能的“纯粹的条件”，康德就设想了一种能够将概念形式所包含的普遍性原理赋予直观形式，而且进一步将这种普遍性原理赋予特殊质料的中间环节，这个能够先验地综合（联结）概念形式与直观形式的中间环节就是图型。

康德用三角形做例子说明了图型同时拥有先验知性概念形式和先验感性直观形式的两面特性或双重特质。康德认为，正是由于图型的这种两面特性或双重特质，才必然可能实现先验概念形式与先性直观形式之间的先验纯（形式）综合，以及概念形式通过直观形式与直观质料之间的先验综合。举例来说，我们只有先验地掌握了三角形概念（例如其中包含的“三个内角之和等于180°”这个原理），然后又根据三角形的先验概念运用先验（知性—感性）想象力直观地给出一个含三角形概

① “时间是所有一般现象的先天形式条件。空间是一切外部直观的纯形式，它作为先天条件只是限制在外部现象。相反，一切表象，不管它们是否有外物作为对象，毕竟本身是内心的规定，属于内部状态，而这个内部状态却隶属在内直观的形式条件之下，因而隶属在时间之下，因此时间是所有一般现象的先天条件，也就是说，是内部现象（我们的灵魂）的直接条件，正因此也间接地是外部现象的条件。如果我能先天地说：一切外部现象都在空间中并依空间的关系而先天地被规定，那么我也能出于内感官的原则而完全普遍地说：所有一般现象、亦即一切感官对象都在时间中，并必然地处于时间的关系之中。”［德］康德：《纯粹理性批判》，邓晓芒译，人民出版社2004年版，A34/B50—51，第37页。

念的三角形图型——用康德的话说就是“概念的构造”[1]——才必然可能进一步规定（理论地认识）在直观形式（时间、空间）中任意地呈现的一个三角形对象“是”一个三角形现象，即通过三角形图型让三角形对象显现并且被规定为符合三角形概念（普遍性原理）的三角形图型的三角形现象，即直观形式（时间、空间）中现实的三角形实体或实物（先验对象被表象为经验性形象的现象）。因此，形象不同于图型。形象是先验知性概念形式（原理）通过先验知性的概念直观形式（图型）以及先验感性直观形式（时间、空间）规定经验性直观质料的统摄规定结果（让质料“取得它的形象”）。而图型也是经验性直观质料通过先验感性直观形式（时间、空间）符合先验知性的概念直观形式（图型），并最终符合先验知性的概念形式（原理）的反思还原条件。

对于创造了图型法的康德来说，三角形图型毋宁说就是一个起源于先验知性概念形式（“图型只能实存于［先验的］观念中”[2]）的先验知性概念—感性直观形式的理论认识中介条件。这样，康德就区分了：先验感性直观形式的时间、空间以及可用概念（普遍性原理）规定时间、空间形式且进一步规定质料对象显现为合法则性形象的现象的图型。因此，我们就可以说，图型首先是对时间、空间形式的概念（普遍性原理本身的）规定——康德简称为“时间规定”，当然也包括空间规定——其次才是对质料对象即现象的形象（依照普遍性原理的）规定。正因如此，康德说道，“［先验］想象力为一个概念取得它的形象的某种普遍［性原理］的处理方式的表象……叫作这个概念的图型”[3]“我们将把知性概念在其运用中限制于其上的感性［直观形式］的这种形式的和纯粹的条件称为这个知性概念的图型，而把知性对这些图型的处理方式称之为纯粹知性［概念—感性直观形式］的图型法（Schematis-

---

① ［德］康德：《纯粹理性批判》，邓晓芒译，人民出版社 2004 年版，A713—714/B741—742，第 553 页。

② ［德］康德：《纯粹理性批判》，邓晓芒译，人民出版社 2004 年版，A141/B180，第 140 页。

③ ［德］康德：《纯粹理性批判》，邓晓芒译，人民出版社 2004 年版，A140/B179，第 140 页。

mus)”。[1] 一句话，所谓“图型法”就是用概念形式先验综合地统摄规定直观质料的先验概念形式（原理）→先验概念 + 直观形式（图型）→先验直观形式（时间、空间）→经验性直观质料（形象）的理论认识“处理方式”即理论认识的方法论。[2] 由于图型自身含原理的概念性质，所以用图型联结概念和直观的过程，也就是用概念逻辑地规定直观（用原理规定对象）的过程；同时也就为用直观来验证概念，即用经验性感性直观对象为先验知性概念原理提供现象表象的事实证据，奠定了必然可能的先验逻辑基础。但现在的问题是，对于康德来说，原本属于理论理性的道德中立、价值无涉的图型认识方法（“处理方式”），能否被用作实践理性的道德价值的图型信仰“方法”或使用方式？换句话说，理论理性认识的图型方法的实践理性信仰的使用方式是否具有合理性或合法性？也就成了康德留下的问题，即：图型是否只有理论理性认识的内在而不逾越感性直观意向形式界限的合理性先验综合（建构性、构成性、规定性）使用，而不能有实践理性信仰的既内在又逾越纯粹理性意向形式界限的合法性超验综合（反思性、引导性、调节

① ［德］康德：《纯粹理性批判》，邓晓芒译，人民出版社 2004 年版，A140/B179，第 140 页。

② “知性的图型法通过想象力的先验综合，所导致的无非是一切直观杂多在内感官中的统一，因而间接导致作为与内感官（某种接受性）相应的机能的那种综合统觉的统一。所以，纯粹知性概念的图型法就是给这些概念带来与客体的关系、因而带来所指的真实的和惟一的条件，因此，范畴最终就并没有其他运用、而只有经验性运用，因为它仅仅通过某种先天必然的统一性（由于使一切意识必然结合在一个本源的统觉之中）的诸根据而使诸现象服从于综合的普遍规则，并借此使它们顺理成章地彻底联结于一个经验之中。”［德］康德：《纯粹理性批判》，邓晓芒译，人民出版社 2004 年版，A145—146/B185，第 143—144 页。“某物……仅仅作为理念中的对象而被给予我的理性……它实际上只是一个图形，这个图形没有任何对象哪怕只是假设性地被直接附加于其上，相反，它只是用来把其他对象凭借与这个理念的关系、按照其系统的统一性因而间接地向我们表象出来。……它只是一个按照最大的理性统一性的诸条件而得到整理的有关一个一般物的概念的图型，这图型只被用来在我们理性的经验性运用中获得最大的系统统一性，因为我们把经验的对象仿佛是从这个作为其根据或是原因的想象出来的理念对象中推导出来。……理念以这种方式本来只是一个启发性的概念，而不是一个明示性的概念。”同上引书，A670—671/B698—699，第 524 页。“我把这种处理方式的‘表象’叫做这个概念的图型，或者也可以把这种处理方式就叫做这个概念的图型。这种处理方式的‘表象’就是这种处理方式，当然它是以形象表现出来的，如果我把这种处理方式看作这种处理方式的表象，就可以把它叫做‘这个概念的图型’。”邓晓芒：《康德〈纯粹理性批判〉句读》（上），人民出版社 2010 年版，第 493 页。

性）使用?①

这些纯粹概念是否只有经验性的［先验综合］运用、还是也有先验［即超验综合］的运用，就是说它们是否只能作为一个可能经验的条件而先天地与现象发生关系，或者他们是否能作为一般［理性之］物的可能性条件而涉及到自在的对象本身（而决不限制在我们的感性之上）② ……但毕竟也要注意：感性图型虽然首次使得范畴实现出来，但它们却也还是限制了这些范畴，即把它们局限于处在知性之外（即处在感性之中）的那些条件上。因此图型在与范畴的一致中本来就只是现象，或只是一个对象的感性概念。现在，如果我们去掉一个限制的条件，那么我们看起来就扩大了以前受限制的那个概念；则那些概念就应该在其纯粹的意义上、不带一切感性条件地适用于一般的［纯粹理性之］物，如一般［的纯粹理性之］物所是的那样，而不是范畴的图型只把［感性之］物表现为如它们［在经验中］所显现的那样，这样，那些范畴就具有脱离开一切图型［的经验性所指］并大大扩展了的［超验］所指。实际上，纯粹知性概念即使在离开了一切感性条件之后，当然还留下有某种所指，但只是诸［超验］表象的单纯统一这种逻辑的［纯粹理性］所指，而对这些［一般理性之物的超验］表象却并未给予任何［经验性］对象，因而也未给予任何可以提供一个客体的

① 康德以后，比利时哲学家、德国古典哲学和康德研究专家马丁·莫尔斯创造性地运用“道德图型”的概念或命题讨论了信仰对象的宗教问题。Moors，Martin（2005），*Kant on Religion in the Role of Moral Schematism*，In W. Desmond，E. Onnasch，and P. Cruysberghs（eds.），*Philosophy and Religion in German Idealism*（Dordrecht：Kluwer），pp. 21 – 33. Moors 是笔者的女儿吕超攻读博士学位的指导老师，吕超向笔者介绍了她老师的大作。在此，谨向 Moors 先生和笔者的女儿吕超表示感谢！

② ［德］康德：《纯粹理性批判》，邓晓芒译，人民出版社 2004 年版，A139/B178，第 139 页。

［知性］知识的所指。[①]

根据康德，图型（法）作为先验知性概念—感性直观形式，是先验地综合（统摄规定）先验概念与经验性对象的理论认识的中介条件，只是康德本人绝不承认我们人类拥有“脱开一切图型”而知性地直观“自在对象”“一般物”（本体）的认识能力。奇妙的是，尽管在理性的理论认识使用中，人（类）并不拥有此种知性直观的认识能力，但在理性情感的信仰实践使用中，人（类）却能够通过图型或使用图型法拥有理性直观（“神圣知性的纯粹直观”）的信仰能力。民俗学的田野案例证明了人（类）的这种超验能力，[②] 即在理性情感的信仰实践使用中，理论认识的先验知性概念—感性直观图型方法，可以被转换地用作对道德法则的超验理性概念（理想）—感性直观图型出于敬重情感的理性信仰。只不过在理性情感的信仰实践使用中，我们就不该再称之为道德法则的“先验知性概念—感性直观图型”甚至“先验理性概念（理念）—感性直观图型”，而应该直接称之为出于纯粹理性情感神圣意志而普遍立法的道德法则的“超验理想—感性直观图型”。这是因为，现在不是人的纯粹理性而是拥有纯粹理性情感而出于超验的“人类之爱（博爱）”的神圣意志立法主体通过“神圣知性的纯粹直观”被设想、设定为“具有实体形式的神圣性理想”的个体化甚至实体化对象。但是根据康德《实践理性批判》“分析论”，纯粹实践理性依据道德法则的道德判断并不需要一个图型，而只是需要一个（合道德法则形式、合道德质料［目的］的）范型（Typus 或 Typik/typic）即道德法则的

---

① ［德］康德：《纯粹理性批判》，邓晓芒译，人民出版社 2004 年版，A146—147/B186，第 144—145 页。“知识”原作“概念”。“德文版编者在这里加了一个注释，说明康德自己后来把‘概念’改成了‘知识’。”邓晓芒：《康德〈纯粹理性批判〉句读》（上），人民出版社 2010 年版，第 520 页。“‘所指’原译作‘含义’，即 Bedeutung，本段多处曾译作‘含义’或‘意义’，现统一译作‘所指’。”同上引书，第 519 页，注释①。“这个‘所指’下面还有好几个地方用到，Bedeutung 本来就有含义的意思，但是它的词根 bedeuten 就是‘指’的意思，所以改成‘所指’比较好些，我们下面还会遇到这个词，根据情况随时照改。”同上引书，第 519 页。

② 陈泳超：《背过身去的大娘娘——地方民间传说生息的动力学研究》，北京大学出版社 2015 年版，“传说动力学”，第 128 页。吕微：《“日常生活—民间信仰”自觉的相互启蒙者——对“罗兴振—陈泳超公案”的康德式道德图型论思考》，《民族文学研究》2019 年第 1 期。

“普遍形式”或“自然形式”的逻辑原则。①

> 自由法则［即道德法则］（作为完全不以感性为条件的因果性），从而还有无条件善的概念，并无一个直观，从而并无一个图型，为了它们的具体的运用而成为它们的基础。因此，道德法则除了知性（不是想象力）以外，就没有其他居间促成其运用于自然对象上的认识能力；而知性为理性理念所构成基础不是感性的图型，而是法则，但却是能够具体地在感觉对象上呈现出来的法则，因而是一条自然法则，但是这仅仅据其［自然法则的普遍］形式而言，而作为［道德］法则其鹄的在于判断力，于是，我们能够名之为道德法则的［自然法则普遍形式］范型。……［因此］自然法则仍然是依照道德原则评价行为准则的一个［普遍形式］范型。如果行为的准则被构造得经不起一般自然法则的［普遍］形式的检验［、评价］，那么它在道德上是不可能。甚至最为庸常的知性也如此判断；因为自然法则永远构成了他们所有最为习惯的、乃至经验的判断的［普遍形式］基础。于是，他任何时候都据有自然法则，只是在出于自由的因果性应当受［检验、］评价的情形下，他才把那条自然法则单纯用作自由法则的［普遍形式］范型，因为如果没有某种他能够使之在经验的场合成为实例的东西，那么在运用时，他就无法求得纯粹实践理性法则的应用。因此，把感觉世界的自然作为

① 道德法则的第一公式：“由于结果据以发生的法则的普遍性构成了在最普遍的意义上（按照形式）本来被称为自然的东西，即事物的存有，只要这存有是按照普遍的法则来规定的，那么，义务的普遍命令也可以这样来表述：你要这样行动，就像你行动的准则应当通过你的意志成为普遍的自然法则一样。［德］康德：《道德形而上学奠基》，杨云飞译，邓晓芒校，人民出版社 2013 年版，S. 421，第 52—53 页。“1）一种立足于普遍性的形式，于是道德命令的公式就是这样表述的：必须这样来选择准则，就好像它们应当如同普遍的自然法则那样有效。”同上引书，S. 436，第 74 页。“你要按照能把自身同时当做对于对象的普遍自然法则的那些准则去行动。”同上引书，S. 437，第 75 页。“就好像这些准则就是自然法则那样。”同上引书，S. 462—463，第 113 页。“当实践理性检验我打算据以作见证的那个准则时，我总要审视，如果它被算作一条普遍的自然法则，它会怎么样。”［德］康德：《实践理性批判》，韩水法译，商务印书馆 1999 年版，S. 44，第 46 页。“理性有权利，甚至被迫将自然（依照其纯粹知性的形式）应用为判断力的范型。”同上引书，S. 70，第 76 页。“判断力的理性主义单单切合道德概念的应用，理性主义从感性自然所取的东西无非就是纯粹理性也能够自为地思想的东西，亦即合法则性，并且它转移到超感性世界之中的东西，也无非相反是可以依照一般自然法则的形式规则通过感性世界中的行为让自身现实地呈现出来的东西。”同上引书，S. 71，第 77 页。

理智世界的［不含质料的纯粹形式］范型予以应用，也就是允许的，只要我不将［感性］直观和依赖于［感性］直观的［经验性质料的］东西转移到理智自然，而是只把一般合乎法则性的［普遍］形式（这个概念也出现在最为庸常的理性应用之中，但它并非为了其他的意图，而单单为了理性纯粹实践的应用才能被先天地确定地认识到）与后者关联起来。①

这就是说，如果道德实践的意向对象应该是一个纯粹理性的先验对象，而不是感性的经验性对象，那么纯粹理性凭借客观的道德“法则［概念］的表象”或“法则［概念］的直接表象”② 也就并不需要一个图型作为规定实践的主观准则的中介条件；反过来说，只有在理论地认识一个经验性对象的时候，知性（广义的理性）才需要一个作为中介条件的先验知性概念—感性直观图型。但是，尽管在纯粹理性的道德实践中，道德法则（理念）并不需要一个图型而只需要一个范型以作为道德判断（检验、评价）的“实例”或“例证”，然而在纯粹理性的道德信仰中，理念（理性概念）乃至理想的图型及其“形象”的“例证”“实例”③ 却是必要甚至必须的超验条件。即，无论根据《实践理性批

① ［德］康德：《实践理性批判》，韩水法译，商务印书馆 1999 年版，S. 69—70，第 74—76 页。

② ［德］康德：《实践理性批判》，韩水法译，商务印书馆 1999 年版，S. 151，第 165 页。

③ “要阐明我们的概念的实在性，永远需要直观。如果这是经验性的概念，那么这些直观就叫做实例。如果是那些纯粹知性概念，那么，这些直观就被称为图型。”［德］康德：《判断力批判》，李秋零译，载《康德著作全集》第 5 卷，中国人民大学出版社 2007 年版，S. 351，第 365—366 页。“对一个人格的一切敬重其实只是对法则（比如正直等等的法则）的敬重，他在这方面给我们提供了榜样。因为我们也把增长自己的才能看做一种义务，所以我们把一个能干的人仿佛也设想为一个法则的榜样，而这就构成了我们的敬重。”［德］康德：《道德形而上学奠基》，杨云飞译，邓晓芒校，人民出版社 2013 年版，S. 401“注释①”，第 24 页。“如果没有某种他能够使之在经验的场合成为实例的东西，那么在运用时，他就无法求得纯粹实践理性法则的应用。”［德］康德：《实践理性批判》，韩水法译，商务印书馆 1999 年版，S. 70，第 76 页。“他的榜样将一条法则立在我的面前。”同上引书，S. 77，第 83 页。“由某个例子呈现出来的法则。”同上引书，S. 77，第 83 页。“我眼前所见的这个人指示了一个标准。”同上引书，S. 77，第 83 页。“由这个实例给我们带来的……”同上引书，S. 77，第 84 页。“由他的实例呈现给我们的法则。”同上引书，S. 78，第 84 页。“使仿效此人成为他的法则。”同上引书，S. 78，第 85 页。“当在已有实例呈现于前的那些道德决定上面，一个内在的、甚至人们原本从未正确认识的能力，内在自由，向他们揭示了出来的时候，内心得以轻松起来……”同上引书，S. 160—161，第 176 页。

判》“分析论”，实践理性信仰的对象作为道德法则的发生条件，还是根据《实践理性批判》“辩证论”，实践理性信仰的对象作为道德法则“至善”对象的“实现”（realization）或“促进”（promotion）条件，[①]道德实践都不仅需要图型而且也需要“形象”“象征”[②]的“实例”或“例证”——尽管“形象”“象征”的“实例”“例证”不同于“图型”本身的“例证”“实例”，正如“概念范型”不同于“概念”[③]——以使得实践理性信仰的敬重情感对象“更接近直观，并由此更接近［神圣意志的纯粹理性］情感”，即在道德实践中让神圣意志“对我们直观

---

① “惟有道德法则必须被看作是使至善及其实现［realization］或促进［promotion］成为客体的根据。”［德］康德：《实践理性批判》，韩水法译，商务印书馆1999年版，S.109，第120页。

② 康德区分了先验表象的“图型”与经验性表象的“形象”：“图型毕竟要和形象区别开来”，“形象是再生的想象力这种经验性能力的产物”，而“图型则是纯粹先天的想象力的产物”。因此，形象只是作为现象的对象在先验感性直观形式（空间、时间）中显现的经验性表象（“这些形象是依照那些法则而被置于范畴之下的，只有这样，它们才能作为经验的对象被认识。”［德］康德：《实践理性批判》，韩水法译，商务印书馆1999年版，S.46，第49页），而图型则是知性概念通过先验感性直观形式（空间、时间）规定经验性对象即现象表象时的先验表象本身。“图型就其本身来说，任何时候都只是想象力的产物；但由于想象力的综合不以任何单独的直观为目的，而仅仅以对感性作规定的统一性为目的，所以图型毕竟要和形象区别开来”，“纯粹知性概念的图型是某种完全不能被带入任何形象中去的东西，而只是合乎某种依照由范畴所表达的一般概念的统一性规则而进行的纯综合”，然后才进一步以此规则规定现象对象的表象统一性。由此，我们才可以说，形象以图型的知性概念统一性先验规则为条件，而图型则包含了知性概念的统一性先验规则。概念与形象之间的联结是先验综合，而概念与图型之间的联结是先验纯综合（有后者才有前者，即后者的联结是前者的联结的条件）。所以康德说，“图型永远也不能实存于别的地方，只能实存于观念中，它意味着想象力在空间的纯粹形状方面的一条综合原则”。因此，“经验性的概念总是按照某个一定的普遍概念而直接与想象力的图型、即与规定我们直观的一条规则相关联的”，这样“实际上，我们的纯粹感性概念的基础并不是对象的形象，而是图型”。［德］康德：《纯粹理性批判》，邓晓芒译，人民出版社2004年版，A137—147/B176—187，第138—145页。“象征。”参见［德］康德《判断力批判》，李秋零译，载《康德著作全集》第5卷，中国人民大学出版社2007年版，S.351—352，第366—367页。

③ “理性有权利，甚至被迫将自然（依照其纯粹知性的形式）应用为判断力的范型：于是，当下的这个注释就可以用以防止把单纯属于概念范型的东西算在概念本身之列。……这同一个范型［Typik/type］还防范了实践理性的神秘主义，后者使仅仅充任象征的东西成为一个图型，也就是说，以（对于某种不可见的上帝王国的）现实的然而非感性的直观构成道德概念运用的基础。”［德］康德：《实践理性批判》，韩水法译，商务印书馆1999年版，S.70—71，第76—77页。

化”①“把实践规则更普遍地表达出来的东西变得可以直观”②“这是很有用的”“更适合于运用”。因此，神圣意志（例如上帝）作为道德法则的客观发生条件，因而作为出于纯粹理性情感的道德“法则本身的图型”。③人的善良意志（例如耶稣、尧舜）作为道德法则的主观实现条件、促进条件，即“依照法则……的图型”④在时间（历史）、空间（社会）的直观形式中“象征”地树立的“道德的法则、神圣性和德行的形象”⑤的“实例”“例证”——“这个他者可以是一个现实的人格，或者是理性为自己造就的纯然理想的人格”——作为对道德法则的敬重情感而“强化道德动机的责任”的理性信仰对象，才是合理且合法的。进而按照康德《实践理性批判》“分析论”，除了“至善”的上帝，甚至耶稣都不可能是“［道德］法则本身的图型”而只能是依照道德法则图型的形象。⑥如果历史经验所启示的耶稣更遑论所记载的尧舜形象被混淆于“［道德］法则本身的图型”。那么，不是出于纯粹理性情感而是受感性情感影响（尽管不被感性情感规定而仍然由理性规定）

① ［德］康德：《道德形而上学》，张荣、李秋零译，载《康德著作全集》第6卷，中国人民大学出版社2007年版，S. 487，第497页。

② ［德］康德：《道德形而上学奠基》。杨云飞译，人民出版社2013年版，S. 409，第35页。

③ ［德］康德：《实践理性批判》，韩水法译，商务印书馆1999年版，S. 68，第74页。

④ “这里所涉及的不是依照法则的某个事例的图型，而是法则本身的图型（如果这个词用在此处合适的话）。”［德］康德：《实践理性批判》，韩水法译，商务印书馆1999年版，S. 68，第74页。

⑤ ［德］康德：《实践理性批判》，韩水法译，商务印书馆1999年版，S. 156，第170页。

⑥ “人们对德性所能提出的最糟糕的建议，莫过于想把德性从实例中借来了。因为，每一个摆在我面前的这方面的例子，本身都必须先根据道德性的原则加以评判，看其是否配作本源的例证，也就是说，配作楷模，但它绝不可能提供道德性的至上的概念。即便是福音书中的圣徒，在人们把他认做圣徒之前，也得先和我们那位道德完善的理想进行比较；甚至他都对自己这样说：为什么你们把（你们看见的）我称为善的？除了（你们看不见的）唯一的上帝，没有谁是善的（善的原型）。但是，对于作为至善的上帝，我们从何处得到他的概念呢？只能出于那个理性先天地对道德完善性所拟定的、并与一个自由意志的概念不可分割地联结着的理念。模仿在德性中根本无立身之处，而各种榜样则只是用做鼓励，即把法则所命令的东西的可行性变得毫无疑问，把实践规则更普遍地表达出来的东西变得可以直观，但它们绝不可能使我们有权把存在于理性中的真正原型放到一旁而按照榜样行事。”［德］康德：《道德形而上学奠基》。杨云飞译，人民出版社2013年版，S. 408—409，第34—35页。“耶稣对他说：‘你为什么称我是良善的？除了神一位之外，再没有良善的。’”《马可福音》，《圣经》，中国基督教协会2002年版，《新约》第53页。

的任意性实践就可能是技术性实践的他律,① 而不一定就是道德性实践的自律。而在纯粹理性情感的道德实践中，自律之所以是必然可能的，乃因为，对纯粹理性情感神圣意志的信仰起源于人（类）的纯粹实践理性，即人从自己的纯粹理性意向形式界限之内（“从我们自己的立法理性中”），超越到纯粹意向形式界限之外，设想、设定——“神的理念……这种理念是理性自己给自己制作的……真正说来是我们给自己制作的”“完全处于我们的经验界限之外，但根据其可能性却在我们的理念中，例如在关于上帝的理念中发现的”——一个道德神圣性、超验真实性的意向对象，即“从纯粹的道德上的、没有一切外来影响的（在此当然只是主观的［实践］）根据出发，丝毫不考虑理论的证明，更不考虑自私的利益，只考虑对一种独自立法的纯粹实践理性［情感］的称颂，来假定世界之外的一个道德上立法的存在者。”②

> 但如果现在实践理性达到了这一高度，也就是达到了作为至善的一个惟一的原始存在者的概念，那么它决不可以冒险以为它已经超越了其应用的一切经验性的条件，并高高飞升到了对那些新［的超验］对象的直接［理论认识］知识，于是就能从这一概念出发并从中推导出道德法则本身。……道德神学只具有内在［于理性］的运用，即通过我们适合于一切［出于纯粹理性情感神圣意志的道德］目的的体系而在现世中实现我们的使命，而不是狂热地或也许甚至是罪恶地放弃道德立法的理性的良好生活方式上的指导，去把这种指导直接寄于［理论地认识的］最高存在者的理念，这将会是一种［非内在于理性而］超验的运用，但正如单纯思辨的超验运用一样，这必将颠倒理性的最后目的并阻碍它的实现。③

---

① “这个理念为了实现出来，就需要一个图型，即需要一个从目的原则中先天地得到规定的本质性的杂多和各部分的秩序。图型如果不是按照一个理念，即出自理性的主要目的，而是经验性地按照偶然显露出来的意图（它们的数量我们不可能预先知道）来勾画的，它就提供出来技术性的统一性。”［德］康德：《纯粹理性批判》，邓晓芒译，人民出版社2004年版，A833/B861，第629—630页。

② ［德］康德：《判断力批判》，李秋零译，载《康德著作全集》第5卷，中国人民大学出版社2007年版，S.446，第465页。

③ ［德］康德：《纯粹理性批判》，邓晓芒译，人民出版社2004年版，A818—819/B846—847，包括“德文编者注释①”，第620—621页。

现在，根据笔者对康德《实践理性批判》“分析论”的解读，我们已经知道，尽管道德法则起源于人的纯粹实践理性普遍立法的自由意志，但是，人们却必须（应该、应当）把道德法则（包括道德法则本身的图型，不是依照道德法则图型的形象）的创造者或创作者即立法者设想为道德理想世界目的王国的国王，“在与他的关系中一切义务都完全应当被视为他的命令”“把人的所有义务评判为神的诫命的一个原则”“把所有真正的义务作为上帝的诫命来遵守”“遵守上帝的法则托付给我们的神圣职责”。[①] 这是因为，有限理性意志存在者意识到也认

① “只要实践理性有权引导我们，我们就不会由于行动是上帝的命令而把这些行动看做是义务性的，相反，我们之所以把它们看做是神的命令，倒是由于我们从内心感到有义务。我们将会在以理性原则为根据的合目的性的统一之下来探讨自由，并且我们只有把出自理性本性的行动本身教给我们的那个道德法则保持神圣性，我们才相信自己是合乎神的意志的，而我们只有通过促进我们自己和别人身上的世上至善，才相信自己是服务于神的意志的。”［德］康德：《纯粹理性批判》，邓晓芒译，人民出版社 2004 年版，A819/B847，第 620—621 页。“一切职责乃上帝的命令……达到至善……乃是道德法则为我们造就的职责。”［德］康德：《实践理性批判》，韩水法译，商务印书馆 1999 年版，S. 129，第 141 页。“敬重上帝的命令，遵守上帝的法则托付给我们的神圣职责。”同上引书，S. 131，第 143 页。“人们习惯于称这种职责为对于上帝的职责。”同上引书，S. 158，第 172 页。“一种神学也就直接地导向了宗教，也就是说，导向了对我们的义务是神的诫命的知识；因为对我们的义务和其中由理性交付给我们的终极目的的知识能够首先确定地产生出上帝的概念，因而这个概念就其起源而言就已经与对这个存在者的责任不可分割了。”［德］康德：《判断力批判》，李秋零译，载《康德著作全集》第 5 卷，中国人民大学出版社 2007 年版，S. 481，第 503 页。“他必须也是最能赋予义务的，也就是说，他必须是这样一个人格，或者被设想为这样一个人格，在与他的关系中一切义务都完全应当被视为他的命令，因为良知对于一切自由行为来说就是内在的审判者。——现在，既然这样一个道德存在者同时必须具有（天上和地上的）一切权力，因为若不然他就不能使其法则产生与之相应的效果（这毕竟是审判者的职务必然需要的），但这样一个对一切都握有权力的道德存在者就叫做上帝，所以，良知就必须被设想为在上帝面前应当为其行为承担责任的主观原则……人通过他的良知而有责任把自身之外的这样一个最高存在者当做现实的来接受……人借助这种理性，仅仅根据与一切有理性的世间存在者的一个立法者的类似性，就得到一个纯然的指引，把有良知（它也被称为 religio［宗教］）想象成一个与我们自己有别、但却对我们来说最亲密地临在的神圣存在者（道德上立法的理性）面前负责任，并且使自己的意志服从正义的规则。一般宗教的概念在此对人来说，纯然是‘把人的所有义务评判为神的诫命的一个原则’。”［德］康德：《道德形而上学》，张荣、李秋零译，载《康德著作全集》第 6 卷，中国人民大学出版社 2007 年版，S. 439—440，第 450 页。“在关于上帝的理念中发现的东西而言，我们同样也有一种义务，它被称为宗教义务，亦即‘认识我们所有的义务都是（类似于）神的诫命’的义务。”同上引书，S. 443，第 454 页。“这是人对自己的义务，即把这个不可避免地要呈现给理性的理念运用到我们心中的道德法则上去。”同上引书，S. 444，第 454 页。“在这种（实践的）意义上就可以说：拥有宗教是人对自己的义务。”同上引书，S. 444，第 455 页。”宗教……是‘一切作为（类似）神的诫命的义务的总和’……只有这种就神（真正说来是我们给自己制作的关于这样一个存在者的理念）而言的义务才是人对自己的义务……作为神的诫命的义务。”同上引书，S. 487，第 497 页。“作为上帝的诫命的道德法则。”［德］康德：《纯然理性界限内的宗教》，李秋零译，载《康德著作全集》第 6 卷，中国人民大学出版社 2007 年版，S. 42，第 42 页。“把所有真正的义务作为上帝的诫命来遵守。”同上引书，S. 192，第 197—198 页。“人类文化不是人类自由的意识活动的产物。它来源于某种‘更高的必然性’——这种必然性是形而上学的，它是无意识地产生作用、进行创造的自然精神。”［德］卡西尔：《国家的神话》，张国忠译，熊伟校，浙江人民出版社 1988 年版，第 201 页。

识到，人的意志中能够普遍立法的自由意志，即便是纯粹理性的意志但同时也是有限的意志。这就是说，如果道德法则“在源头上”“从根源上”[①] 仅仅起源于纯粹理性的目的（作为客观动力）而无与于任何情感的目的（同样作为客观动力），那么，道德法则“在源头上”“从根源上”就是不完善的。道德法则不仅仅应该出于纯粹（先验）理性的目的，更应当出于普遍（超验）的情感（慈爱、仁爱、兼爱、博爱）目的，而这就要求道德法则的立法者不仅仅是一个具有纯粹理性同时也是一个更拥有普遍情感的神圣意志存在者，从而道德法则才有可能“就好像它们都是一个最高理性［情感］的安排一样……好像它们出自一个最高理性［情感］的意图似的”。[②] 这是因为，绝对普遍（“并无偏爱”“无偏私”）的情感不可能产生于世间的个别个体（不像纯粹理性那样能够普遍地产生于世间的个别个体），甚至不可能产生于世间的特殊群体（集体、团体），但情感又只可能产生于个体（集体情感只是个体情感的聚集）。[③] 于是，为了设定道德法则出于绝对普遍的纯粹情感，人们就顾不得“理智的情感会是一种矛盾”，而把普遍立法归功于一个拥有纯粹理性情感的神圣意志的理想主体（既是实体更是个体）分析的同一性意愿——相比而言，“我们［人］的理性则是这个理性［情感神圣性纯粹意志］的一个模糊不清的摹本”[④] “普遍立法的理性只是他的代言人”——以作为人的纯粹理性和任意出于敬重情感而理性地信仰的超验对象。尽管“作为逾［越经验甚至理性世］界概念的自由［神圣意志］这个理性概念没有什么相应的［感性］直观能够置为它的基础”，[⑤] 却并不担心“以（对于某种不可见的上帝之国的）现实的然而

---

① “就会在源头上污染了道德的意向。”［德］康德：《实践理性批判》，韩水法译，商务印书馆 1999 年版，S. 89，第 96 页。“但德性论在这种情况下也就在其根源上堕落了。”［德］康德：《道德形而上学》，张荣、李秋零译，载《康德著作全集》第 6 卷，中国人民大学出版社 2007 年版，S. 377，第 389 页。

② ［德］康德：《纯粹理性批判》，邓晓芒译，人民出版社 2003 年版，A678/B706，第 529 页；A686/B714，第 535 页。

③ “没有拟人论就会根本不可能……把它思考为一个具有知性、愉悦和讨厌，以及某种与之相应的欲望和意志等等的存在者。”［德］康德：《纯粹理性批判》，邓晓芒译，人民出版社 2004 年版，A700/B728，第 543 页。

④ ［德］康德：《纯粹理性批判》，邓晓芒译，人民出版社 2003 年版，A678/B706，第 529 页。

⑤ ［德］康德：《实践理性批判》，韩水法译，商务印书馆 1999 年版，S. 103，第 113 页。

非感性的［神圣知性的纯粹］直观构成道德概念运用的基础，因而就漫游到情胜于实的境域里面”。[①]

尽管在道德实践的理性信仰（而不是在道德实践的纯粹理性）中，人们像理论认识那样，也需要一个图型，但理想的图型并不等同于先验知性概念—感性直观图型，前者只是与后者“类比”的“类似物”。[②]这是因为，首先，理想的图型并不像知性图型那样最终能够表象一个感性对象使之成为经验性现象；其次，即便在理性的理论使用即理论认识中，被纯粹理性设想、设定的理念（例如“自由”）和理想（例如“上帝”）也都并不一定就需要有自己的图型，因为理念和理想最初都不是为表象感性对象为经验性现象而被设想、设定的，而只是为了方便知性的使用而被设想、设定的，即为了调节性地引导知性概念将感性对象表象为经验性现象而被设想、设定的——就像“上帝”的理念（理性概念）甚至理想引导牛顿全面而深入地认识上帝创作的自然之书——由于理念和理想并不直接地被用于将感性对象表象为经验性现象，所以就没有必要在理念、理想与知性概念之间设定一个兼有概念形式与直观形式条件的图型来作为理性规定知性的中介条件（而知性概念形式与感性直观形式之间则需要图型作为中介条件）。这样，由于在理论认识中，理念和理想对于知性概念并没有积极（规定、构成）的运用而只有“消极［调节、引导］的运用”，[③] 所以对于知性概念来说：理念和理想只是一条反思性、“启发性的原理”、“启发性的概念，而不是一个明示性［、规定性］的概念”；[④] 是一条“调节性［regulativ，或译‘引导性’］原则”而不是“构成性［konstitutiv］原则”；[⑤] 因而是理性对于知性的

---

① ［德］康德：《实践理性批判》，韩水法译，商务印书馆 1999 年版，S. 71，第 77 页。

② “图型的类似物……就是知性知识以一条原则来划分和结合的极大值的理念。”［德］康德：《纯粹理性批判》，邓晓芒译，人民出版社 2003 年版，A655/B693，第 520 页。“理性的理念就是一个感性图型的类似物。”同上引书，A665/B693，第 521 页。

③ ［德］康德：《纯粹理性批判》，邓晓芒译，人民出版社 2003 年版，A640/B668，第 504 页。“调节性的运用……构成性的运用。”同上引书，A689/B717，第 536 页。

④ ［德］康德：《纯粹理性批判》，邓晓芒译，人民出版社 2003 年版，A671/B699，第 524 页。

⑤ “调节性原则”“构成性原则”。［德］康德：《纯粹理性批判》，邓晓芒译，人民出版社 2004 年版，A669—702/B697—730，第 523—544 页。“最高存在者的理想无非是理性的一个调节性的原则。”同上引书，A619/B647，第 490 页。“理念不被看做构成性的原则，而只被看做调节性的原则。”同上引书，A674/B702，第 527 页。“理性的调节性原则的一个单纯理念。”同上引书，A675/B703，第 527 页。

一条主观消极地（反思性、引导性、调节性的）准则——康德偶尔也笔误为“调节性法则”[①] ——而不是客观积极地（规定性、构成性的）法则。[②]

如果在理性的理论使用亦即理论认识中，理念和理想都不能积极地用作规定性、构成性的客观法则，而只能消极地用作反思性、调节性、引导性的主观准则，那么在理性的实践使用亦即纯粹理性的道德实践中，理念和理想就能够积极地用作规定性、构成性的客观法则吗?[③] 实

---

① ［德］康德:《纯粹理性批判》，邓晓芒译，人民出版社 2003 年版，A670/B728，第 543 页。

② “知性概念在理性图型上的应用并不同样是关于对象本身的一种知识（如同将范畴应用于其感性图型上时那样），而只是一切知性运用的系统统一的一条规则或原则。”［德］康德:《纯粹理性批判》，邓晓芒译，人民出版社 2004 年版，A655/B693，第 521 页。“理性的一个必要的准则。”同上引书，A671/B699，第 525 页。“理性的统一性就是系统的统一性，这种系统统一并没有在客观上充当理性的一个原理，以使理性扩展到诸对象之上，而是主观上用作一个准则。”同上引书，A680/B708，第 530 页。“不是构成性的原则，不是为了就它的直接对象而言来规定某物，而是为了作为单纯调节性的原理和作为准则。”同上引书，A680/B708，第 531 页。

③ “我们把一个作为至上原因的最实在的存在者的理念作为基础……于是这个理念就被设想为一个现实的对象，而这个现实的对象又由于是至上的条件，就被设想为必然的，因而一条调节性的原则就被转换为了一条构成性的原则。”［德］康德:《纯粹理性批判》，邓晓芒译，人民出版社 2003 年版，A619—620/B647—648，第 490 页。“这些先验理念按照一切估计来看将会有其很好的、因而是内在的运用，哪怕当它们的意义被误会而被视为关于现实之物的概念时，它们在应用中可能是超验的，并正因此而是欺骗性的。因为并不是这个就自己本身来说的理念，而只是它的运用，才可能要么是在全部可能经验方面飞越性的（超验的），要么是本土（内在的），依我们把这理念要么直接指向一个被以为与它相符合的对象，要么仅仅指向知性在它必须与之打交道的那些对象上的一般运用，而一切偷换的错误任何时候都必须归咎于判断力的缺乏，而决不能归咎于知性或理性。”同上引书，A643/671，第 506 页。“凡是在理性本身被看做一种规定性的原因的地方（即在自由中），因而在实践的诸原则中……”同上引书，A685/B713，第 534 页。“道德神学只具有内在的运用，即通过我们适合于一切目的的体系而在现世中实现我们的使命……直接寄于最高存在者的理念，这将会是一种超验的运用，但正如单纯思辨的超验运用一样，这必将颠倒理性的最后目的并阻碍它的实现。”同上引书，A819/B847，第 621 页。“作为实践能力，也就是作为通过理念（纯粹的理性概念）来规定我们的因果性的自由应用的能力，纯粹理性不仅在道德法则中包含着我们行动的一种范导性原则，而且还由此同时在一个只有理性才能思维、应当通过我们的行动在世界上按照那个法则中予以实现的客体的概念中提供了一个主观的建构性原则。因此，在按照道德法则运用自由时的一个终极目的的理念具有主观的实践的实在性……给终极目的的主观实在性附加上客观的实在性。”［德］康德:《判断力批判》，李秋零译，载《康德著作全集》第 5 卷，中国人民大学出版社 2007 年版，S. 453，第 472—473 页。“作为在这一存在者本身里面的因果性，客观地与就自然（及其一般的目的规定）而言的因果性区别开来，而是只能假定这种区别是对我们认识能力的性状来说主观上必然的，而且对反思性的判断力有效，对客观上规定性的判断力却 （转下页）

际的情况是，在理念和理想的实践使用即纯粹理性的道德实践中，如果理念和理想的客观法则仅仅被用作从意向形式上规定实践行为（行动）的主观准则而不是从意向质料上构成实践行动（活动）的主观动机（目的对象），换句话说，纯粹理性并不积极地建构、构成一个纯粹理性的意向质料，而只是消极地调节、引导（检验、评价）主观准则的目的对象，那么理念和理想就仍然不需要自己有一个感性图型，而只是需要一个法则规定准则的好像是“自然法则”一样的合法则性普遍形式的判断“范型”（范型方法因而仅仅是纯粹逻辑形式的普遍性判断）。但是，如果道德实践的纯粹理性要给实践的主观准则（仍然不是主观动机）规定、构成一个先验理性而不是感性经验的意向质料的目的，那么，道德实践的纯粹理性就需要积极地用道德法则理念、理想构成一个有先验质料的“图型”（图型法因而是含质料的普遍意向形式判断）以规定实践的主观准则。同样，在理性信仰的道德实践中，理念和理想也需要有一个感性图型（就像知性在理论认识中那样），甚至比先验知性

（接上页）无效。但是，如果问题在于实践的东西，那么，这样一种（对于明智和智慧来说的）范导性原则，即把某种按照我们认识能力的性状只能被我们以某种方式设想为可能的东西当做目的，根据它来行动，就同时是建构性的，也就是说，在实践上作出规定的；然而，这同一条原则，作为判断事物的客观可能性的原则，却绝不是理论上作出规定的（也就是说，惟一一种属于我们的思维能力的可能性也属于客体），而是一种对于反思性的判断力来说的纯然范导性的原则。”同上引书，S. 457—458，第 477—478 页。“所有那些理念都是超验的和没有对象的。在这里，它们成为内在的和构成的，因为它们是实现纯粹实践理性的必然客体（至善）的可能性根据，因为否则它们便是超验的和思辨理性单纯的规范原则。”［德］康德：《实践理性批判》，韩水法译，商务印书馆 1999 年版，S. 135，第 148 页。“理性概念（理念）对科学知识来说是调节性的作用，但对实践意志而言，则是构成性的，即它有一种客观的、‘树立一个对象’的制定规则（立法）作用。前者是自然的世界，后者是自由的世界。在自然的世界，‘理念’只是调节的作用，在自由的世界，‘理念’则是构成的作用。”《无尽的学与思——叶秀山哲学论文集》，云南大学出版社 1995 年版，第 234 页。“理念的‘内在的运用’。范畴也是只有内在的运用，也就是经验性的运用，但是范畴不能有先验的运用。理念呢它可以有超验的运用。如果你把它当作认识，它就是幻相。所以理性的超验的运用它是一般双刃剑，你把它当知识它就是幻相，你把它当作一种道德实践的‘悬设’，那么它就是有用的，它有它的实在性，这种运用是可能的，是现实的，在人的实践中它有一种现实的指导作用（因而这种超验的运用在实践的意义上它又是内在的运用，即内在于实践活动）。”邓晓芒：《康德〈纯粹理性批判〉句读》（上），人民出版社 2010 年版，第 736 页。

概念—感性直观图型（毕竟只是作为中介条件）更“拟人化”[①]的图型（因为是被用作道德法则的纯粹理性情感发生条件）——这种“拟人化”的图型“任何时候都不与经验性运用的那些［理论认识的］法则有丝毫的违背”,[②] 虽然“经验永远也不提供一个［神圣意志］完善的

---

① “这一切都是通过它好像是一个现实的存在者这样一个图型才最好地、甚至是独一无二地被产生出来的……一个调节性概念的图型。”［德］康德：《纯粹理性批判》，邓晓芒译，人民出版社 2003 年版，A684/B712，第 533 页。“我们还可以大胆地、无可指责地允许这个理念中有某些对上述调节性原则起促进作用的拟人论……一个图型，即一个至上的理智，它是按照智慧的意图的世界创造者。”同上引书，A697/B725，第 541 页。“这个理念为了实现出来，就需要一个图型，即需要一个从目的原则中先天地得到规定的本质性的杂多和各部分的秩序。图型如果……是按照一个理念产生的（在那里理性先天地把目的作为任务提出来，而不是经验性地等待目的）……为了从一个惟一而至上的、首次使整体成为可能的内部目的中推导出来，而这样产生的东西，其图型必须合乎理念地、即先天地包含着整体轮廓（草图），和一种对整体各个环节的划分，并且必须把这个整体确实无疑地依照原则与其他一切整体区别开来。”同上引书，A833/B861，第 629—630 页。

② ［德］康德：《纯粹理性批判》，邓晓芒译，人民出版社 2003 年版，A680/B708，第 531 页。“没有人可以因为他不敢主张某件事而被指责他想完全去否认这件事。”同上引书，A633/B661，第 499 页。“这个最高存在者对于理性的单纯思辨的运用来说仍然是一个单纯的、但毕竟是完美无缺的理想，是一个终止整个人类知识并使之圆满完成的概念，它的客观实在性虽然不能以这种思辨的方式来证明，但也不能以这种方式被反驳。”同上引书，A641/B669，第 505 页。“如何会有人能够对我们否定它们的客观实在性，既然他为了否认这一点而对这种可能性所知道的和我们为了肯定它所知道的同样少?”同上引书，A673/B701，第 526 页。“在理念中预设，这对于理性任何时候都能够有好处，但同时又永远不会有害。”同上引书，A687/B715，第 535 页。“思辨理性如此办理，只是以免将那些它至少必须承认可以思维的东西，假定为不可能。”［德］康德：《实践理性批判》，韩水法译，商务印书馆 1999 年版，S. 3，第 1 页。“现在一个不以经验为条件的因果性概念虽然在理论上是空洞的（没有与自身相适应的直观），但永远是可能的。”同上引书，S. 56，第 60 页。“后者同时也并不与它矛盾。”同上引书，S. 121，第 133 页。“与这种拓展也不矛盾。”同上引书，S. 136，第 148 页。“我不能凭借思辨理性证明这些条件，虽然我也不能否证它们。”同上引书，S. 142，第 156 页。“理论理性对此不做任何具有确凿无疑的确定性的决定。”同上引书，S. 145，第 158 页。“事实上，所谓不可能性是单纯主观的，亦即我们的理性发现，它不可能在一个单纯的自然进程里面，领会在两种依照迥然有别的法则发生的世界事件之间一种如此精确切合和彻底合目的性的联系；虽然就如其他自然中合目的性的东西一样，理性仍然不能证明这种依照普遍自然法则的联系的不可能性，亦即不能从客观根据来充分说明这种不可能性。”同上引书，S. 145，第 158 页。“理论理性对此毫无异议……对此毫无异议的理论理性。”同上引书，S. 144—145，第 158—159 页。“假定一个道德上的世界创造者的存在，也就是说，假定上帝的存在；他尽可以作出这种假定，因为这种假定至少自身是不自相矛盾的。”［德］康德：《判断力批判》，李秋零译，载《康德著作全集》第 5 卷，中国人民大学出版社 2007 年版，S. 453，第 472 页。“它并不否认这些理念的对象的可能性或者现实性。”［德］康德：《纯然理性界限内的宗教》，李秋零译，载《康德著作全集》第 6 卷，中国人民大学出版社 2007 年版，S. 52“注释♀”，第 53 页。

系统统一的例子”[1] ——的超感性—理性即超验实在性理想图型，即我们有权“按照某种更加微妙的拟人论来思考在这个理念中的世界原因（没有拟人论就会根本不可能对这种原因作任何思考）”。[2] 其原因正在于，唯有神圣意志才必然可能是道德法则所从出的“慈爱”“仁爱”“兼爱”“博爱”的“人类之爱”的纯粹理性情感意愿，但是，如果我们不是设想、设定一个纯粹理性情感神圣意志的道德立法主体的敬重—确信对象，也就是一个道德神圣性、超验实在性神圣意志的理想主体（实体、个体），我们就完全无法给出出于分析的同一性纯粹理性情感普遍的“人类之爱”的道德法则。

> 道德法则……的神圣性（人们习惯于称这种［道德］职责为对于上帝的职责，因为我们把上帝思想为具有实体形式的神圣性理想［即纯粹理性情感神圣意志的道德立法的理想图型］），那么我们向以牺牲一切对于我们全部禀好最内在的部分始终有价值的东西而遵守职责的做法，奉上［理性情感信仰］最完满的高度敬重。[3]

在《实践理性批判》“分析论”中，康德对“纯粹理性实践”和“纯粹实践理性信仰”是否需要图型，说法是不一样的。前者（纯粹实践理性的道德判断）并不一定就需要图型但至少需要一个逻辑上普遍形式的判断范型（所以康德才说，在纯粹实践理性的道德判断中，“法则本身的图型”[4] 并不是一个合适的说法），而后者（纯粹实践理性的道德信仰）却必定需要一个图型。因为前者只需要出于纯粹理性对实践的实践准则的主观质料是否具有合法则性（根据自然法则）的普遍形式的范型判断，就可以在现象世界中至少被动、间接、消极地给出合于纯粹理性的道德法则的道德现象（合于德性的德行），而后者却需要一个

---

① ［德］康德：《纯粹理性批判》，邓晓芒译，人民出版社 2003 年版，A681/B709，第 531 页。

② ［德］康德：《纯粹理性批判》，邓晓芒译，人民出版社 2003 年版，A700/B728，第 543 页。

③ ［德］康德：《实践理性批判》，韩水法译，商务印书馆 1999 年版，S. 158，第 172—173 页。

④ “法则本身的图型……如果这个词用在此处合适的话。”［德］康德：《实践理性批判》，韩水法译，商务印书馆 1999 年版，S. 68，第 74 页。

出于纯粹理性情感神圣意志的道德实践立法主体，才可以在现象世界中主动、直接、积极地给出出于纯粹理性情感道德法则意向形式“图型”—“形象”（“实例”“例证”）的道德法象（出于善意的善行）。[①]

这样，在《实践理性批判》的“分析论”中，康德区分了出于纯粹理性立法的道德实践与出于纯粹理性情感立法的道德信仰实践。如果

---

① “有鉴于对于感官生命的此在的理智意识（自由意识），感官生命具有绝对的法象（Phänomens）统一性，而法象在它包含关涉道德法则的意向的种种单纯现象（Erscheinungen）（品格的现象）时，是不应当依照那属于作为现象（Erscheinung）的它的自然必然性来判断的，而是应当依照自由的绝对自发性来判断的。”［德］康德：《实践理性批判》，韩水法译，商务印书馆1999年版，S. 99，第108页；《实践理性批判》中的这段话康德原作：Denn das Sinnenleben hat in Ansehung des intelligibelen Bewußtseins seines Daseins（der Freiheit）absolute Einheit eines Phänomens，welches，so fern es bloß Erscheinungen von der Gesinnung，die das moralische Gesetz angeht（von dem Charakter），enthält，nicht nach der Naturnotwendigkeit，die ihm als Erscheinung zukommt，sonden nach der absoluten Spontaneität der Freiheit beurteilt warden muß。参见 Kant，*Kritik der Praktischen Vernunft*，Leipzig · Verlaag von Felik Meiner，1927，S. 99，p. 127。这段话 Gregor 英文译本译作：For，the sensible life has，with respect to the intelligible consciousness of its existence（consciousness of freedom），the absolute unity of a phenomenon，which，so far as it contains merely appearances of the disposition that the moral law is concerned with（appearances of the character），must be appraised not in accordance with the natural necessity that belongs to it as appearance but in accordance with the absolute spontaneity of freedom。参见 Kant，*Critique of Practical Reason*，Translated and Edited by Gregor，Cambridge University Press，1997，S. 99，p. 83. 德文 Phänomenon（现象、不寻常的现象、奇迹，复数 Phänomena，拉丁文 Phaenomena）和 Erscheinung（现象），Gregor 译作 phenomenon（现象、稀有现象、奇迹）和 appearance（现象）。关文运译作“现象”和“表现”。［德］康德：《实践理性批判》，关文运译，广西师范大学出版社2002年版，第92页。邓晓芒译作“现相”和“现象”。［德］康德：《实践理性批判》，邓晓芒译，人民出版社2003年版，第135页。李秋零译作“现象”和“显象”。［德］康德：《实践理性批判》，李秋零译，载《康德著作全集》第5卷，中国人民大学出版社2007年版，第105页。比较而言，韩译“法象”和“现象”，在传达康德思想的修辞上更胜一筹。所谓“法象”，按照康德的说法就是：“包含关涉道德法则的意向的种种单纯现象”即“品格的现象”。即出于自由意志而合于道德法则或者违于道德法则的实践现象，因而实践法象不同于合于自然法则的一般现象；但由于实践法象也能够被感性地直观，故仍然是可经验的现象。在《实践理性批判》中，“品格的现象”也在“恶的品格现象”意义上被使用：“作为先天意志决定的结果的善恶概念确实以一条纯粹实践原则为先决条件。”［德］康德：《实践理性批判》，韩水法译，商务印书馆1999年版，S. 65，第70页。“因为这个行为以及决定这个行为的所有过去的事情，都属于他自己所造成的他品格的唯一现象，并且依照这个品格，他把那些现象本身的因果性归于作为一个独立于所有感性的原因的他自身。”同上引书，S. 98，第107页。“一切由他们的意愿产生的东西（每一个有意实施的行为毫无疑问皆是如此）都有一个自由的因果性作为根据，这种因果性从少年时起就把他们的品格表现在他们的种种现象（行为）里面，而这种行为由于举止的类似性揭示了一种自然联系，但是这种联系没有使意志的邪恶性质成为必然，而相反是自愿服膺的恶的和不可改变的原理的后果，这些原理只是使这个意志更加卑鄙下流和更其应受惩罚。”同上引书，S. 100，第109页。

是出于纯粹理性的道德实践，那么道德法则的发生条件就是（也只能是）人的善良意志，换句话说，在纯粹理性的道德实践中，“道德为了自身起见（无论是在客观上就意愿而言，还是在主观上就能够而言），绝对不需要宗教；相反，借助于纯粹的实践理性，道德是自给自足的”“比从一个神圣的、全善的意志中引出德性来的那个神学概念好”，即并非“认定上帝的此在作为一个所有一般义务的根据是必然的（因为一如已经充分证明的，这个根据仅仅依赖于理性本身的自律）”，因而“无须把它［神圣意志］设想为法则的创作者”，甚至如果我们在纯粹理性的道德实践中，引进了一个外在于人的善良意志的神圣意志，还可能会导致实践在道德上经验性和神秘主义的他律。[①] 但是，在纯粹实践理性情感的道德信仰实践中，情况就不一样，这是因为，在纯粹实践理性情感的道德信仰实践中，神圣意志不仅仅是道德法则至善目的结果（“尘世中的至善”）的必然可能性实现条件、促进条件，更是道德法则的纯粹理性情感至善目的本身（“实际的善意”“实践的善意”）的发生条件，从而被人的纯粹理性和任意的情感所敬重、所信仰，而纯粹实践理性情感信仰意象形式的意向对象即神圣意志的理想“这位唯一不受限制的立法者自身，却仍然必须被设想为这样”以“强化道德［实践的纯粹理性情感］动机的责任”。而这也就是说，如果是神圣意志（纯粹理性情感的道德立法主体）而不仅仅是人的善良意志（纯粹理性的道德立法主体）才是人的存在意愿的终极目的即无条件存在条件，那么神话学家们就更有理由说，唯有神话原型，才是人的本原性（实践的道德神圣性）、本真性（信仰的超验真实性）存在方式。这就是说，神话原型不仅应该可以被表象为人的纯粹理性和任意的敬重情感对神圣意志的

---

① “实践理性的神秘主义……使仅仅充任象征的东西成为一个图型，也就是说，以（对于某种不可见的上帝之国的）现实的然而非感性的直观构成道德概念运用的基础，因而就漫游到情胜于实的境域里面。”［德］康德：《实践理性批判》，韩水法译，商务印书馆1999年版，S. 69—71，第76—77页。“在德性的合理的根据或理性根基中，完善的本体论概念却还是要比从一个神圣的、全善的意志中引出的德性来的那个神学概念好；这不仅仅是因为，我们毕竟不能直观到这个意志的完善性，而只能从我们的概念中——在其中德性概念是最首要的——推出它来，而且是因为，如果我们不这样做，这个还留下给我们的神圣意志概念，就会不得不从荣誉欲和统治欲等属性出发，与权力和仇恨的可怕表象结合着，来为一个与道德性截然对立的规矩体系奠定基础了。”［德］康德：《道德形而上学奠基》，杨云飞译，邓晓芒校，人民出版社2013年版，S. 443，第84页。

纯粹理性信仰的意向形式，同时也应当必须被表象为纯粹理性信仰意向形式的意向对象即纯粹理性情感分析地同一性的神圣意志，从而所有经验世界中的神话现象中“神的故事”的叙事内容质料规定性和“对‘神的故事’的态度”的信仰叙事形式界限规定性，都起源于神话原型的意向形式与意向对象相互统一的超验实在性。

第十四节 神话理论图型—形象法在实践理性情感信仰中的主观使用

在《实践理性批判》“分析论”中，康德分别阐明，在纯粹理性的道德实践中，在没有知性概念图型襄助的条件下，只需借助道德法则的逻辑范型（道德法则的自然法则普遍形式的第一原则）就能够给出最低程度（消极地引导性、调节性）的道德判断（检验、评价）。但是，如果在道德实践中，纯粹理性借助道德法则逻辑范型的基础上，进一步援引道德法则的理念图型（道德法则的先验质料的第二原则）[①] 给道德

① 康德晚期《纯然理性界限内的宗教》明确地把“动物性”、“人性”和“人格性”的禀赋，都归结为“属于人的本性的可能性”：“人身上的所有这些［动物性、人性、人格性］禀赋都不仅仅（消极地）是善的（即它们与道德法则之间没有冲突），而且都还是向善的禀赋（即它们都促使人们遵从道德法则）。它们都是源始的，因为它们都属于人的本性的可能性。人虽然可以与目的相违背地使用前两种禀赋，但却不能根除它们中的任何一个。我们把一个存在者的禀赋理解为它所必需的成分，也理解为这些成分要成为这样一个存在者的结合形式。倘若它们必然地属于这样一个存在者的可能性，它们就是源始的；但是，假如该存在者即使没有它们也自身就是可能的，它们就是偶然的。还应该注意的是，这里所说的仅仅是那些与欲求能力和任意的使用直接相关的禀赋。”［德］康德：《纯然理性界限内的宗教》，李秋零译，载《康德著作全集》第 6 卷，中国人民大学出版社 2007 年版，S. 28，第 27 页。“人格中的人性”最准确的定义应该主要是指：人性中的纯粹理性。参见邓晓芒《康德〈道德形而上学奠基〉句读》（下），人民出版社 2012 年版，第 511 页。“人是目的”是康德实践法则的第二原则。“人尽管也可能在某种关系中被赞赏为目的，但毕竟在另外的关系中又会只具有一个手段的地位。”［德］康德：《判断力批判》，李秋零译，载《康德著作全集》第 5 卷，中国人民大学出版社 2007 年版，S. 427，第 444—445 页。“一种善良意志是他的存在能够具有一种绝对价值所惟一凭借的东西，而且惟有与这种东西相关，世界的存在才具有一个终极目的……人惟有作为道德的存在者才能是创造的一个最终目的……我们只承认作为道德存在者的人才是创造的目的。”同上引书，S. 443，第 462—463 页。“终极目的就不可能是别的，而只能是服从道德法则的人。”同上引书，S. 448，第 468 页。“惟有服从道德法则的理性存在者的实存，才能被设想为一个世界的存在的终极目的。”同上引书，（转下页）

（接上页）S. 449，第 469 页。“人以及一般的每一个理性存在者，都作为自在的目的本身而实存，不仅仅作为这个或那个意志随意使用的手段，而是在他的一切不管指向自己还是指向其他理性存在者的行动中，都必须总是同时被看做目的。”［德］康德：《道德形而上学奠基》，杨云飞译，邓晓芒校，人民出版社 2013 年版，S. 428，第 62 页。“理性存在者就被称之为人格（Person/personality），因为他们的本性（Natur/nature）已经凸显出他们就是自在的目的本身，即某种不可仅仅被当做手段来使用的东西，因而在这方面就限制了一切任意（并且是一个敬重的对象）。因此，这些不仅仅是主观目的，其实存作为我们行动的结果对我们来说有某种价值，而且是客观目的，即这样一些物，其自在的存有本身就是目的。”同上引书，S. 428，第 62—63 页。“如果应当有一种至上的实践原则和就人类意志而言的一种定言命令，那么它必定是这样一种原则，这一原则从某种作为自在的目的本身、因而对每一个人来说必然都是目的的东西这个表象中，构成意志的一种客观原则，从而能够充当普遍的实践法则。这个原则的根据是：理性的本性是作为自在的目的本身而实存的。人必然这样设想他自己的存有；所以就此而言，这也就是人类行动的一条主观原则。但每一个其他的理性存在者，也正是这样按照对我也适用的同一个理性根据来设想其存有的；因此，它同时也是一个客观的原则，从它这样一个至上的实践根据中必定能把意志的全部法则推导出来。所以，实践命令将是如下所述：你要这样行动，把不论是你的人格中的人性，还是任何其他人的人格中的人性，任何时候都同时用做目的，而绝不只是用做手段。”同上引书，S. 428—429，第 63—64 页。“作为自在的目的本身的人性的理念。”同上引书，S. 429，第 64 页。“人不是事物，从而不是某种可以仅仅被当做手段拉来使用的东西，而是必须在他的全部行动中总是被看做自在的目的本身。”同上引书，S. 429，第 64 页。“这些禀赋就我们主体中的人性而言属于自然的目的。”同上引书，S. 430，第 65 页。“人性以及一般的每个有理性的自然，作为自在的目的本身（这是任何一个人行动自由的至上的限制条件），它的上述原则不是从经验借来的：第一是因为它的普遍性，既然它能一般地针对所有的理性存在者，而没有任何经验足以在这方面规定什么；第二是因为在这个原则里，人性不是（主观地）被表现为人的目的，即不是被表现为人们实际上自发地当做目的的对象，而是被表现为客观目的，这个客观目的不管我们可能想要有什么样的目的，都应当作为法则构成一切主观目的的至上的限制性条件，因而它必须来自纯粹理性。就是说，一切实践立法的根据客观上就在于使这种立法能成为一条法则（尽可能是自然法则）的那种规则和普遍性形式（按照第一个原则），主观上则在于目的；然而，全部目的的主体是作为自在的目的本身的每一个理性存在者（按照第二个原则）：于是由此得出了意志的第三条实践原则，作为意志与普遍的实践理性协调一致的至上条件，即作为普遍立法意志的每一个理性存在者的意志的理念。同上引书，S. 430—431，第 66—67 页。“自在的理性存在者本身的普遍的目的优先的命令。”同上引书，S. 431，第 67 页。“作为自在目的的理性存在者。”同上引书，S. 433，第 70 页。“所有理性存在者都服从这条法则：他们中的每一个都应当绝不把自己和所有其他的理性存在者仅仅当做手段，而是在任何时候都同时当做自在的目的本身来对待。”同上引书，S. 433，第 70 页。“道德性就是一个理性存在者能成为自在目的本身的唯一条件，因为只有通过道德性，理性存在者才可能成为目的王国中的一个立法成员。所以，德性和具有德性能力的人性，就是那种独自就具有尊严的东西。”同上引书，S. 435，第 72 页。“理性存在者通过自己的特有本性本来就已确定了的，它作为自在的目的本身，同时正因此而作为目的王国中的立法者，在所有自然法则面前是自由的，它只服从自己所立的、并据此能使它的准则从属于一种普遍立法（同时它自己也服从）的法则。”同上引书，S. 435，第 73 页。“自律是人的本性以及任何理性本性的尊严之根据。”同上引书，S. 436，第 74 页。“有理性的存在者，作为其本性中的目的，（转下页）

(接上页)从而作为自在的目的本身,必须对每个准则充当在一切仅仅相对的和任意的目的上的限制性条件。”同上引书,S. 436,第74页。“理性的自然区别于其余的自然,就在于它为自己设定了一个目的。这一目的将会是任何善良意志的质料。但是,既然在这个没有(实现这种或那种目的的)限制条件的绝对善良的意志的理念中,一切要起作用的目的都必须被完全抽象掉(这样的目的只会使任何意志成为相对善良的),所以,在这里目的不是自我一个要起作用的目的,而是独立自主的目的,故而只是被消极地设想,亦即,绝不能和它相违背地去行动,因而这个目的必须绝不是单纯作为工具,而是任何时候都同时当做目的在每个意愿中受到尊重。现在,这一目的只是所有可能目的的主体本身,因为这一主体同时也是一个可能的绝对善良的意志的主体;这是因为,这样一个意志不可能无矛盾地追随于任何其他对象之后。因此这一原则:你在和每个理性存在者(不管是你自己还是别人)相关时都要这样行动,使这理性存在者在你的准则中同时被看做自在目的本身,和另一原理:你要按照一个在自身中同时包含有其自身对每个理性存在者的普遍有效性的准则来行动,这在根本上是一样的。因为,在使用手段于每个目的时,我应该把自己的准则限制在它的普遍有效性对任何一个主体都可作为法则这一条件下,这就等于是说,目的的主体,即理性的存在者自身,任何时候都必须不单纯作为手段,而是作为所有手段使用的至上的限制性条件,也就是在任何时候都必须同时作为目的,而成为一切行动准则的根据。”同上引书,S. 437—438,第75—77页。“任何一个理性存在者,作为自在的目的本身,不论它服从的是什么样的法则,必须能够同时把自己看做普遍立法者,因为正是它的准则之适合于普遍立法,才使理性存在者作为自在的目的本身凸显出来,……使得它任何时候都必须从它自身的视角出发、但同时也要从任何其他有理性的、作为立法者的存在者(它们正因此也被称为人格)的视角出发来采用自己的准则。”同上引书,S. 438,第77页。“人格……亦即超脱了整个自然的机械作用的自由和独立性,而这种自由与独立性同时还被看作是存在者委身于特殊的、即由他自己的理性所给予的纯粹实践法则的能力……委质于他自己的人格。”[德]康德:《实践理性批判》,韩水法译,商务印书馆1999年版,S. 87,第94页。“在全部被造物之中,人所愿欲的和他能够支配的一切东西都只能被用作手段;唯有人,以及与他一起,每一个理性的创造物,才是目的本身。所以凭借其自由的自律,他就是道德法则的主体。正是出于这个缘故,每一个意志,每一位个人都将他个人的、指向他自己的意志限制于这样一个条件:与理性存在者的自律符合一致,即不该使他委质于任何意图,假使这个意图不是依据由承受的主体本身的意志所产生的法则而可能的;这就是说,决不把这个主体单纯用作手段,若非同时把它用作目的……因为这个条件依赖于理性存在者的人格,而唯有凭借这个人格他们才是目的本身。”同上引书,S. 87,第95页。“在目的的秩序里,人(以及每一个理性存在者)就是目的本身,亦即他决不能为任何人(甚至上帝)单单用作手段,若非在这种情形下他自身同时就是目的。”同上引书,S. 131,第144页。“人格是其行为能够归责的主体。因此,道德上的人格性不是别的,就是一个理性存在者在道德法则之下的自由。”[德]康德:《道德形而上学》,张荣、李秋零译,载《康德著作全集》第6卷,中国人民大学出版社2007年版,S. 223,第231页。“在和他人的关系中维护自己作为一个人的价值的那种价值,这种义务是由如下命题来表述的:‘不要让你自己成为他人的纯然手段,要对他们来说同时是目的。’”同上引书,S. 236,第245页。“正是德性论要求把人的法权视为神圣的。”同上引书,S. 394,第407页。“人无论对自己还是对他人都是目的,而且他既无权把自己也无权把他人仅仅当做手段来使用,这还不够;相反,使一般而言的人成为自己的目的,这本身就是人的义务。”同上引书,S. 395,第408页。“人有责任既把自己也把任何他人设想为自己的目的……人通过行动使自己和他人成为目的。”同上引书,S. 410,第422页。“同一个人按照其人格性,亦即作为赋有内在自由的存在者(作为本体的人)来想,则被视为一个有能力承担义务的存在者,确切地说是对自己(其人(转下页)

（接上页）格中的人性）承担义务，这样人（在两种意义上来看）就可以承认一种对自己的义务，而不陷入自我矛盾（因为关于人的概念并不是在同一个意义上被设想的）。”同上引书，S. 418，第427—428页。“人格中的人性……作为本体的人……而人……作为现象的人。”同上引书，S. 423，第432页。“作为道德存在者的人（作为本体的人）不能把作为自然存在者的自己（作为现象的人）当做纯然的手段来使用。”同上引书，S. 430，第440页。“人惟有作为人格来看，亦即作为一种道德实践理性的主体，才超越于一切价格之上；因为作为这样一种人（作为本体的人），他不可以仅仅被评价为达成其他人的目的的手段，哪怕是达成他自己的目的的手段，而是应当被评价为目的自身，也就是说，他拥有一种尊严（一种绝对的内在价值）……其人格中的人性就是他可以向任何别的人要求敬重的客体。”同上引书，S. 434—435，第445页。“每个人都有权要求其邻人的敬重，而且他也交互地对任何他人有这方面的责任。人性本身就是一种尊严；因为人不能被任何人（既不能被他人，也甚至不能被自己）纯然当做手段来使用，而是在任何时候都必须同时当做目的来使用，而且他的尊严（人格性）正在于此，由此他使自己高于一切其他不是人、但可能被使用的世间存在者，因而高于一切事物。所以，就像他不能以任何价格出卖自己（这会与自我珍重的义务相抵触）一样，他也不能与他人作为人同样必要的自我珍重相悖而行动，也就是说，他有责任在实践上承认任何其他人的人性的尊严，因此，他肩负着一种与必然要向每个他人表示的敬重相关的义务。”同上引书，S. 462，第473—474页。“人……是目的”，换句话说就是，人作为“自在的存在本身”就是道德实践的“自在的目的本身”：“自在的存在本身就具有某种绝对价值，它能作为自在的目的本身而成为确定的法则的根据。”［德］康德：《道德形而上学奠基》，杨云飞译，邓晓芒校，人民出版社2013年版，S. 428，第62页。“自在的存有本身就是目的”。同上书引，S. 428，第63页。“作为自在的目的本身的主体。”同上引书，S. 430，第66页。“我们人格中作为自在的目的本身的人性（德语：Menschheit in unserer Person，als Zweck an sich selbst；英语：humanity in our person，as an end in itself）。”同上引书，S. 430，第65页（Immanuel Kant，*Groundwork of the Metaphysics of Morals*，A German-English Edition，Engish translation by Mary Gregor，Cambridge University Press，New York，2011，S. 430，pp. 88－89）。“作为自在目的本身的人性。”同上引书，S. 430，第66页。“作为自在的目的本身的人性的理念。”同上引书，S. 429，第64页。康德所谓“人格中的人性”（德文：Menschheit in unserer Person；英文：humanity in our person。同上引书，S. 429，第64页）也称“人的本性”。同上引书，S. 436，第74页；S. 448，第93页。或“人的本质”。同上引书，S. 416，第45页。“有理性的存在者，作为其本性中的目的。”同上引书，S. 436，第74页。“人格中的人性”在康德那里在不同的上下文中具有双重意义，第一，人的理性本质（人格）。“人性以及一般的每个有理性的自然。”同上引书，S. 430，第66页。“自在的理性存在者本身的普遍目的。”同上引书，S. 431，第67页。“德性和具有德性能力的人性。”同上引书，S. 435，第72页。“道德性就是一个理性存在者能成为自在目的本身的唯一条件。”同上引书，S. 435，第72页。“理性存在者通过自己的特有本性……作为自在的目的本身。”同上引书，S. 435，第73页。“人的本性以及任何理性本性。”同上引书，S. 436，第74页。“理性的自然区别于其余的自然。”同上引书，S. 437，第75页。“理性本性的人性。”同上引书，S. 439，第78页。“理智自然。”［德］康德：《实践理性批判》，韩水法译，商务印书馆1999年版，S. 70，第76页。“理性的本性”“理性的自然素质”。［德］康德：《纯粹理性批判》，邓晓芒译，人民出版社2004年版，A669/B697，第523页。第二，人的感性本性（人性）。“人类自然本性”“有理性的自然本性”。［德］康德：《道德形而上学奠基》，杨云飞译，邓晓芒校，人民出版社2013年版，S. 410“注释①”，第37页。“人类理性的特殊自然本性。”同上引书，S. 412，第39页。“人类本性的特 （转下页）

法则的逻辑范型“补充”“先天所与”的至善目的的意向对象，就能够给出积极地建构性、构成性的道德判断。进而，在纯粹理性情感的道德实践——在本书中，笔者称之为神圣意志与人的善良意志之间应然的先验综合规定—超验综合反思的双向意向形式即神话原型——当中，纯粹理性却需要设想、设定一个超验理性概念（理念）—感性直观图型（理想），以“理论概念”（图型是理论理性的工具）的假设方式实践地公设一个纯粹理性情感神圣意志的道德法则立法主体作为理性信仰的意向对象。虽然这个理想图型的“理论概念”“并不存在任何认定某种事物的实存（盖缘这单纯事关理性的理论应用）的［理论］职责”，[①]但如若实践理性需要理论理性协助其超越到纯粹理性意向形式的界限之外去设想、设定一个超验实在性的意向性对象，那么理论理性就应该贡献出原本只能在理论理性“自己园地”[②]中生长的、可以感性地直观的经验性“类似物”，即“纯粹理性［情感］的理想”[③]图型。

范型、图型的理论与实践使用

理论认识的图型：理性概念对知性概念在意向形式上的消极规定

理论认识的图型：知性概念对感性直观在意向质料上的积极规定

道德判断的范型：客观法则对主观准则在逻辑形式上的消极规定

道德实践的图型：客观法则对主观准则在意向质料上的积极规定

信仰实践的图型：理性情感对纯粹理性在意向形式—质料上的积极规定

（接上页）殊属性。”同上引书，S. 425，第 58 页。“人性的特殊禀赋。”同上引书，S. 425，第 58 页。“人类理性特有的……特殊倾向。”同上引书，S. 525，第 58 页。“自然倾向。”同上引书，S. 525，第 58 页。“我们主体中的人性……属于自然的目的。”同上引书，S. 430，第 65 页。“人类自然本性的特殊结构。”同上引书，S. 442，第 82 页。“主体的自然性状在主体意志上实行的这一冲动是属于主体的自然本性的，不论这是感性的本性，还是知性的和理性的本性。”同上引书，S. 444，第 85—86 页。“自然本性。”同上引书，S. 444，第 86 页。“本性的特殊构造。”同上引书，S. 444，第 86 页。

① ［德］康德：《实践理性批判》，韩水法译，商务印书馆 1999 年版，S. 125，第 137—138 页。

② ［德］康德：《实践理性批判》，韩水法译，商务印书馆 1999 年版，S. 121，第 133 页；S. 140—141，第 154 页。

③ ［德］康德：《纯粹理性批判》，邓晓芒译，人民出版社 2004 年版，A567/B595，第 455 页。

上帝和不朽的理念不是道德法则的条件，而只是被这条法则所决定的意志的必然客体［不朽中的至善］的条件［这是康德《实践理性批判》“辩证论”的“上帝工具论”思想，笔者将其转换地用作康德并不明确也不清晰的“上帝目的论”思想——笔者补注］，这就是说，是我们纯粹理性的单纯实践应用的条件。于是，对于这些理念，不仅我不想说及现实性，而且甚至我们也不能断言［在经验中理论地］认识和理解它们的可能性。然而它们却是道德上受决定的意志运用于其先天所与的客体（［尘世中的］至善）时的条件。因此，在这种实践［理性情感信仰］的关联里，它们［纯粹理性情感信仰的超验实在性对象］的可能性是能够而且必须［在理论上］被认定［asume］的，虽然并未从理论上认识［cognize］它们，理解它们。① 因为就实践的意图而言，这些［关于纯粹理性情感信仰的超验实在性对象的］理念不包含任何内在［于理性信仰］的不可能性（矛盾），对于后一个［信仰的要求，而不是前一个认识的］要求就足够了。这里与思辨理性相比较，现在有一个［纯粹理性情感对象的］信念的单纯主观的［实践］根据，不过这个［实践的主观］根据对一个同样纯粹却又是实践［理性情感信仰对象］的理念来说则是［在纯粹理性意向形式的界限之内］客观有效的，而且这个［实践］根据凭借自由概念还使上帝和不朽

① “认定”或“设定”（德文 Recognition/英文 asume）不是“认识”（德文 Erkenntnis/英文 cognize）。Immanuel Kant，*Kritik der Praktischen Vernunft*，Siebente Auflage，Verlag von Felix Meiner，Leipzig，1920，S. 4，p. 5；Immanuel Kant，*Critique of Practical Reason*，Translated and Edited by Mary Gregor，Cambridge University Press，1997，S. 4，p. 4。这里，assume 的意思包括：假定、设想、担任、承担、接受、采取、呈现、装出、侵占、专擅、僭取、僭越等。cognize 的意思是：知道、认识到；Cognizance 的意思包括：认识、认知、认识范围、观察、注意、审理、审理权、裁判权、监视、支配等。“普遍同意并不证明一个判断的客观有效性（即这个判断作为认识的有效性），而是提到：如果这种普遍同意偶尔契合实际，这仍然不能证明它与客体符合一致；相反，只有客观有效性才构成必然的普遍一致的基础。”［德］康德：《实践理性批判》，韩水法译，商务印书馆 1999 年版，S. 13，第 11 页。“annehmen/assume 译为‘认定’，似乎文意过强，窃以为不如译为‘设定’‘设想’‘假定’，因为理论理性好像没有充分的根据和理由做出如此肯定的认定，但又得对实践理性表示支持和配合的态度，所以才有康德所谓‘就理论理性而言，我们的理性将这种作为解释根据的认定视作假设’，‘理论理性对此不做任何确凿无疑的确定性的决定’。”——户晓辉批注。

两个理念获得了［实践的］客观实在性和［理论］权限，甚至还带来［在理论上］非认定这些理念不可的主观［间客观的实践］必然性（纯粹理性［情感信仰］的一种需要）。但是，理性并不因此在［认识这些意向对象的］理论知识方面有所拓展，只是被给予了一种［道德实践目的条件的］可能性，后者先前只是一个［理论假设的］问题，而现在成了一个［使用理论假设而实践地公设的］断言，这样，理性的实践应用［的目的论］就和理论理性的［方法论］原理结合起来了。这个需要并不是思辨的一个任意［的认识］意图的假设性的需要：如果人们想把思辨中的理性应用推进至［理论理性与实践理性相结合的］圆满地步，就必须［使用“理论概念”］认定某种东西；这种需要乃是一种［道德］法则的需要：［使用“理论概念”］认定某种东西［即道德法则至善目的的必然可能性条件］，而假若没有它，那么人们应当谨严地树立为自己所作所为的［道德］意图的那种［出于纯粹实践理性情感神圣意志普遍立法的必然可能性条件的］东西就不会发生。①

一个不以经验为条件的［自由］因果性概念虽然在理论上是空洞的（没有与自身相适应的［经验性］直观），但永远是可能的，并且与一个不确定的［即超验实在性意向对象的］客体相关联，但它并非在这个客体［的理论认识］上面，而是在道德法则［的信仰实践］上面，从而在实践的关联中被赋予了一种［道德］意义；于是，我虽然没有决定其理论的客观实在性的［经验性］直观，但是尽管如此它仍然具有现实的［、实在的实践］运用，这种［实践的客观实在性］运用具体地表现在种种［理性情感的信仰］意向和准则之中，也就是说，它具有能够指明的实践上的［客观］实在性。②

但是［在西方基督教文化语境中］，若非设定三个理论概念（因为它们是单纯的纯粹理性概念，无法为其觅得相应的［经验

---

① ［德］康德：《实践理性批判》，韩水法译，商务印书馆1999年版，S. 4—5，第2—3页。

② ［德］康德：《实践理性批判》，韩水法译，商务印书馆1999年版，S. 56，第60页。

性］直观，从而无法以理论［认识］的方式为［纯粹实践理性情感信仰对象］自身觅得客观实在性），即自由、不朽和上帝，[①] 这个［神圣意志在尘世中目的的］至善就是不可能的。然而，实践法则要求至善［的目的］能够在世界上实存，通过这个实践法则，纯粹思辨理性［假设］那些［纯粹实践理性情感信仰的意向］对象［即道德法则至善目的］的可能性，思辨理性不可能保证的它们的客观实在性，就被设定了；纯粹理性的理论认识借此确实获得增长，但是这种增长仅仅在于：那些对它原本成问题（只可思想的）概念现在被肯定地解释为拥有［尽管没有经验实在性直观但确实有超验实在性直观的］现实客体的［理性］概念，因为实践理性为了它确实在实践上绝对必然的至善的客体的可能性，不可避免地要求这些客体的实存，而理论理性因此被证明有正当理由去设定［assume］它们。但是，理论理性的这种［设定的］拓展不是思辨的拓展，亦即从现在起为了理论［认识］的意图［而只是使用“理论概念”］肯定地应用这些［纯粹实践理性情感信仰的意向］对象。因为在这种情形下由实践理性［情感信仰］所成就的无非就是，那些概念［所指的意向对象］是［超验地］实在的，［在纯粹实践理性情感信仰中］事实上有其（可能的）的［意向］客体，但是，我们由此并没有得到这些对象的任何［经验性］直观（这类［经验性］直观也是不能要求的），所以并没有任何［理论认识的先验］综合命题因这些对象［在经验性直观中］的实在性得到承认而成为可能。因而，这种开放［或拓展］在思辨［认识］的意图方面丝毫没有帮助我们，但是就纯粹理性的实践应用而言，却很有助于拓展我们的这类认识。上述［自由、不朽和上帝］三个思辨理性的理念［即“理论概念”］在其本身尚非认识：不过它们仍然是（超验［实在性］的）思想［对象］，在其中没有什么东西是不可能的［即不可能从经验上理论地证明其不存在］。现在，通过确凿无疑的实践法则，即作为实践法则命令其成为［道德法则至

---

① “纯粹实践理性的需求建立在如下职责的基础上：使某种东西（至善）成为我的意志的对象并竭尽全力促进它；但是，在这件事上我必须设定对象的可能性，从而也必须设定这种可能性的条件，也就是上帝，自由和不朽。”［德］康德：《实践理性批判》，韩水法译，商务印书馆 1999 年版，S. 142，第 155—156 页。

善］客体的东西之所以可能的必然条件，它们得到了［实践的］客观实在性，亦即我们得到［实践的］指示：它们有［超验实在性］客体，不过我们仍然不能指明，它们的概念如何与一个客体［的经验性直观］相关联，并且这也仍然不是关于这个［纯粹实践理性情感信仰］客体的认识；因为人们完全不能借此对它们做出任何［先验］综合判断，也不能规定它们的理论运用，从而完全不能够对它们施以任何理性的理论应用，而理性的一切思辨认识从根本上说正是在于这种应用。但是，虽然关于这些［纯粹实践理性情感信仰］客体的理论认识没有因此得到拓展［或开放］，而一般理性的理论认识却因此得到如下程度的拓展［或开放］：通过［理论假设而］实践的公设，［纯粹实践理性情感信仰］客体［的超验实在性］确实被给予了那些理念，一个单纯或然的［理论］思想因此首次得到了［必然的实践］客观实在性。于是，它不是关于所与的超感性［实在性即超验实在性］对象的认识的拓展，但是，它仍然是对于一般超感性［实在性即超验实在性］的东西而言的理论理性及其认识的［实践开放或］拓展，只要理性被迫承认：存在这样一类对象，却不能［通过经验性直观］更切近地规定它们，从而甚至也不能［开放或］拓展关于这些客体（它们现在出于实践的根据并且也仅仅为了实践的应用被给予理性）的［理论］认识；于是，纯粹理论理性把上述的增长仅仅归功于理性的纯粹实践能力，对它来说，所有那些理念都是超验的［实在性对象］和没有［经验实在性的］对象的。在这里，它们成为内在［于纯粹实践理性意向形式界限又超越了纯粹理性意向形式］的和构成［了纯粹理性情感神圣意志道德立法的必然可能条件］的，因为它们是实现纯粹实践理性［信仰］的必然客体（至善）的［必然］可能性根据；因为否则它们便是［在理论认识中］超验的［对象］和思辨理性单纯的规范［性或调节性］原则，后者没有责成理性去认定一个逾越经验的［超验实在性］新客体，而仅仅责成它在［自然因果性］经验之中的［先验］应用趋于完整。①

---

①［德］康德：《实践理性批判》，韩水法译，商务印书馆 1999 年版，S. 134—135，第 146—148 页。

现在那在任何经验［性直观］里都不能被给予［理论认识］的理性理念在这里是我必须通过范畴思想而求［实践地］认识的东西。然而，这里所关涉的不是对这些［超验实在性］理念客体的理论认识，而仅仅是它们究竟有无［超验实在性］客体。纯粹实践理性成就了这种［客体的超验］实在性，在这种情况下理论理性所能做的无过于通过范畴单纯地思想那些［没有经验性实在性但有超验实在性的］客体；一如我们在别处已经清楚地指明的那样，这种思想无需直观（无论感性的抑或超感性的）［直观］就顺利进行，因为范畴，单单作为思想的能力，独立于并且［在逻辑上］先于一切［无论感性直观还是超感性］直观而在纯粹知性之中有其位置和源泉，并且它们始终仅仅意指一般的［知性］客体，而无论它会以何种［无论经验实在性还是超验实在性的］方式被给予我们。现在［一旦范畴在逻辑上“先于直观”而被给予］，在范畴应当被运用于那些理念［客体］的范围内，诚然［感性］直观中没有任何对象能够被给予范畴，即通过实践理性在至善概念里毫无疑问地呈现的客体，即通过旨在至善［目的］可能性［条件］的那些概念［没有经验实在性但有超验］的实在性，这些范畴的确得到了如下的充分保证：这样一个对象［在纯粹实践理性情感信仰中］是现实地存在的，从而作为单纯思维形式的范畴在这里不是空洞的，而是［借助“理论概念”在实践上是］有意义的，尽管这种增长没有造成依照理论原理的认识的一丝一毫［开放或］拓展。①

虽然是一种关于上帝的认识，但只是在实践关系中的认识；如果我们试图把它拓展成一个理论认识，我们由此便得到一种不思想而直观的上帝的知性［，但我们人类完全不具备对上帝的这种知性直观的“纯净”能力］，② 得到一个指向对象而其满足丝毫不依赖

---

① ［德］康德：《实践理性批判》，韩水法译，商务印书馆 1999 年版，S. 136，第 149 页。

② “假如我们想把这种上帝知识扩展为一种理论性的知识，那我们就会获得一种直观的知性了，这种直观知性并不思维，不需要经过运用范畴等一系列工夫而直接就能够让对象被直观到，就像《圣经》中上帝说，要有光，于是就有了光。而这其实就是一种意志，它指向某些对象，而它的满足丝毫也不依赖于这些对象的实存，因为它直接就把这些本来并不存在的对象产生出来了。”邓晓芒：《康德〈实践理性批判〉句读》（下），人民出版社 2019 年版，第 385 页。“直观的上帝的知性”是有思想的，被人类僭用才变成了“不思想而直观的上帝的知性”。

于对象之［感性］实存的意志：纯净的性质，我们从这些性质那里不能形成任何可用于［道德目的而］认识对象的［理论］概念，而且我们由此也得到了一个教导：它们决不能应用于关于超感性存在者［“作为上帝”①］的理论［认识］，因而它们也不能够在这方面成为思辨认识的基础，而仅仅将它们的应用限制在道德法则的施行上面。②

就实践的东西而言，在［理论的］知性性质和［实践的］意志性质里面依然剩下给我们的尚有［二者］关系概念，而实践法则（它恰好先天地规定了［理论的］知性对于［实践的］意志的关系）成就了这种［实践］关系的客观实在性。倘若这一旦实现，那么，道德上得到决定的意志之客体的概念（至善的概念）也将被赋予［在实践理性情感信仰中作为意向对象的客观］实在性，并且与这个［意向］客体一起，它的可能性条件，［即］上帝、自由和不朽的理念［作为理论概念］也将被赋予［客观］实在性，但这种［客观］实在性始终只是在与道德法则的施行相关联时（而不为思辨的鹄的）被赋予的。③

我发现，只有在以具有至上完满性的世界创造者为先决条件时，道德［法则的至善目的］的原理才允许它有［作为先决条件的］可能性。……这样，道德法则通过作为纯粹实践理性［道德法则意向］对象的至善概念规定了作为至上存在者的源始存在者［这一先决条件的理论］概念，这是［理论］理性的自然的，从而整个思辨的过程所不能做到的。④

［至善目的的先决条件的实践］公设仅仅关涉至善可能性的自然的或形而上学的［理论］条件，一言以蔽之，居于事物本性之中的至善可能性的［理论］条件，但是并非旨在于任意的思辨意图，而是旨在纯粹理性意志的必然的实践目的；这个意志在这里不是［任意的］选择，而是服从［道德法则］毫不宽容的理性命令；后

---

① “超感性存在者（作为上帝）。”［德］康德：《实践理性批判》，韩水法译，商务印书馆 1999 年版，S. 57，第 61 页。

② ［德］康德：《实践理性批判》，韩水法译，商务印书馆 1999 年版，S. 137，第 150 页。

③ ［德］康德：《实践理性批判》，韩水法译，商务印书馆 1999 年版，S. 138，第 151 页。

④ ［德］康德：《实践理性批判》，韩水法译，商务印书馆 1999 年版，S. 140，第 153 页。

> 者的根据客观地存在于［实践］事物的品格之中，只要这些［实践］事物普遍地必须由纯粹理性来判断，而不是以禀好为根据，而这种禀好决不由于那些我们仅仅出于［感性经验的］主观根据所希望的东西的缘故，就有正当理由立即认定其［实现的］手段是可能的或认定其对象是完全现实的。于是，这是一个有其绝对必然的［道德］意图的需求，它证明它的设定不仅作为被允许的［理论］假设，而且作为具有实践意图的公设是有正当理由的……①

在聆听了康德苦口婆心、同语反复的轮番、冗长阐述之后，我们或能够体认康德对理论理性为何以及如何服务于实践理性的目的和“理论概念”目的条件的先验阐明及形而上学阐明，对我们具体地分析在同样的神话原型的应然条件下，中、西方各自的文化为何以及如何根据不同的“理论概念”（即以不同的理论方式介入实践方式）创造出不同的神话叙事特别是道德神话神圣叙事的经验现象——尽管“人类在历史上创造出来的本原神话、本真神话（道德神话），大概只有《尚书·尧典》和《圣经·创世记》讲述的尧舜禹和上帝的少数故事庶几可许”②——这就是说，尽管所有实然的道德神话现象都依据同样应然的神话原型，但在不同的“理论概念”的实践介入下，道德神话现象就呈现出文化间差异的主观必然性。而这不同的“理论概念”，套用康德的话说就是：“神话原型的理想图型”和“依据神话原型理想图型的理念形象”。举例来说，如果佛陀、耶和华的故事讲述了道德法则的纯粹理性情感神圣意志发生条件的理想图型，那么尧、舜、禹的故事则讲述了道德法则的纯粹理性善良意志发生条件即依据道德法则的理想图型在特定历史（时间）、社会（空间）文化生活的经验性语境中创造性地“施行”③的理念形象——而耶稣的故事似乎介于二者之间——换句话说，与一个

---

① ［德］康德：《实践理性批判》，韩水法译，商务印书馆1999年版，S. 143，第156—157页。

② 吕微：《神话作为方法——再谈“神话是人的本原的存在”》，《民间文化论坛》2017年第5期。

③ “施行。”［德］康德：《实践理性批判》，韩水法译，商务印书馆1999年版，S. 37，第40页；S. 137，第150页；S. 147，第160页。direct. Immanuel Kant, *Critique of Practical Reason*, Translated and Edited by Mary Gregor, Cammbridge University Press, 1977, p. 34; practice. 同上引书，p. 115; to be done. 同上引书，p. 122.

作为道德“法则本身的图型”（超验实在性起源）即道德法则的纯粹理性情感发生条件的至上神（耶和华）或准神祇（佛陀）相比，人（尧、舜、禹，即便耶稣）也只是道德法则的纯粹理性善良意志“依照［道德］法则……的图型”的“某个事例”形象（经验实在性典范、榜样）。因此，神话原型的文化间差异现象就不仅呈现出“不同程度［的道德］完满性”，[①] 而且呈现为不同性质的意向完善性。这就是说，前者起源于纯粹理性情感分析的同一性神圣意志的积极意向形式及其爱的目的，而后者则起源于人的纯粹理性 + 情感善良意志先验综合的积极意向形式及其善的目的。[②]

> 承认一般幸福的可能性完全无需命令［，因为人的任意（感性和一般理性）必然希望幸福，也］因为［人的服务于感性的］理论理性对此毫无异议；惟有我们应当如何设想自然法则［并不规定的幸福目的］与自由法则［规定的道德法则至善目的德福相配的的］和谐一致［即“如果我做了我应当做的，那么我可以希望什么？这是实践的同时又是理论”[③] 地实践］的方式，就法则而论［在不同文化共同体之间］却具有某种我们可以［在主观上必然可能］选择的东西，因为理论理性对此［道德法则的发生条件］不做任何确凿无疑的确定性的决定，并且就后者［即实践理性］而言，一个起决定作用的［纯粹理性的］道德关切是能够存在的。[④]
>
> 促进［德福相配的］至善的命令是（在［纯粹］实践理性里

---

① ［德］康德：《实践理性批判》，韩水法译，商务印书馆 1999 年版，S. 140，第 153 页。

② 杨庆堃从实践理性经验性决定而不是从纯粹实践理性先验决断的角度，论证了中国文化之不同于西方文化的信仰方式：“为什么儒家正统地位不断被肯定？必须再次强调，这样的历史传统背后最基本的问题不是儒学与其他宗教或异端之间在理论上或者哲学上的分歧，而是出于维持既定社会经济秩序的实际考虑。从稳定社会经济秩序的考虑出发……维护君臣、父子两对基本关系。众所周知，以孝道为核心的中国家庭组织形式是教化人们对封建专制政权顺从、忠诚的基本单位。因此，维系君臣、父子两对关系对封建王朝来说至关重要。”杨庆堃：《中国社会中的宗教——宗教的现代社会功能与其历史因素之研究》，范丽珠译，四川人民出版社 2016 年版，第 156 页。不同于杨庆堃的经验条件论，笔者在本书中执先验理念—超验理想观念条件论，并据此阐明了中、西方神话的不同性质与不同类型。

③ ［德］康德：《纯粹理性批判》，邓晓芒译，人民出版社 2004 年版，A805/B833，第 612 页。

④ ［德］康德：《实践理性批判》，韩水法译，商务印书馆 1999 年版，S. 144—145，第 158 页。

> 面）有客观根据的，至善［的发生条件］的可能性一般地说同样是（在对此毫无异议的理论理性［的“理论概念”例如佛陀、耶和华、耶稣、尧舜禹］里面）有客观根据的。不过，我们应当如何表象［道德法则的发生条件］这种［必然］可能性的方式，无论依照普遍的自然法则而无需主宰自然的智慧创造者［像尧、舜、禹］的［可能性］方式，还是仅仅以设定这个［主宰自然的智慧］创造者［例如上帝］的方式，乃是［理论］理性不能客观地决定的［，否则不同文化共同体之于道德法则的发生条件即理性信仰的意向对象就会是完全一样了］。①
>
> 现在理性［信仰］的一种主观［选择］条件在这里露面了：对于理性［信仰］而言，这是将自然王国与道德王国之间精确的协调一致设想为至善［目的］的可能性条件，唯一在理论上可能而又同时有益于道德性（它居于［实践］理性的客观法则之下）的方式。因为促进［、实现］至善并从而设定它的可能性［发生条件］是客观（但只是按照实践理性）必然的，但同时我们［在主观上］要以何种方式设想它［——或者是道德法则理想图型的方式，或者是依照道德法则理想图型的理念形象方式——］是可能的，则要由我们［的文化任意性在主观上］选择，不过在［基督教文化的］这种选择中，纯粹实践理性的自由关切决定认定一个智慧的［纯粹理性情感神圣意志（道德法则图型）的］世界创造者［；而儒家文化在这种选择中，纯粹实践理性的自由关切决定认定一个智慧的人的纯粹理性善良意志（依照道德法则理想图型的形象）的历史创造者］……②

即“这个他者可以是一个现实的人格，或者是理性为自己造就的纯然理想的人格”。这样，我们就可以进一步阐明，中国儒家文化与西方基督教文化在不同语境下创造的不同类型的道德神话的神话宪章的神圣叙事的神话现象，并不仅仅表现为历史叙事（人的故事）和“神话”叙事（神的故事）的叙事体裁形式的区分，更表现了道德法则的发生

① ［德］康德：《实践理性批判》，韩水法译，商务印书馆 1999 年版，S. 145，第 158—159 页。

② ［德］康德：《实践理性批判》，韩水法译，商务印书馆 1999 年版，S. 145—146，第 159 页。

条件究竟是神的纯粹理性情感神圣意志抑或人的纯粹理性善良意志的意向形式之间的区别，即不同性质—类型的道德实践意向形式之间的区别。在本土传统的儒家神话中，孔子并不是仅仅抽象地给出“黄金法则”① 的“仁”“恕”“爱”等一系列道德概念和伦理命题，儒家神话的道德原则通过尧、舜、禹等三代圣王的具体形象体现出来。孔子把儒家神话的道德精神提升到了前所未有的纯粹理性的实践高度——套用沃尔夫的话说，② 在古代中国人那里没有神秘的启示只有道德理性——但孔子道德实践的纯粹理性之深刻却在于，当他把“仁”的精神、“爱”的精神、“恕”的精神赋予尧、舜、禹三代圣王的时候，孔子清醒地意识到，“经验永远也不提供一个完善［性、完满性］的系统统一的例子”，③ 即便圣王也还是人而不是神，而作为人总是难以达到超“仁”入“圣”的境界。真正的“圣”的道德境界，不仅能够“修己”而且能够“安人”，能够“济众”，能够博施大爱的纯粹理性情感于天下所

---

① ［英］罗斯特：《黄金法则》，赵稀方译，华夏出版社 2000 年版。邓晓芒：《康德哲学讲演录》，广西师范大学出版社 2006 年版，“第五讲 全球伦理的可能性——金规则的三种模式”，第 190 页以下。

② “我们所讨论的古代中国人，他们不知道创世者、没有自然宗教，更是很少知道那些关于神圣启示的记载。所以，他们只能够使用脱离一切宗教的、纯粹的自然之力以促进德性之践行。然而，他们对自然之力的使用却卓有成效……”［德］沃尔夫：《中国人实践哲学讲演》，李娟译，华东师范大学出版社 2016 年版，第 13、69—74、91—93 页。

③ ［德］康德：《纯粹理性批判》，邓晓芒译，人民出版社 2003 年版，A681/B709，第 531 页。“如果古人设想自己的诸般神灵部分地在其能力上、部分地在其意图上和意向上都极为不同，但却都还以人的方式受到限制……他们只能把这些原因设想为超人。”［德］康德：《判断力批判》，李秋零译，载《康德著作全集》第 5 卷，中国人民大学出版社 2007 年版，S. 439，第 457 页。“（斯多亚派的）圣贤是一种理想，即一种仅仅在思想中实存的人，但这种人与智慧的理念是完全重合的……但要把这个理想在一个实例中即一个现象中实现出来，例如在一本小说中把圣贤实现出来，这是不适宜的，此外还有某种不合情理而很少令人满意的地方，因为使这个理念中的完备性不断遭到破坏的那些自然的局限，就使这样一种尝试中的所有幻觉都成为不可能的，由此就使包含在这理念中的善成为本身可疑的而近似于某种单纯的虚构了。……想象力的那些创作则是完全另一种情况，没有人能够对此加以解释和给出一个可以理解的概念，仿佛是一些草图，它们只是些个别的、也就是不按任何指定的规则来确定的轮廓，这些轮廓与其说构成一种确定的形象，不如说构成一种仿佛在不同经验的平均值中浮现出来的图样，诸如此类的轮廓是画家和面相学家自称在他们头脑中所拥有的，这些轮廓据说是他们的作品乃至他们的评判的某种不可传达的影像。这些轮廓，虽然只是在非严格的意义上，可以被称之为感性的理想，因为它们据说是可能的经验性直观的不可达到的典范，然而却并不充当任何能够进行解释和检验的规则。”［德］康德：《纯粹理性批判》，邓晓芒译，人民出版社 2004 年版，A569—570/B597—598，第 456—457 页。

有的人（包括邻人、敌人），但是，圣君尧、舜、禹是否真的能够且做到这一点，孔子怀疑："尧舜其犹病诸？"

> 子路问君子。子曰："修己以敬。"［子路］曰："如斯而已乎？"［子］曰："修己以安人。"［子路］曰："如斯而已乎？"［子］曰："修己以安百姓。修己以安百姓，尧舜其犹病诸？"（《论语·宪问第十四》）① 子贡曰："如有博施于民而济众，何如？可谓仁乎？"子曰："何事于仁！必也圣乎！尧舜其犹病诸！夫仁者，己欲立而立人，己欲达而达人。能近取譬，可谓仁之方也已。"（《论语·雍也第六》）②

亦即，在孔子那里，尧、舜、禹作为神话—历史神圣叙事中的最高圣王，其纯粹理性的自由意志还没有最终完成其理性情感（作为分析的同一性）意志的纯粹化、神圣化步骤，也许这要待孔子的后学孟子乃至宋明理学以及与外来的佛教之间的相互激励而成就这一无比神圣的荣耀了。或者孔子认为，尽管作为人王的尧、舜、禹难以成就至高无上的神圣境界，但是，如果以尧、舜、禹为榜样（"能近取譬"），仍然是在世间实现"仁""爱"的理性情感良方（"仁之方"）。

> 宗教可以被看成是一个连续体，其一端是近似于终极性、具有强烈情感特质的［历史性实体来支撑的］无神论［经验实在性］信仰，其另一端则是具有终极价值、完全由超自然实体的象征和崇拜与组织模式来支撑的有神［超验实在性］信仰。许多无神论信仰的思想或行动体系，具有宗教的特质，或具备着某些与有神宗教类似的基本心理功能。③

---

① 杨伯峻：《论语译注》，中华书局1980年第2版，第159页。

② 杨伯峻：《论语译注》，中华书局1980年第2版，第65页。

③ 杨庆堃：《中国社会中的宗教——宗教的现代社会功能与其历史因素之研究》，范丽珠译，四川人民出版社2016年版，第21页。"［杨庆堃］建设性地提出了一个研究中国社会的宗教现象和信仰的宽泛角度：将宗教看作一个连续体，从近似于终极性、有强烈情感特质的无神论信仰，到有终极价值、完全由超自然实体所象征和崇拜与组织模式来支撑的有神信仰。"魏乐伯、范丽珠、陈纳、赵文词、郑筱筠：《制度性宗教VS.弥漫性宗教？——关于杨庆堃〈中国社会中的宗教〉的讨论》，同上引书，第309页。

> 本土传统的文化秩序或价值结构与西方的差异，可以借用杜维明的一句话加以描述，这就是：自从古希腊和古希伯来时代以来，西方的文化秩序—价值结构及其超越途径一般表现为“存在的非连续性”，即神圣世界与世俗世界的宗教性空间划分，此岸世界的终极价值由彼岸世界（上帝）提供；而古代中国的文化秩序—价值结构及其超越途径表现为“存在的连续”，即神圣世界与世俗世界被置于历史性的时间两端，现代世界的终极价值是由古代世界（大同时代的先公、先王）所提供的。终极性的价值本体存在于历史长河之中，并由历史源头提供，即内在（于历史）的超越而不是外在（于此岸）的超越，祖先崇拜而不是上帝信仰构成了中国式准宗教的价值结构以及对于价值本体的“史学”式体认方式。①

这里需要强调的是，并非上述“这种诠释在很大程度上是用基督教世界的模式为参照，来探讨中国文化中的宗教现象”② 即参照“基督教在欧洲伦理体系中的影响力”③ 的经验性比较的判断结果，而是通过对神话现象（以及任何实践现象）的意向形式反思地还原的神话原型作为理论参照，具体在本节中就是使用“道德法则的超验实在性理想图型”与“依照法则图型的经验实在性理念形象”的理论命题对中、西方神话的不同类型、不同性质所做出的实践判断。即，基督教神话因其设定的纯粹理性情感神圣意志的道德普遍立法主体而几乎等同于应然的神话原型，而儒家神话则因其设定的纯粹理性善良意志的道德普遍立法主体则只是接近于应然的神话原型，④ 但二者作为神话现象在人类历史

---

① 吕微：《现代性论争中的民间文学》，《文学评论》2000 年第 3 期，收入吕微《民俗学：一门伟大的学科——从学术反思到实践科学的历史与逻辑研究》，中国社会科学出版社 2015 年版，第 52 页。

② 杨庆堃：《中国社会中的宗教——宗教的现代社会功能与其历史因素之研究》，范丽珠译，四川人民出版社 2016 年版，第 17 页。

③ 杨庆堃：《中国社会中的宗教——宗教的现代社会功能与其历史因素之研究》，范丽珠译，四川人民出版社 2016 年版，第 256 页。

④ “我们的神圣叙事采用了上古历史叙事的形式”“中国文化及其叙事基础——作为神圣叙事的以三皇五帝为代表的古史传说”“我们把古史传说视为中国传统社会的神圣叙事”。陈连山：《论神圣叙事的概念》，《华中学术》第九辑，华中师范大学出版社 2014 年版，第 373—380 页。“将古史传说视为汉语古典神话的特定言说方式。”祁连休、程蔷、吕微主编：《中国民间文学史》，河北教育出版社 2008 年版，第 69 页。

上以“不同程度［、不同性质的］完满性”共同地彰显了应然的神话原型，则是经验的事实。因此，即便是相对于基督教神话之于道德法则普遍立法主体的纯粹理性情感神圣意志，神话学家们仍然有充分的理由认为，以《诗经》《论语》《天问》《史记》为代表的“依照普遍的自然法则而无需主宰自然的智慧创造者”的儒家神话，以人的纯粹理性善良意志为道德法则普遍立法，与基督教神话一起，双峰并峙地代表了神话原型道德精神的最高神圣性。尽管尧舜禹的故事最终只是作为“由他的实例呈现给我们的法则”“由某个例子呈现出来的法则”的理想图型在历史（时间）、社会（空间）的文化生活中呈现的理念形象，① 并不同于上帝作为道德法则的发生条件的道德法则理想图型本身——儒家文化的神圣历史叙事（人的故事）与基督教文化的神圣“文学”叙事（神的故事）的纯粹理性理念与纯粹理性情感“理想类型”之分即在于此，而不单是不同文化共同体任意约定的叙事制度的“体裁”形式之别——但我们仍然应该也能够以一种康德式的更积极、更激进的存在设定（而不是胡塞尔式消极、温和的“不设定存在对象”②）的理论方法“实践地公设”尧、舜、禹在历史上实存的客观实在性乃至经验实在性，这是因为，“如果没有某种他能够使之在经验的场合成为［道德法

---

① “这些民众熟悉的神话和历史人物身上凝聚着传统的政治道德理想，通过此种方式道教给予现存的伦理政治秩序以宗教性支持。”杨庆堃：《中国社会中的宗教——宗教的现代社会功能与其历史因素之研究》，范丽珠译，四川人民出版社 2016 年版，第 92 页。“在汗牛充栋的儒学经典中，始终把尧、舜等神话中的统治者作为理想君主的典范。”同上引书，第 105 页。“政治伦理信仰的特点就是基于神化的历史人物而建立的，而与其他类型的精神体系无关，因为历史人物所体现的品德操行比上天或自然所附着的道德品性，来得更加真实。”同上引书，第 137 页。当然，“儒学依然把世界视作一个与天命相关的实体，一个‘充满意义，并以伦理为导向的宇宙’”。同上引书，第 192 页。“儒家的很多价值之所以成为传统，不仅仅是基于其理性主义的诉求，也是基于超自然赏罚的力量之上。”同上引书，第 199 页。“鼓励人们遵守道德标准的另一种手段是深化那些象征道德的人物，塑造一个道德理想、典范。”同上引书，第 223 页。

② 胡塞尔现象学“不设定”的方法是说，对对象质料的存在既不肯定也不否定，即不执着于对象质料的存在与否，对对象质料的存在不表态；这与康德先验论在肯定经验性对象的感性质料存在的前提下，对经验性对象感性质料的理性形式条件予以先验还原的演绎方法不同。胡塞尔称意向性对象（质料）为意向性形式的意向性“相关项”，意思是说，在不肯定也不否定对象存在——康德意义上的感性、经验性存在——的现象学态度中的意向性对象，只是被意向性形式意向性地构成的相关对象，即康德意义上知性概念形式和纯粹理性自由意志形式先验地所与的纯粹质料，借用索绪尔的说法，悬置词语所指的实质性质料意义，还原词语能指纯形式的形式价值。

则的］实例的东西，那么在运用时，他就无法求得纯粹实践理性法则的应用”。尽管“实例”诉诸历史，孔子仍然意识甚至认识到，“仁者爱人”之“必也圣乎”的纯粹理性情感神圣意志的道德法则应然起源，并据此展开了文化上的自我反省与批判；否则，孔子就不会因为在纯然理性意向形式界限之内意识甚至认识到人的善良意志的“慈爱”“仁爱”与神圣意志的“人类之爱（博爱）”“兼爱”之间的纯粹理性情感距离——“与这个法则［本身］而不是与［法则的］榜样比较时，道德事务中的自负大为降低”① ——从而诚实地提出“尧舜其犹病诸”的真切疑问了。

第十五节 在逻辑上不自相矛盾与自相矛盾的神话现象

我们已经重构了现代神话学的民间文（艺）学—民俗学现象学—先验论革命的全部历程，并抵达了该历程的终点：人的善良意志出于敬重情感的纯粹实践理性信仰的超验综合反思性意向形式及其意向对象（“目的王国”“始源至善”的理想）与神圣意志出于纯粹实践理性情感的先验综合规定性意向形式及其意向对象（“人是目的”的“尘世至善”的诫命）的双向意向，即人的本原性（实践的道德神圣性）和本真性（信仰的超验真实性）的存在方式，亦即神话现象（以及任何实践现象）的神话原型。现在，如果神话现象被约定俗成为人类之所以能够成为文化共同体（谢林、涂尔干、马林诺夫斯基）和自由个体的发生条件，那么，这唯有在神话原型作为人（类）的存在的无条件条件——即如果去掉了这个再“不可还原的因素”，人（类）就无以成为人（类）、作为人（类）——的条件下才必然是可能的。但这样一个无条件条件也就是：（1）如果纯粹理性在道德上是自足的，那么就是，人自己（任意）对内在于自己的另一个他人（纯粹理性善良意志）出于敬重情感的理性信仰意向形式关系；（2）如果纯粹理性在道德上是不自足的，那么就是，人自己（纯粹理性）对外在于自己（从纯粹理性意向形式界限之内超越到纯粹理性意向形式界限之外）的另一个他者

① ［德］康德：《实践理性批判》，韩水法译，商务印书馆1999年版，S. 154，第168页。

（纯粹理性情感神圣意志的善意）出于敬重情感的理性信仰意向形式关系。但这两种意向形式关系也就是道德义务——“义务的表象……被称为良知”是联结立法者的意志与行法者的纯粹理性和任意——的双向意向形式关系：前者是对出于纯粹理性的道德法则的信仰意向形式关系（若法则仅仅出于纯粹理性，道德是自足的），后者是对出于纯粹理性情感的道德法则的信仰意向形式关系（若法则出于纯粹理性情感，道德导致宗教）。两种“义务的表象……被称为良知”都是构成神话原型的意向形式，而后一种“义务的表象”构成了神话原型最深层的意向形式，即康德讲述的人（类）的存在必然可能性发生条件的“目的王国”的神话故事，而任何经验中作为文化共同体及自由个体神话宪章的神话现象，都必然建立在神话原型的意向和深层意向的基础上，否则神话现象就不可能是神话宪章了。

“目的王国”的神话原型，是民间文（艺）学—民俗学的神话学家们首先通过对神话现象即民间文（艺）学—民俗学学科理论视野中的神话信仰叙事体裁形式现象的知性概念（“神话”“历史”……）—感性直观的经验性表象，其次通过对神话现象“实践命名”的现象学主观性观念直观，再次通过对内在于神话现象的主观准则的普遍形式即客观法则（道德法则）以及内在于神话现象的表演（实践）主体的主观观念的客观理念即对客观法则的意识（神圣理想）的先验论客观性理念演绎而最终还原出来的道德义务—良知的意向形式，即人（“同一个意志”）对内在于自己（理性界限）又超越了自己（理性界限）的双重意向对象（纯粹理性善良意志和纯粹理性情感神圣意志）出于敬重情感的理性信仰的双重意向形式。于是，神话原型就不再仅仅局限于民间文（艺）学—民俗学学科的“神话”（或“历史”……）信仰叙事意向形式的“体裁”范畴，而指向了内在于任何叙事（和非叙事）体裁、任何表演（和非表演）框架、任何道德（和非道德）实践的意向形式底层的超验综合反思—先验综合规定的普遍“义务的表象……被称为良知”的意向形式。这样，就神话现象来说，神话原型不仅为道德神话现象提供了信仰意向形式原型，也为非道德的自然神话现象以及任何叙事、表演、实践现象提供了信仰意向形式原型，而这样的神话原型是神话学的民间文（艺）学—民俗学现象学—先验论革命（前赴后继、艰苦卓绝地）最终抵达的还原终点。立足于这一现象学—先验论的还原终点，社会学家、人类学家通过对经验现象的感性直观而给出的“神话是民族基石”（谢林）、“神话是社会表象”（涂尔干）、“神话是文化宪章”的反复宣言，才自我“补充”了“先天所与”的超验前提。现在，如果我们仅仅以“muthos 这个词的意思是‘一种显示了权威性的言谈’”[①] 笼统指代上述诸说所反映的经验事实，而这些经验事实即便能够得到比较普遍性（偶然或或然现实性）的证明，却无法得到严格普遍性（必然可能性）的证明，但如今，民间文（艺）学—民俗学的神话学家却证明了这一命题，而民间文（艺）学—民俗学的神话学家之所以能够证成这一命题，首先在于，民间文（艺）学—民俗学的神话学家们始终把神话研究限制于“叙事”——对于民间文（艺）学—民俗学的神话学来说，“叙事”这一“总体性”、“整体性”或“全体性”的学科“命题是决不容许放弃的”,[②] 否则，神话研究就不是民间文（艺）学的神话研究，而神话学革命也就不是民俗学的神话学革命了——这一能够感性地直观经验性现象的知性范畴的民间文（艺）学—民俗学学科表象起点。从这一表象起点出发，依次递进地展开了现象学的主观性观念直观和先验论客观性理念演绎，最终达成反思地还原神话现象“本质性因素”的实践认识目的。正是在“神话”“叙事”“表演”“实践”等学科范畴（并超学科范畴）的限制条件下，民间文（艺）学—民俗学的神话学家们才依次搁置了：（1）神话信仰叙事的历史—经验性故事题材内容（博尔尼、博厄斯、马林诺夫斯基）；（2）神话信仰叙事的外在—经验性体裁形式；（3）神话信仰叙事的内在—经验性心理形式（巴斯科姆）；（4）神话信仰叙事的主观—民族性体裁形式；（5）神话信仰叙事的主观—文化性责任形式……诸限制条件，即通过对神话现象的非本质限制条件的依次悬搁——在此过程中逐渐实现了客观性认识的理论神话学向主观间客观性“同情”（陈寅恪）、“移

① 户晓辉：《返回爱与自由的生活世界——纯粹民间文学关键词的哲学阐释》，江苏人民出版社 2010 年版，第 262 页。

② “民间文学学者当然有权利仅仅从学科研究的领域出发，把神话当作一种叙事体裁来研究，或者仅仅从叙事体裁的角度来研究神话，但这并不是说神话就仅仅是一种叙事体裁。”户晓辉：《返回爱与自由的生活世界——纯粹民间文学关键词的哲学阐释》，江苏人民出版社 2010 年版，第 196 页；户晓辉：《神话与形式——重建神话学的阐释维度和伦理学价值》，载谭佳主编《神话中国——中国神话学的反思与开拓》，生活·读书·新知三联书店 2019 年版，第 86 页。

情”（斯特伦斯基）的实践神话学的范式转换——最终还原出神话本体即神话原型（神话本身、神话自身）的“本质性因素”的限制条件：人的纯粹理性和任意的善良意志（“良知”的“善端”）出于敬重情感的理性信仰对道德法则以及普遍立法的纯粹理性情感神圣意志的主观反思以及神圣意志出于纯粹理性情感通过普遍立法的道德法则对人的纯粹理性和任意的善良意志的客观规定的双向意向形式。现在，如果我们承认，神话学家们依次搁置的神话现象的诸非“本质性因素”限制条件而最终还原的神话现象的“本质性因素”的限制条件，不仅不违背神话现象作为共同体文化宪章的经验性实然判断，反而为神话现象作为文化共同体宪章的经验性实然判断，奠定了应然的先验基础，那么，人们就不得不承认，相对于可以暂时搁置的诸多经验性实然判断的非“本质性因素”的限制条件，作为神话现象的现象学—先验论悬搁—还原剩余物的诸先验应然判断，是神话现象之所以是神话现象的再“不可还原”的“本质性因素”限制条件。亦即，凡是能够被暂时搁置的限制条件都是神话现象的非“本质性因素”限制条件，唯有不能够再被搁置的限制条件就是神话现象的“本质性因素”限制条件，而这不能够再被搁置的“本质性因素”限制条件就是神话的原型。[①] 这不是说持现象学—先验论立场的神话学家就一定忽视甚至必定忽略神话现象的诸多非“本质性因素”限制条件，而只是说，当且仅当我们通过神话现象还原出神话现象的“本质性因素”限制条件之后，再返回神话现象，神话学家才可能以神话现象的“本质性因素”限制条件即神话原型为判断标准（这标准就内在于神话现象以及任何叙事、表演、实践现象内部或底层），阐明非“本质性因素”限制条件下经验性实然的神话现象是否是符合“本质性因素”限制条件下先验应然的神话原型。当然，人们并不一定就必定要通过神话现象，而是也可以通过任何叙事、表演、实践现象即“非体裁神话现象”[②] 还原出神话原型，但那就不会是民间文（艺）学—民俗学学科立场的神话学还原。但无论人们从哪种学科立场

① “把我们对作为现象的诸物之可能性的那些概念的经验性原则通过去掉这一限制而看作一般物的可能性的一条先验原则。”［德］康德：《纯粹理性批判》，邓晓芒译，人民出版社2004年版，A582/B610，第465页。

② 户晓辉：《返回爱与自由的生活世界——纯粹民间文学关键词的哲学阐释》，江苏人民出版社2010年版，第197页。

出发，还原实践现象的“本质性因素”的限制条件，最终都会指向人的无条件存在条件即人的本原性、本真性存在方式的神话原型。甚至“人们可以假定，[人类] 最普通的知性也可以形成这种意见”,① 否则，如果现象学—先验论的悬搁—反思—还原方法仅仅是神话学独门的学科秘器而不是普遍的方法论（这不是说的作为具体手段的方法），那么神话学就不敢自诩一门“严格的科学”。

> 进行反思的人必定会对一切可能出现在他面前的事物得出上述的结论：也许甚至在最普通的知性中也可以发现这个结论，众所周知，最普通的知性非常倾向于在感官的对象背后，总还期望有某种不可见的东西，自身能动的东西，然而，他们又立刻把这不可见的东西感性化 [“仿佛现象是事物本身”]，也就是说，想使它 [超验的东西] 成为直观的对象，而败坏了它，从而他们并未由此而变得更聪明一点点。② [然而即便如此，人类实践的普通理性在] 任何时候都是值得以敬重的态度来称道的。它是最古老、最明白并且最适合于普通人类理性的 [实践]。……所以，我们在一切民族那里都看到，哪怕他们最盲目的 [超自然] 多神教里，都还是有几丝一神教 [接近神话本原] 的微光投射出来，导致这一点的不是反思和深刻的思辨 [理性]，而只是 [实践的] 普通知性的逐步变得明白起来的自然进程。③

当然，尽管人类普通理性的“自然进程”必然可能导致道德实践——因为道德法则和道德法则的客观理念普遍地内在于任何实践的主观准则以及实践主体的主观观念——但是，在经验现象的现实世界、事实世界中，不仅大部分实践现象不是根据道德法则的道德实践现象，大部分神话现象也不是根据道德法则的道德神话现象——“大概只有《尚

① [德] 康德：《道德形而上学奠基》，杨云飞译，邓晓芒校，人民出版社 2013 年版，S. 450—451，第 96 页。

② [德] 康德：《道德形而上学奠基》，杨云飞译，邓晓芒校，人民出版社 2013 年版，S. 451—452，第 97 页。

③ [德] 康德：《纯粹理性批判》，邓晓芒译，人民出版社 2004 年版，A623/B651，第 492 页；A590/B618，第 470 页。

书・尧典》和《圣经・创世记》讲述的尧舜禹和上帝的少数故事庶几可许”——相反，非道德、不道德甚至反道德的实践现象以及神话现象，倒比比皆是。于是，理论神话学家完全有理由提出疑问：“作为［经验论的］民俗学和神话学者，我们该如何处理其他大量的、不符合这一［道德］理想标准的‘神话’?”① 现在，面对人类在历史上创造的“无比丰富”“异彩纷呈”② 的神话现象，神话学家甚至不能够说，道德神话就绝对不同于自然神话而产生于人的“良知”对人自身之内的纯粹理性善良意志（自律地）道德立法的敬重以及对人本身之外的纯粹理性情感神圣意志（同样是自律地）道德立法的信仰，而不是像自然神话那样产生于人对超自然力量（他律的）神秘法则出于畏惧、偏好、谄媚等非理性心理甚至功利性理性的崇拜——道德神话也并不一定就产生自道德性目的，而是也可能产生自功利性目的——这是因为，尽管出于纯粹理性的善良意志（先验能力）进而出于纯粹理性情感神圣意志（超验能力）而普遍立法的道德原则是人类存在的客观法则、客观动因，但在人的实践中，由于客观法则、客观动因只是直接规定主观准则而不会直接规定主观动机，出于一般理性任意选择的自由意志（同样是先验能力），任意的主观动机选择的主观准则就并不一定合于甚至出于道德法则。于是，在经验现象的现实世界、事实世界中，尽管有道德法则的强制规定，出于任意，实践现象却并非就必然现实地是道德的，而是既有在道德上出于或者合于道德而“应当”的实践现象，也有不道德甚至反道德即在道德上“不应该”“不允许”的实践现象，当然还有非道德（既不是道德也不是不道德、反道德）即在道德上“被允许”

---

① 杨利慧：《神话主义研究的追求及意义》，《民间文化论坛》2017 年第 5 期。针对杨利慧的质疑，陈连山回应：“我们把那些非神圣性质的口头材料看做对神话的借用就足以应付这个问题。”陈连山：《论神圣叙事的概念》，《华中学术》第九辑，华中师范大学出版社 2014 年版，第 373—380 页。这正如康德所言，如果我们承认纯粹实践理性是存在的，我们就能据以批判地处理所有的一般实践理性。“纯粹实践理性是存在的，并且出于这个意图批判理性的全部实践能力。”［德］康德：《实践理性批判》，韩水法译，商务印书馆 1999 年版，S. 3，第 1 页。“纯粹理性自身包含着批判其全部应用的准绳。”同上引书，S. 16，第 13—14 页。

② 杨利慧：《后记》，杨利慧等：《现代口承神话的民族志研究——以四个汉族社区为个案》，陕西师范大学出版社 2011 年版，第 330 页。

的实践现象。[①] 但这反过来却又意味着，任何在道德上“应当”和在道德上“不应该”“不允许”（不道德、反道德）以及在道德上“被允许”（非道德）的实践现象（包括神话现象），之所以能够被判断为道德的、不道德的或反道德的以及非道德的实践现象（包括神话现象），恰恰在于，“仍然是首要的、核心的以及普遍性的”判断标准即先验地内在于任何实践（者）现象（包括神话现象）的主观准则（观念）的客观法则（理念），构成了时间上在先的任何实践现象（包括自然神话

① “现在我们要列举出几种义务，并按照习惯的分类将其划分为对自己的义务和对他人的义务，完全的义务和不完全的义务。”［德］康德：《道德形而上学奠基》，杨云飞译，邓晓芒校，人民出版社 2013 年版，S. 421，第 53 页。“完全的义务是那种不允许任何有利于爱好的例外的义务，而且我在这里不仅有外在的，而且还有内在的完全的义务。”同上引书，S. 421 “注释①”，第 53 页。“严格的或狭义的（不容免除的）义务……较广义的（值得赞许的）义务。”同上引书，S. 424，第 56 页。“偶然的（值得赞许的）义务。”同上引书，S. 430，第 65 页。“对于他人的值得赞许的义务。”同上引书，S. 430，第 66 页。“未违背职责的意识给予自己的价值。”［德］康德：《实践理性批判》，韩水法译，商务印书馆 1999 年版，S. 155，第 169 页。“允许的是一个并不违背责任的行动。”［德］康德：《道德形而上学》，张荣、李秋零译，载《康德著作全集》第 6 卷，中国人民大学出版社 2007 年版，S. 222，第 230 页。“把幸福当做我的目的来追求应当是义务，那么，这必须是其他人的幸福，我由此也使这些人的（被允许的）目的成为我的目的。”同上引书，S. 388，第 401 页。“没有其他人有权要求我牺牲我那并非不道德的目的。”同上引书，S. 388，第 401 页。“伦理义务是广义的责任，而法权义务则是狭义的责任。”同上引书，S. 390，第 402 页。“虽然行动对法权的适应（做一个守法的人）不是什么有功德的事，但这样一些行动的准则的适应，作为义务，亦即对法权的敬重，却是有功德的。因为人由此使人性的，或者还使人的法权成为自己的目的，并且由此使其义务概念扩展到本分（亏欠的义务）概念之外；因为一个他人从自己的法权出发可以要求我作出遵循法则的行动，但却不能要求这条法则也同时包含着作出这些行动的动机。‘出自义务而合乎义务地行动’，这个普遍的伦理命令也具有这种情况。在内心建立并激发这种意向，与前面的意向一样是有功德的，因为它超出了行动的义务法则，并且使法则自身同时成为动机。但正因为如此，这些义务也必须被归为广义的责任。”同上引书，S. 391，第 403—404 页。“广义的义务并不被理解为对行为准则之例外情形的一种许可，而只是一个义务准则被另一个义务准则多限制的许可，由此事实上扩大了德性实践的领域——义务越宽泛，从而人去行动的责任越不完全，尽管如此他（在自己的意向中）使遵从这种责任的准则越接近狭义的义务（法权义务），其德性行动就越完全。所以，惟有不完全的义务才是德性义务。”同上引书，S. 390，第 403 页。“对自己的完全义务。”同上引书，S. 421，第 430 页。“严格的义务。”同上引书，S. 422，第 431 页。“人对自己的不完全义务（就其目的而言）。”同上引书，S. 444，第 455 页。“说到作为道德目的的完善性，虽然在理念上（在客观上）只有一种德性（作为准则的道德力量），但在事实上（在主观上）却有大量具有异质性状的德性，在它们中间，如果人们想寻找的话，不可能不发现某种非德性（尽管它们正是因为德性而通常不使用恶习的名称）。但是，自我认识永远不使我们充分了解种种德性的总和是完备的还是有欠缺的，它可以说明只有不完全的义务才是完全的。因此，就我们自己人格中的人性这一目的而言对自己的一切义务都只是不完全的义务。”同上引书，S. 447，第 458 页。

现象）的逻辑上在先而应然的“本质性因素”限制条件——“作为每一种神学如此必不可少的［判断标准］概念，都只能从先验神学中抽引出来”[①]——否则，如果道德法则（理念）不是先验地内在于主观准则（观念）的普遍形式（意向），道德实践现象就不会是必然可能的而只能是偶然或或然现实的。因此，所谓“道德实践现象”就是与内在于自身的“本质性因素”限制条件在逻辑上不自相矛盾的实践，而所谓“不道德、反道德的实践现象”就是与内在于自身的“本质性因素”限制条件在逻辑上自相矛盾的实践，而所谓“非道德的实践现象”就是无与于自身的“本质性因素”限制条件的实践。这样一来，实践神话学家们也就能够据以处理大量不符合神话原型限制条件的神话现象，即神话原型作为神话现象的“本质性因素”限制条件，就不仅是任何道德神话现象和不道德、反道德以及非道德自然神话现象应然的判断条件，更是任何道德神话现象和自然神话现象应然的发生条件。尽管相比于道德神话现象，建立在人的任意先验能力基础上的自然神话现象往往是时间（历史）上实然（偶然）地在先的，但建立在人的纯粹理性先验能力基础上的神话原型，以及根据神话原型在时间（历史）中实然（或然）地“此在”的道德神话现象，却仍然是逻辑上应然（必然可能）地在先的。但这也就是说，如果没有逻辑上在先的神话原型，也就不会有道德神话现象，甚至不会有在时间上先于道德神话现象的自然神话现象。这是因为，无论道德神话现象还是自然神话现象，都以内在于任何神话现象的神话原型——纯粹理性情感信仰意向形式的先验能力——为应然的“本质性因素”限制条件。正因如此，缪勒才可能会言之凿凿：“没有这种信仰的［先验］能力，就不可能有［道德］宗教，连最低级的偶像崇拜或物神崇拜［的自然宗教］也不可能有。”[②] 缪勒的意思，用康德的话说就是：即便人的功利性、实用性经验性综合反思

① ［德］康德：《纯粹理性批判》，邓晓芒译，人民出版社 2004 年版，A642/B670，第 505 页。

② ［英］缪勒：《宗教学导论》，陈观胜等译，上海人民出版社 1989 年版，第 12—13 页。因此我们可以说，道德神话是自然神话的“存在理由”，尽管自然神话在价值形式和意义内容方面是道德神话的“认识理由”。参见［德］康德《实践理性批判》，韩水法译，商务印书馆 1999 年版，S. 4，包括“注释①”，第 2 页。

的理性或非理性—感性心理信仰意向形式的先验能力，其实也都建立在人的道德性超验综合反思的纯粹理性+情感信仰意向形式的先验能力的基础上，就像主观准则、主观观念建立在内在于主观准则、主观观念的客观法则（作为普遍逻辑形式）、客观理念（作为普遍意向形式）的先验基础上。没有纯粹理性的先验能力，人的一般理性和非理性—感性的先验能力就没有了普遍交互性、客观必然性的超验基础；后者以前者为发生条件，尽管前者只是一个被预设的客观实在性实践条件。① 按照康德的说法，这是一个“纯粹理性的事实”，即，虽不是偶然或或然现实的经验事实，但却是无论过去、现在还是未来都必然可能的经验事实即先验（或超验）的事实。

> 在经验性认识中，非本原、非本真的自然神话可能在时间上先于本原、本真的道德神话，但时间上的“先”并不就是神话本质的证明条件，而仅仅是本原、本真的道德神话的“史前”[“预科”]形态。本原、本真的道德神话尽管在时间上可能晚于自然神话，但逻辑上却必然是自然神话的前提条件（以此，神话才是任何时代、地域、民族、文化的“第一叙事”），因为，只有（自我统一的）道德神话才先验综合地实践了人与人自身存在的信仰关系，而信仰关系正是人也能够据以讲述（自我统一的）道德神话甚至（自我矛盾的）自然神话的存在论基础。②

这就是说，凡合于甚至出于神话原型的道德神话现象，就是在逻辑

---

① “这种源始的共联性（communio fundi originaria）是一个具有客观的（法权上实践的）实在性的理念。”［德］康德：《道德形而上学》，张荣、李秋零译，载《康德著作全集》第6卷，中国人民大学出版社2007年版，S. 251，第258页。“源始的共联性（mommunio mei et tui originaria）。”同上引书，S. 258，第266页。“源始的共联性。”同上引书，S. 262，第271页。“源始的共联性（communio fundi originaria）。”同上引书，S. 267，第275页。相对于道德神话作为“源始共联性”的先验事实，自然神话只是“初始的共联性（mommunio primaeva）”的经验事实。［德］康德：《道德形而上学》，李秋零译，载《康德著作全集》第6卷，中国人民大学出版社2007年版，S. 251，第258页；S. 258，第266页。

② 吕微：《神话作为方法——再谈“神话是人的本原的存在”》，《民间文化论坛》2017年第5期，见本书下册“附录三”。

上不自相矛盾的神话；凡不出于或者不合于神话原型（不道德、反道德）的自然神话现象，就是在逻辑上自相矛盾、自我冲突且自行瓦解的神话。但是，那些看起来既不合于也不出于但也不是不合于、不出于神话原型的神话现象，即在逻辑上看起来与神话原型不相关因而在道德上无所谓（非道德）的神话现象，也仍然以神话原型为实现（判断）条件甚至发生（存在）条件。这是因为，那些看起来与神话原型无关因而在道德上无所谓进而在逻辑上与神话原型不自相矛盾的神话现象，其实仍然与神话原型相关。也就是说，与所有不道德、反道德的神话现象一样，所有非道德的神话现象作为意向性结果，也都以对神话原型即道德法则的意向相违背——即在选择道德与选择不道德、反道德和非道德的意向性之间“并不存在中间物”，尽管在意向结果之间存在“中间物”——为任意性条件。[①] 这样，在经验现象的现实世界、事实世界中，神话现象就随时随地地发生着、衍变着、消亡着，因为，凡神话现象都是共同体甚至个体在历史（时间）、社会（空间）的文化生活语境条件下任意地约定和决定的，作为共同体甚至个体的文化宪章和

① “一个既不被要求也不被禁止的行动，就只是允许的，因为就这种行动而言，根本就不存在任何限制自由（权限）的法则，而且也没有任何义务。这样一种行动叫做道德上无关紧要的（无关紧要的东西、中性物、完全有可能的事情）。”［德］康德：《道德形而上学》，张荣、李秋零译，载《康德著作全集》第6卷，中国人民大学出版社2007年版，S. 223，第230页。“作为逻辑上的反面（矛盾地相对的）与德性 = +a 相对立的，是否定的无德性（道德上的软弱）=0，而作为对立物（相反地或者实际地相对的）与之相对立的，则是邪恶 = -a。”同上引书，S. 384，第397页。“德性义务的履行是功德 = +a；但对它的违背却并不马上就是过失 = -a，而仅仅是道德上的无价值 =0，除非主体的原理就是不服从那些义务。”同上引书，S. 390，第403页。“如果存在有善 =a，那么，它的矛盾对立面就是非善。后者要么是纯然缺乏善的一种根据的结果 =0，要么是善的对立面的一种积极的根据的结果 = -a。在后一种场合里，非善也可以叫做积极的恶……假如我们心中的道德法则不是任意的任何动机，那么道德上的善（任意与法则一致）=a，非善 =0，但后者纯然是缺乏一种道德动机的结果 =a×0。然而，我们心中现在确实有动机 =a，因此，缺少任意与法则的一致（=0），这只有作为一种对任意的事实上相反的规定的结果，即只有作为任意的一种反抗的结果 = -a，只有通过一种恶的任意才是可能的；而在判断行动的道德性所必须依据的一个恶的意念和一个善的意念（准则的内在原则）之间，并不存在中间物。一个在道德上的无所谓善恶的行动（道德上的中间物）将是一个纯然产生自自然法则的行动，它与作为自由法则的道德法则毫无关系，因为它不是一种作为，对于它来说，无论是指令还是禁令还是许可（合法则的权限）都无法作出，或者都是不必要的。”［德］康德：《纯然理性界限内的宗教》，李秋零译，载《康德著作全集》第6卷，中国人民大学出版社2007年版，S. 22“注释①”，第21页。

生活指南，[①] 只要这类神话宪章和指南有助于共同体以及有利于个体的临时性、“在地化”的文化存续和生命延续。而所有在逻辑上自相矛盾或者在逻辑上“无所谓”的神话现象，之所以能够与逻辑上不自相矛盾的神话一样，被共同体和个体用作文化宪章和生活指南，仅仅在于，各种各样的神话现象被任意的理性和非理性信仰用来服务于人（类）的各种各样的生存目的，从道德的非实用、非功利自由目的到非道德、不道德甚至反道德的实用性、功利性自然目的。尽管如此，逻辑上不自相矛盾——“任何时候都与自己一致地思维……一以贯之的思维方式”——的神话现象仍然（应然）作为逻辑上自相矛盾、自我冲突乃至自行瓦解的神话现象以及逻辑上“无所谓”的神话现象内在的限制条件（发生条件和实现条件）——而不是外在的限制条件（发生条件、实现条件），否则神话现象就丧失了自身据以发生（存在）以及自我判断（实现）的必然可能性限制条件——被人们意识到甚至认识到。因此，“神话原型是人的本原性、本真性存在方式”这一神话学的现象学—先验论革命的“最后见解”“便足以界定［各种各样的］神话文类”[②] 甚至非神话的“文类”。而自我滞留于经验现象的现实世界、事实世界的理论神话学，不仅难以（像阿默思那样）理解神话文类和非神话文类何以是文化共同体任意约定的“实践命名”，也难以解释神话文类和非神话文类之间共同的、先验的“本质性因素”的限制条件（发生条件、实现条件），即只能经验性地证明神话现象在历史（时间）与社会（空间）的文化生活语境条件中不断发生、不断衍变与不断消

---

① 巫术神话、国家神话、权力神话、政治神话作为原始共同体和现代共同体的文化宪章，参见［英］马林诺夫斯基：《巫术　科学　宗教与神话》，李安宅译，中国民间文艺出版社1986年版；［德］卡西尔：《国家的神话》，张国忠译，熊伟校，浙江人民出版社1988年版；［法］韦尔南：《希腊思想的起源》，秦海鹰译，生活·读书·新知三联书店1996年版；冷德熙：《超越神话——纬书政治神话研究》，东方出版社1996年版。“在原始社会里面，宗教来自个人的去处很多。”［英］马林诺夫斯基：《巫术　科学　宗教与神话》，李安宅译，中国民间文艺出版社1986年版，第42页。

② “面对无比丰富的人类口头艺术传统（其中包括同样讲述超越性存在、具有释源性和信仰色彩的信仰传说）时，我们该怎样对‘神话’这一文类进行界说？‘神话信仰—叙事是人的本原的存在’便足以界定神话文类么？在我看来，这一表述不惟宏大、抽象，而且具有‘非历史’的倾向，当我们面对现代以至后现代社会中异彩纷呈的神话世界时，这一表述更显出明显的局限性。”杨利慧：《后记》，杨利慧等：《现代口承神话的民族志研究——以四个汉族社区为个案》，陕西师范大学出版社2011年版，第330页。

亡，却无法先验地阐明神话原型如何在历史与社会中超时间也超空间地与人（类）的本体（道德）存在相始终，也无法先验地阐明神话现象如何因神话原型的客观动力（动因）而在人（类）的历史（时间）和社会（空间）的文化生活语境条件下自我显现为逻辑演进的神话史。但是现在，一旦神话学家运用主观性观念直观和客观性理念演绎的现象学—先验论超验综合反思方法，通过搁置神话现象的“非本质因素”限制条件而还原出神话现象的“本质性因素”限制条件即神话原型，亦即实践神话学家关于“神话是人的本原性（实践的道德神圣性）、本真性（信仰的超验真实性）存在方式”的“最后见解”，当神话学家们“回望”曾经走过的革命道路，他们发现，他们在书写一部回到神话本身的神话学学术史的同时，竟然也书写了一部神话回到神话自身本原性与本真性的神话史。[①] 这就是说，神话现象自身的发展历史，本身就是一部自己（现象）在逻辑上返回自己（本体）的神话历史。换句话说，神话历史就是一部在逻辑上自我矛盾、自相冲突、自行瓦解的神话现象包括自然神话现象和非道德、不道德、反道德神话现象通过道德神话现象向逻辑上“与自己一致”的神话现象不断前进、不断进步的现象历史。这是因为，逻辑上不自相矛盾的神话现象必然不可能被人（类）普遍接受，只有逻辑上不自相矛盾的神话现象才必然可能被人（类）普遍接受——就像非道德的主观准则必然不可能是人们希望的普遍法则——因而逻辑上自相矛盾的神话现象转换为逻辑上不自相矛盾的神话，就是神话现象在逻辑上的历史规律。这样，实践神话学对内在于神话现象的神话原型的现象学—先验论还原，就通过神话现象内在意向形式结构的先验阐明和形而上学阐明，打破了在逻辑上“神话无历史”而只有神话现象在时间（空间）中因与理性现象相遇而消亡的“原始神话论”的陈述或旧说；尽管前者只是必然可能的应然历史，而后者倒

---

① “当我们以看之看的眼光回望学术史的时候，确实发现前辈学者在不自觉地朝神话本身不断回归。这条回归之路漫长而艰辛，但毕竟让我们看到了希望和光明。”户晓辉：《返回爱与自由的生活世界——纯粹民间文学关键词的哲学阐释》，江苏人民出版社 2010 年版，第 209 页。“列维 – 布留尔、马林诺夫斯基和卡西尔在不同的层次上讨论神话，但他们都不约而同地表现出向神话自身不断还原或回归的自觉或不自觉倾向。他们得出的结论不尽相同，但他们这种共同的取向也足以启示我们：向神话自身的回归或还原就是注视神话的纯粹存在本身，只有回到神话的实事本身，神话才能向我们开显本真的面目。”同上引书，第 258 页。“返回神话自身是研究神话的一个‘不二法门’。”同上引书，第 266 页。

是现实地实然的历史。

这样，因神话原型的发现，我们也就可以重新理解和解释列维－斯特劳斯所谓“神话因结构的自行瓦解而自我消亡”的神话学理论命题。[①] 不同于列维－斯特劳斯，在本书中，笔者所谓“神话结构”不是指神话故事题材的意向内容结构，也不是指神话叙事的信仰体裁与非信仰体裁的意向形式间结构，而是指神话现象与神话原型的意向形式间结构。因此，除非神话现象与神话原型的意向形式间结构在逻辑上的相互矛盾无法化解，就不存在神话现象消亡的问题；反过来说，神话现象的消亡是神话现象与神话原型的意向形式（畏惧的信仰意向形式与敬重的信仰意向形式）间结构因相互矛盾而未得到化解所造成的。但这同时也就意味着，神话现象与神话原型的意向形式间结构在逻辑上的相互矛盾，是推动神话现象自我发展而被表象为神话史的先验逻辑和意向形式动力，即在逻辑和意向形式上与神话原型相互矛盾的神话现象（例如自然神话现象）向在逻辑和意向形式上与神话原型不相互矛盾的神话现象（例如道德神话现象）的不断发展，[②] 即如马林诺夫斯基所言“蛮野神话”向“文化高的神话”的发展，尽管这一发展在神话历史上并不是必然现实性而仅仅是必然可能性——即，神话现象在历史上的发展是必然可能的，而神话现象在历史上的消亡是偶然或或然现实的——马林诺夫斯基认为，研究“文化高的神话”现象可以向研究“蛮野神话”现象“学点什么”“而有会心”，但他没有反过来认识到，后者也可以向前者“学点什么”“而有会心”，因为“文化高的神话”现象，其纯粹理性信仰的内在意向形式更接近神话原型，因而研究“文化高的神话”现象更有利于神话学家对神话原型的还原认识。马林诺夫斯基没有认识到这一点，是因为马林诺夫斯基的功能论神话学——如果我们也视之为现象学神话学——仅仅止步于对神话现象的主观实践观念（信仰心理的意向形式）的现象学主观性直观，而没有进一步深入为对神话现象的主

---

① 陈连山：《结构神话学——列维－斯特劳斯与神话学问题》，外文出版社 1999 年版，第十章“神话结构的消亡”，第 265—280 页。

② 吕微：《东周时期的神话理性化浪潮》，载祁连休、程蔷主编《中化民间文学史》，河北教育出版社 1999 年版，“神话编”，第 49 页；祁连休、程蔷、吕微主编：《中国民间文学史》，河北教育出版社 2008 年版，“神话编”，第 63 页。

观间客观性实践理念（理性信仰意向形式）的先验论客观性演绎。但在马林诺夫斯基之后，今天的神话学家们一旦从神话现象（包括道德神话与自然神话）中还原出神话原型，神话学家们就能够反过来再认识任何神话现象的内在意向形式——正如巴斯科姆惊讶地发现的：关注神话信仰意向形式的“用法已变化了”！——于是现在，自然神话现象与道德神话现象之别，就不再仅仅是意向对象（故事题材意向内容“人”“神”之间）的差别，更是意向形式（信仰心理与理性信仰的意向形式“人”“神”之间）的差异。前者建立在对超自然对象（神秘法则）的恐惧心理的非理性崇拜基础上，而后者建立在对自由对象（道德法则）的敬重情感的理性信仰基础上，就像“中国神话历史化”命题所揭示的“古史传说”。与马林诺夫斯基揭示的“蛮野神话”的意向形式（原始心理的非理性信仰）及其意向对象（神祇）不同，“中国神话历史化”命题揭示的中国古代汉语文化“经史子集”叙事制度下“第一叙事”的“古史传说”，其意向对象（题材内容）是“人”而不是“神”，其意向形式（不是外在体裁形式而是内在意向形式）是纯粹实践理性的信仰。因此，顾颉刚“古史传说”所承担的宪章功能，就不同于马林诺夫斯基“蛮野神话”以及弗洛伊德“图腾神话”的功能性宪章。这就是说，作为同样发挥宪章功能的神话现象，后者的意向形式是非理性的信仰心理，而前者的意向形式是理性的信仰。而作为同样是现象学观念直观的结果，之所以会产生如此差异，可能在于，后者的现象学方法还留有“实证主义最后的遗迹”，即并不完全是现象学直观同时也还是经验论直观；而前者的现象学方法更为彻底，因而更接近先验论方法，从而开启了日后鲍曼客观性理念演绎的先声。这样，以顾颉刚为代表的“中国神话历史化”的命题主张，就在世界现代神话学学术史上占据了重要的实践理论地位，因为，当世界各国的神话学家们（弗雷泽、马林诺夫斯基……）仍然执着于神话信仰的原始心理意向形式的时候，古史辨学者已经揭示了神话信仰的理性意向形式。当然，作为共同体以及个体的文化宪章—生活指南“第一叙事”的道德神话，尽管建立在理性信仰的意向形式的基础上，却也建立在任意约定的主观相对性而不是纯粹理性反思—规定的客观必然性基础上，这使得共同体—个体的道德神话宪章—指南尽管具有在共同体（包括个体）范围内的比较普遍性，却并不一定具有在人类共同体范围内的严格普遍性——这使得神话现象仍然处在逻辑上不能够完全自洽的道德阶段——于是，神话是否以及能否作为、成为人类共同体的普遍宪章——即让神话现象上升到逻辑上完全自洽的道德阶段——就是神话学的现象学—先验论革命面对的最严峻的实践理论挑战，如果以“回到神话本身”相号召的神话学最终希望自己能够作为、成为一门“展示出人性的本质的、永恒的方面”（涂尔干）的神话学，但这其实也正是神话学的现象学—先验论革命的实践理论初衷。

第十六节　以神话原型为根据对神话现象的价值判断

我们已经从逻辑上区分了自相矛盾与不自相矛盾的神话现象，但是在经验现象的现实世界、事实世界中，我们有时候很难在道德上区分出不自相矛盾与自相矛盾的神话现象；或者这样说也可以，在经验现象的现实世界、事实世界中，神话往往被表象为既自相矛盾也不自相矛盾的现象，因为——正如神话学的现象学先验论革命还原地认识的——神话并不仅仅属于特定的叙事体裁、表演框架，而是首先呈现为共同体内部的比较普遍性以及共同体之间的主观相对性文化准则实践条件下“生活世界”（胡塞尔）的“混沌”[1] 意向形式及其相关意向对象。

茅盾曾经用中国“神话的骨骼”说明中国古代汉语神话其实并不缺乏讲述“神的世系”的神圣故事，只是这一“假定的［中国神话］系统”隐藏在“古史的骨骼”当中。神话的“谱系”，马林诺夫斯基称之为“pedigree”。根据理论神话学的经典观点，神话就是讲述诸神（或神—人）间关系的“世系”或“谱系”故事；而且根据这一经典观点，神话的谱系或世系叙事是一跨文化的比较普遍性现象。对于今人来说，神话谱系或世系叙事的典型，就是古代希腊赫西俄德《神谱》[2] 和古代

① 邓启耀：《中国神话的思维结构》，重庆出版社1992年版，“神话思维功能的‘混沌’之网”，第85、59页。

② ［古希腊］赫西俄德：《工作与时日·神谱》，张竹明、蒋平译，商务印书馆1991年版。

中国屈原《天问》以及《世本》，等等。[1] 但是，马林诺夫斯基“pedigree（谱系）”说与茅盾“世系”说还是有所不同。[2] 茅盾的神话“世系”，还只是就神话故事题材的意向内容而言，而马林诺夫斯基的神话“谱系”，则是联结“荒古的实体”（a primeval……reality）[3] 或荒古的“神圣界（sanctity）”[4] 与“现在”“广大文化与社会的实体（the vast social and cultural realities）”[5]“活的实体（live actuality）”[6]“实在界”（reality）[7] ——即“关于更大的实体［a bigger reality］的陈述。这实体，既包已往，又包现在……还活着的［alive］现在”[8] 的“荒古的与灵的存在之间的平行点”（the parallel between primeval and spiritual existence）[9] ——的神话信仰叙事体裁的意向形式。而为了联结“荒古”“已往”的“实体”和“现在”的“实在界”，马林诺夫斯基甚至容忍

---

① 饶宗颐：《天问文体的源流——“发问”文学之探讨》，载饶宗颐《梵学集》，上海古籍出版社 1993 年版，第 27 页。《五帝德》《帝系》，（清）王聘珍：《大戴礼记解诂》，中华书局 1983 年版，第 117、126 页。《世本八种》，（汉）宋衷注，（清）秦嘉漠等辑，中华书局 2008 年版。

② 马林诺夫斯基的神话功能“谱系”与普罗普的故事功能结构也有所不同。普罗普的故事功能结构是“顺时针”的时间形式，所谓“偷盗不会发生在撬门之前”（［俄］普罗普：《故事形态学》，贾放译，中华书局 2006 年版，第 19 页）；而马林诺夫斯基的神话功能“谱系”是“逆时针”地联结世俗世界与神圣世界的信仰心理意向形式。这样，马林诺夫斯基的“功能”与普罗普“功能”说能够被清晰地区分开来。亦即，后者仅仅着重于故事题材意向内容内部的形态学功能结构，而前者更着重于叙事体裁（与传说、故事不同的神话）信仰意向形式外部的心理学结构功能，尽管普罗普与马林诺夫斯基都被视为功能理论的突出代表。

③ ［英］马林诺夫斯基：《巫术 科学 宗教与神话》，李安宅译，中国民间文艺出版社 1986 年版，第 86、93、127 页；Bronislaw Malinowski, *Myth in Primitive Psychology*, London, 1926, pp. 23, 39, 124。

④ ［英］马林诺夫斯基：《巫术 科学 宗教与神话》，李安宅译，中国民间文艺出版社 1986 年版，第 92 页；Bronislaw Malinowski, *Myth in Primitive Psychology*, London, 1926, p. 36。

⑤ ［英］马林诺夫斯基：《巫术 科学 宗教与神话》，李安宅译，中国民间文艺出版社 1986 年版，第 95 页；Bronislaw Malinowski, *Myth in Primitive Psychology*, London, 1926, p. 45。“实体（realitiy）。”同上引书，中文版，第 89 页；英文版，p. 30。

⑥ ［英］马林诺夫斯基：《巫术 科学 宗教与神话》，李安宅译，中国民间文艺出版社 1986 年版，第 109 页；Bronislaw Malinowski, *Myth in Primitive Psychology*, London, 1926, p. 78。

⑦ ［英］马林诺夫斯基：《巫术 科学 宗教与神话》，李安宅译，中国民间文艺出版社 1986 年版，第 92、94 页；Bronislaw Malinowski, *Myth in Primitive Psychology*, London, 1926, pp. 36, 42。

⑧ ［英］马林诺夫斯基：《巫术 科学 宗教与神话》，李安宅译，中国民间文艺出版社 1986 年版，第 109 页；Bronislaw Malinowski, *Myth in Primitive Psychology*, London, 1926, p. 78。

⑨ ［英］马林诺夫斯基：《巫术 科学 宗教与神话》，李安宅译，中国民间文艺出版社 1986 年版，第 111 页；Bronislaw Malinowski, *Myth in Primitive Psychology*, London, 1926, p. 80。

理论神话学“神话”概念经典定义的故事题材内容规定性（意向对象的结构范围）与信仰体裁形式规定性（意向形式的功能界限）之间的不一致，即笔者已经指出的“马林诺夫斯基悖论”：“在土人底心目中，近接的历史、半历史的传说，以及纯粹的神话［的不同体裁形式和不同的题材内容］，都是彼此交融，形成相接连的顺序，而实际尽着同一［意向形式—意向对象］的社会功能。”这样，相比较于茅盾“世系”说仅仅关注神话叙事意向对象的题材内容，马林诺夫斯基的“谱系”说更加关心“目的神话（the ætiological myth）”① 如何通过神话信仰叙事体裁的非理性心理意向形式为社会、历史、文化、生活提供“理想标准（ideal）”② 的“定则（enactment）”③ 以发挥“大宪章”的“实用功能”。④ 对马林诺夫斯基来说，因“目的神话”“理想标准”的“定则”而来的“实用功能”“大宪章”，不仅根据“道德规律”（moral rules/moral rule）⑤“道德价值”（moral values）⑥ 的“道德榜样”（moral pat-

---

① ［英］马林诺夫斯基：《巫术　科学　宗教与神话》，李安宅译，中国民间文艺出版社1986年版，第95页；Bronislaw Malinowski，*Myth in Primitive Psychology*，London，1926，p. 44。“巫术……永远有一定的目的，与人类本能，需求与事业相联结得很密切。巫术是被用来达到实用的目的……”同上引书，中文版，第122页。“神话……永远为一种目的而制造的——为的是完成一种社会功能，提高某一人群，或者对于反常的现状来加以根据。”同上引书，中文版，第109页。“It is always made *ad hoc*［ad hoc，拉丁文，意指‘特殊目的’——笔者补注］to…”同上引书，英文版，p. 78。“人们也能够将意志定义为目的的能力，因为目的始终是依照原则决定欲求能力的根据。”［德］康德：《实践理性批判》，韩水法译，商务印书馆1999年版，S. 59，第63页。“尘世惟一具有知性，因而具有任意地自己给自己设定目的的能力的存在者。”［德］康德：《判断力批判》，李秋零译，载《康德著作全集》第5卷，中国人民大学出版社2007年版，S. 431，第449页。“一般而言为自己设定某个目的的能力，是人类的显著特征。”［德］康德：《道德形而上学》，张荣、李秋零译，载《康德著作全集》第6卷，中国人民大学出版社2007年版，S. 392，第404页。

② ［英］马林诺夫斯基：《巫术　科学　宗教与神话》，李安宅译，中国民间文艺出版社1986年版，第95页；Bronislaw Malinowski，*Myth in Primitive Psychology*，London，1926，p. 43。

③ ［英］马林诺夫斯基：《巫术　科学　宗教与神话》，李安宅译，中国民间文艺出版社1986年版，第95页；Bronislaw Malinowski，*Myth in Primitive Psychology*，London，1926，p. 45。

④ ［英］马林诺夫斯基：《巫术　科学　宗教与神话》，李安宅译，中国民间文艺出版社1986年版，第72页。

⑤ ［英］马林诺夫斯基：《巫术　科学　宗教与神话》，李安宅译，中国民间文艺出版社1986年版，第92、127—128页；Bronislaw Malinowski，*Myth in Primitive Psychology*，London，1926，pp. 36，124 – 125。

⑥ ［英］马林诺夫斯基：《巫术　科学　宗教与神话》，李安宅译，中国民间文艺出版社1986年版，第127页；Bronislaw Malinowski，*Myth in Primitive Psychology*，London，1926，p. 124.

tern)[①] 而规定了各种实践“义务”;[②] 同时也是各种仪式、礼教甚至巫术行为、“社会势力或社会权利”[③] 包括各种“优先权”[④]“特权”[⑤] 的“理论根据”(justification)[⑥] ——“神话也是产生道德规律 [the moral rule], 社会组合、仪式或风俗的真正原因”[⑦] ——这些“理论根据”既“帮助”[⑧]“向导”[⑨]“指导”[⑩]“支配”[⑪]“制裁”[⑫] 人们的日常生活与仪式活动，同时也是人的日常生活与仪式活动的有效“保障”(safeguards, justification, vouch, vidicating)[⑬]“保状”(warrant、charter)、[⑭]

---

① [英] 马林诺夫斯基:《巫术　科学　宗教与神话》，李安宅译，中国民间文艺出版社1986年版，第126页；Bronislaw Malinowski, *Myth in Primitive Psychology*, London, 1926, p. 121。

② [英] 马林诺夫斯基:《巫术　科学　宗教与神话》，李安宅译，中国民间文艺出版社1986年版，第72页。

③ [英] 马林诺夫斯基:《巫术　科学　宗教与神话》，李安宅译，中国民间文艺出版社1986年版，第71—72页。

④ [英] 马林诺夫斯基:《巫术　科学　宗教与神话》，李安宅译，中国民间文艺出版社1986年版，第125页。

⑤ [英] 马林诺夫斯基:《巫术　科学　宗教与神话》，李安宅译，中国民间文艺出版社1986年版，第72页。

⑥ [英] 马林诺夫斯基:《巫术　科学　宗教与神话》，李安宅译，中国民间文艺出版社1986年版，第92页；Bronislaw Malinowski, *Myth in Primitive Psychology*, London, 1926, p. 36。

⑦ [英] 马林诺夫斯基:《巫术　科学　宗教与神话》，李安宅译，中国民间文艺出版社1986年版，第92—93页；Bronislaw Malinowski, *Myth in Primitive Psychology*, London, 1926, p. 38.

⑧ [英] 马林诺夫斯基:《巫术　科学　宗教与神话》，李安宅译，中国民间文艺出版社1986年版，第83页。

⑨ [英] 马林诺夫斯基:《巫术　科学　宗教与神话》，李安宅译，中国民间文艺出版社1986年版，第92页。

⑩ [英] 马林诺夫斯基:《巫术　科学　宗教与神话》，李安宅译，中国民间文艺出版社1986年版，第86、95页。

⑪ [英] 马林诺夫斯基:《巫术　科学　宗教与神话》，李安宅译，中国民间文艺出版社1986年版，第85页。

⑫ [英] 马林诺夫斯基:《巫术　科学　宗教与神话》，李安宅译，中国民间文艺出版社1986年版，第85页。

⑬ [英] 马林诺夫斯基:《巫术　科学　宗教与神话》，李安宅译，中国民间文艺出版社1986年版，第86、92、94、124—125页；Bronislaw Malinowski, *Myth in Primitive Psychology*, London, 1926, pp. 23, 36, 42, 116, 119。

⑭ [英] 马林诺夫斯基:《巫术　科学　宗教与神话》，李安宅译，中国民间文艺出版社1986年版，第71、92、94—95、99、119、126页；Bronislaw Malinowski, *Myth in Primitive Psychology*, London, 1926, pp. 38, 43, 50, 103, 121。

“证明”（vouch）、[①]“证书”（charter，title）、[②]“特许证书（a pramatic charter）”。[③]

研究活着的神话，神话并不是象征的，而是题材底直接表现；不是要满足科学的趣意而有的解说，乃是要满足深切的宗教欲望，道德底要求，社会的服从与表白，以及甚么实用的条件而有的关于荒古的实体的复活的叙述。神话在原始文化中有必不可少的功用，那就是将信仰表现出来，提高了而加以制定；给道德以保障而加以执行：证明仪式底功效而有实用的规律以指导人群，所以神话乃是人类文明中一项重要的成分，不是闲话，而是吃苦的积极力量；不是理智的解说或艺术的想象，而是原始信仰与道德智慧上实用的特许证书……［神话］便不只是看作真的，且是崇敬而神圣的，具有极其重要的文化作用……神话底出现，乃是在仪式、礼教、社会或道德规则要求理论根据，要求古代权威，实在界，神圣界加以保障的时候……有一类的故事是神圣的，是编在仪式、道德与社会组织里面，而形成原始文化底一个有机部分，动的部分的，这一类的故事，不是生存在消闲的趣味，不是当作杜撰的故事，也不只于当作真事的叙述；乃是由土人看来一个荒古实体［reality］底陈述，更比现在伟大而切实的荒古实体底陈述；因为这种实体是断定现在人类生活，命运与活动的；对于这种实体的认识是使人发生仪式与道德行为的动机。而且使人知道怎样进行仪式与道德行为的。……神话乃有最重要的功能。神话是陈述荒古的实体（primeval reality）而仍活在现代生活（still lives in present - day life）者，可因前例（precedent）而给某种事物以根据（justification），可使人有古来的榜样（pattern）而有道德价值，社会制度，与巫术信仰。所以神话

① ［英］马林诺夫斯基：《巫术　科学　宗教与神话》，李安宅译，中国民间文艺出版社1986年版，第72、86页；Bronislaw Malinowski，*Myth in Primitive Psychology*，London，1926，p. 23。

② ［英］马林诺夫斯基：《巫术　科学　宗教与神话》，李安宅译，中国民间文艺出版社1986年版，第92、125页；Bronislaw Malinowski，*Myth in Primitive Psychology*，London，1926，pp. 38，119。

③ ［英］马林诺夫斯基：《巫术　科学　宗教与神话》，李安宅译，中国民间文艺出版社1986年版，第86页；Bronislaw Malinowski，*Myth in Primitive Psychology*，London，1926，p. 23.

不只是个叙述，也不是一种科学，也不是一部门艺术或历史，也不是解说的故事；它所尽的特殊使命，乃与传统底性质，文化底延续，老年与幼年底关系，人类对于过去的态度（attitude）等等密切相联。简单地说，神话底功能，乃在将传统溯到荒古发源事件（initial event）更高、更美、更超自然的实体［supernatural reality］而使它更有力量，更有价值，更有声望。所以神话的一切文化底必要成分之一。我们已经见到，神话是随时重生的；每一项历史变迁都创一个神话，可是神话只是间接地与历史事实有关。神话是活的信仰（living faith）所有的恒常副产品，因为活的信仰需要奇迹（miracles）；也是社会现状（sociologocal status）底副产品，因为社会现状要求先例（precedent）。也是道德法则（moral rule）底副产品，因为道德法则需要赞许（sanction）。[①]

在马林诺夫斯基看来，神话之所以被称为“神圣的故事”，正在于其作为“目的神话”的“实用功能”。但是，仅仅根据“神圣故事”的“实用功能”结果还原出“神圣故事”的实用功能手段以及“神圣故事”作为“目的神话”的实用功能目的（其中也包括伦理的实用功能目的），马林诺夫斯基就只能视神话为“时时只能在经验中被认识”[②]的目的手段和目的结果之间经验性综合的功能性现象，尽管因意愿目的的结果而意愿目的的手段就同一个意愿自身内部关系来说是分析的——即仅仅“把手段本身规定为是针对既定目标的，这当然含有综合命题，但这些综合命题并不涉及根本，即意志活动［分析的同一性］，而只涉及使客体实现出来”[③]——马林诺夫斯基企图发现作为人（类）的社会、历史、文化、生活“真正原因”的“目的神话”所提供的“理想标准”“定则”，但是，由于作为“目的神话”的“神圣故事”是“时

---

① ［英］马林诺夫斯基：《巫术　科学　宗教与神话》，李安宅译，中国民间文艺出版社1986年版，第86、92—93、127—128页。Bronislaw Malinowski, *Myth in Primitive Psychology*, London, 1926, pp. 124 - 125.

② ［德］康德：《实践理性批判》，韩水法译，商务印书馆1999年版，S. 23，第21页。

③ ［德］康德：《道德形而上学奠基》，杨云飞译，邓晓芒校，人民出版社2013年版，S. 417，第47页。

时只能在经验中被认识”的目标“混沌”的功能性现象，因此，马林诺夫斯基所谓来自“荒古实体”的“理想标准”“定则”就只可能是文化共同体偶然或或然现实性的主观准则（特殊伦理规则），而不可能是人类共同体必然可能性的客观法则（普遍道德原则）。这是因为，后者并不可能从实用功能的目的结果到目的手段的“同一个意志”的任意意愿中分析地还原出来，而只可能通过任意的意愿将“另一个”“完善的意志”（人的纯粹理性善良意志和纯粹理性情感的神圣意志）超验综合地还原出来，即“作为在它［任意的意愿］之中没有包含的东西，直接地联结起来”。尽管“自由［任意的意愿本身已经］不是经验概念，也不可能是经验概念”，而是先验的理念，但是，由于任意的意愿可以在经验现象中被感性地直观到，所以以科学人类学家自许的马林诺夫斯基——尽管马氏的科学人类学已经具有浓厚的现象学人类学倾向——就能够使用趁手的感性直观的理论工具经验地认识神话现象，包括给出作为“目的神话”的“神圣故事”的“实用功能”结果的实用功能目的的任意选择的信仰心理态度的主观意向形式的意愿现象。因此，马林诺夫斯基才可能坚持说，任何“目的神话”的“实用功能”都建立在“原始心理”信仰态度的基础上，但这与此同时也就限制了马林诺夫斯基建立在信仰心理的主观任意意向形式基础上的“目的神话”的“理想标准”“定则”，只能是且不可能不是文化共同体的主观准则（特殊文化规则）。而使用了这种方法，就无法从文化共同体的主观准则中进一步（超验综合地）还原出人类共同体的客观法则（普遍道德原则）——尽管人类共同体的客观法则就内在于文化共同体的主观准则当中——而至多只能还原出道德神话与自然神话共同的（比较普遍性）非理性信仰心理态度的超验综合意向形式。马林诺夫斯基区分了原始人心目中“荒古的实体”与“现在”的“实体”——尽管这两种“实体”各自处在时间形式的两端而没有超出时间形式的经验界限之外，就像“中国神话历史化”命题所主张的“古史传说”那样——但马氏实际上已经认识到人（原始人）对超越性神圣性（道德神圣性和超自然神圣性）意向对象的超验综合意向形式的先验能力，只是局限在经验性语境的认识论条件下，马林诺夫斯基无法进一步认识到这种能力的纯粹理性先验起源，因而只能诉诸人的非理性信仰心理的先验感性起源。但是尽管如此，马林诺夫斯基的两种"实体"说，毕竟给他的客观论科学人类学抹上了一笔浓重的现象学人类学的主观论色彩；只是，这笔浓墨重彩只能让马林诺夫斯基从"实用功能"的效果（效应、结果）上对各种各样的"目的神话"一视同仁，而无法区分出不同神话现象在道德上的义务——例如"完全义务""不完全义务"——类型；而只能区分不同神话现象在不同"实用功能"的范围内和程度上作为"文化力量"的不同等级。但这反过来也就意味着，只有通过神话现象还原出内在于神话现象的神话原型（神话本体即神话本身或神话自身），神话学家才能够以神话原型的"理想标准"给道德神话与自然神话的"混沌"现象制订实践判断的道德"定则"（"依照道德理念来标明各种对象价值的表述都依赖于这个渊源"[①]）并予以意义—价值判断——神话现象是否与神话本体（神话本身、神话自身即神话原型）不自相矛盾或自相矛盾——而这也就是说，如果神话学家拿外在于神话现象的"理想标准"作为判断神话现象道德性的"定则"，对神话现象的道德判断就会是根据外在"定则"的他律（尽管在判断内容上并不一定就是错误），而不是根据内在"定则"的自律，进而神话现象就不可能有人（类）自由地自我立法且自律地自我行出法则的道德实践了。当然，这并不仅仅是马林诺夫斯基的问题，也是马林诺夫斯基之后的巴斯科姆、阿默思、鲍曼等一干民间文（艺）学—民俗学家们始终都没能超越的藩篱，以至于阿默思、鲍曼等人始终在追问："在什么层次上思考民俗的普世性是可能的"？如何"从民俗的分类中推论出某种潜在于自然宇宙观和社会实体的命名体系中的普遍原则"？"究竟是人类的哪一种基本特性导致我们成为社会的一员"？"我们可以利用什么来使我们成为社会的人"？而现在，当民间文（艺）学—民俗学的神话学家们在经历了神话学的现象学—先验论革命的洗礼之后，就能够实践地阐明，无论在自然神话和道德神话已得到了相互区分的理论条件下，还是在自然神话与道德神话"混沌"难分的实践条件下，只要还原出内在于神话现象的神话本体（神话本身、神话自身）即神话原型，那么，

① ［德］康德：《实践理性批判》，韩水法译，商务印书馆1999年版，S. 87，第94页。

依据神话原型提供的“理想标准”“定则”——这“理想标准”的“定则”并不在神话现象之外而就在神话现象之内——神话学家们就能够“合理主义”（合道德目的性、合道德法则法）① “处理”② 各种各样的自然神话现象和道德神话现象以及各种各样的非道德、不道德甚至反道德的神话（例如黑巫术神话）③ 现象。但是截至鲍曼，民间文（艺）学—民俗学们仍然没能就如何突破理论神话学经验性综合地感性直观神话现象（主观准则—文化规则）的认识论限制而达成实践神话学超验综合地理性演绎神话本体（客观法则—道德原则）的反思—还原目的论与方法论共识，但后者正是神话学的现象学—先验论革命的理想目标。

通过对神话现象——理性信仰的道德神话现象和非理性感性（心理）信仰的自然神话现象——在逻辑上的发生条件的现象学观念直观的主观性还原和先验论理念演绎的客观性还原，神话学家们已经还原出内在于任何神话现象、表演现象、实践现象的“本质性因素”的限制性条件，即纯粹理性情感信仰的双向意向形式，即人的本原性（实践的道德神圣性）、本真性（信仰的超验真实性）神话原型存在方式。现在，经历了现象学—先验论还原方法洗礼后的神话学，一旦重返神话现象的经验世界，无论面对随着理性的兴起而“没落”的神话，还是面对“中国神话历史化”命题所辩证的“假古史—真神话”，神话学家都能够断言，这些在特定社会（空间）、历史（时间）的文化生活语境条件下被表演、实践的神话现象的价值命运，都只能即不可能不根据其内在的神话理性（道德法则）予以判断，而不是依据外在的“哲学理性（逻各斯）”予以判断。

---

① 钟敬文、杨利慧：《中国古代神话研究史上的合理主义》，载《中国神话与传说学术研讨会论文集》（上），（台北）汉学研究中心 1996 年，第 33—59 页。

② 杨利慧：《神话主义研究的追求及意义》，《民间文化论坛》2017 年第 5 期。

③ 巫术本身是神秘的技术，弗雷泽认为是原始的科学。作为原始文化的理论理性，巫术本身无所谓善恶，唯当巫术与巫术神话被恶的意志用于加害于人——例如人们称之为“黑巫术”的巫术——时，巫术与巫术神话才是反道德的。“巫术就这样与科学相近，因为它永远有一定的目的，与人类本能，需求与事业相联结得很密切。巫术是被用来达到实用目的的；它与任何旁的艺术与技术一样，也被理论所支配，也被许多原则底系统所支配，以便行动的方法可以有效。所以巫术与科学有许多相似之点，可以采取弗雷兹尔底话，很相宜地管它叫作伪科学。”［英］马林诺夫斯基：《巫术　科学　宗教与神话》，李安宅译，中国民间文艺出版社 1986 年版，第 122—123 页。

而马林诺夫斯基站在“经验性地判定”[①] 神话现象的科学人类学的认识论立场上（尽管马林诺夫斯基已有明显的现象学倾向），在没有还原出神话现象的神话原型的条件下，自然难以区分出于恐惧、忧虑、欲求、希望等感性情绪的信仰心理的神话与出于敬重情感的理性信仰的神话，而统统称之为信仰心理的神话（《原始心理与神话》）。[②] 尽管较之在他之前更关注神话故事题材意向内容的诸理论神话学家，马林诺夫斯基更关心神话叙事体裁的信仰心理意向形式，但是，由于站在实用功能论—经验认识论的理论神话学立场上，马林诺夫斯基最终还是与道德目的论的现象学—先验论实践神话学擦肩而过、失之交臂。尽管马林诺夫斯基已经触摸到人的超验综合——尽管只是指向了超自然力量“灵的存在”（spiritual existence）——的意向形式先验能力。但是，如果不是最终还原到神话本体（神话本身、神话自身）即神话原型的道德法则“理想标准”——而不是神话信仰故事题材内容的“理想类型”（阿默思有理由反对根据经验性直观而抽象的民间文学题材内容的“理想类型”）——神话学家们就根本无法区分神话诸现象究竟是自然神话还是伦理神话甚至更纯粹的道德神话现象，无论经验性直观中的意向对象还

---

① ［德］康德：《道德形而上学奠基》，杨云飞译，邓晓芒校，人民出版社 2013 年版，S. 419，第49 页。

② “每一个信仰都会产生它底神话，因为没有信仰是没有奇迹的。”［英］马林诺夫斯基：《巫术　科学　宗教与神话》，李安宅译，中国民间文艺出版社 1986 年版，第 72 页。“神话底作用……在证明信仰底真实。神话与信仰底深切关系，神加在加强信仰上的实用功能……”同上引书，第 72 页。“宗教与道德取资于科学趣意或历史的既是很少，所以神话所依据的乃完全是另一套心理态度。”同上引书，第 83 页。“神话在原始文化中有必不可少的功用，那就是将信仰表现出来，提高了而加以制定……”同上引书，第 86 页。“没有重要的巫术、仪式或礼教没有信仰的；信仰则都是编在具体而有先例可援的故事上。这其间的结合是很密切的……”同上引书，第 92 页。“神话给人以保状，使人相信永生，相信永远少壮，相信坟那边的生命，它不是理智对于谜的反应，乃是一件显然的信仰行为。”同上引书，第 94 页。“神话也是布景远近相连的大背景；布景底一端是个人经验，是个人所关心、所恐惧、所忧虑的事，另一端是荒古第一次发生的同类情形，而介在两端之间的则有信仰底习俗摆布，以及根据个人经验与前辈记忆而叙述的具体例证。”同上引书，第 118 页。“信仰，在另一方面，不管是巫术信仰或宗教信仰，则与人类深切的欲求，人类底恐惧与希望。人类的底热情与情操等等关系密切。”同上引书，第 125 页。“我们底说法，即神话底社会功能说，因为说明神话与信仰底密切关系以及仪式与传统底密切关系。”同上引书，第 125—126 页。“神话是活的信仰所有的恒常副产品，因为活的信仰需要奇迹。”同上引书，第 128 页。

是现象学直观中的意向对象“显圣物”（hierophany）[①]——例如埃利亚德通过现象学主观性方法而直观的观念“显圣物”只是在程度上（而不是在性质上）区分了道德神圣性与超自然神圣性“显圣物”的神圣性；当然，这也是同为现象学神话学家的马林诺夫斯基甚至弗洛伊德曾经遭遇的问题（“马林诺夫斯基方案”）[②]——而这也就是说，唯有神话

---

① ［罗］埃利亚德：《神秘主义、巫术与文化风尚》，宋立道、鲁奇译，光明日报出版社1990年版，第126—127页。“显圣物”（hierophany）是伊利亚德（Mircea Eliade）在《Patterns in Comparative Religion》（New York，Sheed & Ward，1958，pp. 7ff）一书中提出的概念。“正因为神圣能自我表征，展示自己与世俗的完全不同之处，人类才能够感受到神圣的存在。为了说明神圣的这种自我表征行为，我们将引入一个词汇——显圣物（hierophany）。这是一个很恰当的词，因为它并没有暗示出什么更进一层的意思，它所能表达的内容并不比其词源本身含义要多。也就是说，其意思是神圣的东西向我们展示它自己。这应该可以说，不论是最原始的宗教，还是最发达宗教，它们的历史都是由许许多多的显圣物所构成的，都是通过神圣实在的自我表征构成的。从最初级的显圣物——一些最平凡不过的物体，例如一块石头或一棵树的对神圣的表征——到一些高级的显圣物（对于一个基督徒来说，这种最高的显圣物即是以耶稣基督体现的道成肉身），没有任何例外。在每一个具体的事例中，我们都会遭遇到同一种神秘的行为——在某种意义上是一种完全不同的存在的自我表征，这种存在并不属于我们的这个世界。但事实上，这些东西，只不过是构成我们这个自然的世俗世界的组成部分。”“神圣就是力量，而且归根到底，神圣就是现实。这种神圣被赋予现实的存在之中。神圣的力量意味着现实，同时也意味着不朽，意味着灵验。”［罗］伊利亚德：《神圣与世俗》，王建光译，华夏出版社2003年版，第2—4页。hierophany，晏可佳、姚蓓琴译作“神显”：“‘神圣’及其在历史上的显现，或者‘神显’乃是伊利亚德宗教研究的重要范畴。在宗教史学家看来，在各种宗教现象中存在着一个不可化约的因素，那就是‘神圣’（the Sacred）。‘神圣’通过‘世俗’显现自己，于是这个‘世俗’就变成了完全不同的事物，这个事物就是所谓的‘神显’（hierophany）。”［美］伊利亚德：《神圣的存在：比较宗教的范型》，晏可佳、姚蓓琴译，广西师范大学出版社2008年版，第7页。先于伊利亚德，涂尔干已表达了同样的思想：“我们绝对不能将神圣事物简单地理解成那些被称为神或精灵的人格存在；一块岩石，一棵树，一泓泉水，一枚卵石，一段木头，一座房子，简言之，任何事物都可以成为神圣的事物。”［法］涂尔干：《宗教生活的基本形式》，渠东等译，上海人民出版社1999年版，第43页。

② “神话给原始文化的最大帮助乃是与宗教仪式、道德影响、社会原则等协同进行的。”［英］马林诺夫斯基：《巫术　科学　宗教与神话》，李安宅译，中国民间文艺出版社1986年版，第83页。“我报告事实与讲神话的方法，乃隐含了范围很大内容相连的信仰方案。这项方案（schemne），自然不是清楚地存在于土人民俗之中。然它的确相当于一项具体的文化实体，因为土人一切关于死亡与来生的信仰、感情与预兆等具体表现，都穿插在一起，形成一个有机的单位。我们已经提出的各种故事与观念，都彼此交融；土人会很自然地指出彼此平行之点，以及彼此底联带关系。神话、宗教信仰，关于灵界与超自然的经验，实在都是同一题目底各部分；相当的实用态度，也在行为上表现出来，即与灵界相交通的企图。神话只是一个有机体底一部，它们乃是土人信仰中几点重要关头发展成的明显故事罢了。”同上引书，第118—119页。“塔怖所代表的禁制和宗教或道德上的禁制并不一样。它们并不建立在神圣的宗教仪式上而建立在自己本身上。它与道德上的禁制所不同的地方，主要是在于它并没有明显的、可以观察到的禁制声明，同时，也没有任何说明禁制的理由。”［奥］佛洛伊德：《图腾与禁忌》，杨庸一译，中国民间文艺出版社1986年翻印志文出版社版，第31—32页。

原型才必然可能作为神话现象的“理想类型”“理想标准”，无论人（类）在现象世界中先于道德神话现象就行出了自然神话现象，还是人（类）在现象世界中至今都没有行出道德神话现象，神话原型始终都作为内在于所有神话现象的神话本体（神话本身、神话自身）即所有神话现象的发生条件即人的纯粹理性（善良意志良知）意向形式从纯粹理性意向形式的界限之内超越到纯粹理性意向形式的界限之外，出于敬重情感而理性地信仰一个超越性意向对象即纯粹理性情感的神圣意志的先验意向形式能力（也是天赋权利）而被预设——人（类）的所有感性情绪信仰心理的先验意向形式能力都以此为条件，因为前者是客观普遍性、必然性能力而后者只是主观普遍性、必然性能力——这样，就不是作为共同体文化宪章和个体生活指南的道德神话“第一叙事”（更遑论自然神话），而是人（类）的本原性（实践的道德神圣性）、本真性（信仰的超验真实性）的神话原型存在方式，才构成了民族基石（谢林）、社会表象（涂尔干）、文化宪章乃至人类基础（陈连山）的“真正原因”。即，不是马林诺夫斯基所谓“神话在一切之上乃是一个文化力量”，而是“神话在一切文化力量之上乃是一个力量”，即人（类）之所以能够作为人（类）而成为人（类）的无条件条件：超越性的神圣性、真实性力量。这力量不是超自然神圣性的神秘真实性，甚至不是人的善良意志良知的道德神圣性的理性真实性，而是神圣意志爱的神圣性的纯粹理性情感的真实性。任何自然神话现象、伦理神话现象、社会神话现象例如巫术神话、权力神话、政治神话、科学神话、工具理性神话、意识形态神话所崇拜的超越性力量，都是对自然力量、社会力量在想象中的无限放大，但再强大的自然力量、社会力量甚至超自然力量、超社会力量，都仍然是自然力量、社会力量，却并没有能够真正地超越自然、超越社会。只有纯粹理性情感神圣意志的爱的力量才能够真正地超越自然力量和社会力量，因而也只有纯粹理性情感神圣意志的爱的力量才真正称得上神圣与“真实的最高形式”。因此，尽管作为共同体文化宪章以及个体生活指南的道德神话现象最接近作为人的本体存在方式的神话原型，也仍然不可以断然地自诩为“最高形式”的神圣性与真实性叙事。这是因为，无论共同体宪章还是个体指南，都永远是“处于斗争之中的道德意向”；而拥有“最高形式”的道德神圣性与超验真实性神圣叙事，仅仅属于作为“理想标准”“理想类型”的神话本体（神话本身、神话自身）即神话原型。而神话学家们一旦认识到，神话原型就内在于任何叙事，任何表演、任何实践……现象当中，就像客观的道德法则（以及对客观道德法则的意识）作为普遍形式（以及主体的意向形式）内在于任何叙事、表演和实践的主观准则（以及主体的主观观念）当中，且前者内在地构成了后者的先验自由的自我根据；那么，神话学家就可以像康德那样理由充分且证据充足地宣称：神话原型作为人的本原性（实践的道德神圣性）、本真性（信仰的超验真实性）存在方式，即人凭借其纯粹理性善良意志的良知出于敬重情感对神圣意志出于纯粹理性情感的道德法则的理性信仰的超验综合反思性以及人的纯粹理性善良意志的良知根据纯粹理性情感神圣意志“以爱命令人的法则”对人的理性和任意的先验综合规定性的双向意向形式的形而上学结构，是“纯粹实践理性情感信仰的一个事实”。

现在，一旦神话学家成功地设想并设定了内在于任何神话（以及任何叙事、表演、实践）现象的神话原型，后者内在地构成了前者的合法则性普遍性逻辑形式与合目的性的客观—必然性意向形式的发生（存在）条件与实现（限制）条件，神话学家们就能够根据神话原型“理想类型”的“普遍标准”，对神话以及各种各样非神话的叙事、非叙事的表演、非表演的实践……现象，就其在逻辑上、在意向上是否与神话原型不自相矛盾或自相矛盾，给予道德上的意义或价值判断了：凡人的理性任意地选择了道德法则图型的神话现象，就可能是出于至少是合于内在于自身的纯粹理性情感普遍形式及先验质料，因而是与神话原型在逻辑上不相矛盾的道德神话（古代希伯来的“创世纪”故事）；凡人的理性任意地选择了依据道德法则图型的形象的神话现象，就至少是合于甚至是出于内在于自身的纯粹理性普遍形式及（准）先验质料，因而也是与神话原型在逻辑上并不相矛盾的伦理神话（古代中国的“历史传说”）；凡人的理性任意地选择了并非道德法则图型和形象的神话现象，尽管并不合于却也并不悖于内在于自身的普遍形式和意向形式，因而是与神话原型在逻辑上不相关、在道德被允许的非道德神话（古希腊的“荷马史诗”）；凡理性任意地选择了不道德甚至反道德法则图型和形象的神话现象，则是有违于内在于自身的普遍形式和意向形式的神话现象，因而是与神话原型在逻辑上相悖逆、在道德上不允许的不道德甚至反道德神话（古代和现代社会的政治权力神话、意识形态神话）。[①]至于传说、故事等半信仰或非信仰的叙事现象以及非叙事的表演现象甚至非表演的实践现象的判断标准，也都可以援引神话现象的判断标准。而任何实践现象之所以都能够用神话原型的“普遍标准”在道德上予以价值或意义的自我判断，端在于神话现象的“理想类型”即神话原型就内在于任何实践（主体）的主观准则（主观观念）当中，构成了内在于任何实践的主观准则的道德立法的普遍形式以及任何实践主体的主观观念的普遍立法的意向形式，即主观必然可能性（任意）现象的客观必然实在性条件。而任何神话现象之所以都能够被用作共同体的文化宪章以及个体的生活指南，又在于内在于任何神话（实践）的纯粹理性意志和任意能够从纯粹理性的意向形式界限之内超越到纯粹理性意向形式界限之外，超验综合地反思而设想并设定（信仰）一个超越性的意向对象，以作为人的存在的先验综合强制规定条件，而这样一种先验（天赋）的意向形式的理性能力——任何感性的先验能力始终以理性的先验能力为客观条件，即便感性能力在时间中的主观表现先于理性能力——就是任何神话都能够被用作实践宪章或指南的客观必然性的实在性条件。而实践宪章和指南之所以又呈现出不同的性质和类型，又在于超越性意向形式为自己“补充”了“先天所与”的不同意向对象——纯粹理性情感道德神圣性的、纯粹理性道德神圣性的和超感性自然神圣性的意向对象——因此，无论“以爱（纯粹理性情感分析的同一性）

---

① 政治神话、国家神话、权力神话、科学神话、理性神话、意识形态神话之所以仍然被认为是神话，也是根神话原型的“理想类型”所给予的出于、合于或者悖于神话原型“理想标准”的道德价值—意义判断，即，不是与神话原型在逻辑上不自相矛盾而是与神话原型在逻辑上自相矛盾的神话。晚近对政治神话、国家神话、权力神话、科学神话、理性神话、意识形态神话的研究，参见［德］卡西尔《国家的神话》，张国忠译，熊伟校，浙江人民出版社 1988 年版；冷德熙《超越神话——纬书政治神话研究》，东方出版社 1996 年版；［法］韦尔南《希腊思想的起源》，秦海鹰译，生活·读书·新知三联书店 1996 年版；［法］韦尔南《神话与政治之间》，余中先译，生活·读书·新知三联书店 2001 年版。

命令人”的定言命令的道德神话，还是以纯粹理性命令人的定言命令的道德神话，还是以感性（非理性的惊异、畏惧、偏好、谄媚等感性心理、情绪）命令人的假言命令的自然神话，[①] 在经验现象中才都是可能且现实的。这就是说，无论哪种类型、性质神话（叙事、表演、实践），都建立在人之所以能够成为人、作为人而存在的无条件条件即在道德上天赋的（自由）权利和（自律）能力的先验基础上；而人的这一先验自由（权利）而自律（能力）的天赋就是人的意志（包括任意）从人自身（本身）的纯粹理性意向形式界限之内信仰一个纯粹理性情感分析的同一性神圣意志的超越性意向对象（但仍然在纯粹理性意向形式之内）的超验综合反思能力。任何感性（恶）的意向对象必然不可能在客观上成为意志的比较普遍性意向对象，任何纯粹理性（有可能是伪善）的意向对象尽管可能在客观上成为意志的严格普遍性意向对象，但必然不可能在主观（客观地）上成为意愿的严格普遍性意向对象，唯有纯粹理性情感的意向对象才必然可能在客观上、也在主观上成为意愿的严格普遍性意向对象。正因如此，在人的非本原性、非本真性存在的现象世界中，逻辑上自相矛盾（不自洽）的神话现象（包括神话宪章、指南现象）就必然或者向逻辑上不自相矛盾（自洽）的神话现象（其实是神话原型）而发展地衍变，或者因逻辑上自相矛盾（不自洽）的停滞而消亡（丧失了宪章、指南功能）——因而并非如大林太良所言“神话与理性（逻各斯）相遇……便有了神话本身的没落”；恰恰相反，神话与理性（逻各斯）相遇，神话才有了历史——而在人的本原性、本真性存在的本体世界中，逻辑上自洽的神话原型却必然不可能消亡，因而是人类永恒的“活的信仰”，因为神话原型是人的存在的无条件条件，并且作为人的存在的永恒动力而在现象世界中不断地创造出在逻辑上更接近自洽（不自相矛盾）的新的神话现象，而一旦出现了新的神话现象——“神话是随时重生的；每一项历史变迁都创一个神话”——

---

① 自然神话和道德神话，从意向形式上说，前者是主观偶然或或然现实性信仰，后者是主观间客观必然可能性信仰；从意向对象上说，前者是理论上的“经验实在性”幻象的表象，而后者是实践上的“超验实在性”意象的表象。参见邓晓芒《康德〈纯粹理性批判〉指要》，人民出版社2001年版，第86—91页。

现象世界就会因为新的神话现象而不间断地自我更新，就像语言现象一样，语言现象一旦产生，就改变了人曾经的非语言表象世界。[①] 在神话诸现象中，自然神话现象可能是时间上在先，但道德神话现象却必然是逻辑上在先，因为后者较前者更接近神话原型，尽管道德神话现象也必然不可能与神话原型在逻辑上完全一致。

这样，由博尔尼、博厄斯开启的现代神话学的民间文（艺）学—民俗学、人类学现象学—先验论革命，在最终实现了这场革命的最终理想即还原出神话现象的神话原型之后，神话学家们就能够据此革命理想对任何神话现象给予道德上的理性处理。因此，巴斯科姆关于不同叙事体裁之间“没有比神圣的和世俗的之间的区分更为主观”的说法就是错误的，因为巴斯科姆没有考虑到作为“神圣故事”的神话宪章至少是纯粹理性公意的规定或者一般理性众意的约定客观地强制任意的定言命令或者假言命令。但是，即便考虑到神话宪章的客观强制性，顾颉刚、马林诺夫斯基、阿默思甚至鲍曼都没有考虑到作为神话宪章的“神圣故事”的定言命令，最终将由纯粹理性情感神圣意志强制颁布给纯粹理性和任意，这是实践的先验逻辑的必然可能性。就神话原型之为神话原型而言，没有个体私意也没有集体众意甚至没有共同体公意任意选择的回旋余地；神话原型“以爱命令人的法则”的道德神圣性与超验真实性是纯粹理性情感神圣意志强制颁布给人的纯粹理性和任意的，尽管神话原型是人的纯粹理性意志和任意从纯粹理性意向形式界限之内为自己设想并设定的超越纯粹理性意向形式界限之外的超越性意向对象。当然，在现象世界中，每一个人都可以在主观上任意地选择，或者理性地或者心理学地信仰一个根据神话原型生成的神话（包括道德神话和自然神话）宪章，把神话宪章（包含了道德法则或自然法则）用作他个人的实践准则；或者，某一个人也可以在主观上任意地选择，或者理性地或者心理学地不信仰神话宪章，即不把神话宪章用作他个人的实践准则。

---

① “语言切分现实从而使现实清晰显现，是从人的层次上来说的：对人来说，现实在语词的水平上成象”，“并非语词才开始了识别，而是说，语词只是识别”，“语言建立了世界的结构，就像拉康所言，语言之外无结构”，“语言只是使得现实在语言水平上得到理解”。陈嘉映：《语言哲学》，北京大学出版社 2003 年版，第 84—85 页。

但无论在哪种情况下，对每一个人来说，道德神话作为神话宪章都是道德神圣性和超验真实性理性信仰的先验实在性意象实践，而自然神话作为神话宪章只是超自然神圣性和超感性真实性信仰心理的经验实在性幻象实践。当然，作为神话宪章的神话现象（特别是道德神话）的信仰（理性和心理）意向形式也有功能减退的时候和地方；但是，导致神话宪章的意向形式的信仰功能退减的原因，并不都决定于神话现象的存在方式中人们对于神圣性和真实性意向对象的信仰心理的主观观念功能，也决定于神话原型的存在方式中人们对于神圣性和真实性意向对象的理性信仰的客观理念结构，神话现象的意向形式功能与神话原型的意向形式结构之间的差别决定了神话现象在经验世界中“持续不断”地“趋近”神话原型的“无穷前进”“无穷进步”，当然这也就同时意味着，神话现象对神话原型的背离而导致自身必然可能的消亡。

> 意志的这种神圣性同时就是一个必定充任原型的实践理念，①无止境地趋近这个原型是一切有限的理性存在者唯一有权［即权利、义务以及能力］做的事情，② 并且这种神圣性也就把因此而称为神圣的纯粹道德法则持续而正确地置于他们眼前；有限的实践理性能够成就的极限，就是确信他们的准则朝着这个法则的无穷前进，以及他们向着持续不断的进步的坚定不移：这就是德行；而德行自身，至少作为自然地获得的能力，是绝对不能完成的，因为在这种情形下［主观的］确信［Überzeugung］决不会成为无可置疑的［客观］确定性［Gewißheit］，③ 而它作为一种［主观上不充分的］置信［Überredung］④ 则是十分危险的。⑤ ……所以一切法则之

① “原型”，韩水法原译作“榜样”，据邓晓芒中译本改。［德］康德：《实践理性批判》，邓晓芒译，人民出版社2003年版，第43页。

② “原型”，韩水法原译作“理念”，据邓晓芒中译本改。［德］康德：《实践理性批判》，邓晓芒译，人民出版社2003年版，第43页。

③ “无可置疑的确定性”，韩水法原译作“必然的确实性”，据邓晓芒中译本改。［德］康德：《实践理性批判》，邓晓芒译，人民出版社2003年版，第43页。

④ “置信”，韩水法原译作“劝说”，据邓晓芒中译本改。［德］康德：《实践理性批判》，邓晓芒译，人民出版社2003年版，第43页。

⑤ ［德］康德：《实践理性批判》，韩水法译，商务印书馆1999年版，S. 32—33，第34页。关于“置信”“确信”“确定性”，参见［德］康德《纯粹理性批判》，邓晓芒译，人民出版社2004年版，A820—822/B848—850，第621—623页。

中的那条法则，就像《福音书》中的所有道德规矩一样，描述了最为完满的德性意向，然而它作为没有一个创造物［即有限存在者］能够达到神圣性的理想，仍然是我们应当接近并且在一个不断却无限的进程中为之努力的榜样。……对于一个理性的却有限的存在者来说，唯有趋于无穷的、从低级的道德完善性向高级的道德完善性的前进才是可能的。视时间条件为无的无限存在者，在这个对于我们乃无穷的系列里面看到了与道德法则切合的整体，而神圣性乃是它的命令一丝不苟地要求的，以合乎它派给人手一份应得的至善方面的公正性，这种神圣性在唯一一个对理性存在者之此在的理智直观里一览无余。至于就分享这份至善的希望而言，唯一能够归于创造物的是对于他那经过考验的意向的意识，旨在于根据他迄今为止从恶劣到道德良好的进步，以及根据因此而为他认识到的始终不渝的决心，希望这个进步益发不间断地持续下去，而不论他的实存可以达到多么长久，甚至超过此生；这样，虽然决不会在其此在的这里或任一可预见的将来时刻，而只是在（唯上帝能够综观的）他延续的无限性中，达到与上帝的意志（并不宽大或赦免，它们与公正不相称）的完全适合。①

在现象世界中，如果神话宪章强制颁布的是自然法则的假言命令，随着信仰对象的超自然神圣性、超感性真实性即经验实在性幻象完满性的破灭，人们在主观上信仰心理的决心就会随之消失，自然神话就会丧失神话宪章功能。如果神话宪章强制颁布是纯粹理性的道德法则的定言命令，随着信仰对象的道德神圣性和超验实在性形象不完满性的暴露，

① ［德］康德：《实践理性批判》，韩水法译，商务印书馆 1999 年版，S. 83，第 90—91 页；S. 123—124，第 135 页。“无穷的前进……实践的进步……趋于无穷的进步。”同上引书，S. 122，第 134 页。“趋于无穷的、从低级的道德完善性向高级的道德完善性的前进……无穷的系列……从恶劣到道德良好的进步……进步益发不间断地持续下去……延续的无限性。”同上引书，S. 123，第 135 页。“无穷的前进和这样前进的总体。”同上引书，S. 123“注释①”，第 135 页。“趋于无穷的进步……无穷地永存……完全切合道德法则的意向的价值是无穷的。”同上引书，S. 128，第 140 页。“趋于这种神圣性的进步。”同上引书，S. 129，第 141 页。“在无限的进步中接近圣洁性。”［德］康德：《纯然理性界限内的宗教》，李秋零译，载《康德著作全集》第 6 卷，中国人民大学出版社 2007 年版，S. 46，第 47 页。“不断进步。”同上引书，S. 48，第 48 页。“进步的无限性。”同上引书，S. 48，第 48 页。“永不间断的努力。”同上引书，S. 48，第 48 页。“无限延伸的进步。”同上引书，S. 51，第 51 页。

人们在主观上理性信仰的信心也会随之减退，这样的道德神话也会丧失其神话宪章功能。如果神话宪章强制颁布的是纯粹理性情感“以爱命令人的法则”的定言命令，信仰对象的道德神圣性和超验真实性原型的绝对完满性就永远不会褪色，人们在主观上理性情感信仰的恒心也就不会随时随地轻易地减弱。这就是说，神话宪章功能不再的根本原因，端在于作为神话现象的神话宪章与作为神话本体的神话原型之间在意向形式与意向对象上的结构关系。即在逻辑上与神话原型不一致的神话宪章必然会不再是神话宪章——大林太良所谓“诸神远去”，此之谓也——而在逻辑上与神话原型相一致的神话宪章必然可能是始终的神话宪章，而无论人们在主观上是否（理性地、心理学地）信仰神话宪章；而且，即便在现象世界中，即便所有的人都不再（理性地、心理学地）信仰神话宪章，神话原型仍然客观（必然可能）地存在于每一个人（所有的人）实践的主观准则和主观观念当中。这是因为，神话原型作为人的本原性（实践的道德神圣性）、本真性（信仰超验真实性）存在方式，是人与生俱来地被抛入的存在方式；换句话说，人一出生，就应然地已经生存于神话（原型）当中、生活在纯粹理性的先验自由与纯粹理性情感信仰的实践自由的必然可能性当中；[①] 如果不是与生俱来地生存于神话（原型）当中、生活在纯粹理性和纯粹理性情感信仰的自由意志当中，人必然不可能把自己从动物提升为“人物”。[②] 因此，“人自身”“人本身”就意味着已经是一个有纯粹理性和纯粹理性情感且在纯粹理性情感信仰中的人，也就是在神话中的人，即埃利亚德所谓“宗教人”

① “过一种神话的生活意味着拥有一种有别于世俗生活的本真的宗教体验。因为人符号性地扮演了超自然的事件并亲自见证了这些事件；人进入了一个理想化的及其神的、超自然存在的及其神圣行为的世界里。”［意］达瓦马尼：《宗教现象学》，高秉江译，人民出版社 2006 年版，第 156—157 页。

② “在一种纯粹世俗的背景中，是永远也不能够接近神话的。唯有在日常生活领域之外的崇拜仪式的背景中才能理解神话。我们必须把神话体会为个性转变的过程之一部分。”［英］阿姆斯特朗：《神话简史》，转引自叶舒宪、唐启翠编《儒家神话》，南方报社出版社 2011 年版，第 31 页。

（homo religious），[1] 而“宗教人”“神话人”就是以“人的本原性、本真性存在方式”而存在即生而具有“宗教性”“神话性”的“人自身”“人本身”。人自身、人本身因纯粹理性和纯粹理性情感信仰而能够承担起成为人、作为人的道德法则及其道德职责（责任、义务），即对神圣意志出于纯粹理性情感道德法则的理想（道德法则理念直观图型）的纯粹理性情感信仰的道德良知。

人出于纯粹理性情感而信仰一个作为道德法则图型的道德神圣性和超验真实性意向对象的理想，从而将人（自然人）自我规定为生而具有“宗教性”“神话性”的“人自身”或“人本身”（宗教人、神话人），没有对神圣意志出于纯粹理性情感的道德法则的道德神圣性与超验真实性意向对象的纯粹理性情感信仰，人不可能成为、作为“人自身”“人本身”。仰仗纯粹理性情感信仰的天赋能力与权利，人们在现象世界中，或者用经验性观念材料做成一个超自然神圣性的超感性真实性幻象的意向对象（作为自然法则象征的自然诸神），或者用先验理念材料做成一个道德神圣性的经验实在性的意向对象（作为道德法则形象的道德性圣贤），或者用超验理想材料做成一个道德神圣性的超验真实性的意向对象（作为道德法则图型的道德性神祇）——埃利亚德不区分道德神圣性与超自然神圣性而统称之为——“显圣物”。因此，凡表象了“显圣物”的神话现象、神话宪章，我们都可以称之为“起源神话”，即讲述了人最终都起源于道德神圣性—超验真实性意向对象的神圣故事——在此意义上，我们甚至愿意接受汤普森关于神话是“神的故

---

① “宗教人”并非“宗教徒”（religious man，a religious believer），每一个人不一定就成为宗教徒，但每一个人在其先验的存在方式中都是一个“宗教人”。人作为人，已经不是一个自然的人（动物），而是社会的人、文化的人，而人超越自然的人的存在状态，而转换为社会的人、文化的人的存在状态，有赖于对人的超越性或宗教性的存在原则的理性信仰，这就是神话。没有对于超越性、宗教性存在原则的理性信仰，人无以成为社会的人、文化的人，人之所以成为社会的人、文化的人，乃因为人首先成为了一个宗教的人，“宗教人”是人作为人而存在所取得的第一个存在者身份或角色。“宗教人（homo religiosus）。”［美］伊利亚德：《神圣与世俗》（Das Heilige und das Profane），王建光译，华夏出版社2003年版，第5、7页。先于伊利亚德，涂尔干（E. Durkheim，1858—1917）已经论及“宗教的人”：“这种成年礼是一连串的仪典活动，其目的就是要把年轻人引入到宗教生活中来：人最初在纯粹的凡俗世界里度过了自己的孩童时代以后，开始脱离这个世界，迈入神圣事物的世界。……这种情况，不恰恰证明了曾经作为凡人的人和现在变成了宗教的人，两者之间发生了连续性的断裂吗？”［法］涂尔干：《宗教生活的基本形式》，渠东等译，上海人民出版社1999年版，第45—46页。

事”的题材内容质料规定性的“最低限度的定义”或“最起码的定义”，只要我们承认神话原型的意向形式最终指向了纯粹理性情感神圣意志的意向对象——尽管神话现象的“显圣物”所讲述的并不仅仅是道德神话同时也讲述了自然神话的故事。这就是说，无论哪种性质或类型的神话现象，都起源于神话原型即人的本原性（实践的道德神圣性）、本真性（信仰的超验真实性）存在方式，并以之作为神话现象的发生（存在）条件和限制（判断）条件。因而所谓人的神话存在方式就意味着，一旦人远离了神话的存在方式，人就将无以成为、作为人本身、人自身。

第十七节　神话法象实践的天赋义务能力与权利

在《实践理性批判》中，康德将实践的“本体”（noumenon）[①] 表

① “本体”，英文单数 noumenon，复数 noumena，英文译本直接袭用德文概念。Immanuel Kant, *Critique of Practical Reason*, Translated and Edited by Mary Gregor, Cammbridge University Press, 1977（简称“英文本”，下同），S. 6, p. 6；S. 42, p. 38。“本体”，康德有时也称之为“纯粹本体”（a pure noumenon）。［德］康德：《实践理性批判》，韩水法译，商务印书馆 1999 年版（简称“中文本”，下同），S. 92，第 100 页；英文本，S. 92，第 78 页。康德也用“物自身”（a thing in itself, things in themselves）表示“本体”，中文本，S. 97，第 106 页；S. 101，第 111 页；S. 103，第 112 页；S. 115，第 126 页；英文本，第 82、86 页。康德也用“本体”（noumenon）概念表示“物自身”（thing as they are in themselves）。Simon Blackburn：《牛津哲学词典》，上海外语教育出版社 2000 年版，第 265 页。“在康德这里，它和自在之物有所区分，自在之物强调的是事物本身在那里，本体则强调它不能被我们认识，但有可能被某种‘知性直观’所认识，这种知性直观是我们人类所不具备的。所以本体更具有认识论意义，我们可以把它称为‘不可认识的认识对象’。”邓晓芒：《康德〈纯粹理性批判〉句读》（上），人民出版社 2010 年版，第 674—675 页。“康德后来讲到他的《纯粹理性批判》这一认识论部分时认为，他这里讲的就是‘存在论’，就是 Ontologie，这就是关于存在的学说……关于本体的存在的学说就是他的道德学说，关于实践理性的学说，关于本体论的学说。”同上引书，第 692 页。“康德并没有完全否定形而上学的存在论［Ontologie］，而只是把它分为两个方面，一个是现象［Phänomena］方面，一个是本体［Noumenon］方面。”同上引书，第 707 页。“但如果我们把它理解为一个非感性的直观的客体，那么我们就假定了一种特殊的直观方式，即智性的直观方式，但它不是我们所具有的，我们甚至不能看出它的可能性，而这将会是积极的含义上的本体”，“当我们要把范畴应用于不被视为现象的那些对象上时，我们就必须以不同于感性直观的另一种直观作基础，这样一来，对象就会是一个积极意义上的本体。”［德］康德：《纯粹理性批判》，邓晓芒译，人民出版社 2004 年版，B307—308，第 226—227 页。“对于我们人类来说，‘凡是’被看作本体的都只可能被理解为消极的意义，而不可能被理解积极的意义。”邓晓芒：《康德〈纯粹理性批判〉句读》（上），人民出版社 2010 年版，第 724 页。“物自体……和本体虽然指的是同一个东西，但意思还有不一样的地方，物自体可以指积极意义上的东西，但是我们用本体来称谓它，它是有消极意义的。它的意思就是说，你不要以为它是现象，它不是现象，而是本体，本体的意思就是说‘非现象’。”同上引书，第 730 页。

达为人作为“自由的主体”（subject of freedom）[①] 的“存在者本身”（a being in itself）[②] 即人本身或人自身及其自由的存在方式。康德写道：当人“意识到自己乃是物自身的同一个主体”[③]“同时视自己为本体”[④]“作为物自身的主体的自发性”[⑤] 就“把自由赋予作为物自身的同一个存在者”[⑥] 即“把自己看作自由的主体，使自己成为本体”（make oneself as subject of freedom a noumenon）。[⑦] 因此，当康德说到作为“本体的原因”（causa noumenon）[⑧] 或者“作为本体的因果性”（causality as noumenon）[⑨] 时，他指的就是“自由的主体”“存在者本身”能够“自己决定自己的因果性……自由行为的原因”[⑩] 即在时间中自己自由地开启一个因果性现象系列（“由自己肇始这个系列”[⑪]）的主体条件和自由条件，所以康德才说，“现在具有自由意志的存在者的概念是个本体原因的概念”（now the concept of a being that has free will is the concept of a causa noumenon），[⑫]“人类的意志因自由之故能够直接由道德法则决定”。

援引康德“现象”和“本体”概念，当然，首先有助于阐明神话

① ［德］康德：《实践理性批判》，韩水法译，商务印书馆 1999 年版，S. 6，第 5 页；英文本，第 5 页。

② ［德］康德：《实践理性批判》，韩水法译，商务印书馆 1999 年版，S. 42，第 44 页。即“一个能够在事物的理智秩序中被决定的此在”（its existence as determinable in an intelligible order of things）。同上引书，S. 42，第 44 页；英文本，第 37 页。

③ ［德］康德：《实践理性批判》，韩水法译，商务印书馆 1999 年版，S. 97，第 106 页。

④ ［德］康德：《实践理性批判》，韩水法译，商务印书馆 1999 年版，S. 114，第 125—126 页。即“作为在他那不受时间决定的此在之中的纯粹理智存在者”（as pure intelligence，in his existence that cannot be temporally determinded）。同上引书，S. 114，第 126 页；英文本，第 96 页。“纯粹理智存在者”，康德也称之为“知性世界中的本体”（a noumenon in a world of the unbderstanding）。同上引书，S. 114，第 126 页；英文本，第 96 页。

⑤ ［德］康德：《实践理性批判》，韩水法译，商务印书馆 1999 年版，S. 99，第 108 页。

⑥ ［德］康德：《实践理性批判》，韩水法译，商务印书馆 1999 年版，S. 95，第 104 页。

⑦ ［德］康德：《实践理性批判》，韩水法译，商务印书馆 1999 年版，S. 6，第 5 页；英文本，第 5 页。

⑧ ［德］康德：《实践理性批判》，中文本，第 52、60 页；英文本，第 43、48 页。

⑨ ［德］康德：《实践理性批判》，韩水法译，商务印书馆 1999 年版，S. 50，第 53 页；S. 98，第 107 页。“一个独立于所有感性的原因的他自身。”同上引书，S. 98，第 107 页。

⑩ ［德］康德：《实践理性批判》，韩水法译，商务印书馆 1999 年版，S. 48，第 51 页。

⑪ ［德］康德：《实践理性批判》，韩水法译，商务印书馆 1999 年版，S. 95，第 103 页。

⑫ ［德］康德：《实践理性批判》，韩水法译，商务印书馆 1999 年版，S. 55，第 59 页；英文本，第 48 页。

实践的经验性现象与先验原型之间意向形式的先验和形而上学结构，即人的纯粹理性和任意的良知出于敬重情感超验综合地反思即理性地信仰神圣意志，与神圣意志出于纯粹理性情感先验综合地规定人的纯粹理性和任意的双向意向形式，即人的本原性（实践的道德神圣性）、本真性（信仰的超验真实性）神话原型存在方式；其次，有助于阐明人的纯粹理性和任意必然可能在现实世界中，或者行出也许合于也许并不合于神话原型的自然神话现象，或者行出不仅合于甚至出于神话原型的道德神话现象。职是之故，我们就还需要一个概念，这个概念能够让神话学家们将合于神话原型但仅仅出于人的纯粹理性—任意的道德神话现象与出于纯粹理性情感神圣意志的道德神话现象进一步区分开来；现在，我们可以借用康德《实践理性批判》中使用的 phenomenon（法象，韩水法的卓越译法）概念来指涉出于纯粹理性情感神圣意志的道德神话现象。在《实践理性批判》中，phenomenon（法象）原被康德用来指称与一般经验现象（appearance）不同的道德经验现象，因而所谓"法象"也就是"包含关涉道德法则的意向的种种单纯现象……［的道德］品格的现象"[①] 即"具有绝对的法象统一性"[②] 的道德"品格的唯一现象"[③] ——"品格"即"实践中依照不变的准则前后一贯的思想方式"[④] ——"依照这个品格，他把那些现象本身的因果性归于一个独立于所有感性的原因的他自身"。[⑤] 在本书中，笔者用"法象"特指道德神话现象中真正出于"属神意志""属神目的"的道德神话现象，即不同于仅仅出于人的纯粹理性—任意（人的法则）的道德神话现象而同时更出于纯粹理性情感神圣意志（神的诫命）的道德神话现象。因此，现在，尽管无论自然神话现象，还是道德神话现象，抑或道德神话法象，都可以被用作宪章；但是，唯有道德神话法象，才是所有神话宪章

---

① ［德］康德：《实践理性批判》，韩水法译，商务印书馆 1999 年版，S. 99，第 108 页。Immanuel Kant, *Critique of Practical Reason*, Translated and Edited by Mary Gregor, Cambrige University Press, 1997, S. 99, p. 78. "作为现象的德性（virtus phaenomenon）。"［德］康德：《纯然理性界限内的宗教》，李秋零译，载《康德著作全集》第 6 卷，中国人民大学出版社 2007 年版，S. 47，第 47 页。

② ［德］康德：《实践理性批判》，韩水法译，商务印书馆 1999 年版，S. 99，第 108 页。

③ ［德］康德：《实践理性批判》，韩水法译，商务印书馆 1999 年版，S. 98，第 107 页。

④ ［德］康德：《实践理性批判》，韩水法译，商务印书馆 1999 年版，S. 152，第 166 页。

⑤ ［德］康德：《实践理性批判》，韩水法译，商务印书馆 1999 年版，S. 98，第 107 页。

中真正出于纯粹理性情感神圣意志的宪章，因而是我们可以先验地设想、设定其出于神圣意志的客观必然性，并且合于每一个人或所有的人的善良意志（guter Wille/good will）—任意（Willkür/power of choice）的“良知”（Gewissen/conscience）和“意愿”（Wollen/willing）[①] 的主观必然性的神话宪章。

对于康德来说，人作为有限存在者的自由意志，不仅意味着其意志受感性影响（但不被感性规定而仍由理性规定），同时也就意味着理性意志与（以感性为条件的）情感的分裂、分离。在理性意志与感性情感相互分裂、分离的异化（“原罪”）条件下，由于感性情感总是特殊的、个别的，只有理性意志才可能是普遍的；所以，作为普遍原则的道德法则，就只能出于（至少合于）人的理性意志而不是出于（甚至合于）人的感性情感。当然，尽管在人这里理性意志和感性情感是分裂、分裂的，却并不是说二者之间完全绝缘，康德讨论了理性意志和感性情感之间“种类上的不同”[②] 关联方式：（1）理性通过贬低感性而激发了感性对道德法则的敬重情感；（2）感性对因理性贬低自身而产生的敬重情感的愉悦情感——后者是导致道德惬意（自爱）乃至道德狂热（自负）的感性情感——尽管这两种感性情感都是由理性所引起的；从而与起源于无论“知性表象还是感性表象”所引起的感性结果“皆为同一种类”而“始终是自然的”快乐、愉快等本能情感以及审美鉴赏的愉悦情感区别开来。[③] 这就是说，同为情感，本能情感（即便是由知性表象或理性表象引起的）与道德情感是不同的，而我们在本书中讨论的自然神话现象和道德神话现象就是以这两种不同情感为（启示和理

---

① ［德］康德：《道德形而上学奠基》，杨云飞译，邓晓芒校，人民出版社 2013 年版，S. 390，第 6—7 页。Immanuel Kant，*Critique of Practical Reason*，Translated and Edited by Mary Gregor，Cambridge University Press，1997，S. 390，pp. 8 - 9.

② “只有当理性能够自为地决定意志（而不是服务于禀好）时，它才是那可以受本能决定的欲求能力委质其下的一个真正高级的欲求能力，并且确实与受本能决定的欲求能力不同，甚至有种类上的不同。”［德］康德：《实践理性批判》，韩水法译，商务印书馆 1999 年版，S. 24—25，第 23—24 页。

③ “人们可以把与对象的欲求并不必然相结合的，因而在根本上并不是对表象的客体之实存的愉快，而是仅仅附着于表象的那种愉快称为纯然沉思的愉快或者无为的愉悦。我们把后一种愉快的情感称为鉴赏。所以，在一种实践哲学中所谈的鉴赏，不是一个本土的概念，而充其量只是插入的。”［德］康德：《道德形而上学》，张荣、李秋零译，载《康德著作全集》第 6 卷，中国人民大学出版社 2007 年版，S. 212，第 219 页。

性）信仰的感性条件。直观地说，前者缘于任意对超自然对象（超自然法则）的惊异、畏惧、谄媚等一般理性和感性情绪（只能经验性地察觉）的偶然或或然经验现实性主观动机，而后者缘于纯粹理性和任意对道德对象（道德法则）出于敬重的理性情感（能够先验地洞察）的先验必然可能性主观间客观性动机。在本书中，关于前者，笔者一直称之为“信仰心理”（情绪）；而后者，笔者称之为“理性信仰”（情感）。我们之所以在这里要特别区分开“心理（情绪）的信仰”和“理性（情感）的信仰”，乃因为，这是人的两种异质又同为先验的信仰能力；因此，如果我们不区分这两种异质的先验信仰能力，那么从意向形式上说，神话学家就难以从偶然或或然现实性（实然历史）的神话现象（同样作为现象的自然神话与道德神话）过渡到必然可能性（应然永恒）的神话原型。而仅仅从意向对象上区分自然神话（信仰超自然神秘性力量）与道德神话（信仰道德神圣性力量）现象，所有神话现象就都只有偶然或或然的现实性。

“心理（情绪）的信仰”和“理性（情感）的信仰”之间的异同：就意向形式来说，二者都“开始于”感性，但前者“开始于”感性也“发源于”感性，而后者“开始于”感性却“发源于”理性。[①] 进而，就意向对象而言，“开始于”感性并“发源于”感性的心理（情绪）信仰以经验性现象或幻象（自然法则或神秘法则）为主观感受的信仰对象，而“开始于”感性却“发源于”理性的理性（情感）信仰则以超验表象（道德法则）为主观被感动的信仰对象。对于神话宪章的信仰心理（本能情绪）和理性信仰（敬重情感）的意向形式，一般神话学家都没有在实践上做出理论区分，例如马林诺夫斯基就仅仅区分了原始信仰心理中的个体信仰心理和集体信仰心理，而没有区分信仰心理的本能情感（情绪）和理性信仰的道德（敬重）情感。卡西尔也认为，神话建立在人类情感的基础上；但是，由于卡西尔没有进一步区分不同情

① “我们的一切知识都从经验开始，这是没有任何怀疑的……但尽管我们的一切知识都是以经验开始的，它们却并不因此就都是从经验中发源的。”［德］康德：《纯粹理性批判》，邓晓芒译，人民出版社 2004 年版，B1，第 1 页。“那构成我们一切禀好基础的感性情感虽然是我们称为敬重的这种感受的条件，但这种情感的决定原因存在于纯粹实践理性之中，并且就其源泉而论这种感受不是本能的，而必定意味着是出于实践的作用的。”［德］康德：《实践理性批判》，韩水法译，商务印书馆 1999 年版，S. 75，第 82 页。

感的不同“发源”，所以他也就没有条件进一步区分出不同性质的不同神话。[1] 卡西尔之后，当巴斯科姆断言“没有比神圣的和世俗的［观念］之间的区分更为主观的”“主观性［信仰］判断”，他同样没有从理性信仰和信仰心理这两方面，对神话信仰意向形式的不同“发源”做进一步区分，因而他也就同样没有条件进一步区分出不同性质的神话。反过来说，如果不打算区分自然神话宪章和道德神话宪章，那么区分信仰心理的本能情感（情绪）和理性信仰的道德（敬重）情感也就真的不必要了。马林诺夫斯基、卡西尔、巴斯科姆以及埃利亚德甚至卡西尔的共同失误在于：其一，单一地使用现象学主观性观念直观方法而无以区分理性的理论使用和实践使用，但如果不是根据实践的要求而仅仅理论（即便是现象学）地认识对象，自然分不清对象的道德属性；其二，没有从意向形式上区分信仰心理本能情感（情绪）的意向形式与理性信仰道德（敬重）情感的意向形式，尽管本能情感情绪的信仰心理意向形式与道德敬重情感的理性信仰意向形式都以人的感性情感形式（不是感性直观形式）[2] 为先验条件；其三，进而也就没有能够从意向对象上区分自然和超自然神圣性的信仰对象（经验实在性现象或经验实在性幻象）与道德神圣性的信仰对象（超验实在性表象）——因为凡先验意向对象都是由先验意向形式自我“补充”而“先天所与”的——正是因为神话现象不同的意向对象“发源于”不同的先验意向形式，我们才可以借用康德的说法说，道德神圣性意向对象是神话学家能够先验地洞察的信仰对象，而不像无限多的自然或超自然神圣性意向对

---

① “原始宗教礼仪有着情感的特点。”［德］卡西尔：《国家的神话》，张国忠译，熊伟校，浙江人民出版社 1988 年版，第 27 页。“神话并非单单来自理智的过程；它的产生有着更为深层的基础即人类情感。但另一方面，所有那些只强调情感因素的神话理论却未能看到一个本质的方面：神话不能被描述为赤裸裸的情感，因为它只是情感的表现。情感的表现不等于情感本身——它是一种成了意象的情感。”同上引书，第 47 页。“神话的真正基质不是思维的基质而是情感的基质……它们的条理性更多地依赖于情感的统一性而不是依赖于逻辑的法则。”［德］卡西尔：《人论》，甘阳译，上海译文出版社 1985 年版，第 104 页。“神话是情感的产物，它的情感背景使它的所有产品都染上了它自己所特有的色彩……被一种更强烈的情感淹没了。”同上引书，第 105 页。

② “在理论理性那里，由于感性直观的双重性质，感性论又有两个部分；而在此处感性完全不是被看作直观能力，而被单纯看作情感（它能够是欲求的主观根据），而有鉴于此纯粹实践理性不许可进一层的划分。”［德］康德：《实践理性批判》，韩水法译，商务印书馆 1999 年版，S. 90，第 98 页。

象那样“时时只能在经验中被认识”。

缪勒倒是把人的信仰意向形式的天赋（先验）能力区分为“察觉”和“接近”“无限者”“神明”的高级信仰意向形式能力和“低级的偶像崇拜或物神崇拜”的信仰意向形式能力；但缪勒也没有认识到，人的高级信仰能力和低级信仰能力，不仅“发源”地不同，“甚至有种类上的不同”，即并非“只能有程度上的差异”。前者是由超验表象（道德法则）激发的敬重情感的理性信仰，而后者是由经验性现象或幻象（自然法则或超自然神秘法则）引发的惊异、恐惧与谄媚等本能情感情绪的信仰心理。由于缪勒与马林诺夫斯基、卡西尔、巴斯科姆一样，没有能够区分信仰的意向形式和意向对象的“开始”处与“发源”地，因而只能视人的高级信仰能力与低级信仰能力为不同程度而不是不同性质的心理现象的天赋能力，即“与感觉和理性无关”“独立于感觉和理性”“与感觉和理性相矛盾”“无论是感觉还是理性都不能克服它”并“它反而……克服了理性和感觉”的“心理能力或倾向”的“信仰的天赋”“信仰的能力”。

> 正如说话的天赋与历史上形成的任何语言无关一样，人还有一种与历史上形成的任何宗教无关的信仰的天赋。如果我们说把人与其他动物区分开的是宗教，我们指的并不是基督徒的宗教或犹太人的宗教，而是指一种心理能力或倾向，它与感觉和理性无关，但它使人感到有“无限者”（the Infinite）的存在，于是神有了各种不同的名称，各种不同的形象。[①] 没有这种信仰的能力，就不可能有宗教，连最低级的偶像崇拜或物神崇拜也不可能有。……［康德］极力否认人的思维有超越有限的天赋，即否认人的思维有接近无限（神）的天赋。他关闭了人借以注视无限的大门，但却身不自主地在他的《实践理性批判》一书中开了一道旁门，以便容纳责任感和神明感。据我看，这是康德的哲学的薄弱环节，因为如果说哲学的任务是解释现在的现象是什么，而不是说明［人］应当成为什么［康德《实践理性批判》恰恰“说明［人］应当成为什么”（见关于本书的说明），缪勒大谬！——笔者补注］，那么我们就不得不承

① 可参见［英］希克《多名的上帝》，王志成译，中国人民大学出版社 2005 年版。

> 认人有第三种天赋，我直截了当地称它为觉察无限（神）的天赋，这种天赋不仅体现在宗教中，而且体现在一切事物之中。这是一种独立于感觉和理性的力量，在某种意义上说它是与感觉和理性相矛盾的，然而却是一种非常实在的力量，从［人类］世界开始形成时它就已存在了，无论是感觉还是理性都不能克服它，它反而在许多情况下克服了理性和感觉。①

我们暂且勿论缪勒对康德的谬解，缪勒“天赋”说实际上反倒是继承了康德对人的先验“禀赋”能力，例如康德对每个人天赋的“易感性”的先验阐明。康德并没有“极力否认人的思维有超越有限的天赋，即否认人的思维有［‘察觉’‘注视’并］接近无限［神明］的天赋”；但是对康德来说，人“天赋”的“信仰能力”并非“独立于感觉和理性”“与感觉和理性无关”“与感觉和理性相矛盾”，而恰恰与感性、与理性相关。康德区分了“理性的信仰”和非理性—感性的“迷信”，②前者尽管“开始于”感性却“发源于”理性，而后者则“开始于”感

---

① ［英］缪勒：《宗教学导论》，陈观胜等译，上海人民出版社 1989 年版，第 12—13 页。张志刚：《宗教学是什么》，北京大学出版社 2002 年版，第 6 页。

② 康德从理论理性（科学认识论）和纯粹实践理性（道德伦理学）两个方面否定了迷信（同时也定义了“迷信”）。前者如对“魔力”的信仰：“一种盲目迷信……他们相信，一种看不见的力量，无论是否有理智，都已经在其本性上具有这种魔力，这魔力将通过这种呼唤付诸实施。——这样一种信仰名为宗教，真正说来应当叫做迷信。”［德］康德：《道德形而上学》，张荣、李秋零译，载《康德著作全集》第 6 卷，S. 304，第 316 页。但是，如果仅仅用科学认识论否定迷信，就必然要否定所有的宗教信仰（所有的宗教信仰都是对超验实在性“超感性的直观”对象的“拟人论”“臆想的经验”“几乎无法避免神人同形同性论”）；所以，康德主要从道德伦理学方面定义“迷信”。这样，根据康德，所谓“迷信”就是对超验实在性对象的并非出于纯粹实践理性的他律信仰（反过来说，自律的信仰就是“纯然理性界限内的宗教”），这就使得对“迷信”的否定性定义，具有了道德实践的客观实在性，而不再仅仅是心理意向的主观观念性（因“畏惧和害怕”“惊吓”而“邀宠和谄媚”“取悦”于超自然对象）。这样一来，“如果理性一旦拥有这种增长，那么它作为思辨理性（从根本上说，仅仅为了确保其实践应用）就将从否定的方面从事工作，亦即并非拓展那些理念，而是阐释那些理念，以求一方面阻遏作为迷信［德文 Aberglaube，英文 superstition，康德在这里用的是英文——笔者补注］之源的拟人论或那些概念通过臆想的经验而得到的表面拓展，另一方面有阻遏那通过超感性的直观或类似的情感允许这种拓展的狂热；两者都是纯粹理性实践应用的障碍，因而提防它们的确就属于我们的认识在实践意图上的拓展，而同时承认理性在思辨意图上并不因此有丝毫的所得，与这种拓展也不矛盾。”［德］康德：《实践理性批判》，韩水法译，商务印书馆 1999 年版，S. 135—136，第 148 页。Immanuel Kant, *Kritik der praktischen Vernunft*, Leipzig, Verlag von Felix Meiner, 1920, S. 135—136, p. 173. “惟有以这样的方式，宗教才内在地与（转下页）

性也“发源于”感性。而一旦“无论是感觉还是理性都不能克服”“信仰的天赋”，而“信仰的天赋”“心理能力或倾向”“反而……克服了理性和感觉”，缪勒所谓人的天赋的“信仰的能力”就变成了非理性—感性的心理感觉的神秘力量。[①]

（接上页）迷信区别开，后者在心灵中建立的不是对崇高者的敬畏，而是在极强大的存在者面前的畏惧和害怕，受惊吓的人发现自己屈服于这存在者的意志，但却并不怎么尊重它：从这里面能够产生的，当然无非是邀宠和谄媚，而不是善的生活方式的宗教。”［德］康德：《判断力批判》，李秋零译，载《康德著作全集》第5卷，中国人民大学出版社2007年版，S. 264，第274页。“在被客观地应用时，也可能就在自身中隐藏着一种神人同形同性论。”同上引书，S. 457，第477页。“一切成见中最大的成见就是，把自然想象成不服从知性通过自己的根本法则奠定为它的基础的那些规则：这就是迷信。从迷信中解放出来就叫做启蒙；因为虽然这个称谓应当归于从一般成见中解放出来，但迷信却是首先（在突出的意义上）值得被称为一种成见的，因为迷信置身于其中，甚至将之作为一种责任来要求的那种盲目性，首先使靠别人来引导的那种需要，因而使一种被动理性的状态清晰可辨。”同上引书，S. 294—295，第306—307页。“一种迷信的妄想，以为能够不通过道德意向而通过别的手段取悦于最高存在者。”同上引书，S. 459，第479—480页。“人们在关于上帝及其本质的理论表象中，几乎无法避免神人同形同性论，此外，神人同形同性论（只要它不影响到义务概念）又毕竟不足以造成危害。但就我们与上帝的意志的实践关系而言，以及对于我们的道德性本身来说，它是极其危险的。因为在这里，我们为自己创造了一个上帝。我们相信轻而易举地就可以争取他为我们谋利益，从而免除那种对我们的道德意念的内核有影响的艰辛而又无止境的烦劳。人通常为了这种关系给自己制定的原理是：借助于我们仅仅为了让神灵喜悦所做的一切（即使它们丝毫无助于道德性，只要它们不那么直接违背道德性就行），我们作为顺从的、并且恰恰因此也是上帝所喜悦的臣民，而向上帝证明了我们的事奉意愿，从而也就（潜在地）事奉了上帝。”［德］康德：《纯然理性界限内的宗教》，李秋零译，载《康德著作全集》第6卷，中国人民大学出版社2007年版，S. 168—169，第172页。“凭借宗教上的崇拜活动，在面对上帝释罪方面有所作为，这种妄想是宗教上的迷信。同样，想凭借追求一种自以为的与上帝的交往而达到这种行为，这种妄想则是宗教上的狂热。想凭借每一个人都能够做、但无须他是一个善人的那些行动使上帝喜悦，是一种迷信的妄想。但是，它之所以被称做迷信的，乃是因为它仅仅选择了自然的（不是道德的）手段，而这些手段本身对非自然的东西（即道德上的善）却绝对不可能有任何影响。不过，当甚至想象出来的手段是超感性的、并不是人所能支配的，即使不考虑由此预期的超感性目的是无法达到的，这时的一种妄想也叫做狂热的。”同上引书，S. 174—175，第178页。“只属于现象的（属于广义的拟人论）……拟人论。”［德］康德：《纯粹理性批判》，邓晓芒译，人民出版社2003年版，A640/B668，第504页。

① “探索非理性的世界”，是叶舒宪20个世纪80年代提出的命题，参见叶舒宪《探索非理性的世界——原型批评的理论与方法》，四川人民出版社1988年版。“就算有人声称神话揭示了一种独特的理性形式，人们还是需要展现这种理性到底是什么样。神话似乎无法体现这种理性，因为它们向卡西尔展现的全是混乱。”［美］斯特伦斯基：《二十世纪的四种神话理论——卡西尔、伊利亚德、列维－斯特劳斯与马林诺夫斯基》，李创同、张经纬译，生活·读书·新知三联书店2012年版，第44—45页。“［卡西尔］将神话视为人类事务中一种推动性的非理性力量。”同上引书，第25页。

康德将信仰区分为理性的信仰和非理性的迷信，为我们区分不同信仰性质的神话而不单单是不同信仰程度的神话，树立了理性—感性的判断标准；尽管神话学家们在经验事实中直观到的自然神话现象、道德神话现象与道德神话法象之间，就其作为现象来说，并没有一条泾渭分明的鸿沟，而只是一道抽刀难断的水流；但是，如果不是依次限定了有限存在者的感性乃至理性意向之间的界限，人们终究无法明白“人的思维有超越有限的天赋”所超越的“有限”究竟指的是什么：是有限的意向对象？还是有限的意向形式？实际上，康德从未“极力否认人的思维有超越有限的天赋，即否认人的思维有接近无限［神明］的天赋”，也从未“关闭了人借以注视无限的大门”。如果说康德“身不自主地在他的《实践理性批判》一书［的‘辩证论’］中开了一道［‘察觉无限’‘注视无限’‘接近无限’的］旁门”、大门的大路；那么，先于“辩证论”，康德在同一本书的“分析论”中就已经为人们“察觉无限”“注视无限”“接近无限”开了一道正门，但却是窄门的“小径”，[①]“以便容纳［道德］责任感和神明感”。而这道正门兼窄门的“小径”，也就是笔者已阐明的：人的纯粹理性生而具有、与生俱来的从纯粹理性意向形式的界限之内出于敬重情感理性地信仰一个超越到纯粹理性意向形式界限之外的纯粹理性情感神圣意志意向对象的天赋能力。但这天赋，又恰恰是因为人毕竟是有限存在者，而有限存在者的理性和感性是相互分裂、相互分离的——出于感性，人可能爱亲人、爱朋友甚至爱邻人、爱熟人，但不可能爱陌生人甚至爱敌人[②]——因而对于人、对于有限存在者来说，“与道德法则的完全切合”[③]的纯粹理性情感（慈爱、

---

① “耶稣对众人说：‘你们要努力进窄门。我告诉你们：将来有许多人想要进去，却是不能。’”《圣经·新约·路加福音》第13章第24节。“你们要进窄门；因为引到灭亡，那门是宽的，路是大的，进去的人也多；引到永生，那门是窄的，路是小的，找着的人也少。”《圣经·新约·马太福音》第7章第13—14节。

② 吕微：《与陌生人打交道的心意与学问——在乡愁与大都市梦想之“前”的实践民俗学》，《民俗研究》2016年第4期。

③ ［德］康德：《实践理性批判》，韩水法译，商务印书馆1999年版，S. 122，第134页。“视时间条件为无的无限存在者，在这个对于我们乃无穷的系列里面看到了与道德法则切合的整体，而神圣性乃是它的命令一丝不苟地要求的。”同上引书，S. 123，第135页。“完全切合道德法则的意向的价值是无穷的。”同上引书，S. 128，第140页。“一切可能的幸福除了理性存在者缺乏与其职责的切合之外并无任何其他限制。”同上引书，S. 128，第140页。“盖缘从理论上来考察，智慧意指对至善的认识，而从实践上来考察，它意指与至善的切合。”（转下页）

仁爱、兼爱、博爱）的神圣意志是永恒地可望不可及的理性概念（理念）甚至理想。而神圣意志，一方面作为纯粹理性道德法则永恒的“至善”目的结果的必然可能性实现条件，在无限时间和无限空间中给予有限存在者以“德福相配”的必然可能性“酬报”；另一方面又作为纯粹理性情感道德法则在尘世中的“至善”目的本身的必然可能性发生条件,在当下的时间和空间中给予有限存在者以“实际的、实践的善意”的必然性“酬报”。没有前者，有限存在者就不能把因“德福相配”而感受幸福的希望寄托于未来；但没有后者，有限存在者就不能把因被爱而感动的幸福并且因被爱而能够爱人的希望寄托于当下。因此，如果道德法则不是出于纯粹理性情感的神圣意志而仅仅是出于人的纯粹

（接上页）同上引书，S. 130，第 143 页。“理性的创造物能够配当分享至善，后者是与他个人的道德价值而不单单与他的行为相切合的。”同上引书，S. 147—148，第 161 页。“如果一个理性的创造物某一天达到了能够完全乐意去执行一切道德法则的层次，这无非就意指：在他心中，甚至连存在着引诱他去偏离这些道德法则的欲望的可能性都没有。因为克服这种欲望，就总是要主体舍己为人，还要求自我约束，亦即要求从内心强制去做他并不完全乐意做的事情。但是，任何一个创造物决不可能达到道德意向的这个层次。因为它是一个创造物，因而就他为完全满足自己的状况所需要的东西而言，一向不是独立自足的，所以他就决不可能完全祛除欲望和禀好；因为后者依赖于身体的原因，所以不会自动地符合源泉与其迥然有别的道德法则；因此，鉴于这些欲望和禀好，创造物始终就有必要将其准则的意向建立在道德的强制性之上，而不是说建立在甘愿的服从之上，建立在要求遵守法则的敬重之上，即便这种遵守不是出于乐意，而不是建立在那种并不担忧意志对于法则的内在拒绝的爱之上；但仍然使后者，亦即单纯对法则（它在此时也就不再会是命令，而同时在主观上渐入神圣性的道德性，不再会是德行）的爱成为他努力的恒常的、虽然达不到的目标。因为对于我们所敬重的、却又（由于意识到我们的软弱）畏惧的东西，由于更加容易适应它，敬畏就变成偏好，敬重就变成爱；至少这会是献身于法则的意向的完善境界，倘使一个创造物某个时候能够达到这一点的话。同上引书，S. 83—84，第 91 页。“他能够时时居于其中的道德状态，乃是德行，亦即处于斗争之中的道德意向，而不是在臆想中拥有的意志意向的完全纯粹性之中的神圣性。”同上引书，S. 84，第 92 页。“假如仅仅作为知性世界的成员，我的一切行动就会完全符合纯粹意志的自律原则……如果我只是这样一个成员，我的一切行动就会在任何时候都符合意志的自律了。”［德］康德：《道德形而上学奠基》，杨云飞译，邓晓芒校，人民出版社 2013 年版，S. 453—454，第 100—101 页。“虽然我们在义务概念上，想到的是对法则的服从，但由此我们同时却又设想，那尽到了自己一切义务的人格有某种崇高性和尊严。因为，虽然就他服从道德法则而言，实在谈不上崇高，然而就他同时是上面这个法则的立法者、并且仅仅因此他才遵从这法则而言，他的确是崇高的……既不是恐惧，也不是爱好，而是唯有对法则的敬重，才是能够给予行动某种道德价值的那种动机。我们自己的意志，就它将仅仅在通过自己的准则而可能的普遍立法这个条件下行动而言，这种在理念中我们可能有的意志，就是敬重的真正的对象，并且，人性的尊严正在于这种普遍立法的能力，虽然以自己同时也服从这一立法为条件。”同上引书，S. 440，第 79—80 页。

理性的善良意志，那么一个不是出于纯粹理性情感（纯粹理性情感完全不同感性情感例如同情）的仁爱、慈爱、兼爱、博爱而仅仅出于纯粹理性的道德法则，就是每一个有限存在者尽管必然会要求但必然不会愿意的道德法则。而这是因为，“旨在促进他人幸福的法则并不是来自于它是每个人意愿的客体这个先决条件”“我应当努力增进他人的幸福，不是因为我对他人幸福的实存有所关心”“仅仅是因为排除了他人幸福的那种准则，不能在同一个意愿中作为普遍法则来理解”。换句话说，纯粹理性的道德法则之所以把每一个人（自我以及他人）或所有的人的感性幸福作为道德法则的至善目的，只是为了纯粹理性的道德法则本身在逻辑上不自相矛盾——即逻辑上形式的普遍合法则性，而不是意向上实质的必然合目的性——但是，尽管“旨在促进他人幸福［和我的幸福］的法则并不是来自于它是每个人意愿的客体这个先决条件”；却可以来自纯粹理性情感神圣意志的实质性意愿客体的先决条件；因为，如果置每一个人或所有的人“在尘世中的至善”于不顾，“这可能与一个理性而同时全能的存在者的完满愿欲是完全不相符的”。然而，如果神圣意志仅仅被用作至善目的在不朽中的实现条件（“上帝工具论”），而不是被当做（设想为、设定为）道德法则的发生条件（“上帝目的论”），那么康德就的确只是为人们“觉察无限”“注视无限”“接近无限”“开了一道旁门”。也就是说，“但在这一场合，毕竟起码会缺少世界的一种的伟大的道德光彩，亦即人类之爱，因此这种人类之爱甚至无须计较好处（幸福的好处），独自就是把世界看做处于其全部完善性之中的一个美的道德整体”。①

> 在［有限存在者］主体之中并非先行就有或与道德性相称的情感。这是不可能的，因为一切情感都是感性的。但是德性意向的动力必须是超脱一切感性条件的。……如果使个人［包括自我和他人感性］的幸福原则成为意志的决定根据，那么这正是［纯粹理性的］德性原则的对立面；就如我们前面已经指明的那样，凡将应当充任法则的决定根据的不是置于准则的立法［的纯粹理性普遍逻辑

① ［德］康德：《道德形而上学》，张荣、李秋零译，载《康德著作全集》第6卷，中国人民大学出版社2007年版，S. 458，第469页。

形式和纯粹意向］形式里面，而是置于任何其他地方［例如每一个人都意愿的感性幸福］的做法，都必须归入其中。但是，这种矛盾不仅是逻辑的矛盾，就如那种以经验为条件的、人们却仍然想将其提升至必然的认识原则的种种规则之间的矛盾，而且也是实践的矛盾……这种矛盾就会将德性完全毁灭了……即使人们将普遍的［每个人或所有人的］幸福当作客体也罢。①

纯粹理性反省地意识到自我“理智的情感会是一种矛盾”且“这种矛盾不仅是逻辑的矛盾……也是实践的矛盾”，即：有限存在者的道德法则必定要把每个人或所有人在“尘世中的至善”的主观性目的裁成客观性目的（否则道德法则的特殊质料与普遍形式就自相矛盾了），但有限存在者出于纯粹理性意志而不是出于纯粹理性情感意志的道德法则却无法给道德与幸福分析地同一性的意向客体——即幸福只能作为被道德的定言命令先验综合地规定的配当——这使得道德实践成为理性先于情感（例如同情）的实践，而不是理性与情感“同时出场（或到场、在场）”（仁爱、慈爱、兼爱、博爱）的实践。但纯粹理性能够反省地意识到纯粹理性本身的这一有限性，而这也正是纯粹理性天生的禀赋（人天赋的信仰性、宗教性、神话性）。于是纯粹理性才必然可能从纯粹理性意向形式的界限之内，出于敬重情感（这情感在纯粹理性的普遍立法中原本只是为纯粹理性道德法则而预备的）超越到纯粹理性意向形式界限之外，理性地信仰一个纯粹理性情感神圣意志的超越性神圣性意向对象，以之作为道德实践普遍立法的意志决定的发生条件，进而把道德法则设想、设定为无限存在者“神的诫命”而不仅仅是有限存在者的纯粹理性强制规定任意的纯粹理性定言命令，且必然可能把神圣意志的道德法则实践为人（类）的社会、历史文化生活的道德法象“大宪章”，而“靠着这样一种决定，人成了有［纯粹理性情感的］神性的人”，② 而以此设想、设定的神圣意志立法者的普遍立法才仍然是道德上的自律而不是他律。

---

① ［德］康德：《实践理性批判》，韩水法译，商务印书馆 1999 年版，S. 75，第 82 页；S. 35，第 37 页；S. 36，第 38 页。

② ［德］卡西尔：《人论》，甘阳译，上海译文出版社 1985 年版，第 129 页。

从理论上来考察，它［神圣意志］始终是一个纯粹的、先天地被给予的知性概念，它能够运用于对象之上，而不论这些对象是以感性的方式或不是以感性的方式被给予的；虽然在后一种［“不是以感性的方式被给予的”］情形下，它没有任何确定的理论意义和运用，而只是知性有关某种一般客体的一种形式的、却仍然本质的思想。……不过它们仍然是（超验的）思想，在其中没有什么东西是［理论上］不可能的……这并非是不可能的。……并不包含任何［理论上］不可能的东西。……完完全全是可能的。……就实践的目的而言完全算作必然性。……在这种实践的关联里，它们的可能性是能够而且必须被认定的，虽然并未从理论上认识它们，理解它们。因为就实践的意图而言，这些理念不包含任何内在［于理性］的不可能性（矛盾），对于后一个要求就足够了。……人们借此确实可以思想客体，虽然不能先天地［在理论上认识地］决定这些客体：这是一个事实，正是这个事实才在纯粹知性［的理论概念］之中给予它们一个位置，在这个位置上它们与一般客体（感性的或非感性的）发生关联。如果尚缺乏某种东西的话，那就是这些范畴，尤其是因果性范畴运用于对象之上的条件，亦即直观；在直观没有被给予的情形下，这个条件就使以从理论上认识［地决定］作为本体的对象为宗旨的这种运用，没有可能，而即使某个人如果敢于尝试，这种认识也是完全受到禁止的（犹如纯粹理性批判里面所发生的那样）；与此同时，这个概念的客观实在性始终保持不变，甚至能够应用于本体，但丝毫不能以理论的［认识］方式决定这个概念，并借此产生认识。因为这个概念即使在与一个客体的关联之中，也并不包含任何不可能的东西，这已通过如下一点得到阐明：尽管在运用于感觉对象的所有情形中，它在纯粹知性中的位置是确实无疑的，并且如果当它随后与物自身（它们不能是经验的对象）相关联时，它无法得到任何规定而可以为了理论认识的目的去表象一个已规定［或决定］的对象，那么为了任何一种其他的（或许实践的）目的它始终还是能够得到这样一种运用的［决定或］规定的……①

① ［德］康德：《实践理性批判》，韩水法译，商务印书馆 1999 年版，S. 50，第 53 页；S. 135，第 147 页；S. 115，第 126 页；S. 54，第 58 页；S. 105，第 115 页；S. 57，第 61 页；S. 4，第 2 页；S. 54，第 58 页。

用康德的话说就是，“因为在这样一种关系里面，他愿望什么，他也就能做什么”。康德深刻地洞察到，单凭纯粹理性道德法则的定言命令强制规定（纯粹理性的道德法则的客观实在性即“理性的事实”的客观类型）并不能实践出真正的道德，尽管有任意的敬重情感的信仰对纯粹理性的襄助（对道德法则的意识的主观观念性即“理性的事实”的主观类型），因为这出于敬重情感的理性信仰仅仅是有助于道德法则的动力（主观动机）而不是道德法则本身的动力（客观动因）——“纯粹实践理性的真正动力就具有这样的性质；它无非就是纯粹道德法则本身”——这就是说，真正出于（而不仅仅是合于）道德的道德实践“开始于”纯粹理性的自由意志（先验的主观动机）更“发源于”纯粹理性情感的神圣意志（超验的客观动因）——并非如康德自己解释的那样，“开始于”感性的敬重情感（道德法则的主观动机）而“发源于”纯粹理性的自由意志（道德法则的客观动因）——这就是说，当理性走到“纯然理性界限”的尽头时，尽管仍然自我限制在纯粹理性意向形式的界限之内，但纯粹理性却能够以看似“分析原理”——我意愿了某个目的同时也就分析地意愿了一个相应的手段——实际却是超验综合原理超出纯然理性意向形式的边界，以敬重的情感理性地信仰一个超越纯粹理性的纯粹理性情感的神圣意志的意向对象，并以之作为纯粹理性情感的道德法则的真正立法者。[①]

> 人理应有德性（作为一种道德力量）。因为尽管绝对能够并且必须预设由于自己的自由而克服一切感性地起相反作用的冲动的能力，但毕竟这种能力作为力量是某种必须来获得的东西，其方式是通过对我们心中的纯粹理性［情感神圣意志的道德］法则之尊严的

① “例如在康德那里，这种爱本身作为爱及其牺牲的自我描述，仍然不是那个在其自身内具有最高的价值、无穷无尽地促使人高尚、向基督看齐的精神行动，反之，这种爱似乎只是由于被推导出来才具有价值。因为这种爱乃是扩大人或人的团体的福利或感官幸福的工具。”［德］舍勒：《基督教的爱理念与当今世界》，载［德］舍勒《爱的秩序》，林克等译，生活·读书·新知三联书店1995年版，第87页。“如果所有人与上帝的共同关系被否定，精神的灵魂彼此之间最深、最有效力的终极联系……也就是靠着上帝而存在、并存在于上帝之中的联系被否定，那么就不能设想有任何善的等级秩序存在。”同上引书，第89页。

沉思。①

而这就是人应然的本原性（实践的道德神圣性）、本真性（信仰的超验真实性）神话原型存在方式，并以此为基础，在经验事实的现实世界中，行出出于一般理性和非理性（在逻辑上自相矛盾）的自然神话现象，并且行出出于纯粹理性（在逻辑上不自相矛盾）的道德神话现象，进而行出合于纯粹实践理性情感（理性和情感之间分析地同一性即缪勒所谓“克服了理性和感觉”）的神圣意志的道德神话法象等诸神话宪章。但是，所有的神话现象，都发源于神圣意志与人的善良意志之间先验综合规定性与超验综合反思性的双向意向形式的形而上学结构，即人的本原性、本真性神话原型存在方式的天赋自由权利与自律能力；否则，就像缪勒说的，人们“连最低级的偶像崇拜或物神崇拜也不可能有”——因为只有理性信仰的客观必然性意向形式才是所有理性和非理性信主观必然性信仰意向形式的超验条件——而纯粹理性的善良意志凭借其理性地信仰纯粹理性情感神圣意志而来的天赋能力，在现象世界中已经行出了“神有了各自不同的名称，各种不同的形象”（缪勒）的诸神的神话现象。在这些不同性质、不同种类的神话现象中，自然神话现象在时间上可能早于道德神话现象和道德神话法象而出现在人类历史中，但晚于自然神话现象而出现在人类历史中的道德神话现象、道德神话法象——正如笔者曾指出的，“人类在历史上创造出来的本原神话、本真神话（道德神话），大概只有《尚书·尧典》和《圣经·创世纪》讲述的尧舜禹和上帝的少数故事庶几可许”——在逻辑上却必然地先于自然神话现象。因为，道德神话法象是神话原型在逻辑上分析地同一性图型在人（类）心灵中直接的“神显”，道德神话现象是神话原型在逻辑上不自相矛盾的形象（象征）在人（类）心灵中间接的“神显”，而自然神话现象则是神话原型在逻辑上自相矛盾的幻象（象征）在人（类）心理中的“神显”。由于自然神话现象（的主观偶然或或然现实性）、道德神话现象（的主观必然可能性）在逻辑等级上低于道德神话法象（的客观必然可能性），所以前两者在逻辑上就承担起应然地向后

---

① ［德］康德：《道德形而上学》，张荣、李秋零译，载《德著作全集》第6卷，中国人民大学出版社2007年版，S. 397，第410页。

者上升的“职责”，即，自然神话现象、道德神话现象在社会空间和历史时间的文化生活中向道德神话法象所表象的神话原型“理想类型”“理想标准”“无穷前进”“无穷进步”——埃里亚德所谓“永恒回归”(eternal return)[①] ——的逻辑必然性，以缩短人在其非本原、非本真的存在中“原罪”地拉开的纯粹理性善良意志与纯粹理性情感神圣意志之间永恒、永存的无限距离、绝对距离。[②]

在现实世界中，神话现象总是在——民间文（艺）学—民俗学家们称之为——“变异”的过程中。神话现象的变异一方面是受社会（空间)、历史（时间）中其他文化、生活现象等外在“自然”语境条件的影响所致；另一方面则受制于神话本体（原型）的形而上学结构的内在自由无条件条件的决定所致。因此，神话现象的变异一方面是经验性的，受制于自然（社会—历史）因果性；另一方面则是超越性的，受制于自由原因性。神话现象的自然变异，其原因是“开始于”时间上的其他神话现象和非神话现象；而神话现象的自由变异，其原因是“发源于”逻辑上的神话原型。即，神话现象的自然变异和自由变异，不仅体现为突破神话现象作为历史现象的局限性，也体现为突破神话现象作为自然现象的局限性，更体现为突破道德神话现象作为“人本主义”的自由本体的局限性。

---

① “永恒回归的神话”语出 Mircea Eliade“*The Myth of the Eternal Return*”(Translated from the French by Willard R. Trask, Princeton University Press, 2005)。在当代英语中，eternal 的意思是 without beginning or end（没有开端和结束)、lasting for eyer（永恒的持续)，如 the Eternal God（不朽之神，或不朽的上帝)，如 the Etermal City，即 Rome（罗马别称“不朽之城”或“上帝之城”)。*Oxford Advanced Learner´s Dictionary of Current English*, Oxford University Press 1974, p. 292. 这就是说，在英语中，eternal（回归、还乡）本有宗教、信仰和神话的意味，据此，*The Myth of the Eternal Return* 也可意译为“向上帝回归的神话”。

② 这方面的典型例证就是“中国神话历史化”命题所展示的历史事实，以及《旧约·创世记》对古代巴比伦神话内容的汲取，以及《新约》福音书对《旧约·创世记》的续写，以及历代神学家们对《圣经》的神学阐释等历史事实。“《创世记》第三章中的人类堕落的故事似乎是这类蛮族神话的缩写本。明眼人很容易看出，它与原始神话十分近似，世界上许多地方的蛮族至今仍在讲述着类似的神话……贯穿整个希伯来创世观的理性主义风格，对相应的巴比伦传说中的许多奇异特征给予了剥离改造……从而移除了信仰的道路上的这块绊脚石。”[英]弗雷泽:《〈旧约〉中的民间传说——宗教、神话和律法的比较研究》，叶舒宪、户晓辉译，陕西师范大学出版社 2012 年版，第 39—40 页。另参见［英］弗雷泽《〈旧约〉中的民俗》，童炜钢译，复旦大学出版社 2010 年版，第 42 页。［美］邓迪斯编:《洪水故事》，陈建宪等译，陕西师范大学出版社 2013 年版。

在人类历史（时间）上和人类社会（空间）中，无论哪种性质的神话现象（包括道德神话法象）都是我们可以感性地直观的经验现象。但是，逻辑上先于历史条件和社会条件的神话原型（神话本体或神话本身、神话自身），则是我们通过先验感性直观形式无法经验地认识的。但是，尽管我们无法感性地直观、无法经验地认识作为人（类）的本原性、本真性神话原型存在方式，我们却可以通过现象学—先验论主观性观念直观和客观性理念演绎方法，反思地还原其实践的客观实在性。① 进而，除非我们设定神话原型必然可能推动神话现象的自我突破，否则“轴心时代”（雅斯贝斯）诸“本原民族”“本原文化”② 的纯粹理性的觉醒和纯粹理性情感的信仰觉醒，就是难以理解且难以解释的；③ 当然，这也就意味着，神话现象自我突破的自由原因，并不是任何时间上在先的自然神话现象或非神话现象，而逻辑上在先的神话原型，尽管“轴心时代”自由突破的经验例证也仍然无法证明我们对纯粹理性和纯粹理性情感神圣起源的超验设定（经验结果不能证明自由原因）。

当然，民间文（艺）学—民俗学的神话学家们，也可以像自己的前辈萨姆纳那样，借助功能论民俗学理论，把神话现象的自由突破，“就意愿而言”分析地假定为人的“同一个意志”的一般实践理性的任意不断“试错”（trial and failure）④ 的比较普遍性立法结果，但这样实用功利性、手段工具性普遍立法，尽管人们可以在理论上承认其合理性，却不可能在实践上愿意其合法性，从而任其实践为普遍的现实，因为这

---

① “任何宗教都不是虚假的。就其自身存在的方式而言，任何宗教都是真实的；任何宗教都是对既存的人类生存条件作出的反应，尽管形式有所不同。”［法］涂尔干：《宗教生活的基本形式》，渠东等译，上海人民出版社 1999 年版，第 3 页。

② 黄裕生：《中华民族是一个思想性的本原民族——从什么是哲学谈起》，载黄裕生《站在未来的立场上》，生活·读书·新知三联书店 2014 年版，第 39 页；黄裕生：《摆渡在有—无之间的哲学——第一哲学问题研究》，清华大学出版社 2019 年版，“绝对的开显：华夏文化的本原性与未来思想”，第 237 页。

③ 叶舒宪试图用自然神话现象（“传统的魔法或巫术”）在中国历史上的延续来证明并批评人们对“轴心时代”哲学突破的错误认识。叶舒宪：《“神话中国”vs“轴心时代”：“哲学突破”说及“科学中国”说批判》，载谭佳主编《神话中国——中国神话学的反思与开拓》，生活·读书·新知三联书店 2019 年版，第 6、17—18、23、25、26 页。

④ William Graham Sumner, *Folkways——A Study of the Sociological Importance of Usages, Manners, Customs Mores, and Morals*, A New York Times Company, New York, 1979, p. 6.

将导致一个尽管合理即合于工具手段性理论理性亦即合于功利性实用理性，却不合法即疏于纯粹实践理性情感的人情冷漠、人性虚伪（孔子称为“乡愿”）的人类“大同”的道德世界，而这正是“轴心时代”——同时也是我们身处的任何时代——的神话现象的纯粹理性突破以及纯粹理性情感的信仰突破的真正实践问题之所在。

“轴心时代”① 说之于纯粹理性、纯粹理性信仰甚至纯粹理性情感信仰的自由觉醒或自由突破的实践命题，现象学地还原了自然神话现象自我觉醒、自我突破为道德神话现象甚至道德神话法象的实践进程。正如“中国神话历史化”的命题主张现象学地直观到的“层累地造成的中国古史”现象，一方面是自然神话现象在时间中向道德神话现象甚至道德神话法象的“进化”；另一方面则是一般理性和非理性信仰的神话现象在逻辑上向神话原型的理性信仰甚至纯粹理性情感信仰的还原，而不是简单的（从神话叙事到历史叙事）体裁的（文学体裁或文体类型）转换。将殷商非道德性的“上帝”改造为西周以降道德化的“天”与“圣王贤君”（尧、舜、禹），即从自然神话的理性和非理性信仰现象向道德神话（道德历史叙事）理性信仰现象甚至纯粹理性情感信仰法象的转换，其动力如果不是“发源于”纯粹理性的道德法则的客观动因以及对道德法则的意识即出于敬重情感的纯粹理性信仰的主观动机——这里暂且毋论“开始于”纯粹理性意志的主观动机且“发源于”纯粹理性情感神圣意志的客观动因——“中国神话历史化”的道德神话现象就只能是如大林太良、卡西尔所言的历史经验的偶然或或然现实性。但是如果站在“轴心时代”的神话现象向神话原型还原的本体论立场上，“中国神话历史化”命题现象学地直观到的“层累地造成的中国古史”现象就不是中国古代汉语神话在实践中的毁灭，而恰恰是中国古代汉语神话在道德上的新生或再生，也就是自然神话现象通过道德神话现象向神话原型，以及一般理性和非理性信仰向纯粹理性信仰甚至纯粹理性情感信仰的超验综合还原。因此，曾经助推中国古代神话现象回归神话原型的自我觉醒、自由突破的儒家，也就不是神话的历史罪人，而是神话

① ［德］雅斯贝斯：《历史的起源于目标》，魏楚雄、俞新天译，华夏出版社 1989 年版，第 9 页。“中国政治与文化之变革，莫剧于殷周之际。”王国维：《殷周制度论》，载周予同主编《中国历史文选》（下），中华书局 1962 年版，第 424 页。

历史的功臣。正是由于儒家与先秦诸子百家的共同努力，一种合于甚至出于纯粹理性信仰的道德神话（古史传说）现象，作为民族文化的伟大宪章，在中国社会的早期历史中才树立在人们的心中和眼前。

但是现在，根据笔者重新解读的康德之于道德法则的纯粹理性自由意志“开始”论与道德法则的纯粹理性情感神圣意志“发源”论，神话“轴心时代”说在现象学地直观自然神话现象向道德神话现象的“进化”，以及现象学地还原神话现象向神话原型“回归”的同时，也重构了道德神话法象、道德神话现象与自然神话现象的逻辑关系甚至时间关系。[①] 尽管对于像马林诺夫斯基这样的神话学家来说，只存在着“蛮野神话”例如“巫术神话”与“文化高的神话”现象之分——二者之间的区分标准仅仅在于原始心理的信仰态度的现实存在与非存在——而不存在道德神话与自然神话之间做出区分。这就是说，如果不在神话的道德信仰与超自然信仰的意向内容（这里暂不考虑其意向形式）之间做出区分，那么在原始人（土著人、原住民）那里，二者是“共时”地存在的，那么，神话学家们当然就会笼统地认为，人类天赋的信仰能力“从［初民］世界开始形成时它就已存在了”[②]“人类几乎所有的宗

① “尽管历史可支持新的宗教经验，也可以毁灭它们，但是它却从不企图消除对宗教经验的需求。实际上，我们可以进一步说，神显的辩证法允许对各种宗教价值进行彻底的再发现。不管这些价值本身如何，也不管发现这些价值的社会和个人处在怎样的历史阶段，大体而言，宗教的历史可以表述为这些价值的丧失和再生，这种丧失和再生过去未曾、将来也不会走到终点。”［美］伊利亚德：《神圣的存在：比较宗教的范型》，晏可佳、姚蓓琴译，广西师范大学出版社2008年版，第433页。“神显的辩证法则倾向于不断减少世俗的领域并且最终取消它们。”同上引书，第429页。“文学作品的主题内容作为愿望的表达从来为执政者、研究者所重视，一般常识也认为，与作家作品不同，来自民间的口头文学往往传达了民众的群体声音，因此从周代以来，天子就有‘采诗’之举以‘观风知政’，于是有了乐府（宋·郭茂倩《乐府诗集》）；也记录俚语小说，于是有了‘稗官’（《汉书·艺文志》）。晚明的文人和五四学者都在时调俗曲中发现了足以‘发名教之伪药’的‘男女之真情’（明·冯梦龙《叙山歌》）；而共产主义者则在民间文学中确认了现代中国革命的民众思想基础——反抗斗争精神。为了论证劳动人民是阶级斗争的主导方面，因而也是决定历史发展的主体力量，从50年代后期到60年代前期，民间文学的流传史险些被当做中国文学史的主流来书写。这样，从晚明开始的这股‘价值重估’的细流终于汇成大潮，导致民间文学在共和国时期最终获得了可以傲视所有文人文学的崇高地位，数百年间‘价值重估’的思想运动于是成为可理解的逻辑历程。”吕微：《民间文学：现代中国民众的“道德—政治”反抗——〈中国民众思想史论〉对〈定县秧歌选〉的研究之研究》，《民俗研究》2001年第2期。

② ［英］缪勒：《宗教学导论》，陈观胜等译，上海人民出版社1989年版，第13页。张志刚：《宗教学是什么》，北京大学出版社2002年版，第6页。

教观点，自从最原始的时代那里就已经存在了”，[①] 即，自然神话与道德神话在共同体中存在的“混沌”现象——例如“神谕”“神判”等“原始道德伦理规范”“不仅常有道德与法的混沌，而且常有人伦与天道的混沌”[②] ——是被神话学家们早就注意到的现象。

> 农事禳灾所具有的诸多功能，是这种古老习俗得以长期传承的主要原因之一。这些功能包括：1. 对人们因灾害的发生或可能发生而产生的心理恐慌加以解除，对因面临灾害而变得紧张的人际关系加以调整；2. 加强村落集体的凝聚力和团结精神，对维系社会正常秩序的道德伦理规范加以强化；3. 以一种间接的方式，回答与终极意义相关的问题。而这三个方面功能的发挥，又是以人们对于农事禳灾灵验性的信仰为基础的。[③]

因此，既不能简单地视自然崇拜的民间信仰为非道德功能的原始宗教；也不能简单地视自然崇拜的民间信仰为道德功能的人为宗教。但认识到自然神话与道德神话的“混沌”现象本身，就已经以道德神话为判断标准了，即便自然神话现象在时间上现实地先于道德神话现象和法象。[④] 这就是说，无论道德神话法象还是道德神话现象甚至自然神话现象都是逻辑上在先的神话原型在现实或事实世界中必然可能的感性—经验性实践表象，没有对于神话原型的先验认识，所谓神话现象的“混沌”表象也是不可能的。换句话说，“混沌”的表象本身就已经是经验

---

① ［美］伊利亚德：《神圣的存在：比较宗教的范型》，晏可佳、姚蓓琴译，广西师范大学出版社 2008 年版，第 432 页。

② 邓启耀：《中国神话的思维结构》，重庆出版社 1992 年版，第 65 页。

③ 安德明：《天人之际的非常对话——甘肃天水地区的农事禳灾研究》，中国社会科学出版社 2003 年版，第 218 页。

④ “我们马上可以这样说，一个彻底地世俗化的世界，一个完全地去圣化了的宇宙，是人类精神发展历程中的一个最新发现。历史的发展进程、以及因之而产生的现代人对这个世界的去圣化和对世俗存在状态的认同给自己带来的精神倾向和行为方式的变化，并不能使我们改变已有的看法。对于我们的目的而言，这足以让我们观察到去圣化已经渗入了现代社会非宗教徒的全部生活经历中；我们观察到，这些宗教徒也因此明白，如果想再次找回古代社会中宗教徒的存在向度已经是愈发困难了。”［罗］伊利亚德：《神圣与世俗》，王建光译，华夏出版社 2002 年版，第 4 页。“我们只需要把他们的生存环境和一个生活于去圣化宇宙中的现代社会的人的生存环境对比一下，就会立刻意识到现代人与他们的不同之处，同时我们也就会认识到把与不同文化习惯的宗教事实相互比较的意义。”同上引书，第 7 页。

性概念与先验理念的观念结构；时间上在先的历时性“混沌”现象与逻辑上在先的共时性“分析原理”相辅相成的，前者以后者为先决条件。就像弗洛伊德《图腾与禁忌》①“描述”的图腾仪式，并非一定“开始于”原始弑父娶母的历时性历史事件，但却必定“发源于”当下共时性的俄狄浦斯心理情节。

> 与弗洛伊德同时的民族学家，从里弗斯和博厄斯到克罗伯、马林诺夫斯基以及施米特，论证了这种原始“图腾饷宴”的荒谬性是徒劳无益的。他们徒劳地指出，在宗教的初始阶段并未发现过图腾制度，而且图腾制度并不普遍：因为不是所有的民族都经历过一个“图腾阶段”；而且，弗雷泽早就证明过，在几百个图腾部落中，仅有四个部落懂得一种近乎对“图腾神”的仪式性杀戮和吞食的仪式；所以，这种仪式与献祭的起源没有任何关系，因为，图腾制度在最古老的文化中完全不存在。施米特也曾徒劳地指出，说前图腾民族并不懂得食人肉习俗……这种反对意见对弗洛伊德未曾有过丝毫影响，《图腾与禁忌》这本放荡的“粗野小说”却从此成了西方知识分子三代人的小型福音书之一。当然，弗洛伊德的天才与精神分析学的功过不该用作为客观的历史事实写在《图腾与禁忌》中的令人恐怖厌恶的故事断定，尽管本世纪重要的人类学家们提出了所有这些批判，但把这种发狂似的假说颂扬为合理的科学理论还是很有意义的。在这场胜利的背后，首先是精神分析学超越过旧心理学的胜利，其次是，精神分析学是作为一种文化风尚出现的……用现代分析心理学这个工具与方法，我们能把现代西方知识分子的某些悲剧性的内心秘密揭示出来；例如，他对历史基督教那种陈腐形式的极度不满，以及他难以控制的使自己摆脱其祖先信仰的愿望，都伴随着一种奇怪的罪恶感，好像是他自己杀死了他并不信仰的上帝，但他又不能容忍上帝的消失。由于这个原因，我才说过，无论其客观价值是什么，每种文化风尚都是非常有意义的；某些观念或思想意识的成功会向我们揭示出所有这些人的精神与存在的状况，

① ［奥］佛洛伊德：《图腾与禁忌》，杨庸一译，中国民间文艺出版社 1986 年翻印志文出版社 1986 年版。

对这些人来说，这些观念或思想意识会构成一种救世学。[①]

如果说，《图腾与禁忌》本身就是“现代性既爱又恨”[②] 即《文明及其不适》[③] 的反叛、反抗、抵抗或抗拒模式，那么，“轴心时代”之后，非理性或者一般理性的自然神话现象之于纯粹理性的道德神话现象之间的逻辑关系，又何尝不能做这样爱恨交加的理解和解释？

> 另一方面，我们也观察到存在着相反的倾向——对神圣的抗拒，这种抗拒甚至会出现在每一种宗教经验的核心层面。面对既吸引又排斥、既仁慈又危险的神圣，人类［既爱又恨］模棱两可的态度不仅可以用神圣本身模棱两可的性质来解释，而且可以用人类面对此种以相同的强度既吸引他又使他害怕的超越实在所表现出来的天然反映来解释。当人类面对神圣的整体要求时，当他得到召唤要做出至高无上的决定——或者彻底地、义无反顾地为委身于神圣事物，或者继续以一种不确定的态度面对它们的时候——这种抗拒的态度就表露无遗。从生存论的形而上学的观点看，这种对神圣的抗惧就是逃避实在。……处在历史中的人类根深蒂固地反对完全沉湎于神圣经验，同样它们也清楚地表明，要完全放弃那种［既爱又恨的］经验也是无能为力的。……类似的情形今天也有，这主要在青年文化中。首先，这是对现存的制度——宗教的、伦理的、社会的、政治的制度的整个的不满。同过去的这种断裂本质上就兼有爱恨两种情感：一方面，它通过对所有的规则和教条以及所谓的理所当然的事物的冒犯和反叛来表现自身，所有这些东西都无意识地与某种类似宗教裁判所的迫害和专制联系在一起。另一方面，对现代社会结构及道德价值观的否定包含了对文明的，归根结底，是对历史的否定。它有某种宗教意义，尽管这一宗教的领域很少被如此领

---

① ［罗］埃利亚德：《神秘主义、巫术与文化风尚》，宋立道、鲁奇译，光明日报出版社 1990 年版，第 5—7 页。

② 户晓辉：《现代性与民间文学》，社会科学文献出版社 2004 年版，第 81 页。

③ ［奥］弗洛伊德：《文明及其缺憾》（*Das Unbehagen in der Kultur*），傅雅芳、郝冬瑾译，苏晓离校，安徽文艺出版社 1987 年版。该书准确的英译应该是 *The Uneasiness Inherent in Culture*、准确的汉译应该是《文化中固有的不适》。户晓辉：《现代性与民间文学》，社会科学文献出版社 2004 年版，第 206—207 页。

> 悟到，事实上，从这种青年文化的某些部分中我们注意到了“宇宙宗教”及人的存在的神圣象征的领域……此外，青年文化的明显特征是对神秘事物的兴趣，对以往受到迫害的或者至少教会为之蹙眉的古老信仰和宗教观念（如像占星术、魔法、通灵、点金术以及秘密宗教仪式等），它都表现出复活它们的愿望，并且要从中发现和培养起非基督教的解脱方法（如瑜伽、密教以及禅等等）。所有这些都与一个基本的动机有关，即超越自己父辈的、祖父辈的意义世界，重新发现那“原初时代”的丧失了的意义和至福并希望藉此而发现某种新的创造性的现世的生活方式。①

但在更多情况下，这只是“民众以一种低沉的声调，对于自己的颠覆思想，做了某些轻轻的诉说”② 即“现代性的民间表述”。③

> 正是由于信仰传说的核心发生这样的转移，［两位娘娘姑姑的］身世传说才能摆脱主流话语的高压，在一个相对自在的环境下恣意生长，从而充分展示民间叙事本身的乐趣。前面说到姐妹两个争大小的传说，就分明可以感知到那种扑面而来的远离经典叙事的世俗化气息。……罗兴振老人告诉我们说，两位娘娘争大小，通过三次难题考验，“大的成了小的，小的成了大的”，所以大娘娘（指娥皇，虽然当地很多人观念里妹妹是“正宫”，姐姐成了小的，但是在口头上，他们还是习惯叫姐姐是“大娘娘”，妹妹是“小娘娘”）的塑像只能在下首，她很恼火。以前汾河以西的娘娘塑像，大娘娘都板着脸，甚至还有大娘娘的塑像是背过身去的，她不愿意看见得意洋洋的妹妹，也没脸面对芸芸信众。我听完之后十分兴奋。中国民间信仰中确实常有将神灵进行非常俗民化处理的，比如某地土地

---

① ［美］伊利亚德：《神圣的存在：比较宗教的范型》，晏可佳、姚蓓琴译，广西师范大学出版社 2008 年版，第 430—431 页。［罗］埃利亚德：《神秘主义、巫术与文化风尚》，宋立道、鲁奇译，光明日报出版社 1990 年版，第 126—127 页。

② ［美］欧达伟：《中国民众思想史论——20 世纪初期 ~ 1949 年华北地区的民间文献及其思想观念研究》，董晓萍译，中央民族大学出版社 1995 年版，第 22 页。

③ 刘晓春：《现代性的民间表述——当下民间造神运动的一种阐释》，《思想》第 7 辑，中国社会科学出版社 2001 年版；刘晓春：《仪式与象征的秩序——一个客家林落的历史、权力与记忆》，商务印书馆 2003 年版，第 237 页。

公公赌钱输了之后，把土地奶奶的神像送到邻村去抵债之类，但从来没有看到过真的这么生动世俗的神像，想起来该是多么有趣的样子啊！我当场就按捺不住寻找的冲动，搜肠刮肚地回想我们曾经路过的各个娘娘庙，一个个跑去回看，但得到的只有沮丧。其实罗兴振已经告诉我，这样的塑像只是以前庙里有，现在恢复重建的都没有了。但我仍不死心，尤其当我在运城地区的垣曲历山调查时也听到类似情况之后，我总相信会在某个地方，有一个未被人注意的小庙，里面还度尽劫波地残留着一个荒破的"背过身去的大娘娘"，等着我在某一天忽然推开那扇吱吱呀呀的庙门。我寻找得还不够尽心啊！①

"民间的传说演述原本是非常轻松随性的，并不需要负载道德、文化之类的太多使命"，② 因而就是在这并非理性的信仰中，人们得到了情感上的安慰。

王家坪与历山之间隔着一座高大的青龙山，两地村民平常日子以及信仰仪式活动期间都很少来往，杨三增是一个特例。我们在王家坪采访时，问他为什么不辞辛苦翻山越岭跑去历山神立庙参加活动，他的回答是："我到神立去比咱这里还吃开哩！"因为"村里人，咱无能，老百姓［因爱有等差——笔者补注］，那看不起，瞧不起，到外边去不是这样子，过去这条山，那都是热情招待，就是凭的［信仰娥皇、女英两位］老人家这关系。"可见，凭着传说所建立的神灵关系，一个在本村毫无地位的村民，可以在别处找到［信仰］身份上的情感安慰。③

有时候，这种本文化中世俗对神圣的反叛、反抗、对抗、抵抗或抗

① 陈泳超：《背过身去的大娘娘——地方民间传说生息的动力学研究》，北京大学出版社2015年版，第22—23、106页。

② 陈泳超：《背过身去的大娘娘——地方民间传说生息的动力学研究》，北京大学出版社2015年版，第287页。

③ 陈泳超：《背过身去的大娘娘——地方民间传说生息的动力学研究》，北京大学出版社2015年版，第141页。

拒，能够借助异文化的“神显”得到一定程度的缓解。

> 同在怒江峡谷中生活，改信基督教的本地民族，传统的神话和巫术对他们便较少甚至不再产生作用，巫蛊之疫也随之减少。……这是否说明，只有置身（实际是置心）于特定的文化处境中，对其千百年传承的集体意识和文化暗示进行认同，那种“感应”才会发生？而对于不在其文化处境中的异文化介入者或改变了信仰的当地人，传统的“暗示”便不再具有作用？如果是这样，像巫蛊所致的“病”便在很大程度上要从文化和精神的角度去理解。[①]

但本文化中“显圣物”本身面临的世俗反叛、反抗、对抗、抵抗或抗拒，却未见稍减。

> 欧洲的女巫们的这种真实的或想像的滥交狂欢活动揭示出某种宗教模式。首先，性狂欢集会反映了对当代的宗教及社会状况的强烈抗议——这是一种被刺激而养成的反叛情绪，它的肇因是由于希望恢复某种失去了的极乐的完美境地，即那种萦绕在人们想像中的传说中的“初始时代”的快乐。这种希望尤其表现在人们处在灾难性危机时。第二，所谓女巫邪恶的滥交集会实则并不存在而只是审讯时强加的；说到底，关于撒旦的这套说法已经成了巫术流行时代指控他人的主要罪状。但也有可能，被描述为撒旦般的这种仪式实在是美好的；在这种情况下，它们表达了对基督教制度的反叛，后者没有能够“拯救”人类；它们特别针对教会的颓废倾向和教会僧侣政治腐败。此外，我们还必须牢记，在某些类型的人物中，恶具有不可抵抗的吸引力。第三，无论原因如何，重要的事实是——乱交的仪式证明是某种宗教的怀旧情绪，一种回归古老的文化时期的强烈欲望，即那种梦幻般的传说中的“原初时代”。……甚至还有这样的事情：这种对于神圣完全淹没人类生活的抗拒甚至在基督教会内部也会发生；教会不得不经常起来保卫信徒，抵制过分虔诚的

---

① 邓启耀：《巫蛊考察——中国巫蛊的文化心态》，（台北）中华发展基金管理委员会/汉忠文化事业股份有限公司 1998 年版，“绪论：巫蛊的文化处境与心理处境”，第 17 页。

尤其是神秘的经验，防止出现完全丧失世俗生活的危险。①

但无论在哪种文化中，纯粹理性的“神显”用以镇压世俗反叛、反抗、抵抗、抗拒在意愿上始终都是值得同情的。

如果我们把用“意念”（包括种种象征性仪式、咒语、符箓等）杀人的行为指为谋杀的话，那么，未有确凿证据便将人用火烧死、投水淹死、乱棍打死、刀斧砍死的杀人，肯定更是谋杀无疑。如果汉、隋巫蛊狱达万人的屠杀是太古老的历史，如果中世纪宗教法庭火刑柱上女巫的哀嚎离我们太远的话，那么。本世纪以来发生在我们附近的一桩桩残杀巫蛊涉嫌人的案例当令我们怵目惊心了。这类冠以“正义”之名的谋杀行为，不仅表现为官府杀疑犯、乡亲杀乡亲，甚至频繁地表现为族人互诛、亲子相戮、舅杀侄、儿杀母、孙杀祖……而且，许多“罪名”仅仅是“听说”，未经验证，即妄下毒手，甚至将与涉嫌大有关系的无辜者一并杀害，手段之残忍，令人难以想象。而目睹凶杀的“群众”，几乎不假思索便参与其相应的虐杀行为，或添柴凑棍，或庇护凶手，对被害人却毫无同情。这种“群众性”的伦常失范，常常到令人发指的地步！②

这里并不是说，世俗的感性对“神显”理性的反叛、反抗、对抗、抵抗、抗拒在道德上就一定是正当的；而是说由于普遍立法的纯粹理性的确在现实中造成了“道德的恐怖主义”，③ 因而世俗反叛、反抗、对抗、抵抗、抗拒纯粹理性的“现代性的民间表述”才具有了相应的法律合法性（尽管不一定就具有道德合理性）。更重要的是，“轻轻的诉说”并不只是对匮乏于纯粹理性情感的纯粹理性的非理性反叛；同时更是对纯粹理性情感神圣意志实践的“人类之爱（博爱）”的无限向往

---

① ［罗］埃利亚德：《神秘主义、巫术与文化风尚》，宋立道、鲁奇译，光明日报出版社1990年版，第126—127页。［美］伊利亚德：《神圣的存在：比较宗教的范型》，晏可佳、姚蓓琴译，广西师范大学出版社2008年版，第431页。

② 邓启耀：《巫蛊考察——中国巫蛊的文化心态》，（台北）中华发展基金管理委员会/汉忠文化事业股份有限公司1998年版，“结语：非常意识形态与非常文化心态”，第328页。

③ ［德］康德：《重提这个问题：人类是在不断朝着改善前进吗?》，［德］康德：《历史谱系批判文集》，何兆武译，商务印书馆1990年版，第158页。

（“杨三增之神立的特例”）——通过感性对纯粹理性的反叛，纯粹理性认识到纯粹理性情感神圣意志是人的存在的充分必要条件即无条件条件——就人是有限存在者而言，理性必然不可能不要求道德法则，但任意必然可能意愿普遍立法的纯粹理性情感神圣意志的“爱和同情”。对于有限存在者来说，因道德目的而在不朽中得到幸福感受的自然结果，固然是每一个（所有的）有限存在者生而具有的权利，但是，即便在不朽中“补偿性的爱不在”（刘小枫），因先于道德法则的纯粹理性情感的自由目的即神圣目的而在尘世中得到被爱的幸福感动并且因被爱而能够爱人的自然结果，仍然是每一个（所有的）有限存在者与生俱来的权利。但是由此，我们也就认识到“轴心时代”以降，纯粹理性与纯粹理性信仰的自我觉醒、自我突破（至少在古代汉语文化中）的最大局限性：纯粹理性和纯粹理性信仰，根据有限存在者的天赋的自由与自律能力，通过道德法则仅仅为每一个（所有的）有限存在者颁布了自律的“天职”义务（责任、职责），却忽略了维护每一个（所有的）有限存在者自由的天赋权利。[①] 固然，纯粹理性地“承担义务的（道德的）能力”[②] 是自由，但“所有的义务都对应着一种权利……［即］一般的道德能力”[③] 也是自由。然而纯粹理性的道德神话现象的宪章却只是规定了自律能力的先验义务却没有维护自由权利的先验能力，因为纯

① 马林诺夫斯基曾注意到神话与人的义务、权利之间的关系。但是，由于马氏“蛮野神话学”的心理学命题的理论性质，马林诺夫斯基断言神话信仰是非理性的，因而他也就不可能区分开因神话理性信仰的自律而对每个人都有效的普遍“义务”和天赋“权利”，以及通过神话非理性信仰的他律而仅仅对某些人有效的社会“势力”与社会“特权”。“神话不但可以附会在巫术上，而且可以附会在任何社会势力（power）或社会权利（ritht）上。神话都是用来解说特权（privially）或义务（duty），解说极端的不平等，解说各层阶级所有的特别重担，不管这阶级是极低或者极高的。”［英］马林诺夫斯基：《巫术　科学　宗教与神话》，李安宅译，中国民间文艺出版社 1986 年版，第 72 页。In the mythical world，although surrounding conditions were similar，all sorts of events happened which do not happen nowadays，and people were endowed with powers such as present men and their historical ancestors do not possess（尽管周围的条件都是相似的，但现今并未发生的事件都会在神话世界中发生，因而现今的人们也就和他们历史上的祖先一样，被赋予了并不拥有的力量）. *Malinowski and the Work of Myth*，Selected and Introduced by Ivan Strenski，Priceton University press，New Jersey，1992，p. 13.

② ［德］康德：《道德形而上学》，张荣、李秋零译，载《康德著作全集》第 6 卷，中国人民大学出版社 2007 年版，S. 237，第 246 页。

③ ［德］康德：《道德形而上学》，张荣、李秋零译，载《康德著作全集》第 6 卷，中国人民大学出版社 2007 年版，S. 383，第 396 页。

粹理性是在情感上匮乏的理性，因而在理性规定任意的条件下，普遍立法的人格只有自律地被迫（尽管是自我强迫）而没有自由地被爱并且因被爱而爱人；而唯有纯粹理性情感的道德神话法象“大宪章”才规定了普遍立法的人格应该被爱并且因被爱而能够爱人，从而为纯粹理性情感普遍立法的神圣意志权柄，留出了“神显”的超验空位。

> 爱就是回到自身—守于自由而让他人回到自身—守于自由。简单说，真正的爱就是守于自由而让他人自由。对他人的爱，就是让他人自由：让他人回到自己的位置上而作为他自身存在，或者说，让他人自由自在地存在。所以，如果我们真爱一个人，那么，首先不是因其美貌优雅，也不是因其财富权势，同样也不是因其才华出众，总之，不是因其拥有某种比较优势，而仅仅因为他是一个人——一个自由的人。由于这种爱不是出于任何比较优势，所以，它才是一种无功利的纯粹之爱，一种天地间的大爱。于是，从存在论角度，我们可以对“何为爱?”这个问题回答说：守于自身而让……自在—自由就是爱本身。①

因此，纯粹理性情感神圣意志的爱就是不仅“让”每一个熟人（包括亲人、友人）能够在人格上行出自由的同时，也“让”所有的陌生人（包括邻人、敌人……）在人格上都能够行出自由，② 即，在“使自己［自由地］承担责任”的同时，也“使他人［自由地］承担责任”③ ——这就是说，“使他人承担义务的（道德的［自由］）能力，亦即作为对他人的一个法律根据的［自由］权利”④ ——因而这种自由，不仅仅是承担责任、义务或职责的自律能力，同时也是自由的权利。由于只有通过纯粹理性情感的神圣意志，有限存在者——每一个人（所有的人）不仅是熟人（包括亲人、友人）同时也是陌生人（包括邻

① 黄裕生：《论爱与自由——兼论基督教的普遍之爱》，《浙江学刊》2007 年第 4 期。

② 吕微：《与陌生人打交道的心意与学问——在乡愁与大都市梦想之“前”的实践民俗学》，《民俗研究》2016 年第 4 期。

③ ［德］康德：《道德形而上学》，张荣、李秋零译，载《康德著作全集》第 6 卷，中国人民大学出版社 2007 年版，S. 453，第 464 页。

④ ［德］康德：《道德形而上学》，张荣、李秋零译，载《康德著作全集》第 6 卷，中国人民大学出版社 2007 年版，S. 237，第 246 页。

人和敌人）在人格上——才可能葆有天赋的自由权利和自律能力；那么，设想、设定并以敬重的情感理性地信仰一个纯粹理性情感神圣意志的意向理想，就始终是每一个（所有的）有限存在者在今生今世必做的功课，即“拥有宗教是人对自己的义务”“认定上帝的此在，在道德上是必然的”“敬重上帝的命令，遵守上帝的法则托付给我们的神圣职责”。

> 有一个上帝和一个来世……既然道德规范同时就是我的准则（正如理性命令它应该是的那样），那么我将不可避免地相信上帝的存有和一个来世生活，并且我肯定没有任何东西可以动摇这一信念，因为那样一来我［被“要求敬重那条以爱命令人”］的道德原理本身将会遭到颠覆，而这些道德原理是我如果不在自己眼里成为可憎的就不能放弃的。……没有人可以自诩说：他知道上帝和来生……非也，这种确信不是逻辑上的［理论］确定性，而是道德上的确定性，而且由于它是基于（道德意向的）主观根据［而被设想、设定的道德立法的客观根据］，所以我甚至不能说：上帝存在等等，这是在道德上确定的；而只能说：我是在道德上确信的等等。这就是说；对上帝和来世的信念和我的道德意向是如此交织在一起的，以至于我很少面临使前者［上帝的理念］受到损失的危险，同样也不耽心什么时候会把后者［的理想］从我手中夺走。① ……认定［道德法则的纯粹理性情感神圣意志立法者、］创造者的实存并使其成为［人的善良意志纯粹］理性进一步应用的基础；这种信仰自发地起源于道德意向；于是它甚至在善良人身上也可能常常动摇不定，但决不可能流于无信仰。……纯粹道德法则作为命令（不是作为明智的［假言命令］规则）毫不宽容地与每个人联结在一起，那么品行端正的人就很可以说，我愿欲：有一位上帝！……我坚信这些并且决不放弃这个信仰；因为这是我的［道德］关切不可避免地决定我的判断而无需在意诡辩［例如“没有人可以自诩说：他知道上帝和来生”］的唯一情形，盖缘我不应该让我的［道

① ［德］康德：《纯粹理性批判》，邓晓芒译，人民出版社 2004 年版，A828/B856，第 626 页；A829/B857，第 627 页。

德］关切有一丝一毫的减弱，尽管我也许难以答复那些［理论］诡辩，或难以用更其表面的［经验性］诡辩来反对它们。……这一点是任何［理论］诡辩也无法从甚至最为庸常之人［纯粹理性信仰］的信念里夺取去的。① ……从纯粹的道德上的、没有一切外来影响的（在此当然只是主观的）根据出发，丝毫不考虑理论的证明，更不考虑自私的利益，只考虑对一种独自立法的纯粹实践理性［情感神圣意志］的称颂，来假定世界之外的一个道德上立法的存在者。而且尽管这样一种心情鲜有出现，或者也持续不久，而是倏忽即逝，没有持久的效果，或者也没有自己反思在这样一种影象中被表象的对象，没有努力把它置于清晰的［理论］概念之下就消失了，但是，不使我们里面作为主观原则的道德禀赋在观察世界时满足其用于自然原因的合目的性，而是给它加上一个至上的、按照道德原则统治自然的原因，其根据却是显而易见的。……并不是要说：假定上帝的存在与承认道德法则的有效性是同样必要的；因此，不能确信前者［即上帝的存在］的人，就可以判定自己摆脱了根据后者［即道德法则］的责任。不！在这种情况下必须放弃的只是通过遵循后者［即道德法则］来实现尘世中的终极目的（理性存在者的一种与遵循道德法则和谐一致的幸福，作为最高的尘世福祉）的企图［，而不能放弃上帝的存在，因为上帝的存在是道德法则的条件］。……假定：一个人……相信“不存在一个上帝”的命题；然而，如果他因此就要把义务的法则视为纯然想象出来的、无效的、无约束力的，并且决心无所畏惧地逾越它们，则他就会在他自己的眼中一钱不值。这样一个人，即使他后来能够确信他起初怀疑的东西，也因那种思维方式而依然是一个一钱不值的人；尽管他就结果而言如历来所要求的那样一丝不苟地履行义务，但却是出自惧怕，或者是出自追求报酬的意图。反过来，如果他作为有信仰的人按照自己的意识真诚地和无私地遵循义务，尽管如此却常常为了试验而假定自己可能有朝一日确信不存在一个上帝，就立刻相信自己摆脱了一切道德责任，那么，他心中的内在道德意向就必定只是

① ［德］康德：《实践理性批判》，韩水法译，商务印书馆1999年版，S. 146，第159页；S. 143，第157页；S. 134，第146页。

坏的。[1]

但这样一个“我们判断的自愿决定”信仰地意向的纯粹理性情感神圣意志，却不是一个全能的无限存在者，而是我们每个人（所有人）必然可能在经验中体验到的、和我们每个人（所有人）一样“软弱的上帝”和“受苦、受难的上帝”[2]——他普遍地给予的“人类之爱”“实际的、实践的善意”造成了“尘世中的至善”——而奥斯维辛就是他的软弱而受苦、受难却全善地永在的“神显”的奇迹。正如马林诺夫斯基所言，一方面，“活的信仰需要奇迹”；另一方面，“没有信仰是没有奇迹的”，尽管上帝本“人”只是超验实在性“实存”的道德神圣性“理想”。

> 在一个集中营里，十多位难友排成一行，站在其余的难友面前，他们曾企图逃离，不幸没有成功。现在正等待现场枪决，当众难友之面，以“杀一儆百”。其中一位年轻的难友突然昏倒在地，他承受不了这种异死。这时，一位牧师走出难友群，申请代替年轻人被枪决。他被允许了。在爱面前，异死丧失了骇人的力量。[3]……［因为］上帝，他希望我们骄傲地而不是悲惨地面对苦难，并且清醒地知道如何对待死亡……［于是人们才会说，］我只害怕一样——那就是配不上我所受的痛苦。[4]……爱是真实之发生，而非伦理的［纯粹理性］规则。［纯粹理性的］伦理规则应以爱的

---

① ［德］康德：《判断力批判》，李秋零译，载《康德著作全集》第5卷，中国人民大学出版社2007年版，S. 446，第465页；S. 451，第470页；S. 452，第471页。

② ［德］约纳斯：《奥斯威辛之后的上帝观念》，张荣译，华夏出版社2002年版，第17、33—38页。

③ 刘小枫：《这一代人的怕与爱》，生活·读书·新知三联书店1996年版，第34—35、37—38页。“我们最终认识了人类的本来面目。切记，人类不仅指那些发明了奥斯维辛毒气室的人，也指那些唇边默颂上帝或圣母玛利亚并径直走进毒气室的人。”［美］弗兰克尔：《活出生命的意义》，吕娜译，华夏出版社2010年版，第6页。“我们这些在集中营生活过的人，都记得那些走过一个个屋子安慰别人、把自己最后一块面包给了别人的人。这样的人在数量上可能不多，但足以说明一点：有一样东西你是不能从人的手中夺去的，那就是最宝贵的自由，人们一直拥有在任何环境中选择自己的态度和行为方式的自由。”同上引书，第79页。

④ ［美］弗兰克尔：《活出生命的意义》，吕娜译，华夏出版社2010年版，第80、99页。换了康德会说：“一切可能的幸福除了理性存在者缺乏与其职责的切合之外并无任何其他限制。”［德］康德：《实践理性批判》，韩水法译，商务印书馆1999年版，S. 128，第140页。意思是：我只害怕，我的道德配不上我享受的幸福。说法不同，道理相同。

宗教为基础。在爱的宗教中，被钉十字架的爱打破了一切由自然构成的法则，它在神性的死中战胜了自然性的死，在自然性的死中复活了真实的爱。在被钉十字架的爱之肯定和否定——对生命中之肯定的肯定和对生命中之否定的否定中，爱支撑着每一位活着的人［在自然中］无根无据的残身。……爱应在生之中战胜死，［在不朽中］补偿性的爱不在。……只有在“各各他”成人的神圣存在不默不作声。他不仅指控人间罪恶，而且亲身走进无辜者之中。只有这位在十字架上成人的神圣存在看到了人们将一切毁灭，但太阳还在升起、空气仍旧清新时，[①] 感到莫大的痛楚，他无法容忍，因此他要成人，而且自愿选择了无辜受难的方式成人，以便与每一位无辜者相遇。基督的上帝并未给无辜不幸和无端异死提供任何意义说明，而是以神圣恒在者的身份与人一同受苦受死。甚至艺术家罗丹也懂得：上帝是一位自我舍弃彼岸的他者，他伸向这个［尘世］世界的手（“上帝之手”）只是一只颤栗的爱之手，托支着裸然男女瑟瑟的拥抱。正是由于这位神圣存在降身于无辜不幸和无辜负罪之中，从古至今的每一位无辜死者才不允许被遗忘。[②]

正是因为人（类）设想、设定了一个纯粹理性情感神圣意志存在者，出于敬重的情感而理性地信仰一个软弱而受苦受难的无限存在者，才是作为有限存在者的人（类）最自然（天赋）的自由权利与道德（禀赋）上的自律能力——“为宗教信仰自由辩护的论证同样可以为一种更加广泛的选择生活方式的自由辩护”[③] ——而人（类）从纯然理性意向形式界限之内，出于敬重的情感而超越到纯粹理性意向形式限之外而理性地信仰一个纯粹理性情感神圣意志理想的意向对象——这在理论上没有什么不可能——这不是神秘主义，而是对人自身、人本身的本原

---

① 《论语·阳货第十七》：“子曰：‘天何言哉？四时行焉，百物生焉，天何言哉？’”杨伯峻：《论语译注》，中华书局 1980 年第 2 版，第 188 页。《荀子·天论》：“天行有常，不为尧存，不为桀亡。”。（清）王先谦：《荀子集解》（下），中华书局 1988 年版，第 306—307 页。

② 刘小枫：《这一代人的怕与爱》，生活·读书·新知三联书店 1996 年版，第 35、37—38 页。

③ “在《论自由》中，密尔试图说明那种为宗教信仰自由辩护的论证同样可以为一种更加广泛的选择生活方式的自由辩护。”［美］莫尔根：《理解功利主义》，谭志福译，山东人民出版社 2012 年版，第 35 页。

性（实践的道德神圣性）、本真性（信仰的超验真实性）存在方式的无限宝重，这就是“悬搁［理论］知识，以便给［对纯粹理性情感神圣意志的自由］信仰腾出位置”。但，还是像康德说的，对于有限存在者何以（为何、如何）能够拥有这样自然（天赋）的自由权利与道德（禀赋）的自律能力，却是人自己的理性从理论上无法认识的。

> 理性不知疲倦地寻求无条件必然的东西，并且发现自己被迫假定它，却没有任何办法使自己［从理论上］去理解它……这样，我们固然不理解［以爱命令人的］道德命令的实践的无条件的必然性，但我们毕竟理解这命令的不可理解性，这就是对一门力求在［实践的普遍］原则中达到人类理性的边界［甚至超出这一边界］的哲学所能公正地要求的一切。①

邓晓芒认为，康德提出“给信仰腾出位置”，不是把信仰作为认识的对象，因此，“实践理性批判导致的是一个极其低调的结论”。② 而这也正是神话学的民间文（艺）学—民俗学的现象学—先验论革命为自己设想、设定的理论理性的“边界”：我们固然从理论上“不理解”道德立法的神圣意志的“无条件的必然性”，但我们从实践上“毕竟理解……［理论的］不可理解性”。于是，神话学的民间文（艺）学—民俗学现象学—先验论革命，并不是要在理论上把作为道德立法理想主体的纯粹理性情感神圣意志的道德神圣性与超验真实性解释清楚，而是在实践中对神圣意志的道德神圣性与超验真实性保持敬重情感和理性信仰的自由敬畏！而保持自由敬畏的最直接的办法，简单到可以是“人们沿着法律途径”③ 对自然神

---

①［德］康德：《道德形而上学奠基》，杨云飞译，邓晓芒校，人民出版社 2013 年版，S. 463，第 114—115 页。“灵魂的这种自我认识中的不可理解性。”［德］康德：《道德形而上学》，张荣、李秋零译，载《康德著作全集》第 6 卷，中国人民大学出版社 2007 年版，S. 483，第 493 页。

② 邓晓芒：《康德哲学诸问题》，生活·读书·新知三联书店 2006 年版，“康德道德哲学的三个层次”，第 90 页。

③ “人们沿着法律途径应当只把通过自由而生产，亦即通过以理性为其行动之基础的任意而进行的生产称为艺术。”［德］康德：《判断力批判》，李秋零译，载《康德著作全集》第 5 卷，中国人民大学出版社 2007 年版，S. 303，第 315 页。这段话邓晓芒译作：“我们出于正当的理由只应当把通过自由而生产、也就是把通过以理性为其行动的基础的某种任意性而进行的生产，称之为艺术。”［德］康德：《判断力批判》，邓晓芒译，人民出版社 2002 年版，第 146 页。

话现象、道德神话现象与道德神话法象的观念现象——毕竟无论哪那种性质、类型的神话实践都是任意的自由权利——的现象学直观。

> 由于美国民俗学家“幸运”地生活在一个表演的权利已然被确立的语境当中，所以，即便美国民俗学家于“职责/责任”的实践理念，完全弃之而不用（当然不是事实），而只是戴着语境的理论眼镜（我们暂且因其理论化、古典式的用法），到“全国各地”去直观民众的表演，就已经是在通过“呈现社会事实”而维护、促进民众的表演权利了。①

最后，如果“宗教……是包括一套［信仰］行为本身便是目的的行为，此外别无目的”，② 那么这也是神话的唯一目的。因此，为神话辩护，也就是为人的信仰自由的辩护！为人的自然（天赋）的自由权利（包括自然神话的任意权利）与道德（禀赋）的自律能力辩护！

> 宗教自由是一种［人的信仰］自然权利。这种权利，不论现在还是将来，都是神圣不可侵犯的。宗教自由是自由中的自由，是一切自由的根本，那就是意志的自由、精神的自由、人的内在状态的自由。③

---

① 吕微：《民俗学：一门伟大的学科——从学术反思到实践科学的历史与逻辑研究》，中国社会科学出版社 2015 年版，第十章“‘表演的责任’与民俗学的‘实践研究’——鲍曼《表演的否认》的实践民俗学目的—方法论”，第 374 页。“在直观中，我不是认识者，不是表象思维者，而是作为一个自在存在者与另一个自在存在者的相遇共在。就是说，纯粹直观首先不是一种认识，而是自在存在者的‘交会点’。我们在这种交会、相遇中呼出来相遇者的名称，这就是命名活动。但这种命名绝不是给他者定义。在纯粹直观中，在共在中，只能进行命名，而不能进行定义。只有当我们在意识中把他者的显现当作他者自身——这本身就是一种定义活动——命名才成为定义活动，更确切地说，命名之名才成为可用来定义的概念，定义才有此成为可能。‘把他者的显现当作他者自身’这本身就是第一定义活动，即给出自身同一物的定义活动。这里，自在物作为自身同一物的基础体现为命名是定义的前提。”黄裕生：《摆渡在有一无之间的哲学——第一哲学问题研究》，清华大学出版社 2019 年版，第 29 页。

② 金泽：《宗教人类学学说史纲要》，中国社会科学出版社 2009 年版，第 165 页。

③ 林达：《如彗星划过夜空——近距离看美国之四》，生活·读书·新知三联书店 2006 年版，第 214 页。

第五章　神话学革命的目的论与方法论

第十八节　神话学现象学—先验论革命的历史与逻辑

世界现代神话学的民间文（艺）学—民俗学现象学—先验论革命，实质上是从理论神话学（理论认识）到实践神话学（信仰实践）的目的论暨方法论转换，而并非单纯的方法论转向。但是最初，这场革命的范式转向，是以反思理论神话学的方法论彰显其自身，而实践神话学的目的论，只是在革命的过程中才被神话学家们逐渐地意识到：如何“从民俗的分类中推论出……普遍原则?”“在什么层次上思考民俗的普世性是可能的?”“究竟是人类的哪一种基本特性导致我们成为社会的一员?”“我们可以利用什么来使我们成为社会的人?”直到多年以后，当费孝通回忆起他的老师马林诺夫斯基，才点明了理论—实证人类学认识论背后的人文关怀。

> 最初，人类学的研究是以封闭的简单社会作为研究对象的学科，其比较也是在简单社会之间进行的，这也是马老师那个时代的中心研究工作。同时，他也是这一学科科学的民族志方法的奠基人，在早期，他也主张人类学应该在封闭的社区中进行调查和研究，进而来揭示社区的文化功能。……他的这一贡献与其说是学术上的，不如说是人文价值上的，因为长期以来，西方学术界流行的是以西方为中心的社会进化论思潮，把殖民地上的人民看成是和白人性质上不同、“未开化”的“野蛮人”。马老师却号召人类学者到那些一直被认为是非我族类、不够为“人”的原始社会里去参与、观察和体验那里人的生活。马老师使这些“化外之民”恢复了

> 做人的［自由］地位和［道德］尊严［的自然法权］。……在他的论著里，我看到一种对非西方人文世界的历史和现实作用的尊重。[①]

而实践神话学的终极目的，是唯当神话学家们站在纯粹实践理性意向形式界限之内，竟然还原出超越到纯粹理性意向形式界限之外的纯粹理性情感神圣意志的道德神圣性—超验实在性意向对象，神话学革命的神话原型（神话本体或神话本身、神话自身）目的论，即对“以爱命令人的法则”的“实践的爱”“实践性的爱”“人类之爱（博爱）”出于敬重情感的纯粹理性信仰，才得到了清晰、准确的自我表达。尽管一直以来，从理论到实践转型的神话学革命的终极目的在长时间内隐而未彰，但它（普遍立法的神圣意志）从来不曾不存在，而是内在于任何叙事（与非叙事）体裁、任何表演（与非表演）框架，以及任何道德（与非道德）实践的意向形式底层，构成了内在于任何叙事、表演和实践的主观准则的客观、普遍原则即道德法则，以及内在于任何叙事者、表演者和实践者的主观观念的客观理念即道德理想。这就是说，尽管神话学革命的终极目的是信仰的实践或实践的信仰，但其最初的目的却仅仅是为了理论地认识文化上的他者，而为了理论地认识文化他者，在理论神话学一统天下的时代，首先需要的是一场理论认识的方法论革命。因此，神话学革命最初的方法论问题仅仅是质疑理论神话学“神话”概念的经典定义即“格林定义”的神话故事题材内容质料规定性与神话信仰叙事体裁形式界限规定性在面临不同文化实践时所遭遇的二论背反——尽管“格林定义”已经是格林兄弟采纳了欧洲民间文学—民俗传统“实践命名”的“混血”“混合”式理论定义——但是，面对越来越多的不同文化的神话实践，神话学家们发现，不同文化中被实践地用作宪章的神圣叙事，并非如卡西尔所言，只能像“弗洛伊德和大多数人一样确信：理解神话意义的最佳且唯一的途径，就是对神话的对象［故事题材内容质料］进行描述、列举、分类和排列”，[②] 而是也可以从信仰叙事的体裁形式即意向形式入手，来考虑神话的本质（价值或意义）。

---

① 费孝通：《全球化与文化自觉——费孝通晚年文选》，方李莉编，外语教学与研究出版社 2013 年版，第 21、34、74 页。

② ［德］卡西尔：《国家的神话》，张国忠译，熊伟校，浙江人民出版社 1988 年版，第 36—37 页。

于是，在神话学家们中间立即就激起了两种截然相反的反应，其一，局部或者全部放弃“神话”概念的故事题材内容质料规定性，仅仅保留“神话”概念的信仰叙事体裁形式界限规定性（博尔尼、博厄斯、马林诺夫斯基），以便让“神话”概念的理论规定适应不同文化实践的经验现象；[①] 其二，局部甚至全部放弃“神话”概念的信仰叙事体裁形式界限规定性，而仅仅保留“神话”概念的故事题材内容质料规定性（茅盾、程憬、袁珂），以便让不同文化实践的经验现象符合“神话”概念的理论规定。尽管如此，理论神话学仍然难以克服用“神话”理论概念规定神话实践现象的认识论困境，即便敏感的神话学家已接近于意识到神话理论面对神话实践时陷入的理性二论背反的现实性（博厄斯、马林诺夫斯基）。然而，只要神话学的理性二论背反仍然被认为是内在于神话理论本身的问题，而不是神话理论与神话实践的理性间关系问题，那么，理论神话学的理论出路，就仍然在于对“神话”概念的理论修葺；于是，“神话”的“分析性概念”（巴斯科姆）应运而生。“神话”定义的“分析性概念”打破了理论神话学“神话”概念经典定义的故事题材质料内容与信仰叙事体裁形式界限规定性的二元限制，在其中“描述”地添加了更多的“神话”“实践命名”的现象学直观的主观性指标（对信仰心理态度形式规定性的现象学经验的观念直观）——其实在格林兄弟那里，“神话”原本就已经是理论概念与实践命名的“混血”“混合”式定义——但仍然保留了诸多“神话”理论定义的认识论实证的客观性指标（对故事题材内容、信仰仪式形式的感性—经验性直观），这既遭到了阿默思“实证主义最后的遗迹”的直接明确的批评，也遭到了“中国神话历史化”命题间接“含蓄”的反驳，尽管顾颉刚、

① “学者们对神话这个发源于古希腊的概念是否具有指涉其他文化的普适性提出过质疑，但怎样才能找到一个具有普适性的神话概念，并没有得到相对完整的思考。”户晓辉：《返回爱与自由的生活世界——纯粹民间文学关键词的哲学阐释》，江苏人民出版社 2010 年版，第 192 页。“学者们逐渐开始怀疑：神话这个外来概念是否适合中国的情况？或者，神话的概念是否有普适性？”同上引书，第 196 页。“我们如何面对和谈论不同宗教与文化中的神话现象？我们怎样才能避免用此文化或宗教的神话概念削足适履地宰割另一文化或宗教中的神话现象？”同上引书，第 200 页。“为了不把神话概念局限于文化内容，比如某种特定的思维或某个特定的时间概念，以使其具有跨文化的有效性，就必然要把它形式化……应该避免内容上的假设，因为这些假设总是针对一个或更多的相似文化的范例得出的。只有一个形式的概念才能保证形成一个跨文化的概念，才能为比较的——也包括比较神话学的研究——方法首先准备好一般的基础。”同上引书，第 205—206 页。

茅盾的“中国神话历史化”命题在时间上早于巴斯科姆。阿默思认同巴斯科姆“回到格林”的神话学主张，但他们的范式立场却不相同：巴斯科姆的立足点基本上仍然是现代性的认识论神话学，而阿默思的出发点大体上已经是后现代性的现象学神话学。阿默思认识到，理论神话学“神话”概念的经典定义即“格林定义”也曾经挪用了欧洲民间文学—民俗传统的自我“实践命名”，所以他不再主张“神话”理论概念的客观性（比较普遍性）理性规定的“理想类型”，而主张“神话”“实践命名的”主观性（文化性）“任意”“约定”的“本族体裁分类体系”，即通过对“本族体裁分类体系”叙事制度下“神话”体裁“实践命名”的现象学直观，还原文化实践主体主观的“神话”观念。阿默思的现象学神话学理论主张的实践先行者是顾颉刚，先于阿默思，顾颉刚就已经（在逻辑上而不是在事实上）携手茅盾，以“中国神话历史化”正题+反题的合题主张还原到中国古代汉语文化神话宪章（“洪范”“大法”）所从出的“本族体裁分类体系”的“四部”叙事制度。这样，顾颉刚、阿默思就成了世界现代神话学的民间文（艺）学—民俗学现象学—先验论（既在逻辑上也在学术史中）革命转折点的两位关键人物。从阿默思明确的现象学理论主张开始（顾颉刚尚未有明确的现象学理论主张），客观论的理论神话学才真正启动了向主观（间客观）论的实践神话学的范式转型。但是，阿默思也就立即遭遇了新的问题，即，其拯救理论神话学认识论实证主义困境的时机，也就是他同时陷入实践神话学现象学“多元主义”“相对主义”陷阱的时候，[①] 即在现象学地直观神话作为“本族体裁”的主观性条件的同时，也颠覆了神话学作为“严格的科学”的客观性、普遍性、必然性基础，尽管阿默思自己始终念念不忘“在什么层次上思考民俗的普世性是可能的”且如何“从民俗的分类中推论出……普遍原则”。起而救其弊的是鲍曼。“表演的责任”绝非表演之所以是表演的经验性“标定”，而是开启了对表演的客观性、普遍性、必然性“本质性因素”的先验“标定”之路。之所以说鲍曼“表演的责任”仅仅开启了重返神话学“普遍原

① “未能从纯粹形式上认识神话概念的跨文化有效性，因而往往陷于神话内容的文化相对主义泥淖，难以自拔。”户晓辉：《返回爱与自由的生活世界——纯粹民间文学关键词的哲学阐释》，江苏人民出版社2010年版，第207页。

则”之路，乃因为，鲍曼“表演的责任”仍然自我限制于“小群体内［面对面］的艺术性交际”的“言语共同体”，从而陷入了朝向“表演的责任”文化语境的经验性诸“标定”的无穷倒退。[①] 进而，鲍曼“表演的责任”命题也就仍然局限于文化共同体一般实践理性任意选择自我约定的主观准则（伦理规则），而未能臻于人类共同体纯粹实践理性普遍立法交互规定的客观法则（道德原则），从而无与于实践神话学最终目的论的基本问题。但鲍曼对神话学革命的贡献仍然是有目共睹的，鲍曼指示了借路“表演的责任”主观准则进一步还原出内在于表演的主观准则的客观法则，以及内在于表演主体的主观观念的客观理念即出于敬重情感对普遍立法的纯粹理性的理性信仰；而这就开启了不同于现象学主观性还原（观念直观的非本质还原）的先验论客观性还原（理念演绎的本质还原）的超验综合反思通道。并且，通过这一超验综合的反思性通道，神话学家们竟然从纯粹理性的意向形式界限之内，出于敬重情感而超越地还原出纯粹理性意向形式界限之外的一个理性信仰意向对象，即纯粹理性情感普遍立法的神圣意志——无论如何，这件事情本身都是足够神奇的——这样，神话学的民间文（艺）学—民俗学现象学—先验论革命就抵达了内在于人（类）的任何叙事、表演和实践行为、行动、活动的纯粹理性情感神圣意志对人的纯粹理性善良意志（良知）和任意的先验综合规定性，与人的纯粹理性善良意志（良知）和任意出于敬重情感对纯粹理性情感神圣意志的理性信仰的超验综合反思性双向意向形式，亦即人的本原性（实践的道德神圣性）、本真性（信仰的超验真实性）存在方式的形而上学结构。对此神话学的民间文（艺）学—民俗学现象学—先验论革命还原的最终剩余物，即人的存在的必然可能（应然）性无条件条件，神话学家们有充分的理由称之为神话现象的神话本体（神话本身、神话自身）“理想类型”即神话原型。这就像康德说过的：“人类的一切知识都是从直观开始，从那里进到概念，

---

① “从理论上讲，特定民俗事件的‘语境’是不可能被穷尽的，因此也不可能是‘完整’的。因为特定民俗事件的‘语境’因素并不都是呈现在民俗学家面前的，大量的‘语境’因素是潜在的，无法被民俗学家直接感知。”王杰文：《“语境主义者”重返“文本”》，载王杰文《表演研究：口头艺术的诗学与社会学》，学苑出版社2016年版，第48页。

而以理念结束。"① 现在，在经历了神话学的现象学—先验论革命之后，民间文（艺）学—民俗学的神话学家们就可以像康德那样说，倘若我们依次搁置了神话信仰叙事体裁的题材内容质料的理论规定性（博尔尼、博厄斯）、神话信仰叙事体裁的心理形式（马林诺夫斯基、巴斯科姆）、本族形式（顾颉刚、阿默思）、艺术形式界限的实践规定性，通过神话信仰叙事体裁的责任形式实践规定性，神话学家们就必然可能还原出道德法则的神圣意志起源，以及神圣意志出于纯粹理性情感的道德法则对人（有限存在者）的纯粹理性（良知）和任意的先验综合规定，并激发起人（类）的纯粹理性善良意志（良知）和任意出于敬重情感对纯粹理性情感神圣意志的理性信仰的超验综合反思，即人的本原性（实践的道德神圣性）、本真性（信仰的超验真实性）神话原型存在方式。由于神话学的现象学—先验论革命是从神话现象的偶然或或然地现实的神话现象的经验事实，而还原出神话本体（神话本身或神话自身）即神话原型；所以相对于在时间（历史）与空间（社会）的文化生活语境条件下显现的神话现象的经验事实，神话学家们就可以称神话原型为超时空、超语境的一个"［必然］可能经验的对象"② 的纯粹理性情感信仰的一个超验的事实。这样，通过神话现象还原神话本体（神话本身或神话自身）即神话原型的逻辑进程，即理论神话学转变为实践神话学的学术进程，也就同时再现了：与神话原型在逻辑上自相矛盾的神话现象向着与神话原型在逻辑上不自相矛盾的神话现象发展（还原）的神话史进程。这样一种双重的神话学逻辑—历史进程与神话的逻辑—历史进程，是必然可能的而不是偶然或或然的现实。之所以如此，乃因为神话原型先验地就内在于神话现象而不是经验地外在于神话现象的另一种神话现象。如果神话原型是经验地外在于神话现象的另一种神话现象，那么神话现象向神话原型的发展（好）就会是偶然或或然的现实；现在，神话原型就是先验地内在于神话现象——不仅内在于道德神话现象也内在于自然神话现象；不仅内在于理性神话现象，也内在于启示神话现象——神话本体，于是神话现象向神话原型的还原（发展）才会是

---

① ［德］康德：《纯粹理性批判》，邓晓芒译，人民出版社 2004 年版，A702/B730，第 544—545 页。

② "可能经验的对象。"［德］康德：《实践理性批判》，韩水法译，商务印书馆 1999 年版，S. 54，第 57 页。

必然的可能。神话现象朝向先验地内在于自身、本身的神话原型的还原（表现为自然神话现象向道德神话现象的发展）从“轴心时代”就开始了，那些经受住历史理性化（在古代中国）、宗教理性化（在古代希伯来）而“幸存”至今的尧舜禹“古史传说”与《圣经》故事，都是经验的证明。神话原型，作为人（类）对超越性意向对象的超验综合反思的理性信仰意向形式，[①] 是人（类）的先验（自由、自律）能力和天赋（自然）权利，是人（类）存在的无条件条件，无法设想人（类）不是先验地拥有这种自由能力与自然权利。人（类）对自己先验地拥有的这种自由能力与自然权利的自觉，尽管在时间上晚于人对自己的自然能力的自由权利的实践使用，但是在逻辑上却先于并且内在于人的任何自然（例如非理性感性）能力—自由权利的行为、行动和活动，构成了人的所有自然能力的自由权利行为、行动和活动的先验条件，因而作为人（类）主体（共同体—个体）存在的无条件条件，是必定也必须被先验地预设的一个“理性的事实”即纯粹实践理性情感信仰的一个必然可能的经验事实。

所谓“纯粹实践理性情感信仰的一个必然可能的经验事实”，合并了康德“理性信仰”与“理性的事实”的命题，并且进一步合并了贝克“理性的事实”的“客观类型”（道德法则的客观实在性的严格普遍性）和“主观类型”（对道德法则的意识的主观观念性的必然可能性）的命题，即，纯粹理性情感神圣意志通过道德法则强制（先验地综合规定）人的纯粹理性善良意志和任意的定言命令意向形式以及人的纯粹理性善良意志和任意出于敬重情感理性地信仰（超验综合反思）道德法则及其普遍立法的神圣意志的宗教义务意向形式的双向意向形式，即笔者在本书中反复讨论的人（类）的本原性（实践的道德神圣性）与本真性（信仰的超验真实性）神话原型存在方式。当然在本书中，笔者在合并康德“理性信仰”和”理性的事实”命题时，也将其扩展为“纯粹理性情感信仰的事实”命题，即为道德法则的发生条件增添了一个纯粹理性情感神圣意志的立法条件；于是，人就从纯粹理性意向形式

---

① “任何一种宗教信仰，包括神话，都包含着构成其世界观之组成部分的宇宙论图景。这种宇宙论构成了人们研究、看待世界事物的先验形式。”黄裕生：《摆渡在有—无之间的哲学——第一哲学问题研究》，清华大学出版社 2019 年版，第 32 页。

的界限之内超越到纯粹理性意向界限之外，为自己设想、设定了一个纯粹理性情感分析地同一性的神圣意志的超验意向对象，将人的法则式存在提升为神的诫命式存在，因而仍然不失其自由的自律。现在，如果在“神话”这个词语的日常用法中，神话不仅被视为“神的故事”（故事题材内容的质料规定性）而且被视为“对‘神的故事’的信仰”（信仰叙事体裁形式界限规定性），那么，就再没有什么能够比神话原型即人出于敬重情感对神圣意志的理性信仰意向形式更有资格被称为“神话”了，就像康德把“良知……称为 religio（宗教）”。[①]

> 神话信仰—叙事的真实性和神圣性不能到人的存在现象的直观经验中去寻找，而是要深入到对人的本原性存在与实践的信仰—叙事结构本身的思想中去发现。而一旦深入到人的本原性存在与实践，我们根据现象直观而给予的、关于“神话”的叙事文本内容和信仰功能形式何为本质的概念定义之间的相互冲突就会消解。因为，在人的本原性存在与实践的信仰—叙事结构中，神话的叙事内容结构就是神话的信仰形式结构，二者是二而一一而二的东西。我讲述一个对象和我认定一个对象，在人的本原存在一定实践层面不分伯仲，叙事就是信仰，而信仰也就是叙事。[②]

还可以进一步说，在纯粹理性情感的神圣意志那里，理性就是情感，而情感就是理性，二者之间是分析的同一性关系，从而克服了在人（类）的意志（即便是善良意志的良知）这里“理智的情感会是一种矛盾”的二论背反，从而能够先验地就给予人（类）的存在以兼爱、博爱的仁爱与慈爱的“人类之爱”的“实践的爱”“实践性的爱”。站在人（类）的纯粹理性的实践立场上看，人的道德性存在并不需要一个神圣意志作为立法者，因为“道德为了自身起见，（无论是在客观上就

---

① ［德］康德：《道德形而上学》，张荣、李秋零译，载《康德著作全集》第 6 卷，中国人民大学出版社 2007 年版，S. 440，第 450 页。

② 吕微：《神话信仰—叙事是人的本原的存在》，《青海社会科学》2011 年第 1 期；吕微：《神话信仰—叙事是人的本原的存在（代序）》，载杨利慧等《现代口承神话的民族志研究——以四个汉族社区为个案》，陕西师范大学出版社 2011 年版，第 19—20 页。见本书下册“附录二”。

意愿而言，还是在主观上就能够而言）绝对不需要宗教，相反，借助于纯粹的实践理性，道德是自给自足的”“比从一个神圣的、全善的意志中引出德性来的那个神学概念好”，因而并非“认定上帝的此在作为一个所有一般义务的根据是必然的（因为一如已经充分证明的，这个根据仅仅依赖于理性本身的自律）”，进而“无须把它设想为法则的创作者”。但是，站在纯粹理性情感的立场上看，“这位唯一不受限制的［神圣意志］立法者自身，却仍然必须被设想为这样”[①]的实践条件。这是因为，惟其如此，人（类）的存在才不仅必然可能出于道德法则，而且必然可能出于纯粹理性情感的道德法则即“以爱命令人的法则”，即不仅是一个人人“在主观上就能够而言”在其中生存，更是一个人人都“在客观上就意愿而言”希望在其中生活的道德理想的目的王国。

---

① “我们之所以把它们［道德法则］看做是神的命令，倒是由于我们［首先］从内心感到有义务。”［德］康德：《纯粹理性批判》，邓晓芒译，人民出版社 2004 年版，A819/B847，第 620 页。“这位唯一不受限制的立法者自身，却仍然必须被设想为这样，仿佛它只根据其不自利的、纯然从那个理念出发而规范自己本身的行为来评判理性存在者的价值似的。”［德］康德：《道德形而上学奠基》，杨云飞译，邓晓芒校，人民出版社 2013 年版，S. 439，第 78—79 页。“即使我们仅仅为了试验而设想这样一个存在者。”［德］康德：《实践理性批判》，韩水法译，商务印书馆 1999 年版，S. 110，第 122 页。“认定上帝的此在作为一个所有一般义务的根据是必然的（因为一如已经充分证明的，这个根据仅仅依赖于理性本身的自律）。”同上引书，S. 125—126，第 138 页。“这种法则仍然必须被看做最高存在者的命令。”同上引书，S. 129，第 141 页。“把一种与这终极目的及其实现协调一致的原因一起接纳入我们的道德景仰，并自愿地服从于它。”［德］康德：《判断力批判》，李秋零译，载《康德著作全集》第 5 卷，中国人民大学出版社 2007 年版，S. 481—482，第 504 页。“道德目的论为此目的并不需要我们［理性］外面的一种有理智的原因来解释这种内在的合目的性。”同上引书，S. 447，第 466 页。“先天地和无条件地通过我们自己的理性约束我们的法则，也可以被表述为产生自最高立法者的意志，亦即产生自一个只有法权而没有义务的立法者的意志（因而是属神的意志）。但是，这仅仅指的是一个道德存在者的理念，其意志对所有人而言都是法则，不过无须把它设想为法则的创作者。”［德］康德：《道德形而上学》，张荣、李秋零译，载《康德著作全集》第 6 卷，中国人民大学出版社 2007 年版，S. 227，第 235 页。“人通过他的良知而有责任把自身之外的这样一个最高存在者当做现实的来接受。”同上引书，S. 439，第 450 页。“完全处于我们的经验界限之外，但根据其可能性却在我们的理念中，例如在关于上帝的理念中发现的东西。”同上引书，S. 443，第 454 页。“这个理念完全是从我们自己的理性中产生的……而自己制作的。”同上引书，S. 443—444，第 454 页。“不在这里设想一个他者及其意志（普遍立法的理性只是他的代言人），亦即神，我们就不能完全使义务的承担（道德的强制）对我们直观化。”同上引书，S. 487，第 497 页。“主观的、在我们自己的立法理性中强化道德动机的责任。”同上引书，S. 487，第 497 页。“神的理念……这种理念是理性自己给自己制作的……真正说来是我们给自己制作的关于这样一个存在者的理念。”同上引书，S. 487，第 497 页。“理性强迫他承认这一判断是他自己的判断。”［德］康德：《纯然理性界限内的宗教》，李秋零译，载《康德著作全集》第 6 卷，中国人民大学出版社 2007 年版，S. 6，第 7 页。

这样，如果说在康德之前（时间上的“之前”），神话学家们还只能凭借“无比丰富”“异彩纷呈”（杨利慧）的比较普遍性的神话现象的经验事实，实证（理论认识）地证明“神话是民族的基石”（谢林）、“神话是社会的表象”（涂尔干）、“神话是文化的宪章”，“神话是人类的基础”（卡西尔）；那么，在康德之后（逻辑上的“之后”），神话学家们就能够凭借严格普遍性的神话原型的必然可能性经验事实，实践地阐明神话是人的本原性（实践的道德神圣性）、本真性（信仰的超验真实性）的神话原型存在方式——我们可以视人（类）的这种本原性、本真性存在方式为人（类）的宗教性、信仰性或神话性的悖论式（即人在其存在的深处既内在于理性又超越理性的）存在方式，因而宗教性、信仰性、神话性就是人（类）的存在的自由天性与自律（道德）本性——是每一个人（个体）乃至所有的人（人类共同体）存在的先验发生条件和超验“存在理由”，因此，所有的神话现象就都不过是神话原型在历史（时间）上和社会（空间）中的文化生活语境条件下的经验性显现。

> 人可以非宗教地存在，但不可能非信仰（非神话）地存在，在非信仰（非神话）的存在条件下，人不可能作为、成为有道德的人；而能够作为、成为有信仰的人、有道德的人，是人的先验的自由（权利和能力）。[①]

这样，神话学的现象学先验论革命就在并不否定（暂时搁置）神话学学术史上诸多神话理论的“神话”概念——就像胡塞尔说过的，在搁置了理论认识的自然观点之后，现象学地直观到的现象并没有什么特别之处而不同于经验性地直观到的现象——的条件下，通过对神话现象的神话本体（神话本身、神话自身）即神话原型的超验综合反思还原，在实践神话学的理论构想中为每一种神话理论和“神话”概念——从对自然—道德神话现象的认识论研究、对神话主观实践现象的现象学研究、对神话客观实践原型的先验论研究——设计了其应所是的实践—理

---

① 吕微：《神话作为方法——再谈“神话是人的本原的存在”》，《民间文化论坛》2017年第5期。见本书下册“附录三”。

论位置。

第十九节　通过理性实验回到神话敬重情感的理性信仰事实

理论神话学“神话”概念的经典定义以及博尔尼阐发“格林定义”的“最后见解”在20世纪初遭遇了严重的跨文化挑战，主要表现为“神话”定义——并非单纯的理论概念而是理论概念与“实践命名”相“混合”的“混血”定义——的双重判断标准即故事题材内容质料规定性的前项指标与信仰叙事体裁形式界限规定性的后项指标，不能够在理论上相互一致地认识非西方异文化的神话现象。尽管笔者在本书中已反复地指出，这实际上是理论认识的客观性与信仰实践的主观性之间的矛盾；但在当年，神话学家们大多认为，问题出在“神话”概念的理论定义方式本身，于是掀起了一浪高过一浪的“格林定义”修正案甚至纠正案的神话学革命。而神话学革命的主流议案是放弃“神话”定义双重标准的故事题材内容质料规定性前项指标，仅仅保留信仰叙事体裁形式界限规定性后项指标。但“格林定义”的“最后见解”在中国遭遇的竟是另一番风景，“马林诺夫斯基悖论”似乎没能难倒中国神话学家，在无法用“神话”定义的双重标准同时规定中国古代神话现象，甚至在汉语文化中没有接近myth（“神的故事”）的字面意义的词语条件下，神话学家们移译日文“神话”之后，（茅盾、马伯乐……）仅仅使用了一个“中国神话历史化”的描述性命题，就轻而易举地维护了理论神话学“神话”概念的经典定义即“格林定义”（尽管只是其中的故事题材内容质料规定性）之“放之四海而皆准”的普遍有效性。与茅盾等“文学学派”的神话学家不同，以顾颉刚为首的“历史学派”（“古史辨”学派）的神话学家不是在“经史”（信仰叙事体裁形式）之外的“子集”（非信仰叙事体裁形式）中感性—经验性地直观中国古代神话现象的故事题材内容“不成系统、不成体系”的客观性，而是现象学地直观“经史”中中国古代“假古史—真神话”现象的信仰叙事体裁形式的主观相对性。但是，如果“经史子集”加起来就是本土古代叙事制度的信仰—非信仰叙事体裁形式完整的分类系统—等级体系，那么“中国神话历史化”命题的正题+反题的合题主张，才是全面地维护了“格林定义”的真理性地位。因此，“中国神话历史化”命题（主要是反题主张）一方面预演了阿默思直观“本族体裁分类体系”观念的现象学神话学主观性方法论；另一方面又用本土古代叙事制度的理性信仰意向形式论，预先克服了“马林诺夫斯基悖论”的神话非理性信仰心理态度意向形式说。这样，中国神话学家的“中国神话历史化”命题就与世界神话学的民间文（艺）学—民俗学现象学—先验论革命迈出了一致的步调甚至迈开了领先的步伐。就此而言，理论神话学的现象学—先验论革命的主流，的确只是“格林定义”双重标准之后项指标即信仰叙事体裁形式规定性的发扬光大，从博尔尼、博厄斯、顾颉刚、马林诺夫斯基、巴斯科姆、阿默思，直到鲍曼……一路走来，尽管革命伊始有意识的理论目的（而不是无意识的实践目的）却是完善“神话”定义的跨文化理论使用的普遍有效性。

> 为了不把“神话”概念局限于文化内容［的故事题材内容质料规定性］，比如某种特定的思维或某个特定的时间概念，以使其具有跨文化的有效性，就必然要把它形式化……它应该避免内容上的假设，因为这些假设总是针对一个或更多的相似文化的范例得出的。只有一个［普遍］形式的概念才能保证形成一个跨文化的概念，才能为比较的——也包括比较神话的研究——方法首先准备好一般的基础。[①] ……马林诺夫斯基提出的功能［形式］理论正是田野作业和对各种文化中的现象进行比较分析的先决条件……神话……只能从功能［形式］上来界定……［卡西尔］关注的不仅仅是神话的内容和对象，也关注神话本身的功能［形式］。[②]

“功能”概念之于马林诺夫斯基，的确是内在于“神话”概念的理论定义的形式规定性，而且并不仅仅事关神话叙事客观效果的（经验实在性）普遍形式规定性，而是同时也事出神话信仰主观意向——马林诺

---

① Jürgen Mohn, *Mythostheorien. Eine religionwissenschaftliche Untersuchung zu Myhtos und Interkulturalität*, Wilhelm Fink Verlag, 1998, S. 71. 转引自户晓辉《返回爱与自由的生活世界——纯粹民间文学关键词的哲学阐释》，江苏人民出版社 2010 年版，第 205—206 页。

② 户晓辉：《返回爱与自由的生活世界——纯粹民间文学关键词的哲学阐释》，江苏人民出版社 2010 年版，第 233、242、244 页。

夫斯基总是称神话为“目的神话”，尽管是非理性信仰心理态度意向形式的目的神话——的（先验观念性）普遍形式规定性。正是因为在一定程度上搁置了“神话”概念理论定义的故事题材内容质料规定性而突出了其信仰（并非仅仅就是体裁）形式界限规定性，马林诺夫斯基才能够通过“对叙事现场中的神话［现象的目的—效果功能］形式”而直观到非西方异文化中与西方文化的神话现象的功能形式相同（至少相似）的土著文化的“里留”（liliu）现象。如果说，马林诺夫斯基的人类学神话学还仅仅在客观论认识论方法论基础上倾向于主观论的现象学方法论，那么顾颉刚、巴斯科姆、阿默思的民间文（艺）学—民俗学神话学则无意识甚至有意识地主张了现象学的主观论方法论。后者的不同之处仅仅在于，巴斯科姆仍然坚持神话功能的信仰心理态度意向形式，而顾颉刚和茅盾（“经史子集”）以及阿默思（“本族体裁分类体系”）则发展了神话功能的理性信仰意向形式。但也正是因为马林诺夫斯基开始的神话学现象学倾向，神话学的“功能”概念才并不仅仅是服务于比较神话学的跨文化研究，同时也为回到神话本身或神话自身的“实践认识”或“实践研究”做了重要的理论准备，即“当马林诺夫斯基说‘理论创造了事实（theory creates facts）’时，实际上是把事实还原到人的主观意图或意向性之中，因为一切事实都是人的意向性选择的结果”。①

> 实际上，马林诺夫斯基对神话功能［的信仰目的—宪章效果］的关注主要是一种形式研究，也就是说，功能是对叙事现场中的神话［实践主体主观意向］形式的直观，这时候，讲述神话的人就是神话的创造者和直接的赋义者。因此，马林诺夫斯基倡导的田野作业不应该是到田野里复原神话的“语境”或者在实证的意义上做出归纳，而是“以意逆志”，以研究者的主观去“会”被研究者或神话讲述人（使用者）的主观。神话的功能研究之所以是一种纯粹形式的研究或描述，恰恰因为它给这样的主观间的相会预留了空位。……这意味着马林诺夫斯基的理论不再来自客观科学的实证经

① 户晓辉：《返回爱与自由的生活世界——纯粹民间文学关键词的哲学阐释》，江苏人民出版社2010年版，第225、228页。

> 验，而是来自主观的意向性体验，向田野的回归不是回到客观科学意义上的实证场地或实验室，而是回到主观经验的直接现场，回到研究者自己和被研究者的主观间的直接经验中来。……所看到的不仅是以往学者和研究者看的方式，也包括被研究者看神话的方式，力图让被研究者眼中或意向中的神话自己显现出来，并把这一点当作神话研究的根本目的……在研究者看到的神话中让被研究者看到的神话自身显现出来。①

但是现在，如果用“神话”概念理论地认识非西方文化，尽管从中发现了符合西方文化“神话”概念的神话现象，但却疑似西方文化中心论；那么用“功能”概念理论地认识非西方文化，从中发现了符合“功能”概念的神话现象，是否就能避免西方文化中心论的嫌疑呢？——这是吴晓东曾对笔者提出的疑问——因为，我们并不能事先就断定，“宪章”功能的神话实践就是严格普遍性的跨文化现象，正如康德之前的沃尔夫曾说过的：在中国文化中，并没有神秘启示的道德实践，而只有清明理性的道德实践。因此，如果像谢林等人那样，仅仅理论地强调“神话是一民族之为一民族的基石”“无法想象竟会存在着一个没有神话的民族”，就仍然是一个站在西方文化中心的立场上给出的比较普遍性结论。但是现在，如果我们不是把“功能”用作理论认识的规定性概念，而是用作可还原到主体意向的现象学主观性观念直观的反思性—“启发性的概念”，那么，也许，神话学家们就能避免西方文化中心论理论对非西方异文化多样性实践的强行遮蔽。马林诺夫斯基之前的顾颉刚，以及马林诺夫斯基之后的巴斯科姆、阿默思，走的都是同样一条主观论方法论的现象学还原之路；而马林诺夫斯基的确是“‘以意逆志’，以研究者的主观去‘会’被研究者或神话讲述人（使用者）的主观”而“给这样的主观间的相会预留了空位”的现象学神话学的

① 户晓辉：《返回爱与自由的生活世界——纯粹民间文学关键词的哲学阐释》，江苏人民出版社 2010 年版，第 208—209、229、234 页。“对活生生的当下意义的直观与再现。”同上引书，第 229 页。“活生生的现实”“直接的现实”“本身就是活生生的、直接的现实和存在”“从活生生的方面来研究”“活生生的神话”“神话本身就是现实的存在，神话是自在自为的存在”“马林诺夫斯基对研究活生生的神话或者从活生生的方面研究神话”“神话在活生生的当下语境中的意义开显，强调研究者对这种意义开显的本质直观。这时候，研究者可以根据自己对活生生的当下中开显出来的本质直观把握神话的本质或理论”。同上引书，第 231—232 页。

实践理论开创者，尽管马林诺夫斯基“蛮野神话学”也充满了“实证主义最后的遗迹”（阿默思日后对巴斯科姆的批评）。

> 然而必是到了第三类故事，到了最重的故事神话或神圣故事这一类，而与传说相比较的时候，三类故事［各自］底性质才更彰明较著。第三类的故事，土人叫作“里留”（liliu）。我在这里更要使人注意，我底分类方法乃是一见便知的土人自己［主观任意约定］底分法，我只是对于此等正确性稍加解述而已。……这恐怕就是我要主张的最重要的一点题旨：我认为有一类的故事是神圣的，是编在仪式、道德与社会组织里面，而形成原始文化底一个有机部分，动的部分的［神话宪章即共同体“第一叙事”］……①

马林诺夫斯基神话学的确是立足于认识论和现象学的双重立场，立足于前者感性—经验性地直观客观的神话现象（“里留”信仰叙事体裁形式），立足于后者现象学地直观主观的神话观念（神话信仰心理态度的意向形式）。但其结果是，神话实践内在的客观（比较的）普遍性信仰心理态度意向形式解构了其外在的信仰叙事体裁形式的主观（相对的）普遍性。日后，马林诺夫斯基的直观悖论广被批评，认为其现象学直观并没有还原出共同体主体的主观观念；于是就有了巴斯科姆“混合”了外在的客观性现象直观和内在的主观性（“信实性”“取态”）现象观念直观的“混血”式“分析性范畴”概念工具（“用法”）。巴斯科姆意识到，尽管把理论神话学“神话”概念经典定义“最后见解”的双重标准修正为多元指标，但还是实际上回到了“格林定义”，即认识论的客观性理论概念的规定性 + 现象学的主观性实践命名反思性“混血”“混合”定义方式——因此，说“格林定义”的认识论是已经具有现象学倾向的定义方式，即理论理性与实践理性相结合的定义方式，并非言过其实；进而，说格林兄弟不仅是现代民间文（艺）学—民俗学的缔造者，更是民间文（艺）学—民俗学现象学—先验论革命的开创者，也就并非危言耸听——据此，阿默思批评巴斯科姆“实证主义最后

① ［英］马林诺夫斯基：《巫术　科学　宗教与神话》，李安宅译，中国民间文艺出版社1986年版，第91—93页。

的遗迹”也就完全有正当理由。而民间文（艺）学—民俗学家当中第一位自觉地自许（甚至有些“自诩”）为现象学家的阿默思（克罗齐的信徒），其现象学地直观“面对面”“小群体内”任意约定的“本族体裁分类体系”“实践命名”的主观观念，从而在彻底地还原到马林诺夫斯基“土人自己底分法”的同时，也就步顾颉刚的“后尘”，改变了文化共同体内部自我任意约定地“实践命名”的主观信仰心理态度意向形式为主观间客观的理性信仰意向形式。当然，阿默思也清楚地意识到了，现象学主观性观念直观方法随时都有陷入文化相对主义的现实可能性；阿默思由此念念不忘“在什么层次上思考民俗的普世性是可能的”？如何“从民俗的分类中推论出某种……普遍原则”？[①]

阿默思“普遍原则”的学术理想，被民俗学与宗教学家们从两条路线上加以推进。一者，例如民间文（艺）学—民俗学家鲍曼，坚持阿默思对“小群体内［面对面］的艺术交流”予以现象学主观性观念直观的方法论原则，直观表演“框架”的经验性“标定”。这就是说，鲍曼独断地“颁布”了表演的“本质性因素”即表演“责任”的普遍有效交流形式；却没能成功地阐明表演的“责任”是如何被“标定”的——这是因为，“责任”作为表演的“本质性因素”的普遍性规定性，既不可能直接地通过表演的客观现象而经验性地直观，也不可能直接地通过表演者的主观观念而现象学地直观，而只可能间接地通过客观现象的经验性反例而理性地“推论”（演绎）[②] ——而局限于“言语共同体”内部，鲍曼感性地直观到的表演“责任”就只可能是对某些人（民族共同体）有效的主观准则即比较普遍性的文化规则，而不可能是对每个人（人类共同体）都有效的客观法则即严格普遍性的道德原则。尽管如此，鲍曼的贡献仍然不容小觑；这是因为，在鲍曼“表演的责任”命题基础上，民间文（艺）学—民俗学的神话学家们才可能充分

① “有理由引起如下期望：有朝一日使人能够洞见到整个纯粹（理论的和实践的）理性能力的统一性，并且能够从一条原则推论出所有的一切来；这是人类理性无法避免的要求，因为理性只有在其各种认识彻底系统的统一性里才会得到完全的满足。”［德］康德：《实践理性批判》，韩水法译，商务印书馆1999年版，S. 91，第98—99页。

② 吕微：《“表演的责任”与民俗学的“实践研究”——鲍曼〈表演的否认〉的实践民俗学目的—方法论》，《民间文化论坛》2015年第1期，载吕微《民俗学：一门伟大的学科——从学术反思到实践科学的历史与逻辑研究》，中国社会科学出版社2015年版，第十章，第340—376页。

地意识到，从现象学主观性观念直观方法转向先验论客观性理念演绎方法，对神话学的“实践认识”或“实践研究”来说的充分必要性和必然可能性。

与阿默思较为彻底的民间文（艺）学—民俗学现象学方法的不同之处是，埃利亚德宗教学现象学方法，并不把现象学主观性观念直观的目光限定在某一个共同体当中，而是任意“变更”（胡塞尔）地把不同文化共同体的不同宗教现象——“比较不同环境中的类似行为［观念］”[①] ——都纳入现象学主观性观念直观的方法论范围之内，而与鲍曼表演理论的民间文（艺）学—民俗学方法的相同之处是，埃利亚德宗教学也陷入了现象学的主观性与认识论的客观性之间的相互矛盾之中。

> 一个宗教现象只有在其自身的层面上去把握它，也就是说，只有把它当成某种宗教的东西，才有可能去认识它。企图通过生理学、心理学、社会学、经济学、语言学、艺术或是其他任何研究去把握它的本质都是大谬不然的；这样做只会丢失其中的独特性和不可还原的因素——也就是它的神圣性。……要做到这一点并不容易。这样做，即使不是要给宗教现象下一个准确的定义，至少也要明确它的范围并且摆正它与心灵中其他事物的关系。……在我的研究中我主要感兴趣的乃是这些事实，这种由完全无法形成任何公式或者定义的因素所构成的谜一般的复杂性。禁忌、仪式、象征、神话、魔鬼、神灵——这些只是其中一部分而已，仅仅凭着这样一份单子来讲述故事的来龙去脉则是极其简单化的做法。我们真正所要着手处理的乃是一大堆各不相同的且混乱的行为、信仰和体系，它们汇集到一起而构成了我们所说的宗教现象。……什么是宗教？……我们能够在何种深度上谈论宗教的历史？我相信，在一开始就给宗教下一个定义是没有任何意义的，因此我只是打算考察各种“神显”（hierophanies）——我在最宽泛的意义上使用这个术语，就是指任何显示神圣的事物。因此我们只有在考察了一定数量的宗教形式之后，才能够考虑回答宗教

① ［德］康德：《实践理性批判》，韩水法译，商务印书馆1999年版，S. 154，第168页。

形式的历史这个问题。……我只是要看一看哪些事物在本质上是宗教的，它们揭示了什么。[①]

埃利亚德说，只有把宗教现象当作宗教自身，才可能认识宗教。但如何才可能把宗教现象当作宗教自身呢？如果“在一开始就给宗教下一个［理论概念的］定义是没有任何意义的”，因而并没有给出一个所谓“宗教”概念，我们又如何能够在不使用“宗教”概念的条件下，在经验中直观到可以被当作宗教自身的宗教现象？于是，埃利亚德不得不承认，“即使不是要给宗教现象下一个准确的［、理论的概念］定义，至少也要明确它的范围”。埃利亚德用以“明确”宗教现象范围的“术语”（变相的概念）“也就是它的神圣性”，“就是指任何显示神圣的事物”，也就是真正属于“它［宗教］的本质”的“宗教的东西”，埃利亚德称之为 hierophany（多用作复数 hierophanies），汉译为“神显”或“显圣物”。在本书中，笔者借机使用这两个汉语译词分别指代宗教信仰的“意向形式”——可类比于卡西尔“从纯粹现象学意义上说”[②] 的“神话［意向］之‘内在形式’（inner form）”[③] ——和宗教信仰的“意向对象”（意向形式的相关对象）。埃利亚德认为，“神显（意向形式）—显圣物（意向对象）”是一个“事物在本质上是宗教”的“独特性和不可还原的因素”。于是，埃利亚德在方法上就越发自相矛盾了：一方面，只有通过“神显—显圣物”这一宗教现象的“独特性和不可还原的因素”，才可能认识到一个“事物在本质上是宗教”；但另一方面，“只有在考察了一定数量的宗教形式之后”“至少也要明确［‘宗

---

① ［美］伊利亚德：《神圣的存在：比较宗教的范型》，晏可佳、姚蓓琴译，广西师范大学出版社 2008 年版，“作者前言”，第 1—2 页。“独特性和不可还原的因素”，汉译者在另一处译作“独特性和不可化约的因素”。同上引书，“中译本导读”，第 4 页。“综观伊利亚德一生的学术生涯，他始终坚守如一的一个基本立场就是所谓的反化约论（anti-reductionism）。伊利亚德在许多著作中都反复强调了这一立场。”同上引书，“中译本导读”，第 4 页。对现象的本质，埃里亚德持现象学还原的立场。

② ［德］卡西尔：《神话思维》，黄龙保、周振选译，柯礼文校，中国社会科学出版社 1992 年版，第 18 页。

③ ［德］卡西尔：《神话思维》，黄龙保、周振选译，柯礼文校，中国社会科学出版社 1992 年版，“序言”，第 7 页。“卡西尔的神话形式是把纯粹的观念直观分析方法用于神话而发现的纯粹形式，实际上等于神话的本质或纯粹现象。”户晓辉：《返回爱与自由的生活世界——纯粹民间文学关键词的哲学阐释》，江苏人民出版社 2010 年版，第 241 页。

教'所指称]它的范围"，才可能"揭示""神显—显圣物"是宗教自身的"独特性和不可还原的因素"。即，埃利亚德落入了究竟是"观点创造了对象""尺度造就现象"①"理论创造了事实"的先验规定还是现象造就尺度、对象创造了观点、事实创造了理论的经验性归纳的循环论证。如果是前者，埃利亚德就是一位现象学家，而"神显—显圣物"就是他给予宗教现象暨宗教自身以本质直观的现象学独断（就像鲍曼一样，独断地颁布了表演"责任"的"本质性因素"）——埃利亚德当然可以现象学地断言，没有什么神话本体，神话现象就是神话自身——如果是后者，埃利亚德则是一位经验论者，则"神显—显圣物"就不过是埃利亚德对"显得零乱"的"一大堆各不相同的且混乱的行为、信仰和体系，它们汇集到一起而构成了我们所说的宗教现象"予以经验性归纳而抽象出来的一个"通常切合平均数的［比较普遍性］规则"。

> 一会儿是人类自然本性的特殊规定（但有时也是关于某种一般的理性本性的理念），一会儿是完善性，一会儿又是幸福，这里是道德情感，那里是对上帝的畏惧，在一个奇怪的混合体里，从这里弄一点儿，又从那里弄一点儿，他们从来不会突然想到要问一问，是否能够哪怕在任何地方，从关于人类自然本性的认识中（我们毕竟只能从经验中获得这样的知识）找到德性的原则？②

"因为先于那些［道德］原则，它们［'神显—显圣物'］不可能通过任何认识能力［即便是现象学直观的认识能力］而作为善和恶［的意向对象］被给予"，所以阿默思兴许会批评"神显—显圣物"也还是"实证主义最后的遗迹"。对此，埃利亚德自己倒是心中有数。"埃利亚德一度把他的研究称为宗教现象学，意图用现象学方法来框定宗教现象，不过到后来他更多地使用宗教史学来指称［他的现象学倾向的历史

---

① ［美］伊利亚德：《神圣的存在：比较宗教的范型》，晏可佳、姚蓓琴译，广西师范大学出版社2008年版，"作者前言"，第1页。

② ［德］康德：《道德形而上学奠基》，杨云飞译，邓晓芒校，人民出版社2013年版，S. 410，第36—37页。

经验论］宗教研究”。①

> ［传统认识论认为，］直观只能将个体之物作为自己的对象，而观念之物或一般之物要通过抽象才能被我们所获得。胡塞尔与之相反地提出了“观念直观的抽象”这一命题。这样，在胡塞尔那里，直观便分成两种基本类型：个体直观［或个别直观］和观念直观［或本质直观］。在个体直观中，个体对象被构造出来，它们为我们发现观念对象提供了基础。……我们能够以对个体对象的直观为出发点，转变自己的目光，使它朝向观念对象。……本质直观必须以一个或几个经验、一个或几个个体直观为基础。……在对本质认识进行［直观］运用的情况下，经验的现实将再次被涉及到，被重新视为有效。……出于这一理由，我们可以将本质还原称之为一种对个体的和经验的存在所进行的“暂时性”排斥。……［1927年，］胡塞尔已经放弃了原先的观点，即认为可以通过目光的转向而从一个个体的直观过渡到一个本质直观上去；取代这个观点的是胡塞尔的一个新主张：为了进行本质直观，仅仅依据一个个体直观是不够的，因为既然要进行变更，我们就必须要有几个个体直观，否则“变更”就无从谈起。这种新的本质直观理论又被称之为“本质直观的变更法”……我们当然也可以按照《逻辑研究》的术语将这整个［自由任意想象变更的］过程称之为“观念直观抽象”的过程，即把它看作是从各种变项中抽象出常项的过程，或者说，从现实的红的事物中抽象出红的可能性的过程，但是，不可否认的是，新的抽象方式束缚在几个个别直观的进行这个条件上……［于是，］本质则可以是指个体的本质，也可以是指类本质或本质一般性。②

因此，尽管埃利亚德否认自己是宗教现象学学者，但我们却仍然可

---

① ［美］伊利亚德：《神圣的存在：比较宗教的范型》，晏可佳、姚蓓琴译，广西师范大学出版社2008年版，“中译本导读”，第5页。“或许由于伊利亚德强调超越于一般历史的范围去研究宗教现象，很多学者将其归入宗教现象学，甚至企图在一般现象学、宗教现象学和伊利亚德关于宗教的概念之间寻找种种联系。实际上，尽管伊利亚德赞同用现象学方法研究宗教，但是他并不是无条件地接受现象学方法，甚至还在晚年对……宗教现象学提出了批评。”同上引书，“中译本导读”，第6页。

② 倪梁康：《现象学及其效应——胡塞尔与当代德国哲学》，生活·读书·新知三联书店1994年版，“‘本质直观方法’及其形成与发展”，第75—80、85—86页。

以视埃利亚德为宗教现象学家。这是因为，“神显—显圣物”的确是对宗教现象予以主观性观念直观的现象学剩余物。但不同于阿默思、鲍曼对“本族体裁分类体系”和“表演的责任”的观念对象的个体直观，埃利亚德“神显—显圣物”是对同一观念对象的多个个体直观。用胡塞尔的话说就是，埃利亚德“神显—显圣物”“发源于”现象学主观性“本质直观的变更法”。但“本质直观的变更法”乃至“观念直观抽象”，的确又与对经验现象的感性直观抽象非常接近。由此，连胡塞尔现象学也避免不了与传统经验论的藕断丝连。

但是，尽管“神显—显圣物”的理论来源有些说不清道不明，“神显—显圣物”的实践意义，却明白无误。无论作为宗教现象的经验性“平均数”，还是作为宗教自身的现象学本质，“神显—显圣物”作为实践概念在逻辑上只是分析地搁置了“宗教”概念的组织、制度以及外在信仰（仪式）意向形式规定性的内涵，而单单“扩展”了其内在信仰（意识、意愿、意志）意向形式规定性的外延，拉齐、抹平了所有宗教现象之间在意向形式上的道德差别（康德称之为“齐一性”或“齐一”① 的同质性），同时又承认了各种宗教现象之间在意向对象上的文化差异——在埃利亚德看来，并非只有基督教才是宗教，也并非只有道德宗教才是宗教；进而对埃利亚德来说，唯当人类社会从世俗化重返神圣化，在实践上才称得上“正当”甚至“高尚”② ——体现了埃利亚德希望诸宗教之间自由、平等相处的大同理想。③ 当然，这并不意味

① “齐一的东西的综合。”［德］康德：《实践理性批判》，韩水法译，商务印书馆 1999 年版，S. 104，第 113—114 页。“齐一”，邓晓芒译作“同质”。［德］康德：《实践理性批判》，邓晓芒译，人民出版社 2003 年版，第 142 页。

② “历史事件使得新的宗教经验以及新的灵性价值出现。这并不是说进化随意采取一种相反的方向：原始民族高尚的宗教经验由于‘历史’给这些社会所带来的变化而变得越来越遥不可及。”［美］伊利亚德：《神圣的存在：比较宗教的范型》，晏可佳、姚蓓琴译，广西师范大学出版社 2008 年版，第 433 页。

③ “进入 20 世纪，人类学家和民族学家的田野工作更使得原始民族以及亚洲各民族的宗教也进入了‘历史’的范畴。”［美］伊利亚德：《神圣的存在：比较宗教的范型》，晏可佳、姚蓓琴译，广西师范大学出版社 2008 年版，“中译本导读”，第 5 页。“从他的论著里，我看到一种对非西方人文世界的历史和现实作用的尊重。”费孝通：《全球化与文化自觉——费孝通晚年文选》，方李莉编，外语教学与研究出版社 2013 年版，第 74 页。“美国民俗学家……只是戴着语境的理论眼镜，到‘全国各地’去直观民众的表演，就已经是在通过‘呈现社会事实’而维护、促进民众的表演权利了。”吕微：《民俗学：一门伟大的学科——从学术反思到实践科学的历史与逻辑研究》，中国社会科学出版社 2015 年版，第十章“‘表演的责任’与民俗学的‘实践研究’——鲍曼《表演的否认》的实践民俗学目的—方法论”，第 374 页。

着，“神显—显圣物”作为理论概念就是无效的，这正如埃利亚德说的，即便“在一开始就给宗教下一个定义是没有任何意义的”“即使不是要给宗教现象下一个准确的定义，至少也要明确它的范围”，而作为理论概念的“神显—显圣物”就发挥了明确宗教现象的经验性范围的规定性作用。问题并不在于用理论概念规定对象或者至少规定对象的范围，在认识上是否合理以及在实践上是否合法——因为“对人来说，现实［先验地就已经］在语词的水平上成象”，[①] 因此人们只能且不可能不通过词语——或者是日常用语（俗语）或者是学术用语（术语）——让对象通过概念被表象为现象。埃利亚德的问题仅仅在于，模棱两可的“神显—显圣物”，既可以被用作实践理念而“发源于”现象学的观念直观甚至先验论的理念演绎，也可以被用作理论概念而“开始于”认识论的经验直观。如果作为前者，“神显—显圣物”就应该是现象学—先验论反思本体的主观性实践观念条件——并且可“以令人信服的方式来阐述这种联系”；可惜的是不仅埃利亚德、卡西尔没有这样做，鲍曼也没有这样做——如果作为后者，“神显—显圣物”就应该是认识论规定现象的客观性理论概念条件。从埃利亚德为“明确宗教现象范围”而使用“神显—显圣物”的目的来看，“神显—显圣物”更接近于经验性的理论概念而不是先验的实践观念。但这并不意味着凡理论概念都与实践认识无关；恰恰相反，由于任何实践都必须实践为实践现象，而实践现象只有在理论概念—感性直观的认识论条件下才可能显现为实践现象——让感性对象通过知性概念被表象为经验现象是理论理性的认识论“职责”[②]——所以，理论认识的经验性概念恰恰构成了实践研究

---

① 陈嘉映：《语言哲学》，北京大学出版社 2003 年版，第 84—85 页。

② “不论知性是如何达到这个概念的，这概念的对象的存有却终归不能在这个概念中分析地发现，因为对客体的实存的知识恰好在于，这客体本身是自在地在思想之外建立起来的。”［德］康德：《纯粹理性批判》，邓晓芒译，人民出版社 2004 年版，A639/B667，第 503 页。“在自然知识里面，所发生的事件的原则，同时就是自然法则，因为理性的应用在那里是理论的，是由客体的性质决定的。”［德］康德：《实践理性批判》，韩水法译，商务印书馆 1999 年版，S. 19—20，第 17—18 页。“知性……依照概念表达表象与一个客体的关系。”同上引书，S. 22，第 20 页。“这些现象是依照那些法则而被置于范畴之下，只有这样，它们才能作为经验的对象被认识，因而一切可能的经验必须符合这些法则。”同上引书，S. 46，第 49 页。“没有这些范畴，关于实存的东西的任何认识都不能实现。”同上引书，S. 54，第 57 页。“像纯粹知性概念或者理性在理论应用这种的范畴那样，源始地与（就如将所与直观杂多的综合统一性规定在一个意识之中）客体相关联。”同上引书，S. 65，第 70 页。

的现象学—先验论悬搁（经验性概念）—还原（先验理念）的理论概念据以“为推论提供有用的材料”[①] 的“先行的材料”“最初的材料”[②] 的“开始”起点（当然不是实践理念的先行材料、最初材料的“发源”出处）。对此，无论现象学还是先验论，都不需要讳莫如深。

> 要以神话意识的［观念直观的经验性］事实，以比较神话学和比较宗教学的经验材料为先决条件。这类材料，特别是19世纪中叶以来发现的日益增多的大量素材，极大地扩展了神话哲学的课题。[③] ……卡西尔使用比较神话和比较宗教的经验材料，但使用的方式却与实证研究者使用这些材料的方式不同，也就是说，他不在实证检验的意义上使用它们。……必须从给予之物［的经验现象］出发，从在经验上建立起来的文化意识的［主观性观念的现象学经验］事实出发；但它不能止于这些单纯的［经验现象事实］资料。它必须从［经验现象］事实的实在性往回追寻其可能性的诸［先验甚至超验］条件。……向神话自身的回归或还原就是注视神话的纯粹存在本身，只有回到神话的实事本身，神话才能向我们开显本真的面目。在此，我首先仍然要回到希腊神话的世界［的经验现象“材料”］，看它在希腊人眼里的本源含义。……我选取希腊神话作为返回神话自身的［经验现象事实］个案……只是以希腊神话为［经验现象事实］个案而已……回归希腊神话这个［经验现象的］实例可以充当一个线索或引导，使我们看到：返回神话自身是研究神话的一个“不二法门”。[④]

这就是说，尽管通过——例如“神话”“信仰”“叙事”“宗教”

① ［德］康德：《纯粹理性批判》，邓晓芒译，人民出版社2004年版，A799/B827，第608页。

② ［德］康德：《实践理性批判》，韩水法译，商务印书馆1999年版，S. 31，第32页；S. 42，第45页；S. 91，第99页。

③ ［德］卡西尔：《神话思维》，黄龙保、周振选译，柯礼文校，中国社会科学出版社1992年版，第17页。

④ 户晓辉：《返回爱与自由的生活世界——纯粹民间文学关键词的哲学阐释》，江苏人民出版社2010年版，第239、245、258、266页。

等——理论概念的"成见"而"成象"的经验现象还是经验现象，[①] 但在这里，理论概念的使用方式已经被改造得如巴斯科姆所言"用法已变化了"。即，这里仅仅把理论概念转换地用作还原经验现象的先验条件的具有"线索或引导"作用的"启发性的概念"或"启发性的原理"，因而不再仅仅被用作理论认识的"规定性"概念，而这正是实践神话学的"实践认识"或"实践研究"在方法论上的关键之处。

> 一位只在显微镜下研究大象的博物学家会不会认为他对这些动物已有足够的认识呢？显微镜显示，大象细胞的构造和机制与一切多细胞有机体并无二致。然而这就是我们所要认识的全部吗？在显微镜层面上还不能完全确定。在人眼的层面上，在这个至少承认大象是一个动物学现象的层面上，一切的不确定性就全部烟消云散了。[②]

埃利亚德还是承认了，动物学（理论理性经验性认识论）"人眼"中"大象"概念"层面"显现的"大象"现象，而不是细胞学（同样是理论理性经验性认识论但却是不同学科）"显微镜"中"有机体"概念"层面"显现的"有机体"现象，才是大象研究的"开始"起点——正如"我们可以把每一个概念看做一个点，它作为观看者的立足点有自己的视野"[③] ——同样理由，在本书中，笔者从一开始就不回避

---

① "现象来自哪里呢？——来自材料。由于列维－布留尔不做所谓的田野作业，他看到的现象或者他认为研究者看到的现象只能来自材料。列维－布留尔在使用材料时指出，最先看见不发达民族的人们，不会对他们接触到的制度和风俗作精确、细致和尽可能充分的观察，而只是记录他们认为最突出、最奇怪、最强烈地打动他们的好奇心的东西。他们在描写事实的同时当然也不客气地解释了事实。某些传教士由于长期生活在他们所描写的社会中，差不多被这些社会的精神同化了，这样，我们在读他们的描写时，就可以不太费力地把观察本身与渗入观察的成见区别开来。'这些最老一辈的观察家们有一个好处，就是他们不知道任何社会学理论，他们对自己报道的东西越是不理解，他们的报道往往对我们越重要'。"户晓辉：《返回爱与自由的生活世界——纯粹民间文学关键词的哲学阐释》，江苏人民出版社2010年版，第217—218页。"毫无疑问，在当前的文字形式中，这些故事在转写人、注释者、博学的祭司和神学家的手上经历了非常大的变化……文本形式的神话可能经过了许多人的主观意向的改造，使其本源的意义丧失殆尽。"同上引书，第230页。

② ［美］伊利亚德：《神圣的存在：比较宗教的范型》，晏可佳、姚蓓琴译，广西师范大学出版社2008年版，"作者前言"，第1页。

③ ［德］康德：《纯粹理性批判》，邓晓芒译，人民出版社2004年版，A658/B686，第516页。

使用民间文（艺）学—民俗学学科“层面”的理论神话学“神话”概念的经典定义即“格林定义”及其说明性的“最后见解”，也不会轻易地否定神话学学术史上任何一位神话学家提出的“神话”概念的理论定义；而是希望如有可能，同情地为这些神话理论的概念、命题在经过了现象学—先验论反思而还原出来的神话学学术史的历时性过程和共时性结构中设想、设定一个恰当、合适的理论位置。正如笔者在本书中已反复强调的：尽管我们是从神话现象还原出神话原型，然而一旦我们还原出神话原型，我们就可以说，神话原型内在地存在于任何神话、任何叙事、任何表演、任何实践现象的底层，构成了人（类）的任何实践现象的先验条件，因而神话原型就是人（类）的存在的无条件条件。但是，在最终还原出神话原型之前，民间文（艺）学—民俗学的“神话”概念，始终是我们据以还原的直观起点。就像现象学家们经常说的，尽管我只是暂时直观到桌子的正面或上面，但我“信仰”（设定）桌子是三维立体之物而不是二维平面之物，因为我必然可能“历时性”地交互直观（甚至只是在想象中直观）桌子的侧面、背面以及桌子的底面，以证明我对桌子的“共时性”“存在设定”（信仰），只要我们直观的始终是桌子（因而“桌子”这个学科概念“决不容许放弃”）。

这样，在经历了漫长的神话学民间文（艺）学—民俗学现象学—先验论革命之后，现在，笔者在统一地回答了“什么是神话?”和“神话是什么?”这两个神话学的基础问题——神话原型是“人的本原性（实践的道德神圣性）、本真性（信仰的超验真实性）的存在方式”或“人的纯粹实践理性情感信仰双向意向形式”——之后，轮到笔者阐明本书的写作方法同时也是研究方法的时候了。现在，“什么是神话?”问的是“什么题材内容（质料规定性）的故事是神话?”而“神话是什么?”问的是“神话是什么体裁形式（界限规定性）的叙事?”大部分民间文（艺）学—民俗学的神话学家在理论地定义“神话”概念的时候，都试图兼顾地回答上述这两个问题——即便是民间文学（艺）界举足轻重的汤普森，当他单单使用故事题材内容质料规定性的“最低限度”定义“神话”的时候，其实也仅仅是为了照顾编纂民间故事“类型”和神话“母题”的技术性、工具性、手段性需要，并不是严谨的理论定义——因为，区分实体（substance 或 entity）对象的质料或内容（matter）表象规定性与形式（form）界限表象规定性，是自古希腊亚里士多德以来欧洲学术思想方法的传统，而一众欧洲民间文（艺）学—民俗学家们也生活在这一方法论传统当中，因而自觉或不自觉地接受过其“规定性”的熏陶。罗素生动地介绍过亚里士多德的“质料—形式”说：

> 我们可以从一个大理石像着手，在这儿大理石是质料，而雕刻家所塑造的形状便是形式。或者，用亚里士多德的例子，如果一个人制造了一个铜球，那么铜便是质料，球状便是形式；以平静的海为例，水便是质料，平静便是形式。至此为止，一切全都是简单的。……正是凭借着形式，质料才成为某种确定的东西，而这［形式］便是事物的实质。亚里士多德的意思似乎就是平易的常识：一件“东西”必定是有界限的，而界限便构成了它的形式。……现在我们就来看一种新的表述，这种新的表述看起来似乎是很困难的。他告诉我们说，灵魂是身体的形式。这里的“形式”并不意味着“形状”，那是很明白的事。……灵魂就是使身体成为一件东西的东西……因而看起来，似乎“形式”就是把统一性赋予某一部分物质的那种［本质的］东西。……一件事物的形式就是它的本质和它的原始实质。……形式是实质，它独立存在于它所由以体现的质料之外。①

亚里士多德认为，实体（也可以说“事物”即“事”和“物”）的本质（实质）是由实体的形式部分规定的，但形状只是实体形式的最直观的规定性，实体形式更抽象的规定性是：使一种实体在类（种属）上区别于其他实体的界限。在实体的抽象界限被认同于实体形式的条件下，亚里士多德实际上认为，实体的“［概念］统一性”界限——例如“平静”（的概念）是海水的形式、“灵魂”（的概念）是身体的形式——才构成了实体真正的本质（实质），就像康德说的，“有关某种一般客体的一种形式的，却仍然本质的思想”，② 即“形式”是“使一件东西成为一件东西的东西”（亚里士多德）的本质“独特性和不可还原的因素”。因此，亚里士多德才说，形式“独立存在于它［实体］所由以体现的质料之外”；借用康德的话说就是，概念形式是人们为了

---

① ［英］罗素：《西方哲学史》（上），何兆武译，商务印书馆1976年版，第215—217页。
② ［德］康德：《实践理性批判》，韩水法译，商务印书馆1999年版，S. 50，第53页。

认识实体而从外面（“发源于”纯粹理性）放进实体再从实体中取出来的。①这样，通过引述亚里士多德的说法，我们当已了解，现代以来，欧洲民间文（艺）学—民俗学家的神话学们在定义“神话”的时候，曾如何深受亚里士多德方法论传统的“规定性”影响。

博尔尼从内容（质料）和形式（界限）两方面定义“神话”而更偏重“神话”定义的信仰叙事体裁形式界限规定性的人类学“最后见解”，得到了马林诺夫斯基的充分肯定；而博厄斯则完全否定从故事题材内容质料规定性方面定义“神话”的任何可能性。不同于欧洲学者的普遍做法，中国学者无论是文学家鲁迅、茅盾、谢六逸，还是宗教学家黄石、人类学家林惠祥，在兼顾“神话”定义的内容质料规定性与形式界限规定性的同时，却更偏重于神话的故事题材——即便古史辨学派学者（顾颉刚、杨宽……）在现象学地搁置了“假古史”而还原出来的“真神话”剩余物，也还是主要从内容上表象了诸神（历史化为上古帝王）的起源与“世系”（茅盾）——以至于神话的信仰叙事体裁，在他们那里只是定义“神话”时（可有可无）的调节性条件而不是构成性条件，即并不能被用作（至少不能被直接用作）一则叙事“是”抑或“不是”神话的本质（实质）性判断标准。而顾颉刚对“古史传说”作为历史信仰叙事体裁形式（文类、文体）的猛烈抨击，只是以否定性方式反向地阐明了中国古代汉语神话的本质（实质）性构成性（而不是调节性）条件，而意外地成就了“中国神话历史化”命题（主要是反题主张）给予世界神话学的划时代贡献。

但是，无论在欧美神话学家还是在中国神话学家手中，“神话”定义的内容质料规定性与形式界限规定性之间，都内在地呈现出某种紧张甚至尖锐的对立关系。而对于这一对立关系的成因，一开始，全世界的神话学家们几乎异口同声地断言，这是因为同一性理论在多样性文化之间的“跨语际实践”（刘禾）——“同一故事类型［的题材内容］在第一个社会中可能是民间故事，在第二个社会中是传说，在第三个社会中成了神话”（巴斯科姆）——所造成的结果，而尚未认识到，理论神话学“神话”概念的经典定义即“格林定义”的理论概念+“实践命名”

---

①　吕微：《民俗学：一门伟大的学科——从理论反思到实践科学的历史与逻辑研究》，中国社会科学出版社2015年版，第40页。

的“混血”“混合”定义方式本身——而不是随着“西方社会对异文化的了解日益增长”（史密斯）对“其他的传统里……myth”的再发现（威廉斯）或“当代活的较高文化中，如印度、日本、中国，以及欧、美所有的神话学，本可因原始民俗信仰底比较研究，而有会心”——造成了“神话”概念的内在矛盾。① 但是，面对理论神话学“神话”概念经典定义的内在矛盾，欧美和中国的神话学家们为维护“神话”概念的理论统一性和应用有效性，却采取了截然相反的做法：或者完全摒弃“神话”定义的故事题材内容质料规定性而仅仅坚持其信仰叙事体裁形式界限规定性（博厄斯“北美印第安神话”论），或者专注于“神话”定义的故事题材内容质料规定性而无视其信仰叙事体裁形式界限规定性（茅盾“中国神话历史化”命题的正题主张）。但是，欧美和中国神话学家们各自片面的相反做法，尽管都因搁置某项规定性而暂时维护了“神话”概念的理论定义在逻辑上不自相矛盾的使用效应，却同时遮蔽了“神话”定义的内在矛盾的真正起因。即，不是说“神话”定义的内在矛盾起源于“神话”概念的跨文化使用，而是说“神话”定义的内在矛盾起源于“实践命名”的“神话”概念的理论使用，而“实践命名”的理论使用并不会因为文化内使用——例如柏拉图“好的假故事”就是将实践地信仰的“好故事”理论地认定为“假故事”，从而陷入了理论认识与信仰实践的二论背反——或者文化间使用而有任何等差。换句话说，面对（无论文化内还是文化间）神话叙事的信仰实践，如果神话学家们始终坚持“神话”概念的理论使用，视神话实践为可以用知性概念认识地规定的感性直观的经验性客体（现象），而不是首先（暂时搁置知性概念而）现象学地还原出神话实践自由主体（本体）的先验观念，那么，即便神话学家们有意识（亚里士多德式）地区分了“神话”定义的故事题材内容质料规定性与信仰体裁形式界限规定性，进而使用“神话”定义的理论概念普遍地规定（可以感性地直观的）神话叙事（“神的故事”的）题材内容和（对“神的故事”景仰态度的）信仰叙事体裁形式的实践现象，“神话”概念在逻辑上的二论

---

① “未能从纯粹形式上认识神话概念的跨文化意向性，因而往往陷于神话内容的文化相对主义泥淖，难以自拔。”户晓辉：《返回爱与自由的生活世界——纯粹民间文学关键词的哲学阐释》，江苏人民出版社 2010 年版，第 207 页。

背反也仍然无可避免：或者故事的题材内容不是“神的故事”；或者“神的故事”并不属于信仰叙事的体裁形式。尽管这并不意味着，“神话”定义的理论概念普遍地规定的神话现象，不能够被我们用作对神话本质（实质）的“实践认识”或“实践研究”的理性—超验“发源”条件的感性—经验性“开始”条件。

“出于这一理由”，亚里士多德开创的可以为各学科共同使用的理论理性定义概念的逻辑方法，就仍然是可取用的，因为这一方法可以让个体对象在感性直观中被经验性地表象为现象的事实——如果我希望直观到“红”的主观观念和客观本质，我就必须先直观红的个别对象或个体现象——在本书中，笔者选用的“神话”定义是被马林诺夫斯基称赞过、并且在现代中国神话学界被普遍采纳的人类学定义“神话”的“最后见解”。笔者如此做的理由，通过以上讨论埃利亚德现象学神话学的失误已昭然若揭：理论概念规定的经验现象是反思地还原实践（“发源”）的先验理念的直观（“开始”）起点——尽管无论从时间上说还是从逻辑上说，“神话”的“实践命名”都先于理论概念（格林兄弟）——而笔者更具体的理由是：第一，该“最后见解”被引进中国的百年之后，已反哺给日常知识，成了老百姓普通人人尽皆知、家喻户晓地用以指称“虚构性”叙事的理论理性认识论概念，尽管是以日常知识的形态呈现的；第二，该“最后见解”被引进中国神话学界之后，中国神话学家们将这一概念的理论理性使用方式（通过“中国神话历史化”命题）放大到了极致。正因如此，我们作为神话学的后来者才有可能通过其放大到极致的理论认识的使用方式，更有效地阐明“神话”定义的理性悖论。

根据亚里士多德的理论理性认识论方法论，一个概念——这概念可以被用来规定无论是经验性的特殊对象还是先验的一般对象——的定义公式是：种概念 = 种差概念 + 属概念。[①] 例如在“神话是真实性信仰体

---

① “那些单个物的多种多样性并不排除种的同一性，多个种必须只被当做少数类的各种不同的规定来处理，但这些类又还必须需由更高的种类来说处理，如此等等，所以一切可能的经验性概念的某种系统同一性就这些概念可以从更感到更普遍的概念中推导出来而言是必须去追求的：这就是一条经院派的规则或逻辑原则，没有它，理性的任何运用都不会发生，因为我们只有当诸物的特殊属性所从属的那些普遍属性被当做基础时，在此限度内才能从普遍的东西推论出特殊的东西。”［德］康德：《纯粹理性批判》，邓晓芒译，人民出版社 2004 年版，A651—652/B679—680，第 512 页。“代替‘定义’这个术语，我宁可用‘阐明’这一术语，后者总还保留着小心谨慎。”同上引书，A729/B757，第 563 页。

裁形式的叙事"[①]这一"神话"定义中，"叙事"是属概念，"神话"是种概念，而"真实性信仰体裁形式"是种差概念。这样，通过种差概念（真实性信仰体裁形式）对属概念（叙事）的"形式"界限的限制、限定，我们就得到了从属于属概念（叙事）的种概念（神话）的本质或实质性"形式"规定性。这就是说，凡定义一个概念，我们都必须后退到作为本位概念的种概念的上位概念（并非一定就是最高级别概念）即属概念，将作为上位概念的属概念用作从逻辑上规定作为下位概念的种概念的大前提条件，然后再将一个种差概念作为小前提条件加诸属概念大前提条件上面以限制之，这样我们得到了一个可以通过种差概念用属概念规定种概念的判断命题即对作为本位概念的属概念的逻辑定义（对事物的形式界限的本质说明或实质说明）。而这就是"神话是真实性信仰体裁形式的叙事"（种概念 = 种差概念 + 属概念）这一"神话"定义的逻辑方式。[②]由此，民间文（文）学—民俗学的神话学家们才可以说，"神话是信仰形式的叙事体裁"（格林兄弟）。换句话说，"神话是信仰形式的叙事体裁"只是民间文（艺）学—民俗学的神话学家们从本学科"层面"出发，使用亚里士多德的理论理性认识论方法论给予"神话"概念的逻辑定义。因此，在民间文（艺）学—民俗学的"神话"定义中，作为"神话"本位概念（种概念）的上位概念（属概念）的"总体性""整体性""全体性""叙事""这个命题［才］是决不容许放弃的"；否则，不以"叙事"——例如"小群体内［面对面］的艺术性交际"——为上位概念（属概念）的"神话"本位概念（属概念）的逻辑定义就不是民间文（艺）学—民俗学"层面"的学科定义了。回顾民间文（艺）学—民俗学学术史，虽然神话学家们很少直接使用亚里士多德式的理论方法逻辑地定义"神话"概念，而多是从内容质料规定性和形式界限规定性这两方面分别描述神话的性质和特征（如前列举的中国神话学家鲁迅、茅盾、黄石、谢六逸、林惠

① "神话可以构成真实的最高形式。"［美］邓迪斯：《导言》，朝戈金译，载［美］邓迪斯编《西方神话学读本》，广西师范大学出版社 2006 年版，第 1 页。

② "对一个概念通过理性所作的逻辑规定是基于一个选言的三段式推理，在其中，大前提包含一种逻辑的划分（对一个普遍概念的范围的分割），小前提把这个范围限制到某一个部分，而结论则通过这个部分对该概念加以规定。"［德］康德：《纯粹理性批判》，邓晓芒译，人民出版社 2004 年版，A576—577/B604—605，第 461 页。

祥……的做法)，但亚里士多德式定义概念的逻辑方法仍然深刻地影响甚至决定了民间文（艺）学—民俗学的神话学家们对神话现象的理论认识。至少，我们可以从格林兄弟之于神话、传说和童话的三分法中解读出隐藏于其中的“神话是信仰形式的叙事体裁”这一亚里士多德式的“神话”定义（神话观)。正因如此，笔者在本书中才有可能理据充分地断言，民间文（艺）学—民俗学为神话研究奠定了现代学科的理论基础，即从民间文学体裁划分的角度看，19 世纪 10 年代以后德国格林兄弟的民间文学研究是现代神话学真正的学科起源，从格林兄弟开始，神话学才开始成为一门专业的学问；而其他学科的学者，则因未曾致力于将神话规定为叙事（故事）文本的特定体裁（文体、文类)，进而用叙事体裁将其规定为特定学科的学术对象，也就无缘于神话学学术的学科创立。自格林兄弟以来，任何其他学科学者的神话研究，都必定以格林兄弟对民间文学叙事（故事）文本的体裁形式（文体、文类）的理论划分为前提条件，而不再可能绕开格林兄弟的做法。亦即，如果没有对叙事（故事）文本体裁形式（文体、文类）的概念划分，任一学科的学者都无法再自诩其研究的对象就是神话，即格林兄弟之后，任何其他学科的学者，都不再可能视仅仅以审美或娱乐为实践目的的叙事体裁为“神话”了；即便在他们的神话研究中并不总是提及格林兄弟的神话学贡献。

当然，基于民间文（艺）学—民俗学学科“层面”对“神话”概念的逻辑定义，并不必须（也没必要）以否定其他学科的“神话”定义为代价，例如宗教学者就完全可以认为“神话是叙事形式的信仰”。只不过这样一来，在宗教学者的“神话”定义中，本位概念（种概念）“神话”的上位概念（属概念）就不再是“叙事”而是“信仰”。[①] 晚近的现象学神话学家们反对亚里士多德式的定义“神话”概念的逻辑方式（如上引埃里亚德)，认为“神话”这个词语，即便（黾勉为之）

① “限于专业的划分，神话学在当代中国被归类为文学专业中的民间文学子类。国内的哲学界和思想史研究者一般不谈神话问题，国内的神话学界对此也基本上无动于衷，因为专业的划分使得他们只能关注作为民间文学的神话故事、人物形象和母题的流变等，而对于神话思维所代表的历史之源问题，则根本不会去费太多心思和笔墨。”叶舒宪：《“神话中国”vs“轴心时代”：“哲学突破”说及“科学中国”说批判》，载谭佳主编《神话中国——中国神话学的反思与开拓》，生活·读书·新知三联书店 2019 年版，第 20 页。

被用作“概念”，也是不可定义的。这是因为，在“神话”概念之上，再没有什么更上位的概念了，“神话”本身被视为一个终极概念（准确说应该是“终极命名”），就像“不可还原”的存在之为“存在”。因此，对“神话”概念的逻辑定义——即通过“神话”本位种概念的上位属概念（无论这上位属概念究竟是“叙事”抑或“信仰”……）来定义“神话”——在逻辑上就是不可能的。[①] 但是，对“神话”概念的逻辑定义，只是神话学家们据以还原神话现象的神话本体的直观起点。现象学神话学家们主张“回到神话本身（自身）”即回到唯有通过终极概念才有可能被思想的神话现象本身——现象学神话学家对神话本体、神话原型取“不设定存在”（胡塞尔）的搁置态度——但是，如何才可能且能够回到神话自身呢？现象学神话学家们发现，却又唯有通过神话现象（即便现象学神话学家们认为，神话现象本身就是神话本质的自身呈现）即能够“以感性直观［神话现象的‘神话’概念］为基础和出发点”，[②] 但这就又回到逻辑定义的“神话”概念，而没有种属层次的逻辑定义的“神话”概念，神话现象无法被呈现出来。

> 我将尝试证明实体论，而不是其他视角给出的［理论—逻辑］定义的合理性，理由是，如果不是出于其他原因，那么就是因为实体论视角给出的［理论—逻辑］定义为我们提供了一个清晰、可操作［即可表象为现象的经验对象］的区分标准……[③]

这是因为，“从逻辑上说”——主体首先通过命名而实践出神话现象［见本文绪论］；其次才是——“无论神话学研究的是什么，在这种

---

① “从本质上说，无论这些研究怎样认识神话，都是把神话植入‘是……’的判断关联之中，无论研究者给出怎样的答案，都是有关神话属性的判断。这样的研究或判断，对于神话本身的存在仍然很少有所言说。我们很难意识到：神话就是神话，不是别的任何东西。”户晓辉：《返回爱与自由的生活世界——纯粹民间文学关键词的哲学阐释》，江苏人民出版社 2010 年版，第 209 页。“以定义的方式寻求神话的意义永远有缘木求鱼的危险。”同上引书，第 278 页。

② 户晓辉：《返回爱与自由的生活世界——纯粹民间文学关键词的哲学阐释》，江苏人民出版社 2010 年版，第 278—279 页。

③ ［美］亨特：《宗教与日常生活》，王修晓、林宏译，中央编译出版社 2010 年版，第 16—17 页。

研究之前，神话本身就已经在那些以科学的、宗教的、艺术的或社会的方式与它打交道的人的［理论］意识中出现了”（罗瑟夫）。[1] 而任何一种实践命名，都是在与其他实践命名的相互（逻辑）关系中被约定的，即便是任意地约定的。这就是说，无论理论概念还是实践命名，如果其规定或约定所指称的都是现象，那么就一定是在与相关“词语”的交互（逻辑）关系中被规定或约定的，而不是什么终极概念或终极命名。终极命名或终极概念（理念）的理想，只能是现象学—先验论还原的结果，而不可能直接就是直观的对象（在这方面埃里亚德“不可还原”的现象学教训最为显著）。

> 我们将各种交际的文化范畴中形成的传统体裁［的“实践命名”］转化成科学概念。……有关体裁的各种术语是任何一种语言都不可缺少的一部分，是用来以言语表达话语的，是构想传统的不同范畴的。神话、故事、传说、歌谣，以及它们在其他语言中［家族相似］的对应术语，早在学者构建起民俗学的概念之前就已经存在了。当民俗学成为一个学科，其研究也披上科学的外衣时，我们借用了这些已经存在的［实践］术语，并将它们作为科学概念而教条化了。我们将它们从“自然语言”的语境关系中转化成学科术语，试图将它们作为科学语言来思考；而它们在自然语言中的意思非常明显地是含糊不清的，具有意义的多重性，可是科学术语需要的是意义清晰、所指明确的。[2]

现在，如果说民间文学—民俗（神话、传说、童话等叙事体裁）的自我“实践命名”不仅在时间上更是在逻辑上先于民间文（艺）学—民俗学的理论概念，那么，现象学地看，理论概念其实也就是对“实践命名”的观念直观——所谓起源于格林兄弟的民间文学三分法实际上已经部分是现象学方法的学科应用，尽管格林兄弟《儿童与家庭故事集》

---

① 户晓辉：《返回爱与自由的生活世界——纯粹民间文学关键词的哲学阐释》，江苏人民出版社 2010 年版，第 267 页。

② ［美］阿默思：《分析类别与本族类型》，载张举文编译《民俗学概念与方法——丹·本－阿默思文集》，中国社会科学出版社 2018 年版，第 105 页；［美］阿默思：《民俗学中类型的概念》，同上引书，第 83—84 页。

(1812）在时间上远远早于胡塞尔《逻辑研究》(1900）——而后来的民间文（艺）学—民俗学的神话学家们在使用“神话”等概念时遭遇的困境，用现象学的话说就是，对一个个体对象的本质直观无法“变更”地达成对几个个体直观的“类本质”抽象。[①] 也许，我们可以现象学地降格以求“神话”概念的理论定义在实践研究中遭遇的二论背反，其实只是现象学通过个体直观而还原的个别本质与通过多个个体直观而还原的“类本质”之间的矛盾。即，格林兄弟的“民间文学”概念仅仅是对欧洲一个实践个体自我任意约定命名的观念—本质直观；而博尔尼以降民间文（艺）学—民俗学家们的“本族体裁分类体系”是对欧洲以外几个实践个体自我任意约定命名的观念—类本质直观。但是，如果民间文（艺）学—民俗学的神话学家们尝试使用“抽象”方法给出个体直观间共有的“类本质”，那么，神话学家们不是回到了传统认识论的客观现象（事实）“直观”（归纳）方法的老路，就是走不出现象学的主观现象（观念）直观（描述）方法的穷途。就像埃利亚德的“神显—显圣物”，固然是对诸宗教个体主观观念的类本质直观的现象学还原剩余物，[②] 但仍然只是诸宗教个体“独特性”现象的主观观念之间再“不可还原”的意向形式—意向对象的现象学主观性“描述”甚至经验论客观性“抽象”的“类本质”；而很难说就还原了宗教本体的客观必然性、严格普遍性本质。

有鉴于此，笔者在本书中只是有条件地使用了现象学主观性观念直观的反思—还原方法，尽管笔者将神话学革命命名为“现象学—先验论革命”。换句话说，对于笔者来说，在本书中，传统的理论神话学“神话”概念的经典定义即“格林定义”仍然被用作感性地直观神话现象的经验事实的“开始”条件，即“以感性直观［的神话现象］为基础和出发点”的理论神话学从来所认定的神话现象的直接经验（田野材料）或间接经验（文献材料)；而现象学观念直观，只是“启发式应

① 倪梁康：《现象学及其效应——胡塞尔与当代德国哲学》，生活・读书・新知三联书店1994年版，“‘本质直观方法’及其形成与发展”，第78—80页。

② “伊利亚德批评道，宗教现象学家‘在原则上拒绝任何比较的工作；由于只和一种或者另外一种宗教现象打交道，因此只囿于「研究」一种宗教并推测它的意义’。”［美］伊利亚德：《神圣的存在：比较宗教的范型》，晏可佳、姚蓓琴译，广西师范大学出版社2008年版，“中译本导读”，第6页。

用”“启发性地使用”（户晓辉）“神话”概念，以便能够让神话学家们还原到神话主体（共同体、个体）自我主观任意约定的“实践命名”——即便“某个具体的文化传统中没有‘神话’这个［自我任意约定的‘实践命名’］名称”——的主观性方法，因而唯独先验论理念演绎，才是神话学现象学—先验论革命应该采纳的能够最终还原出神话原型“发源”条件的客观性目的论方法论，如果神话现象是神话原型在现实世界、事实世界中的实践结果。但是，尽管先验论客观性理念演绎的还原方法，被神话学革命用作最终的目的论方法论；实践理性却并不否认现象学主观性观念直观的还原方法甚至认识论的客观性经验直观的抽象方法作为“启发性的原理”曾经的贡献，因而将后者都用在神话学革命的全部过程中。这就是说，对于先验论客观性理念演绎的反思性方法来说，现象学主观性观念直观的反思性方法是让理论理性回到实践理性的“启发”条件；而认识论的概念规定—经验直观的规定性方法，甚至是现象学主观性观念直观以及先验论客观性理念演绎之所以能够还原出人的存在的“发源”条件的“开始”条件。这就是说，感性经验直观与现象学经验直观构成了神话学革命的双重反思还原的双重直观起点。于是，现在，如果民间文（艺）学—民俗学的神话学家们承认，他们的确希望从民间文（艺）学—民俗学的学科立场出发，将神话现象还原为神话本体，那么他们就必定要动用理论神话学传统的、经典的“神话”概念——其实是已经容纳了“实践命名”的“混血”“混合”理论概念——包括作为本位概念种概念“神话”的上位概念属概念的“叙事”（格林兄弟）、“艺术”、“宗教”、“表演”等。因而像“神显—显圣物”这样的在埃利亚德的宗教现象学主观性观念直观中再“不可还原”的“变更”剩余物，实际上也就被用作了现象学直观神话实践的主观观念以便客观地演绎神话实践的先验论理念的“开始”条件。但是，对于更彻底的现象学神话学家来说，甚至像“叙事”“艺术”“宗教”“表演”……这样的理论概念也一概都不能被用作“神话”概念的上位概念属概念即“有内容的构成性概念”，而仅仅应该被用作“纯形式的引导性概念”；这样，“即使当某个具体的文化传统中没有‘神话’这个名称”被用作“有内容的构成性概念”，像“叙事”“艺术”“宗教”“表演”等“纯形式的引导性概念”，才必然可能“引导并促成不同文化传统的神话现象的出场和自我显现”，即“使这个文化传统的‘具体神话’现象显现出来”。

> 我们对神话的描述不能不使用概念，但我们尽量“运用那些产生于被直观之物本身之中的［例如主体主观任意约定的“本族体裁分类体系”的“实践命名”］概念来表达被直观之物”（倪梁康），这意味着我们使用的概念将保留被直观之物（例如，神话）自身的成分或现象。我们的目的是让神话自身显现，让它自身作为自身在概念中存在。……我更愿意把莫恩的具体神话（Mythen）称为一个有内容的构成性概念，把他的作为科学元语言的神话（Mythos）称为一定纯形式的引导性概念。后者的目的不是直接构成具体的神话现象，只是引导并促成不同文化传统的神话现象的出场和自我显现。只有这样，即使当某个具体的文化传统中没有“神话”这个名称时，我们仍然可以借助作为科学元语言的神话（Mythos）使这个文化传统的具体神话现象显现出来，因为作为科学元语言的神（Mythos）话只是纯粹［意向］形式，不涉及神话现象的具体内容。①

但是，即便“纯形式的引导性概念”例如“神话”能够通过“产生于被直观之物本身之中的概念”的“本族体裁分类体系”的“实践命名”例如“里留”让作为“具体神话”的神话现象“出场和自我显现”，而且即便神话学家们现象学地暂时搁置了任何合于理论理性或者日常知性的他者（客位）理论“成见”，而“引导”实践理性出于自我（主位）而“实践命名”的“具体神话”的神话现象自己“出场和自我显现”的“具体神话”的神话现象的确能够“保留被直观之物（例如，神话）自身的成分或现象”（例如埃利亚德“神显—显圣物”）；但“保留［的］被直观之物（例如，神话）自身的成分或现象”却不可能就是阿默思（也不是我们每一个人、所有的人）理想中的“普遍原则”。囿于文化（时代、地域、族群、阶层、性别……）的经验性“语境”的他者甚至自我的限制条件，作为现象学主观性观念直观本质还原

① 户晓辉：《返回爱与自由的生活世界——纯粹民间文学关键词的哲学阐释》，江苏人民出版社 2010 年版，第 207、280 页。

的“具体神话”剩余物，仍然是且只能是合于主观相对性、比较普遍性文化规则（准则）的神话现象，而不是出于“本源的意义”（户晓辉）的严格普遍性、客观必然性道德原则（法则）即作为“终极概念”（理念、理想）的神话本体、神话原型。而为了进一步还原出神话本身、神话自身（“让神话自身显现”），走在神话还原之路上的神话学家们，就还需要在方法上从现象学的主观性还原（观念直观）上升为先验论的客观性还原（理念演绎）。而在此现象学—先验论双重还原的意义上，鲍曼“表演责任”的命题之于阿默思“本族体裁分类体系”“实践命名”以及埃利亚德“神显—显圣物”的命题的客观性还原的先验论意义就显现出来了，即“表演的责任”的命题指向了严格普遍性、客观必然性“本源的意义”的实践理性“普遍原则”（道德法则）。但遗憾的是，尽管鲍曼修订了阿默思的现象学主观性还原目的为现象学“客观性”（这本身就是一个矛盾的说法）还原目的，却没有进一步修正阿默思的现象学主观性还原方法——即便埃利亚德的方法也仍然是现象学主观性还原方法，尽管是对“几个个体对象的观念直观”——为先验论客观性还原方法，即仍然把“表演的责任”“标定”地限制在一个或几个“言语共同体”的“小群体内”的现象学经验甚至感性经验之中。这使得鲍曼“表演的责任”与“本源的意义”的普遍原则擦肩而过，而止步于现象学主观观念“不可还原”的无限杂多的“显圣物”。

在美国民间文（艺）学—民俗学、宗教学的神话学家们止步——即现象学主观性观念直观方法论“其影响臻至顶峰”① 但同时也遭遇瓶颈——的地方，中国民间文（艺）学—民俗学的神话学者们希望能够继续前行。在他们之前，民间文（艺）学—民俗学的现象学神话学的先行者们，已经依次地搁置了（不设定）“神话”概念的理性理论使用的认识论客观性“经验直观的直接性”② 规定性方法、“神话”“命名”

① “表演理论（Performance Theory），或称‘美国表演学派（American Performance-school）’，是当代美国民俗学乃至世界民俗学领域最富影响和活力的理论与方法之一。它兴起于20世纪60年代末70年代初……80至90年代上半期，其影响臻至顶峰。”杨利慧：《表演理论（Performance Theory）》，《民间文化论坛》2015年第1期。

② 户晓辉：《返回爱与自由的生活世界——纯粹民间文学关键词的哲学阐释》，江苏人民出版社2010年版，第230页。

的理性实践使用的现象学主观性观念直观的间接性反思性方法，而来到了神话现象以及任何非神话现象的叙事现象、非叙事现象的表演现象、非表演现象的实践现象的普遍有效交流的内在责任形式面前。但是，透过现象学主观性观念直观的反思方法的显微镜，民间文（艺）学—民俗学家或者只能主观地直观到表演责任的伦理性文化内容，或者像宗教学家那样只能主观地直观到神话实践（无论理性还是非理性）的“齐一性”信仰意向形式及其无限杂多地“变更”（但同样是“齐一”）的意向对象（埃利亚德），从而最终与内在于神话现象以及构成了任何叙事现象、任何表演现象、任何实践现象的“本质性因素”的“普遍原则”的超验“发源”起点——而不是经验性“开始”起点——失之交臂。因而中国民间文（艺）学—民俗学的神话学后来者要做的工作，就只是使用先验论客观性理念演绎方法，还原出“责任”概念所内涵的超验综合反思性与先验综合规定性双向意向形式及其相关意向对象，从纯粹理性意向形式的界限之内，出于敬重情感超越到纯粹理性意向形式的界限之外，理性地信仰（不仅“置信”而且“确信”）一个纯粹理性情感神圣意志的普遍立法主体（尽管没有直观）的意向对象理想，从而还原出人（类）的存在的无条件条件，即人（类）的本原性（实践的道德神圣性）、本真性（先验的超验真实性）存在方式的神话原型（神话本体或神话本身、神话自身）。这样，当且仅当还原出人（类）的存在理想的神话原型，神话学家们才可能理据充分地自许：

> 在对神话下各种［理论］判断以前，也就是在“以科学的、宗教的、艺术的或社会的方式与它打交道”之前，我们对神话已经［在逻辑上］预先有所领会，神话先“存在”（预先被给予我们的意识），然后才“是”，我们才能以各种［理论］认识的方式对待它。在认识神话之前，我们已经有了对神话的直观［更应该说演绎地推论——笔者补注］。当我们直接以各种认识的形式（即“以科学的、宗教的、艺术的或社会的方式”）理解神话时，恰恰变成了一种间接的形式，因为我们遗漏或遗忘了神话［作为人（类）的本原性、本真性存在方式］被原初给予我们的直接方式。罗瑟夫主张，要撇开以往所有认识神话的间接方式，回到通达神话的直接方式。他不谈论（悬搁）神话理论，而是谈论（还原）神话本身。

> 他采取了不断排除和悬搁的方法，逐一论证神话不是一个发明、虚构或幻想的编造，不是理想的存在，不是科学的或原始科学的构造，不是形而上学的构造，它既非图式也非比喻，不是诗歌作品，不是宗教独有的创造，不是宗教教义，不是一个历史事件本身。在做了一系列排除之后，罗瑟夫认为，神话是一个奇迹，神话是［人本身、人自身应然而不是实然的］人格性的存在，或者更确切地说，是人格性存在的形象，人格的形式，人格的容貌。①

只要我们清醒地认识到，“罗瑟夫……对神话的肯定性描述仍然有经验的内容和成分，但从纯粹现象学立场来看，他在此使用的‘是’不应该理解为逻辑意义上的系词，而是描述概念。换言之，这不是在经过了现象学还原之前的客观逻辑意义上的判断系词，而是在还原之后神话在人的主观意向中［‘应有之义’‘本来应该是’］的状态描述”。②

> （神话）是意识对事物的本源反应。……神话是关于事物神性的话语。……神话毋宁说是有关事物的神性之话，因为事物的存在是神性的，神话是对事物存在方式的言说，因而是一个意义世界而非性质世界。……神话本来应该是事物存在的家园，是事物可以在其中正当地存在的一个乐园。这就是希腊人眼中神话的应有之义。……神话是一个适合人“居住”的世界，是人的一个本源的世界……神话作为一种话语或叙述之所以显得零乱，是因为它要铺展神的存在方式以及神和人的亲密方式。……神话之“神”，不一定体现为人格神，而是事物相对于人的认识或知识的神奇与鲜活之处。汉语的“神”字强调的恰恰是事物（不仅是所谓“神”的）特别高超、出奇和令人惊异之处，因此，神话是有关事物存在的特别高超、出奇和令人惊奇之处的“话”或言说。这样看来，神话的特别之处恰恰在于它高于、超于我们的认识或知识，它越出人类认

---

① 户晓辉：《返回爱与自由的生活世界——纯粹民间文学关键词的哲学阐释》，江苏人民出版社2010年版，第268—269页。

② 户晓辉：《返回爱与自由的生活世界——纯粹民间文学关键词的哲学阐释》，江苏人民出版社2010年版，第269页。

识的边界，所以，才格外令人惊异。具有人格的各种神灵只不过是事物的这种特别高超、出奇和令人惊异之处的人格化或具象化，也就是《孟子·尽心》说的，“圣而不可知之之谓神”。换一个角度看，神话本身不仅不属于认识领域，而且向我们显示了事物的存在意义。它在逻辑上而非时间上先于我们的认识。①

但笔者更愿意说，神话是人自身或人本身存在的一个应然的奇迹，神话是人朝向内在于人自身或人本身的神性的存在方式。但神话学家们最终发现，“神的存在方式以及神和人的亲密方式”，并不仅仅存在于作为具体神话的神话现象当中，而是存在于任何神话和非神话叙事、任何叙事和非叙事表演、任何表演和非表演实践现象当中，作为人（类）的实践的无条件条件——就像康德说过的，“纯粹意志，由［内在于准则的］单纯的法则形式决定的，这个决定根据也被看作是一切准则的最高条件。这件事情是足够令人诧异的，并且在全部其余实践知识之中都没有与它相似的东西”② ——因而是“在逻辑上而非时间上先于我们的认识”而人（类）被抛入的本原性、本真性即应然的神性存在；而具体神话的神话现象只不过是我们据以还原我们人（类）的本原性、本真性即神性存在的个别案例而已。换句话说，如果神话是人的本原性、本真性即神性的存在，那么，条条大路通罗马，我们通过人（类）的无论何种具体现象的存在方式，都可以通达人自身或人本身而朝向神性的存在。于是，读者也就可以理解，笔者何以特别赞许中国神话学的先驱之一——黄石关于“神话是关于神奇事物的故事”而不是关于“神们的行事”的故事——这话放在今天，自是别有一番意味——的想法、看法、说法及其“以言行事”的做法，在实践神话学理论或实践神话观上超前的学术意义与思想价值。人（类）从纯粹理性意向形式的界限之内，出于敬重情感而理性地信仰一个超越纯粹理性意向形式界限的纯粹理性情感神圣意志的超验实在性意向对象，并将其设想、设定为道德法则普遍立法的真正主体，作为“以爱命令人”的超越性存在方式

① 户晓辉：《返回爱与自由的生活世界——纯粹民间文学关键词的哲学阐释》，江苏人民出版社2010年版，“三　神话”，第259、261、263、266、271、281—282页。

② ［德］康德：《实践理性批判》，韩水法译，商务印书馆1999年版，S. 31，第31—32页。

的必然可能（应然）性的无条件条件，这件事情无论如何都是足够神奇的，或如康德所言“令人诧异”。

但民间文（艺）学—民俗学的神话学家们理论地使用“神话”（格林兄弟）本位概念以及“叙事”（巴斯科姆）、“艺术”、“表演”等上位概念，并且实践地转用作现象学主观性观念直观和先验论客观性理念演绎的“纯形式的引导性概念”，以反思地还原神话原型即人的本原性（实践的道德神圣性）、本真性（信仰的超验真实性）双向意向形式存在方式，仍然是民间文（艺）学—民俗学神话学本己的、独到的学科目的论—方法论。但这里要强调，我们使用“神话”概念的理论定义而在经验对象的“个案”“实例”中感性地直观到的都是具体现象的神话，而不是神话自身或神话本身的神话，但具体现象的神话——不仅“神话”概念规定的信仰叙事体裁形式，就连“神话”定义规定的“显得零乱”的故事题材内容——始终是神话学现象学—先验论地反思—还原神话自身或神话本身的“开始”起点（当然不是反思—还原的“发源”终点）。

根据维特根斯坦的理论，我们可以把反思—还原神话原型的“开始”起点，即理论神话学“神话”概念“格林定义”的故事题材内容质料规定性与信仰叙事体裁形式界限规定性分别称为“神话”概念理论定义的“字面意义”和“用法价值”。① 如果说在索绪尔那里，词与词之间的区分标准还主要是词与词之间不同的字面意义；那么，在维特根斯坦这里，词与词之间的区分标准则已明确地转换为词与词之间不同的用法价值，①就像民间文（艺）学—民俗学的神话学家们关于“神话”

---

① “谓‘涵义’是我们从组织成一体的活动或符号中所阅读出的内容，是英语中的‘meaning’；所谓‘意义’是活动或符号所发挥的作用，显示的重要性，是英语中的‘significance’。”高丙中：《民俗文化与民俗生活》，中国社会科学出版社 1994 年版，第 157 页。“索绪尔区分两种词义，语词在语言中具有［语言学语义或词义的］价值〔valü，valeur〕，而在言语（话语实践）中具有［语用学］用义〔signification〕。……在言语中，张三说‘我’是指张三，李四说‘我’是指李四，在语言中，‘我’既不指张三也不指李四，而是指说话人［不是听话人］。”陈嘉映：《语言哲学》，北京大学出版社 2003 年版，第 79 页注释①，第 78 页。陈嘉映借用的是卡勒《索绪尔》一书中的例子。卡勒的原话是：在语言系统内，“我”不指任何人。“我”在系统中的意义，来自“我”和“你”“他”“她”“它”“我们”“他们”这些其他人称的区别。一句话，“我”指的是说话人，而不是任何人。……代词清楚地显示出两种意义的区分：一种是话语的意义；一种是语言系统单位的意义。索绪尔用“语义”（signification）和“价值”（value）两个术语来表示这种区分。语言单位在系统中与其他单位的差 （转下页）

概念的理论定义在其“最后见解”阶段，已着重诉诸神话的信仰叙事体裁形式界限而不是神话的故事题材内容质料。这是因为，无论维特根斯坦，还是格林兄弟、博尔尼，都生活在亚里士多德传统中，对他们来说，视概念的形式规定性因不同使用方式而导致的不同用法价值（而不仅仅是不同字面意义）为区分不同概念的限制条件的“本质性因素”，是不成问题的。

（接上页）异产生出一种意义，这种意义就是它在系统中的价值。当语言单位用于实际话语，就根据上下文产生出一个意义，即“语义”。……这里似乎存在一些索绪尔没有解决的哲学问题；特别是，哲学家可能要说，索绪尔所称的话语语义既包括了意义又包括了所指。但索绪尔的观点是，存在着两种意义，一种是以语言系统为基础的、由相互关系确定的意义或价值；另一种是语言单位在实际话语应用中产生的意义或语义。［美］卡勒（Jonathan Culler）：《索绪尔》，宋珉译，昆仑出版社1999年版，第22页。陈嘉映和卡勒所云词语的两种意义——言语意义（用义）和语言意义（语义），也许并不符合索绪尔的本意，更不是什么“索绪尔没有解决的哲学问题”，因为索绪尔原本就无意于解决“语言单位在实际话语应用中产生的意义（笔者称之为‘用义’）”问题，而只是瞩目于词语在语言符号内部的意义（笔者称之为“词义”）问题和词语在语言符号系统内部的价值（笔者称之为“语义”）问题。但是，尽管陈嘉映和卡勒并未切中索绪尔本人的问题，却触及对两种不同性质的符号活动的认识，即：作为实践主体的自由价值（语义）的符号活动，以及作为的指涉客体的自然意义（用义）的符号活动（康德所云理性的两种运用方式）。对于言语的符号活动来说，上述两种活动方式都具有客观实在性。神话的理论认识和实践研究正体现了这两种符号活动，当马林诺夫斯基主张，神话叙事不是指涉客体的自然意义的象征活动（马林诺夫斯基并未区分象征和符号），而是主体实践的价值活动，马林诺夫斯基正是指的价值赋义的符号活动。由于在主体实践的价值活动中，并没有指涉活动中由直观对象所支撑的客观、绝对的客体意义，而只有实践活动中由观念对象所体现的主观、相对的（共同体）主体价值，因此，神话叙事较之言语的指涉活动更典型地体现了人作为自由主体的存在方式。“以为所谓‘所指’是些实物性的存在，例如‘马’的所指是一匹或一些有血有肉的马。这不是索绪尔的意思，索绪尔的所指不是名称的承担者。在索绪尔那里，所指是概念性的，或干脆就是概念……因此，断不可把名词的‘指称’和索绪尔的‘所指’相混。……能指/所指不是名实关系，所指不是实物，而是概念。……［不能把］能指/所指和语词/指称混为一谈。指称是实物，索绪尔的所指则是概念，指称是现成摆在那里的东西，所指却是一种形式关系，是由能指的形式系统确定的。……在能指之前和之外，并没有边界明确的所指。语言不是简单地为已经现成存在的事物或现成存在的概念命名，而是创造自己的所指。……不同语言创造、建构不同的所指。……索绪尔的任意性原则有助于我们看到在语词之外并没有一个已经切分好了的现实，提醒我们不能把语词理解为名称，把语言理解为名称的集合。”陈嘉映：《语言哲学》，北京大学出版社2003年版，第72—73、75、77页。

① 这是索绪尔未曾明确的思想：词的意义乃至价值完全取决于其使用的功能。索绪尔仅仅考察了词与词之间字面意义的形式关系，而没有考察词与词之间用法价值的形式关系。在这点上，维特根斯坦是对索绪尔的补正。

维特根斯坦关于一个词只有在使用中才有价值——“命题只有在使用时才有意义。……一个词的一种意义就是对于该词的一种使用”——的命题在本书的立论中可以这样理解和解释：概念的理论定义除了其字面意义（内容质料规定性）还有其因不同的使用方式而导致的不同用法价值（形式界限规定性）。这样一来，简要地说，在不同的使用方式中，同一概念的同一字面意义，就可能被赋予不同的用法价值；而在同一使用方式中，不同概念的不同字面意义也可能被赋予同一的用法价值。现在，如果我们把概念的字面意义（内容质料规定性）和用法价值（形式界限规定性）对应于“神话”概念的理论定义（理性的理论使用方式或用法）和“实践命名”（理性的实践使用方式或用法），那么我们就可以说，“神话”概念的故事题材内容质料规定性（“神的故事”……）就是其字面意义；而“神话”概念的信仰叙事体裁形式（非理性信仰心理态度意向形式、理性信仰意向形式）界限规定性（对“神的故事”……的“取态”），都是“神话”概念因不同使用方式而导致的不同用法价值，而不同的使用方式的不同用法价值是通过对“神话”概念字面意义（“神的故事”）的重新命名（“神灵故事”“圣贤故事”……）而实践且实现的——即通过重新命名而将信仰叙事实践为非信仰叙事，或者将非信仰叙事实践为信仰叙事——于是，我们知道，“实践命名”与理论概念之间，不仅仅是字面意义的差别而首先是用法价值的差异。但这样一来，神话学家们就在神话反思—还原的直观“开始”起点上，通过区分“神话”概念理论定义的“字面意义”和“用法价值”，进而通过转换“神话”概念的理论定义使用方式为“实践命名”使用方式——“格林定义”已经为这一转换奠定了基础，因为格林兄弟就已经是通过采用“实践命名”的不同（信仰和非信仰）使用方式而规定了民间文学（神话、传说、童话）诸体裁形式的不同用法价值——为理论神话学过渡到实践神话学，预留了一处可暗渡的理论缺口。

当然，还需要对“维特根斯坦命题”做一点形式化（并非没一点实质性）的修正：所谓“词的用法价值”并不仅仅是词在经验性语境下被赋予的经验性用法价值，更重要的是主体先于经验性语境而在（准）先验语境——例如“本族体裁分类体系”的文化共同体叙事制度——中赋予词的（准）先验用法价值。[①] 例如，在逻辑上（也往往在时间上）先于理论概念而被用作共同体“第一叙事”的“实践命名”（无论是“神话”还是“古史传说”），其用法价值正在于先于经验性语境的（准）先验语境的使用方式。正因如此，共同体所有成员任意选择的自由意志（任意）即“私意”（卢梭），才必然可能根据其自由权利与自律（道德）能力，先验地就知道“有一类的故事是神圣的”，是共同体实践理性普遍立法的自由意志即“众意”（卢梭）强制规定共同体所有成员“私意”的文化宪章，进而依赖于共同体所有成员“公意”（卢梭）的纯粹理性信仰意向形式主观间客观的必然可能性，尽管同时也依赖于共同体所有成员“私意”的理性或非理性信仰意向形式主观间普遍的偶然或或然现实性。

神话学家们并未就此止步于对“神话”概念形式界限规定性的“实践命名”使用方式暨用法价值的现象学主观性还原。对“词”（概念或命题）在先验语境条件下的先验使用方式暨用法价值，神话学家们还可以进一步区分出绝对的先验语境与相对的准先验语境，以及绝对的和相对的准先验使用方式暨用法价值。面对“神话”（让我们暂且沿用这一理论概念）命名的实践现象，在先验论客观性反思条件下，“实践命名”的形式界限规定性因而可以进一步区分为主观性观念与客观性理念的使用方式暨用法价值。“本族体裁”“神显—显圣物”（埃利亚德）代表了前者，而“表演的责任”代表了后者（尽管还只是代表了趋向后者的倾向性）。前者，是神话学家们可以使用现象学主观性反思方法在单一共同体（“本族体裁”）或共同体间（“神显—显圣物”）直观到

① “我更倾向于认为神话学或民俗学是一门实践科学。具体而言，功能是实践命题，但意义是否就是理论命题？我觉得功能和意义、概念和命名都是实践命题。康德说：‘与对象有关，并规定什么适于或不适于对象的命题，称为理论命题；反之，实践命题是陈述行为的命题，而行为是客体借以成为可能的必要条件。’（［德］康德：《逻辑学讲义》，许景行译，杨一之校，商务印书馆2010年版，A171，第106页），由是观之，学者所用的‘概念’，本来也是使我们的研究对象‘成为可能的必要条件’，但长期以来一直被误以为或者被误用为根据经验对象而来的概念，而实际上，它最多只是学者手中的‘命名’而已。换言之，尽管维特根斯坦所说meaning和significance的适用范围和价值可能不同，但二者都是‘赋义’行为的体现，即索绪尔的‘任意的约定’，前者也是一种维氏所谓的‘游戏’。作为实践科学的神话学或民俗学一定要把过去的误用和误置‘扭’过来，把学者和不同文化的神话看做不同的‘游戏’，只不过我们比维特根斯坦多了一种‘先验的游戏’。”户晓辉2011年11月26日来信在本书初稿上的批注。

的主观观念还原剩余物，因而仍然属于诸共同体的多样性、多元化文化宪章——即共同体内部的比较普遍性和共同体外部的主观相对性（胡塞尔）——的主观准则。而后者是神话学家们只可能使用先验论客观性反思方法在共同体主观准则和共同体成员主观观念内部，通过进一步搁置其主观准则、主观观念的内容质料规定性而超验综合地还原出来的内在于主观准则、主观观念的普遍形式界限规定性即客观法则（道德法则）与客观理念。正如笔者在本书中已多次阐明的，表演的“责任”不可能在经验性语境（“小群体内”）的表演现象的感性直观中得到直接的证明——当然可能通过感性直观的经验性反例间接地反向证明——也不可能在准先验语境（“言语共同体”）的表演现象的现象学主观性观念直观中得到直接的证明，而只可能是对先验语境中表演理念的先验论客观性理念演绎（推论）的间接阐明。因此，尽管鲍曼没有对表演“责任”的本质直观给予任何方法论说明，却凭借其提出的“责任”概念——因为对“责任”不可能有任何感性经验直观，而现象学经验直观也只能直观到经验性的“责任”伦理准则，因而对于严格普遍性、客观必然性的道德法则“责任”就只可能作理念演绎——让神话学家们据以打开了通往神话原型的既狭窄又宽阔的大门。

这样，神话学家们也就认识到，责任（普遍交流的责任形式）不仅是内在于任何神话和非神话叙事（者），以及任何叙事和非叙事表演（者）、任何表演和非表演实践（者）的主观准则（主观观念）的先验条件即普遍形式的客观法则即道德法则（客观理念）。作为任何实践的先验条件，责任本身就是一个超验综合反思与先验综合规定的双向意向形式及其意向对象的形而上学存在结构，从而一头联结着任意及其主观准则，一头联结着纯粹理性及其客观法则。于是通过责任，一方面纯粹理性强制（规定）任意及其主观准则，另一方面任意出于敬重情感而理性地信仰（反思）纯粹理性及其道德法则。而这也就是神话学家们在使用了现象学主观性观念直观的反思还原方法之后，进一步使用先验论客观性理念演绎方法反思地还原的现象学—先验论剩余物，即人对内在于人本身或人自身的道德神圣性与真实性条件出于敬重情感的理性信仰，亦即人之所以能够作为人、成为人而存在的无条件条件的神话，因而所谓“神话”，不过就是人的本原性（实践的道德神圣性）、本真性（信仰的超验真实性）理性信仰存在方式（没有理性对理性的信仰，理性就无以成就理性自身）。①

现在，神话学家们尽管反思地还原出人的纯粹理性的本原性、本真性存在，以作为人的存在的先验条件；神话学家们却也立即就意识并且认识到，人的纯粹理性并不能够就遽然地被断定为神话现象的神话原型的“发源”条件。因为悖谬的是，尽管人的任意出于敬重情感而理性地信仰纯粹理性及其道德法则，但道德法则出于纯粹理性却无与于任何情感。因此，因纯粹理性而成就的人的本原性、本真性神话原型的存在世界就是一个只有理性没有情感的园地，即并非适合于人（类）居住的家园。而这样的一个仍然像自然世界一样的纯粹理性的道德世界，尽管人们可以在其中生存，却必定不愿意在其中生活。因为，在纯粹理性的道德世界中，人们从道德法则那里得到的只是纯粹理性的强制规定而没有情感的关爱。于是现在，如果人们普遍地希望道德法则的强制规定也必定出于情感，那么，人们就必须设想一个先验地就拥有纯粹理性情感的道德立法主体，而不仅仅是一个先验地仅拥有纯粹理性的立法主体；换句话说，必须设想一种先验地就拥有分析的同一性的纯粹理性情感的神圣意志，但不是纯粹理性综合（即便是先验地综合）本能情感的人的意志（即便是善良意志）。这是因为，道德不允许任何本能（世间）情感参与立法，否则就会从源头上污染道德立法的纯粹性与神圣性。② 因此，为

① “证明手段的有效性在理性被接受之前是不能被证明的。对理性的信仰（belief）不可能具有同样是由理性的应用而发现的理由。对理性的信任是一种神话性的选择；因此它超过了理性的范围。” Kolakowski，Leszek. *The Presence of Myth*. Chicago：University of Chicago Press，1989. 转引自胥志强《作为元叙事的神话》，《文艺理论研究》2020 年第 2 期。

② “出于义务……合乎义务。”［德］康德：《道德形而上学奠基》。杨云飞译，人民出版社 2013 年版，S. 397，第 17 页以下。“行为全部道德价值的本质性东西取决于如下这一点：道德法则直接地决定意志。倘若意志决定虽然也合乎道德法则而发生，但仅仅借助于必须被设定的某种情感，而不论其为何种类型，因此这种情感成了意志充分的决定根据，从而意志决定不是为了法则发生的，于是行为虽然包含合法性，但不包含道德性。”［德］康德：《实践理性批判》，韩水法译，商务印书馆 1999 年版，S. 71—72，第 77—78 页。“如果行为不仅应当实现法则的条文，而且还应当实现法则的精神，那么行为的客观决定根据必须始终同时是行为唯一主观充分的决定根据。” 同上引书，S. 72，第 78 页。“对于每一种不是为了法则发生却合乎法则的行为，人们能够说：它只依照条文，而非依照精神（意向）在道德上是善的。” 同上引书，S. 72 “注释①”，第 78 页。“只有当这个准则依赖于人们对于遵守法则的单纯关切时，它才在道德上是真的。” 同上引书，S. 79，第 86 页。“道德法则……对于每一个有限的理性存在者的意志则是一条职责法则，一条道德强制性的法则，一条通过对法则的敬重以及出于对其职责的敬畏而决定有限的理性存在者的行为的法则。其他的主观原则不应当被看作是动力；因为否则行为虽然能够一如法则所规定的那样发生，但是，因为它尽管是合乎职责的，却不 （转下页）

了能够有一种出于纯粹理性情感的道德立法，人们必须设想并且设定一种先验地就拥有纯粹理性与情感分析地同一性的神圣意志。也就是说，人必须从纯粹理性意向形式的界限之内，超越纯粹理性意向形式而理性地信仰一个纯粹理性情感神圣意志的意向对象，以作为道德法则的发生条件即神圣意志立法主体的超验实在性理想，而这样一种对超验实在性神圣意志理想的理性信仰，就构成了人最本原、最本真的存在方式，即能够出于纯粹理性情感神圣意志理想在经验世界中造成合道德目的、合道德法则的神话现象的神话原型。但是神话学家们发现，通过神话学的现象学—先验论反思还原，在克服了理论神话学的理性二论

（接上页）是出于职责的，所以趋于行为的意向就是不道德的，而这种意向正是这个立法中的关键所在。”同上引书，S. 82，第 89 页。“把我们的意志的决定根据，虽然合乎法则，仍然置于别处，而不是置于法则本身和对这个法则的敬重之中。唯有职责和本分是我们必须赋予我们与道德法则的关系的名称。”同上引书，S. 82，第 89 页。“我们作为创造物的低下等级，由自负而否认神圣法则的威望，已经是从精神上背叛了那个法则，即使这个法则的条文得到了实现。”同上引书，S. 82—83，第 90 页。“应当出于职责，而不是出于自愿的爱慕。”同上引书，S. 84，第 92 页。“行为出于职责……满足法则的精神……出于法则。”同上引书，S. 85，第 92 页。“出于对职责的敬重。”同上引书，S. 85，第 93 页。“出于职责。”同上引书，S. 88，第 96 页。“否则行为的合法性虽然可以产生，而意向的道德性却不会产生。”同上引书，S. 151，第 165 页。“法则（合法性）的条文可以在我们的行为中见及，但法则的精神却全然不会在我们的意向（道德性）中见及。”同上引书，S. 152，第 166 页。“这个行为是否（在主观上）为了道德法则的缘故而发生的，因而是否它不仅具有作为行为的正确性，而且还具有作为依照准则的意向的德性价值？”同上引书，S. 159，第 174 页。“把非道德的动机与道德的动机混为一谈的倾向，即不纯正……合乎义务的行动，并不是纯粹从义务出发而作出的。”［德］康德：《纯然理性界限内的宗教》，李秋零译，载《康德著作全集》第 6 卷，中国人民大学出版社 2007 年版，S. 29—30，第 28—29 页。“凭着字句遵循法则……凭着精意而遵循法则。”同上引书，S. 30，第 30 页。“凭着字句遵循法则。”同上引书，S. 37，第 37 页。“出自义务而合乎义务地行动。”［德］康德：《道德形而上学》，张荣、李秋零译，载《康德著作全集》第 6 卷，中国人民大学出版社 2007 年版，S. 391，第 403 页。“这里没有行动的理性法则，而是只有行动准则的理性法则……出自义务而尽义务（法则不单是行动的规则，而且是行动的动机）。现在，这种法则虽然乍看起来似乎是一种狭义的义务，每一行动的义务原则似乎以一个法则的精确性和严格性不但要求合法性，而且要求道德性，亦即意向……因此，就连这种不仅按照合法性，而且按照道德性（意向）来评估其行动之价值的义务，也仅仅具有广义的责任……尽一切能力使得对一切义务的行动来说，义务的思想独自就是充分的动机。”同上引书，S. 392—393，第 405—406 页。“做了德性的事情，并不因此马上就是真正的德性义务。前者只能涉及准则的形式东西，后者则关涉准则的质料，亦即关涉一个同时被设想为义务的目的。”同上引书，S. 394，第 407 页。“就在义务原则中把质料的东西与形式的东西区分开来（把合法则性与合目的性区分开来）而言。”同上引书，S. 410，第 423 页。“主观上在于义务意向的纯洁性（道德上的纯洁性）：也就是说，这里也不掺杂从感性中取得的意图，法则独自就是动机，而行动不仅是合乎义务地，而且是出自义务作出的。”同上引书，S. 446，第 457 页。

背反，同时也克服了神话现象与神话原型之间在逻辑上自相矛盾的可能条件之后，神话竟然在更深的层面又陷入了神话原型的自我悖论：在人的本原性、本真性存在方式中，一方面，无须把神圣意志设想为道德立法的主体，因为就纯粹理性而言，人在道德上是自给自足的；另一方面，又必须把神圣意志设想为道德的立法主体，因为就纯粹理性情感而言，人在道德上不是自给自足的，因为对人来说“理智的情感会是一种矛盾”。这样，一旦还原到人的存在的最深处境即神话原型的存在方式，神话学家发现，人的存在的更深或更高的存在层面仍然是一个悖论，但就是这样的一个悖论，却是人的存在的福音；这是因为，若非如此，道德法则所应当从出的仁爱、慈爱、兼爱、博爱的“人类之爱”就没有“发源”之处了。意识到甚至认识到道德法则不仅应该出于人的纯粹理性善良意志而且更应当出于神的纯粹理性情感神圣意志，是“轴心时代”给我们人类留下的最重要的文化遗产。换句话说，“轴心时代”的人们不仅实现了理性（哲学）的突破，更实践了纯粹理性情感的突破，这就是人的善良意志朝向神圣意志的自由突破，这是我们人类无可选择的神话原型的存在方式，是人之所以能够成为人、作为人而存在的无条件条件，也是我们人类无可摆脱的必然可能性宿命。

> 这一事实似乎包含着一种矛盾，我们可以通俗地叫做“强制的牌”。人们对语言说：“您选择罢！”但是随即加上一句：“您必须选择这个［能指与所指］符号，不能选择别的。”① ［因而］自律的原则就是：只能这样去选择，使自己选择的准则同时作为普遍的法则被一起包含在同一个意愿中。②

一旦神话学家们最终选择了必须选择的“发源”于神圣意志的神话原型——我们可以名正言顺地称之为“起源神话”——以作为人的本原性、本真性存在方式的应然性，再回顾巴斯科姆说过的话：“用法已变

---

① ［瑞士］索绪尔：《普通语言学教程》，高名凯译，岑麒祥等校，商务印书馆 1980 年版，第 107 页。

② ［德］康德：《道德形而上学奠基》，杨云飞译，邓晓芒校，人民出版社 2013 年版，S. 440，第80 页。

化了！”必定会让走过神话学革命的千山万水的神话学家们感慨万千：在神话学革命的漫长道路上，神话学家们不仅搁置了“神话”的理论概念（“神的故事”），还原出“神话”的“实践命名”（“本族体裁”）；不仅搁置了神话理性信仰的先验观念性理念（“责任”），并且最终还原出再也“不可还原”或“不可化约”的神话信仰理性情感的超验实在性（不是经验实在性）理想（“神圣意志”）。尽管“神圣意志”的超验实在性理想没有感性直观条件，但是，“倘若它们必然地属于这样一个存在者的［纯粹理性情感道德立法］可能性，它们就是源始的”。[①] 这样，回顾神话学革命全过程，神话学家们认识到，这一革命全过程并非任意、并非独断，而是必然能够经受现象学—先验论悬搁—还原——用康德反复的比喻就是“化学”——方法的严格检验。

> 哲学家在这里却有更大的困难需要克服，因为他不能将直观［经验甚至现象学主观性观念直观经验］设置为（一个纯粹本体的）基础；他却也有一种方便之处，他几乎可以像化学家一样，任何时候对每个人的实践理性做一个实验［set up an experiment with every humen practical reason］，以将道德的（纯粹的）决定根据与经验的决定根据区别开来；当他把道德法则（作为决定根据）添加到受到经验刺激的意志上去时，他就这样做了。这就像化学分析家把碱加入盐酸石灰溶液里面，盐酸立即脱离石灰，而与碱中和，石灰则沉淀到底部。[②]
>
> 我们手头毕竟有若干从事道德判断的理性实例［examples of reason］。把这些实例解析成它们的元素概念，不过在缺乏数学［直观］的情况下，采用类似于化学［分解即还原］的过程，把存在于其中的经验的东西与理性的东西加以区别，在普通的人类知性上面反复试验：这就使我们能够确切地辨别两者的纯粹状态以及每

---

① ［德］康德：《纯然理性界限内的宗教》，李秋零译，载《康德著作全集》第 6 卷，中国人民大学出版社 2007 年版，S. 28，第 27 页。

② ［德］康德：《实践理性批判》，韩水法译，商务印书馆 1999 年版，S. 92—93，第 100—101 页；Immanuel Kant，*Critique of Practical Reason*，Translated and Edited by Mary Gregor，Cambrige University Press，1997，p. 78。

一种独自能够成就什么。[①]

现在我拿实践理性的客体来试验这个概念……[②]［例如］我因而将首先在一个例子上指出纯粹德行的检验标志，并且同时设想这个例子放到了某个十几岁的男孩面前让他来判断，看看他是否不经老师指点自己也必然这样判断。[③]

职责的尊严与生活的享受毫无干系；它有它特殊的法则，也有它特殊的法庭；无论人们仍然多么想把它们搅拌一番，从而将它们的混合物当作药剂递给有疾的心灵，它们却随即彼此分离，并且如果它们不分离，前者［的尊严］就毫无作用；而如果物质的生活因此就强劲起来，那么道德的生活就会无可挽救地萎靡下去。[④]

康德之所以能够成功地在普通人身上做这样的化学试验，乃因为，在“理性……实验”中，康德直观到普通的人类理性是如何“手持罗盘”在道德上直接地实践，而这是一个必然可能的“理性的事实”。

这里就会很容易指出，手持这一罗盘，人类理性就会在面临的一切情况下很好地懂得去分辨，什么是善，什么是恶；什么符合义务，什么违背义务，人们即使不教给理性任何新东西，只要像苏格拉底所做的那样，使理性注意自己固有的原则，因而也不需要科学和哲学，人们就知道该如何做才是诚实的和善良的，甚至才是智慧的和有德的。[⑤]

但是倘若有人问，究竟什么是人们必须以之为试金石来检验每一种行为的纯粹德性，那么我必须承认，唯有哲学才能够使这个问

---

① ［德］康德：《实践理性批判》，韩水法译，商务印书馆 1999 年版，S. 163，第 178—179 页；Immanuel Kant, *Critique of Practical Reason*, Translated and Edited by Mary Gregor, Cambrige University Press, 1997, p. 134。

② ［德］康德：《实践理性批判》，韩水法译，商务印书馆 1999 年版，S. 140，第 153 页。

③ ［德］康德：《实践理性批判》，韩水法译，商务印书馆 1999 年版，S. 155，第 169 页。

④ ［德］康德：《实践理性批判》，韩水法译，商务印书馆 1999 年版，S. 89，第 96—97 页。

⑤ ［德］康德：《道德形而上学奠基》，杨云飞译，邓晓芒校，人民出版社 2013 年版，S. 404，第 27 页。

题的决定发生疑问；因为在普通的人类理性那里，它早已经有如左右手的分别［类似于化学沉淀］一样被决定了［真假、善恶与是非］，虽然不是通过抽象的一般公式，而是通过习惯的应用决定的。①

因此，所谓“化学”方法，用康德的话说，就是“分析”普通理性如何在道德实践中使用“罗盘”的方法，也是现象学—先验论所谓搁置—还原的观念直观—理念演绎的反思方法。在《道德形而上学奠基》、《实践理性批判》和《道德形而上学》中，康德设想了大量可能的“理性实例”对“实践理性［予以］检验”，② 而“理性……实验”首先“开始于”设想中的各种经验现象。

人们在从事实践考虑时必须从何处入手：从各人建立在其禀好上的准则开始，从对某一类在某种禀好上相互一致的理性存在者都有效的规矩开始，最后从对一切理性存在者都有效的法则开始，而不计及其禀好，如此等等。以这样的方式，我们综观了我们务须完成的整个计划，乃至综观了实践哲学务须回答的每个问题，同时综观了理当遵循的秩序。③

因此，由于任意可以在感性经验中被直观到，而准则观念也能够在现象学经验中被直观到；所以，人的一般实践理性（或普通的人类理性）任意选择的自由意志即任意及其主观准则，就被设想为“化学”“理性的实验”的直观“开始”起点。

我们之所以能够意识到纯粹实践法则，犹如我们能够意识到纯粹理论原理，乃是因为我们注意到理性借以给我们颁行纯粹实践法

① ［德］康德：《实践理性批判》，韩水法译，商务印书馆1999年版，S. 155，第169页。
② ［德］康德：《实践理性批判》，韩水法译，商务印书馆1999年版，S. 44，第46页。
③ ［德］康德：《实践理性批判》，韩水法译，商务印书馆1999年版，S. 67，第72—73页。

> 则的必然性，注意到如理性所指示我们的那样［用类似化学的方法］将所有经验条件都排除了出去。纯粹意志的概念从前者［实践理性中］产生出来，就如纯粹知性的意识从后者［理论理性中］产生出来一样。[①] 我相信，我在本书中所采用的方法将是最合适的，只要人们愿意沿着这条路来走，即［用类似化学的方法］分析地从普通的知识进到对这种知识的至上原则的规定，再反过来综合地从对这个原则的检验和它的来源，回到它在其中找到自己的应用的普通知识［的经验现象］。[②]

但是，康德的“化学”“分析”方法，虽然起步于经验论的客观性感性直观，却并不止于现象学的主观性观念直观“分析”，而且继续上升为先验论的客观性理念演绎“分析”。这样，从经验的客观现象中分析地还原出（经验中先验自由实践的）任意和主观准则，从任意和主观准则中分析地还原出（先验自由实践的）纯粹理性和客观法则，进而为纯粹理性和道德法则综合地还原出（超验自由实践的）纯粹理性情感神圣意志“以爱命令人的法则”的普遍立法的道德主体。换句话说，康德运用“化学”方法不仅分析地还原出人的“同一个意志”内部任意朝向纯粹理性的辩证法，而且在分析的基础上超验综合地还原出人从纯粹理性善良意志内部朝向外部的纯粹理性情感神圣意志的辩证法。“但从这里就产生了一种自然的辩证论……恰好就是在普通实践理性中，当它得到培养的时候，同样会不知不觉地产生一种辩证论，这种辩证论迫使它在哲学中寻求帮助。”[③] 而这正是康德的做法，[④] 即使用类似“化学”的分析方法进而在分析方法基础上使用超验综合的方法，帮助普通的人类实践理性通过哲学超越到自身“同一个意志”之外而荣膺了纯粹理性情感神圣意志对人类的爱。

---

① ［德］康德：《实践理性批判》，韩水法译，商务印书馆 1999 年版，S. 30，第 30 页。

② ［德］康德：《道德形而上学奠基》，杨云飞译，邓晓芒校，人民出版社 2013 年版，S. 392，第9 页。

③ ［德］康德：《道德形而上学奠基》，杨云飞译，邓晓芒校，人民出版社 2013 年版，S. 405，第29 页。

④ 见《道德形而上学奠基》的前两章、《实践理性批判》第一部第一卷第一章。“理性的实验”让康德《实践理性批判》能够“以《道德形而上学奠基》为前提条件”。［德］康德：《实践理性批判》，韩水法译，商务印书馆 1999 年版，S. 8，第 6 页。

一个出于义务的行动，应该完全摆脱爱好的影响，并连同爱好一起完全摆脱意志的一切［经验性］对象，从而对意志来说剩下来能够规定它的，客观上只有法则［的形式］，主观上只有对这种实践法则的纯粹敬重，因而只有这样一条准则，即哪怕损害我的全部爱好也要遵守这样一条法则。……既然我从意志那里排除了所有可能会由于遵守任何一条法则而从它产生出来的［感性］冲动，那所剩下的就只是一般行动的普遍的合法则性［形式］，唯有这种合法则性［形式］才应该充当意志的原则……而普通的人类理性在其实践评判中也与此完全一致，并在任何时候都着眼于上述原则。……纯粹理性，在剥离一切质料，即客体的知识之后，给我剩下的只是形式，即把准则的普遍有效性的实践法则，以及按照这一法则也把理性放在与一个纯粹知性世界的关系中，而思考为可能的起作用的原因，也就是思考为规定意志的原因。[①]

倘若我们抽去了法则［这里的"法则"应为"准则"——笔者补注］的全部质料，即意志的每一个［经验性］对象（作为决定根据），那么其中就剩下［准则的］普遍立法的纯粹形式了。于是，一个理性存在者或者完全不能把他主观的—实践的原则，亦即准则同时思想为普遍法则，或者他就必须认定，它们据以使自己适应普遍立法的［准则的］那个纯粹形式，就可以使它们自为地成为实践法则。[②]

道德法则作为应用我们的自由的形式上的理性条件，独自就使我们负有义务，无须依赖某个［经验性］目的来作为质料上的条件。[③]

在完成了从任意的主观准则分析地还原出纯粹理性的道德法则之

---

①［德］康德：《道德形而上学奠基》，杨云飞译，邓晓芒校，人民出版社 2013 年版，S. 400—401，第 22 页；S. 402，第 24 页；S. 462，第 112 页。

②［德］康德：《实践理性批判》，韩水法译，商务印书馆 1999 年版，S. 27，第 26—27 页。

③［德］康德：《判断力批判》，李秋零译，载《康德著作全集》第 5 卷，中国人民大学出版社 2007 年版，S. 450，第 469 页。

后，康德对道德法则本身的结构展开了进一步的形而上学分析还原；[①]而在全面地展现了道德法则本身的形而上学结构之后，康德《道德形而上学奠基》第三章又尝试用“纯粹实践理性批判”的超验反思的还原方法，“以综合的方式返回到先前以分析的方式［尚未能够完全］被给予的那些原理”，[②] 以还原出道德法则最高、最终的发生条件。但也正是在这最接近先验论（纯粹实践理性批判）还原终点的地方，康德遭遇到纯粹实践理性自身“对所与的有条件者要求绝对的条件总体”“为一切有条件者设定无条件者”“为有条件者寻找无条件者”的过程中“不知不觉地产生一种”辩证法。

纯粹实践理性自身的二论背反，首先表现为，康德通过对人的自由意志（包括任意与善良意志）的分析，将自由意志进一步分析为纯粹实践理性普遍立法的自由意志（意志或纯粹理性）和一般实践理性任意选择的自由意志（尽管受感性影响但不被感性决定而仍由理性自己决定的任意），似乎以此，康德就可以不自相矛盾地用前者（纯粹理性）先验综合地规定后者（任意），用后者（任意）综合地反思前者（意志）。但是在纯粹理性的意志与道德法则之间，却摆脱不开自我循环的逻辑怪圈：如果道德法则就是自律（道德法则定言命令的第三公式），而自律不多不少就是自由，那么道德法则也就是自由，二者是一而二、二而一的分析关系，[③] 二者在起源的逻辑上孰前孰后，我们人（类）的

---

① 包括道德法则定言命令的三个公式即道德法则的三条原则：消极自由的自然形式原则、积极自由的自在目的原则与意志自律的自为综合原则。见［德］康德《道德形而上学奠基》第二章“道德形而上学”部分与《实践理性批判》第一部第一卷“分析论”第一章“原理”、第二章“对象”、第三章“动力”部分。

② ［德］康德：《实践理性批判》，韩水法译，商务印书馆 1999 年版，S. 10，第 8 页。

③ “意志的第三条实践原则，作为意志与普遍的实践理性协调一致的至上条件，即作为普遍立法意志的每一个理性存在者的意志的理念。根据这个原则，一切与意志自己的普遍立法不能够共存的准则都要被拒斥。所以意志就不是仅仅服从法则，而且是这样来服从法则，以至于它也必须被视为是自己立法的，并且正是由于这一点才被视为是服从法则的（对这一法则它可以把自己看做是创始者）。”［德］康德：《道德形而上学奠基》，杨云飞译，邓晓芒校，人民出版社 2013 年版，S. 431，第 67 页。“第三公式……每个理性存在者的意志作为普遍立法的意志这个理念。”同上引书，S. 432，第 67—68 页。“每个人类意志都作为一个凭借其全部准则而普遍立法的意志，这样一条原则。”同上引书，S. 432，第 68 页。“我想把这一原理叫做意志的自律（Autonomie）原则，来与任何其他的、我归之于他律的原则相对立。”同上引书，S. 433，第 69 页。“一个理性存在者的意志必须永远同时被看做立法的意志，因为否则这些理性存在者就不能被设想为自在的目的本身了。”同上引书，S. 434，第 71 页。“这个理性存在 （转下页）

（接上页）者只服从那同时也是他自己所立的法。”同上引书，S. 434，第 71 页。“道德性就是行动与意志自律的关系，这就是通过意志的准则而对可能的普遍立法的关系。”同上引书，S. 439，第 79 页。“意志自律作为德性的至上原则……自律原则是唯一的道德法则，这一点通过对德性概念的单纯剖析倒是完全能够揭示出来。因为由此即可发现，它的原则必定是一个定言命令，而这一定言命令所命令的，不多不少正好是自律。”同上引书，S. 440，第 80 页。“意志自律是意志的这种性状，通过该性状，同一个意志对于它本身（不依赖于意愿对象的所有性状）就是一个法则。”同上引书，S. 440，第 80 页。“凡是在必须把意志的某个客体当做根据，以便向意志颁布那决定意志的规则的地方，这规则就只是他律。”同上引书，S. 444，第 85 页。“绝对善良的意志，它的原则必须是一个定言命令，它就在一切客体方面不受规定，而只包含一般的意愿的形式，也就是作为自律，即每一个善良意志的准则在使自身成为普遍法则方面的适应性，它本身就是每一个理性存在者的意志自身所承担起来的唯一法则，不必以任何动机或兴趣作为它的基础。”同上引书，S. 444，第 86 页。“处于道德形而上学的范围之内……我们只是通过展现一度已经普遍通行的德性概念来表明：意志的自律……仅仅是分析的。”同上引书，S. 444—445，第 86—87 页。“定言命令以及与它一起的意志自律都是真实的。”同上引书，S. 445，第 87 页。“除了自律，即那种自身就得自己的法则的意志的属性之外，意志的自由还能是什么呢？但是意志在一切行动中都是自己的法则这个命题，只是表达了这个原则：只按照也能把自身作为普遍法则的对象这个准则而行动。但这正是定言命令的公式和德性的原则：因此，一个自由的意志和一个服从德性法则的意志完全是一回事。”同上引书，S. 447，第 90 页。“如果预设了意志自由，那么仅仅通过剖析它的概念就能从中得出德性及其原则。”同上引书，S. 447，第 90 页。“它必须只从自由的属性中推出来。”同上引书，S. 447，第 91 页。“一切与自由不可分割地结合着的法则。”同上引书，S. 448，第 91 页。“法则毕竟适用于一个只能在自己特有自由的理念下行动的存在者。”同上引书，S. 448“注释①”，第 92 页。“如果我们要把一个存在者设想为理性的，并且赋有自己在行动上的原因性意识的，即赋有一个意志的，我们就必须预设自由。”同上引书，S. 449，第 93 页。“在自由的理念中，我们所真正地预设的只是道德法则，即预设了意志本身的自律原则，而未能证明这原则自身就有现实性和客观必然性。”同上引书，S. 449，第 94 页。“自由和意志的自己立法两者都是自律，因而是可互换的概念。”同上引书，S. 450，第 95 页。“自律的概念与自由的理念不可分割地结合在一起，而德性的普遍原则又与这自律概念不可分离地结合在一起。”同上引书，S. 452，第 99 页。“可与意志自由并存的意志自律。”同上引书，S. 458，第 107 页。“自由和无条件的实践法则乃是互相呼应的……一条无条件的法则是否只是纯粹实践理性的自我意识，而无条件的法则与肯定的自由概念是完全一样的。”［德］康德：《实践理性批判》，韩水法译，商务印书馆 1999 年版，S. 29，第 29 页。“道德法则就径直导致自由概念。”同上引书，S. 30，第 30 页。“德性首先给我们揭示了自由概念。”同上引书，S. 30，第 30 页。“如无道德法则自由原本是不会被他认识到的。”同上引书，S. 30，第 31 页。“意志自律是一切道德法则以及合乎这些法则的职责的独一无二的原则……纯粹的并且本身实践的理性的自己立法，则是积极意义上的自由。道德法则无非表达了纯粹实践理性的自律，亦即自由的自律，而这种自律本身就是一切准则的形式条件，唯有在这个条件下，一切准则才能与最高实践法则符合一致。”同上引书，S. 33，第 34—35 页。“德性原理之中的自律。——它同时指明：这个事实与意志自由的意识不可分割地联系在一起的，甚至与它是二而一的……自由，倘若它被授予我们的话，就使我们侧身于事物的一种理智秩序之列。”同上引书，S. 42，第 44 页。“自律法则就是道德法则。”同上引书，S. 43，第 46 页。“自由概念，构成这些法则的基础……这些法则唯有在与意志自由的关联之中才是可能的，乃是因为这些法则作为实践的公设是必然的。至于道德法则的这个意识，或者与之二 （转下页）

理性无法直观地给予，尽管可以分析地给予。

> 自律的概念与自由的理念不可分割地结合在一起，而德性的普遍原则又与这自律概念不可分离地结合在一起……似乎在我们从自由到自律，又从自律到德性法则的推论中包含着一个隐秘的循环，也就是我们是不是把自由的理念仅仅只是为了德性法则才奠定为基础，以便然后再从自由中推论出德性法则，因为对这个法则我们根本指不出什么根据，而只能把它表明为对某种原则的祈求……但我们永远不能把它作为一个可证明的命题建立起来。[①]是否如果我们设定意志自由，这个命题就同时是分析的？但是对此，自由作为一个肯定的［积极］概念，就需要一种理智直观，而在这里我们完全不可以认定这种直观。[②]

虽然在《道德形而上学奠基》中，康德自认为解决了自由与法则之间的辩证法——“我们在上面所挑起的这种疑惑就被消除了”[③]——而且后来在《实践理性批判》“序言”的注释中，康德也写道：道德法则是自由的“认识理由”（反思条件），自由是道德法则的“存在理由”

（接上页）而一的自由意识，是如何可能的，无法有其进一步的解释。”同上引书，S. 46，第49页。“道德法则事实上就是出于自由的因果性法则。”同上引书，S. 47，第50页。“道德法则既然被树立为自由演绎的原则，亦即演绎纯粹理性的因果性的原则，那么道德法则的这种信任状就可以充分代替一切先天的正当性证明，以补充理论理性的一种需求，因为理论理性原来不得不至少认定自由的可能性。”同上引书，S. 48，第51页。“在理性的判断之中，道德法则首先客观地和直接地决定意志；而自由，其因果性只能是由法则决定的。”同上引书，S. 78，第85页。“凭借其自由的自律。”同上引书，S. 87，第95页。“作为自由意志之意志的自律。”同上引书，S. 132，第144页。“一个人格仅仅服从自己（要么单独地、要么至少与其他人格同时）给自己立的法则。”［德］康德：《道德形而上学》，张荣、李秋零译，载《康德著作全集》第6卷，中国人民大学出版社2007年版，S. 223，第231页。“在道德实践关系中不可理解的自由特性通过理性对内在立法意志的影响使自己显露出来。”同上引书，S. 418，第427页。

① ［德］康德：《道德形而上学奠基》，杨云飞译，邓晓芒校，人民出版社2013年版，S. 452，第99页。

② ［德］康德：《实践理性批判》，韩水法译，商务印书馆1999年版，S. 31，第32页；Immanuel Kant, *Critique of Practical Reason*, Translated and Edited by Mary Gregor, Cambridge University Press, 1997, S. 31, pp. 28–29。

③ ［德］康德：《道德形而上学奠基》，杨云飞译，邓晓芒校，人民出版社2013年版，S. 453，第99页。

（发生条件），但仍然没有解开自由与法则之间互为条件的循环论证。其实，对纯粹理性伦理学来说，这并不是一个需要克服的恶性循环；相反，倒是一个会让康德感到满意的良性循环。因为，如果纯粹理性的自由意志与法则之间的关系不是分析的同一性，那么纯粹理性（意志）用道德法则来强制任意，即“同一个意志”中的道德自律反而不可能了，因为纯粹理性（意志）与任意之间的关系反倒应该是先验地综合的。而现在，正是凭借着自由与道德法则之间分析的同一性关系，康德才能够说，不受感性影响而仅仅由纯粹理性决定的自由意志在道德上是能够直接地实践的。这样，在成功了分析（化学）方法的“理性的实验”而“剩余下来”的“某物”——“它仅仅意味着一个某物，这个某物之所以剩余下来”[①] 并非只是现象学主观性直观的观念对象（例如阿默思“本族体裁分类体系”、埃利亚德“神显—显圣物”），而是进一步搁置了主观性观念对象（任意的主观准则）之后，根据先验论客观性理念演绎反思方法而进一步还原出来的“剩余……某物”——就是：意志的自律。由此康德得出结论：自由意志出于纯粹理性而能够自己直接给自己立法（道德法则）并且自己在道德上直接地实践——“纯粹理性凭借这个事实宣布自己是源始地立法的”——康德认为，纯粹实践理性自由意志的自律，是一个通过理性实验而还原出来的“理性的事实”。

在《实践理性批判》中，康德两次三处提到“理性的事实”。[②] 所

---

① ［德］康德：《道德形而上学奠基》，杨云飞译，邓晓芒校，人民出版社 2013 年版，S. 462，第 112 页。

② “理性的一个事实”（a fact of reason）、“纯粹理性的唯一事实”（the sole fact of pure reason）、“纯粹理性的事实”（a fact of pure reason）。［德］康德：《实践理性批判》，韩水法译，商务印书馆 1999 年版，S. 31，第 32 页；S. 47，第 50 页。Immanuel Kant，*Critique of Practical Reason*，Translated and Edited by Mary Gregor，Cammbridge University Press，1977，S. 31，p. 28；S. 31，p. 29；S. 47，p. 41. 阿利森认为，康德：《实践理性批判》有 8 处提到“理性的事实”：（1）“实践理性自身并未与思辨理性约定，就独自给因果性服从的超感性对象，也就是自由提供了实在性（虽然作为一个实践概念还只供实践的应用），而且实践理性通过一个事实也证实了在思辨理性那里只能够思维的东西。”［德］康德：《实践理性批判》，韩水法译，商务印书馆 1999 年版，S. 6，第 4 页。（2）“我们可以把有关这种原理的意识称作理性的一个事实，因为我们并不能从理性先行的材料中，譬如从自由意识（因为这种意识不是预先被给予我们的）中，把它勾稽出来……为避免将这个法则误解为被给予的起见，我们还必须注意：它不是任何经验的事实，而是纯粹理性的唯一事实；纯粹理性凭借这个事实宣布自己是源始地立法的。”同上引书，S. 31，第 32 页。（3）“纯粹理性是实践的，也就是说它能够不依（转下页）

（接上页）赖于任何经验的东西自为地决定意志，——而且它通过一个事实做到这一点，在这个事实之中我们的纯粹理性证明自己实际上是实践的；这个事实就是理性借以决定意志去践行的德性原理之中的自律；——它同时指明：这个事实与意志自由的意识不可分割地联系在一起的，甚至与它是二而一的。”同上引书，S. 42，第44页。（4）“道德法则虽然不提供任何展望，却提供了一个绝对无法从感觉世界的任何材料和我们的理论理性应用的整个范围来解释的事实，这个事实指示了纯粹知性的世界，乃至肯定地决定了这个世界，并且让我们认识它的某种东西，亦即法则。”同上引书，S. 43，第45页。（5）“道德法则仿佛是作为一个我们先天地意识到而又必定确实的纯粹理性的事实被给予的，即便我们承认，人们不能够在经验中找到任何完全遵循道德法则的实例。”同上引书，S. 47，第50页。（6）“纯粹意志或者与之二而一的纯粹实践理性的客观实在性，仿佛是通过一个事实在一条先天的道德法则之中被给予的。”同上引书，S. 55，第59页。（7）“纯粹理性当是不掺杂任何经验的决定根据而单纯自为地实践的：这一点必须能够从最普通的实践理性的运用来予以阐明，因为这样一条人类的每一个自然理性都认识到其乃完全先天的、不依赖于任何感性材料的无上实践原理，被人们确认为他们意志的无上法则。人们必须首先依照这个原理渊源的纯粹性，即使以这种普通理性的判断，确立这个原理并且证明其正当性，然后科学才能掌握它以供应用，仿佛把它当作先行于所有关于其可能性和种种结论的争论的一个事实，而这些结论是可以从这个原理之中推断出来的。”同上引书，S. 91，第99页。（8）“在一个现实的事例里，人们仿佛能够通过事实证明，某种行为是以这样一种因果性（理智的、不以感性为条件的）为先决条件的，无论它现在是现实的，还是仅仅是受命的，亦即在实践上的客观必然的。在作为感觉世界的事件而在经验中被给予的现实的行为上面，我们不能期望遇见这种联结，因为源于自由的因果性必定总是在感觉世界之外的理智世界里面找到的。但是，感觉存在者以外的其他事物并未为我们所知觉和观察到。这样，所余留下来的无非就是：一条无可辩驳而且客观的因果性原理被发现了；这条原理从它的决定那里排除一切感性条件，亦即它是这样一条原理，在其中理性就因果性而言不再引证其他东西以为决定根据，而是理性通过这条原理本身就包含着决定根据，并且在这里理性作为纯粹理性本身就是实践的。”同上引书，S. 104—105，第114—115页。参见［美］阿利森《康德的自由理论》，陈虎平译，辽宁教育出版社2001年版，第349—351页。除此之外，康德《道德形而上学奠基》《实践理性批判》《判断力批判》《纯然理性界限内的宗教》提到“理性的事实”的地方还有：“纯粹实践理性是存在的……如果它作为纯粹理性是现实地实践的，那么它就通过事实证明了它的实在性和它的概念的实在性，而反驳它可能具有实在性的一切诡辩便是徒然的了。凭借这种能力，先验自由从现在起也就确立了起来，而且这里所谓自由是取其绝对意义而言的，……自由概念的实在性既然已由实践理性的一条无可争辩的法则证明……由自由是现实的这个事实得到了证明，因为这个理念通过道德法则展现了自己。”［德］康德：《实践理性批判》，韩水法译，商务印书馆1999年版，S. 3—4，第1—2页。“纯粹理性能够在自身就包含一个实践的，即足以决定意志的根据，那么实践法则就是存在的；否则，那么一切实践原理都将是单纯的准则。”同上引书，S. 19，第17页。“他之所以能够做某事，乃是由于他意识到他应当做这事，并且在自身之中认识到自由，而如无道德法则自由原本是不会被他认识到的。”同上引书，S. 30，第31页。“通过如下一个事实，道德法则甚至相对于思辨理性批判也充分证明了自身的实在性；它给原先仅仅被否定地思维的、思辨理性批判无法把握其可能性然而却不得不认定它的那个因果性增加了肯定的规定，亦即能够（通过意志准则的普遍立法形式这个条件）直接决定意志的一个理性概念。”同上引书，S. 48，第51页。“通过这个在我面前证实了的事实，我看到这个法则是能够遵循和实行的。”同上引书，S. 77，第83页。“自由的理念，它作为一种特殊的因果性［这种因果性的概念在（转下页）

（接上页）理论上来看将会是越界的]，其实在性可以通过纯粹理性的实践法则，并按照这些法则的在现实的行动中，因而在经验中得到阐明。——在纯粹理性的所有理念中，惟有这一个理念的对象是事实，并且必须被归入可知之事。”[德] 康德：《判断力批判》，李秋零译，载《康德著作全集》第5卷，中国人民大学出版社2007年版，S. 468，第490页。“自由……通过从它那里产生的一种确定的因果性法则……作为事实阐明了它在行动中的实在性。”同上引书，S. 474，第496页。帕通（Paton，或译“帕顿”）认为，康德的论证几乎“无懈可击”。“[康德] 提出了道德行为的最高条件，他们把道德行为和仅是审慎的行为加以鲜明的对照，基本上是无懈可击的。”[美] 帕通：《论证分析》，载 [德] 康德《道德形而上学原理》，苗力田译，上海人民出版社2005年版，“附录”，第105页。除了“纯粹理性实践的实在性”，“理性的事实”还意指“庸常理性的道德判断”：“我认为实际上是有道德法则的，这些道德法则完全先天地（不考虑经验性的动机，即幸福）规定了所为所不为，即规定一般有理性的存在者的自由的运用，而且我认为这些法则绝对地（而不只是在其他经验性目的之前假言式地）发出命令，因而在任何方面都是必然的。我可以有权假定这一假设命题，这不只是因为我援引了那些最明察秋毫的道德学家们的证据，而且是因为我依据的是每个人的道德判断，如果他愿意清楚地思考这样一条法则的话。”[德] 康德：《纯粹理性批判》，邓晓芒译，人民出版社2004年版，A807/B835，第613页。“出于爱人类，我愿意承认，我们的大多数行动还是合乎义务的。”[德] 康德：《道德形而上学奠基》，杨云飞译，邓晓芒校，人民出版社2013年版，S. 407，第33页。“所有的德性概念都完全先天地在理性中有自己的位置和起源，这无论在最普通的人类理性中还是在最高程度的思辨理性中都同样是如此。”同上引书，S. 411，第38页。“依照意志自律的原则该做何事，这对于极其庸常的知性也是毋需犹豫就一望而知的。”[德] 康德：《实践理性批判》，韩水法译，商务印书馆1999年版，S. 36，第39页。“根据道德法则来判定什么是该行之事，必定没有多大困难，以致十分庸常未经历练的知性，甚至不必通达世故，也会胸有成竹。”同上引书，S. 36，第39页。“事实上，每个人都依照这个规则判断行为：它在道德上是善的抑或恶的。”同上引书，S. 69，第75页。“甚至最为庸常的知性也如此判断；因为自然法则永远构成了他们所有最为习惯的、乃至经验的判断的基础。”同上引书，S. 70，第75页。“理性作为纯粹理性本身就是实践的。但是，这个原理无需求索无需发明；它长久以来就在所有人的理性之中，与人的存在融为一体，是德性的原理。”同上引书，S. 105，第115页。“每个人心中也都有这种形而上学，虽然通常只是以模糊的方式拥有。”[德] 康德：《道德形而上学》，张荣、李秋零译，载《康德著作全集》第6卷，中国人民大学出版社2007年版，S. 216，第223页。“德性义务……可以从普通的人类理性中开发出来。”同上引书，S. 479，第489页。“这个前提现在或许是由某种可直接接近者，亦即我们对于道德法则作为最高权威的普通意识所提供的，而不是由我们在智性世界的成员身份这种悬拟的观念所提供的。”[美] 阿利森：《康德的自由理论》，陈虎平译，辽宁教育出版社2001年版，第360—361页。“人们日常的理性在道德中比在理论中，是一个更可靠的向导。”Paton关于《道德形而上学基础》的《论证分析》，见 [德] 康德《道德形而上学原理》，苗力田译，上海人民出版社2005年版，“附录”，第95页。“在实践事务，而不在思辨中，通常人的理性可以说与哲学比较是更好是向导。”同上引书，第105页。“唯有善良意志才是无条件的善的观点，是为通常的道德意识所支持的，它就是我们在日常生活中全部道德判断的前提或条件。”同上引书，第98页。康德批评了那种认为是道德学家发明了道德法则的狂妄自大：“谁想介绍一种所有德性的新原理，并且仿佛他首次发明了这些德性？似乎世界在他之前不知道什么是职责……”[德] 康德：《实践理性批判》，韩水法译，商务印（转下页）

(接上页) 书馆 1999 年版，S. 8“注释①”，第 6 页。“依照意志自律的原则该做何事，这对于极其庸常的知性也是毋需犹豫就一望而知的……这就是说：什么是职责，每个人都不言而喻。”同上引书，S. 36，第 39 页。“职责……启用他们的判断。”同上引书，S. 154，第 168 页。“这种道德的证明并不是一种新发明的证明根据，而至多也不过是一种新得到的讨论的证明根据；因为它早在人类理性能力最初的萌芽的时候就已经存在于这种能力里面，并且随着其继续培植而越来越发达。”[德] 康德：《判断力批判》，李秋零译，载《康德著作全集》第 5 卷，中国人民大学出版社 2007 年版，S. 458，第 478 页。“义务概念以其完全的纯粹性，较之任何出自幸福的或与之相关的以及掺杂着对它的考虑的动机（这就在任何时候都需要有大量的技巧和深思熟虑），不仅是无可比拟地更加简单、更加明确、对每个人的实践运用都更容易领会而又更加自然；而且就在最普通的人类理性的判断里，——当它仅只是被带到这种判断的面前，并且确实是摆脱了人类意志的判断，乃至于与之相对立，——也要较之一切从后者的自私原则而引出的动机远为强而有力得多、更迫切得多而又富于成果。”[德] 康德：《论通常的说法：这在理论上可能是正确的，但在实践上是行不通的》，载 [德] 康德《历史理性批判文集》，何兆武译，商务印书馆 1990 年版，第 189 页。康德提到“庸常理性”的地方还有：“最普通的理性。”[德] 康德：《纯粹理性批判》，邓晓芒译，人民出版社 2004 年版，A584/B612，第 466 页。“人类理性……普通经验。”同上引书，A584/B612，第 466 页。“最普遍的人的想法。”同上引书，A589/B617，第 470 页。“普通知性。”同上引书，A590/B618，第 470 页。“自然理性。”同上引书，A626/B654，第 494 页。“日常理性。”同上引书，A725/B753，第 561 页。“最普通的知性。”同上引书，A831/B859，第 628 页。“通常的理性。”[德] 康德：《道德形而上学奠基》，杨云飞译，邓晓芒校，人民出版社 2013 年版，S. 394，第 13 页。“健全知性。”同上引书，S. 397，第 16 页。“普通的人类理性。”同上引书，S. 402，第 24 页。“普通人类理性。”同上引书，S. 403，第 27 页。“人类理性。”同上引书，S. 404，第 27 页。“普通的理性。”同上引书，S. 404，第 27 页。“普通的人类知性。”同上引书，S. 404，第 27 页。“普通的知性。”同上引书，S. 404，第 27 页。“普通知性。”同上引书，S. 404，第 28 页。“普通的理性。”同上引书，S. 404，第 28 页。“普通的人类知性。”同上引书，S. 404，第 28 页。“对每一个人有责任做、因而也有责任知道的事情的知识，也将是每个人，甚至是最普通的人的事业。在这里人们倒是可以不无惊讶地看到，在普通的人类知性中，实践的评判能力竟会远远超过理论的评判能力。在后一种评判能力中，一旦普通的理性冒险脱离了经验法则和感官知觉，就会陷入到纯然不可理解和自相矛盾之中，至少会陷入到一种不确定的、模糊的和反复无常的混乱之中。但在实践的评判能力中，却正是在普通的知性把一切感性动机都从实践法则中排除掉时，这种评判能力才开始显示自己出自己真正的优势。这样一来，普通知性甚至有敏锐的分辨力，不论它是想要在与那些据说是正当的事情相关时都以自己的良心或者他人的要求加以挑剔，还是也真诚地想要规定这些行动的价值来使自己受教，而在大多数场合，它在后面这种情况下恰好可以如同一位哲学家总是可以指望的那样，有希望作出正确的判定，甚至在这里几乎比哲学家本人还要更可靠些，因为一个哲学家毕竟不能拥有与普通知性不同的原则，他的判断倒容易为一大堆陌生的、不相干的考虑所扰乱，而可能偏离正确的方向。这样一来，难道不可以建议在道德的事情上只要有普通的理性判断就行了，顶多把哲学搬出来使道德体系表述得更加完备、更加易懂，并使其规则表述得更适合于运用（但更多的是更适合于争论），但绝不是让普通的人类知性即使是为了实践的意图而偏离其幸运的单纯，并通过哲学把它引向一条研究和教导的新路？清白无邪是美妙的事，不过从另一方面看也很糟糕，它不能维持自己，很容易被诱惑……但从这里就产生了一种自然的辩证论，即针对义务的严格法则进行玄想、对其有效性至少是其纯洁性和严格性加以怀疑、并且尽可能使义务更加适合于我们的愿望和爱好 （转下页）

谓"理性的事实"就是必然可能的经验事实（不是现实必然的经验事实），[①]

（接上页）这样一种偏好，也就是说，从根本上败坏它，取消它的全部尊严，这种事情即便是普通的实践理性最终也不能将它称之为善的。"同上引书，S. 404—405，第27—29页。"普通的人类理性。"同上引书，S. 405，第29页。"健全理性。"同上引书，S. 405，第29页。"普通实践理性。"同上引书，S. 405，第29页。"最普通的人类理性。"同上引书，S. 411，第38页。"最普通的知性。"同上引书，S. 450，第96页。"最普通的知性。"同上引书，S. 452，第97页。"普通人类理性。"同上引书，S. 454，第101页。"最普通的人类理性。"同上引书，S. 456，第103页。"普通人类理性。"同上引书，S. 457，第105页。"最平常的知性。"［德］康德：《判断力批判》，李秋零译，载《康德著作全集》第5卷，中国人民大学出版社2007年版，S. 442，第461页。"健康人类理性的最平常的判断。"同上引书，S. 443，第462页。"最平常的人类理性。"同上引书，S. 448，第468页。"纯然的健全知性。"同上引书，S. 476，第498页。"平常的知性。"同上引书，S. 476，第499页。"平常的和健全的知性。"同上引书，S. 478，第500页。"准则之中的哪些形式适合于普遍立法，哪些不适合，这一点极其庸常的知性不经指教也能区别。"［德］康德：《实践理性批判》，韩水法译，商务印书馆1999年版，S. 27，第27页。"最平庸的人。"同上引书，S. 35，第37页。"最平庸的眼光。"同上引书，S. 36，第38页。"十分庸常未经历练的知性。"同上引书，S. 36，第39页。"极其庸常的知性。"同上引书，S. 36，第39页。"最为庸常的知性。"同上引书，S. 70，第75页。"最为庸常的理性。"同上引书，S. 70，第76页。"最为庸常的人类理性。"同上引书，S. 87，第95页。"最普通的实践理性。"同上引书，S. 91，第99页。"自然理性。"同上引书，S. 91，第99页。"普通理性。"同上引书，S. 91，第99页。"普通人类知性。"同上引书，S. 92，第99页。"最为庸常的知性。"同上引书，S. 92，第100页。"普通的人类理性。"［德］康德：《道德形而上学》，张荣、李秋零译，载《康德著作全集》第6卷，中国人民大学出版社2007年版，S. 479，第489页。"如果理性免不了要规定意志，则这样一种存在者的行动，作为客观必然的来认识，也是主观必然的，就是说，意志是一种只选择那种理性不依赖于爱好而认为在实践上是必然的、也就是善的东西的能力。"［德］康德：《道德形而上学奠基》，杨云飞译，邓晓芒校，人民出版社2013年版，S. 412，第40页。"乃至最庸常的知性……决不能指望他去服从纯粹实践理性法则之外的任何其他法则。"［德］康德：《实践理性批判》，韩水法译，商务印书馆1999年版，S. 92，第100页。"理性决不离弃道德法则，而相反使自己与道德法则最为紧密地符合一致。"同上引书，S. 93，第101页。"一个会犯错误的良知是胡说八道。因为在某种是不是义务的客观判断中，人们有时很可能出错；但在我是否为了作出那种判断已经把它与我的实践理性（在此是判决的理性）进行了比较的主观判断中，我不可能出错，因为那样的话，我在实践上就根本不会作出判断。"［德］康德：《道德形而上学》，张荣、李秋零译，载《康德著作全集》第6卷，中国人民大学出版社2007年版，S. 401，第413页。"有德性的人不可能失去其德性。"同上引书，S. 405，第418页。"一个本身（作为道德存在者）永远不会失去一切向善禀赋的人的理念。"同上引书，S. 464，第475页。

① "一个可能的目的王国……目的论把自然当做一个目的王国来考虑，道德学把一个可能的目的王国当做一个自然王国来考虑，在前者目的王国是解释现存事物的一个理论的理念。在后者，它是一个实践的理念，为的是使尚未存在、但通过我们的行为举止能成为现实的事物，恰恰按照这一理念实现出来。"［德］康德：《道德形而上学奠基》，杨云飞译，邓晓芒校，人民出版社2013年版，S. 436，"注释①［康德自注］"，第74页。"可能直观之中的事物。"［德］康德：《实践理性批判》，韩水法译，商务印书馆1999年版，S. 52，第55页。（转下页）

即纯粹理性道德法则对每一个人的任意在实践上强制规定的客观实在性（“理性的事实”的客观类型）与每一个人的任意对纯粹理性道德法则在实践中出于敬重情感的理性信仰的主观观念性（“理性的事实”的主观类型）。“理性的事实”第一次出现在《实践理性批判》第一章第七节，指的是：主体对道德法则的意识的主观必然性（理性事实的主观类型）。

> 我们可以把有关这种［道德法则的］原理的意识称作理性的一个事实（a fact of reason），因为我们并不能从理性的先行的材料中，譬如自由意识（因为这种意识不是预先［在经验中］给予我们的）中，把它勾稽出来，而且还因为它［道德法则的原理］作为一个先天综合命题把自己自为地强加给我们，而［我们对］这个命题［的意识］既非建立在纯粹直观上面，亦非建立在经验直观上面的……然而，为避免将这个法则误解为被［直观地］给予的起见，我们还必须注意：它不是任何经验的事实，而是纯粹理性的唯一事

（接上页）“倘若因果性范畴（并且因此还有所有其他范畴，因为没有这些范畴，关于实存的东西的任何认识都不能实现）运用到并非可能经验的对象、而且在经验界限以外托身的事物之上，情况会怎么样呢？因为我能够仅仅相对于可能经验的对象演绎了这些范畴的客观实在性。但是，我也唯有在这种情况下才挽救了它们，把我已经表明，人们借此确实可以思想客体，虽然不能先天地决定这些客体：这是一个事实，正是这个事实才在纯粹知性之中给予它们一个位置，从这个位置上它们与一般客体（感性的或非感性的）发生关联。如果倘若缺乏某种东西的话，那就是这些范畴，尤其是因果性范畴运用于对象之上的条件，亦即直观；在直观没有被给予的情形下，这个条件就使得以从理论上认识作为本体的对象为宗旨的这种运用，没有可能，而即便某个人如果敢于尝试，这种认识也是完全受到禁止的；与此同时，这个概念的客观实在性始终保持不变，甚至能够应用于本体，但丝毫不能以理论的方式决定这个概念，并借此产生认识。因为这个概念即使在与一个客体的关联之中，也并不包含任何不可能的东西，这已通过如下一点得到阐明：尽管在运用于感觉对象的所有情形中，它在纯粹知性中的位置是确定无疑的，并且如果当它随后与物自身（它们不能是经验的对象）相关联时，它无法得到任何规定而可以为了理论认识的目的去表象一个已规定的对象，那么为了任何一种其他的（或许实践的）目的它始终还是能够得到这样一种运用的规定的。”［德］康德：《实践理性批判》，韩水法译，商务印书馆1999年版，S. 54，第57—58页。“有理由把一件事实的概念扩展到这个词的通常含义之外。因为如果说的是事物与我们的认识能力的关系，那么，既然为了把事物仅仅当做一种确定的认识方式的对象来谈论，一种纯然可能的经验就已经足够了，所以把这一表述仅仅限制在现实的经验上，就是不必要的，甚至也是不可行的。”［德］康德：《判断力批判》，李秋零译，载《康德著作全集》第5卷，中国人民大学出版社2007年版，S. 468“注释①”，第490页。

实（the sole fact of pure reason）；纯粹理性凭借这个事实宣布自己是源始地立法的。[1]

第二次紧接着出现在第一章第八节以后的“纯粹实践理性原理演绎”这一节中，指的是：道德法则对主体而言存在的客观必然性（理性事实的客观类型）。

> 道德法则仿佛是作为一个我们先天地意识到而又必定确实的纯粹理性的事实（a fact of pure reason）被给予的，即便我们承认，人们不能够在经验中找到任何完全遵守道德法则的实例。于是，道德法则的客观实在性就不能通过任何演绎，任何理论的、思辨的或以经验为支撑的理性努力得到证明，而且即使有人想根除它的必然的确实性，也不能通过经验加以证实，因而不能后天地加以证明，而且它自身仍然是自为地确定不移的。[2]

尽管“理性的事实”只是一个经过先验论客观性理念演绎而反思地还原出来的纯粹实践理性信仰的理念，但康德认为“这个［“理性的事实”的］理念为一种理性的信仰起见，始终是一个有用的并且可以允许的理念”。[3] 换句话说，通过“理性的实验”而分析地“剩余”的“某物”就是这样一个“理性的事实”，即理性对理性自身的信仰。

> 这同一个理念对于我们来说是具有立法性的，所以我们很自然地要假定一个与这理念相应的立法的理性（原型的智性），从这个作为我们理性的对象的立法的理性中可以推导出自然的一切系统的

① ［德］康德：《实践理性批判》，韩水法译，商务印书馆 1999 年版，S. 31，第 32 页；Immanuel Kant，*Critique of Practical Reason*，Translated and Edited by Mary Gregor，Cammbridge University Press，1977，S. 31，p. 28；S. 31，p. 29。

② ［德］康德：《实践理性批判》，韩水法译，商务印书馆 1999 年版，S. 47，第 50 页；Immanuel Kant，*Critique of Practical Reason*，Translated and Edited by Mary Gregor，Cambridge University Press 1997，S. 47，p. 41。

③ ［德］康德：《道德形而上学奠基》，杨云飞译，邓晓芒校，人民出版社 2013 年版，S. 462，第 113 页。

> 统一性来。[①] 一个纯粹知性世界的理念，即一切理智的一个整体这一理念，我们本身作为理性存在者（尽管在另一方面同时是感官世界的成员）属于这个整体，这个理念为一种理性的信仰［rational belief］起见，始终是一个有用的并且可以允许的理念，即使一切［理论］知识在这个理念的边界上都终止了［因而"理性的信仰"在理论上是"一种有怀疑的信念"[②]］也罢，为的是通过自在的目的本身（理性存在者）的一个普遍王国的美好理想——我们只有按照自由的准则谨慎行事，就好像这些准则就是自然法则那样，才能作为成员属于这个王国——在我们里面引起一种对道德法则［在主观上理性地信仰］的活生生的关切。[③]

在《道德形而上学奠基》中，康德已经视"理性的信仰"为任意对纯粹理性的情感敬重，但是，"它并没有把一切全都包括在自身中，而是在它之外还有更多的东西；只是对这更多之物我并无进一步的认识"，[④] 直到《实践理性批判》"辩证论"，康德才最终把"理性的信仰"的意向对象设想、设定为上帝，即道德法则"至善"目的的必然可能性实现条件——而不是道在德法则"至善"目的的必然发生条件，道德法则"至善"目的的必然发生条件只能是人的纯粹理性——但是，康德《实践理性批判》"辩证论"将上帝设想、设定为道德法则"至善"目的的必然可能性实现条件的做法，无疑把上帝手段化、工具化了，即把"理性的信仰"变成了人的自由意志内部——规定目的并且要

① ［德］康德《纯粹理性批判》，邓晓芒译，人民出版社 2003 年版，A695/B723，第 540 页。

② ［德］康德：《判断力批判》，李秋零译，载《康德著作全集》第 5 卷，中国人民大学出版社 2007 年版，S. 472，第 494 页。

③ ［德］康德：《道德形而上学奠基》，杨云飞译，邓晓芒校，人民出版社 2013 年版，S. 462—463，第 113 页；Immanuel Kant，*Groundwork of the Metaphysics of Morals*，A German-English Edition，Edited by Jens Timmermann，English Translation by Mary Gregor，Revised by Jens Timmermann，Permission of Cambridge University Press，First published 2001，p. 153。

④ ［德］康德：《道德形而上学奠基》，杨云飞译，邓晓芒校，人民出版社 2013 年版，S. 462，第 112 页。

求（信仰）手段的是“同一个意志”——的一个分析命题，[1] 尽管目的与工具、手段之间的关系是综合命题。于是，上帝对于人来说就是一个假言命令：“我应当做某事，是因为我想要某种别的东西［例如来世来生的幸福］，并且这里还必须有另一个在我的主体中的法则被当做根据，按照这个法则我必然地想要这个他物。这个法则又需要一条命令来限制这个准则。”[2] 这样，对于人来说，上帝就会是意志的他律。对此结果，康德并非没有认识，于是在《实践理性批判》中，才会出现康德时时比较人的纯粹理性善良意志与纯粹理性情感神圣意志之间在本质上的差别（并非程度上的差异）。更有甚者，实际上在先于“辩证论”的“分析论”，在“纯粹实践理性的动力”这一节中，康德早已经把上帝安排为“以爱命令人的法则”的至高无上的“第三者”的绝对“他者”——于是康德在同一本书中陷入了自我矛盾：上帝既是道德法则自律的实现条件更是道德法则“他律”（其实仍然是自律）的发生条件——但是，将纯粹理性情感的神圣意志设想、设定为道德法则普遍立法的真正主体，是纯粹理性从自身意向形式界限之内超越到意向形式界限之外而对一个超验实在性意向对象的“纯粹实践理性信仰”，这又是一个“理性的事实”！这个事实不是一个偶然或或然地现实的经验事实，而是一个必然可能的经验事实即纯粹实践理性信仰的理想。若非如此，仅仅出于人的纯粹理性的道德法则，尽管是每一个人的纯粹理性必然地要求的，但不是每一个人的纯粹理性客观地希望的，更不是每一个人的任意普遍地愿意的。这样，康德就使用客观性理念演绎超验综合方法反思地还原到道德法则的纯粹理性情感神圣意志发生（“发源”）条件，打破了人的自由意志与纯粹理性道德法则之间在逻辑上分析的同一性“一个不能用来解释另一个，以及［一个不能］为另一个提供根据”的循环论证，为自由与法则设想、设定了一个超越了二者的“发源”条件。而与此同时也就清除了上帝被用作道德法则“至善”目的的必

---

① “在我的……意志之上，还加上了同一个意志的理念。”［德］康德：《道德形而上学奠基》，杨云飞译，邓晓芒校，人民出版社 2013 年版，S. 454，第 101 页。“这一命题就意愿而言，是分析的。”同上引书，S. 417，第 47 页；“就愿意做出这一结果所要求的行动，这就是一个分析命题。”同上引书，S. 417，第 47 页；“同样也会是分析的。”同上引书，S. 417，第 47 页。

② ［德］康德：《道德形而上学奠基》，杨云飞译，邓晓芒校，人民出版社 2013 年版，S. 444，第85 页。

然可能性实现条件的“上帝工具—上帝论”即一般实践（实用）理性信仰“最后的遗迹”，进而也就给予了建立在历史经验上的“启示神学”以道德起源论的充分理性阐明与逻辑证明。

在最终还原出来的纯粹理性情感神圣意志的超验理想面前，康德以敬畏之心令其对人（类）保持了作为神话不可理解的神秘，这是因为，尽管理性超出自身而为自由与法则设定了一个更高、更深的“发源”条件，打破了自由与法则之间的循环论证，但并没有消除人的存在在最高、最深层面的悖论。换句话说，人的本原性（实践的道德神圣性）、本真性（信仰的超验真实性）存在方式的神话原型就是一个悖论，神话原型就是一个“永恒回归”的二论背反：纯粹理性情感的神圣意志理想在理论上是不可理解的，但人（类）的纯粹实践理性自由意志必须设想它、设定它。因而这悖论式的存在就是人（类）的宿命：就纯粹理性而言，人在道德上是自给自足的，但是，为了让道德法则出于纯粹理性情感神圣意志的“实践的爱”“实践性的爱”，纯粹理性却不得不设想、设定一个比纯粹理性的人格神圣性更高的神格神圣性，作为道德法则发生的无条件条件；否则，没有纯粹理性情感神圣意志“以爱命令人的法则”，仅凭人（类）自己的纯粹理性，道德实践就仍然可能是伪善。

现在，在复原了康德的认识论普遍性感性直观+现象学主观性观念直观+先验论客观性理念演绎的实践神话学目的论与方法论之后，回顾现代神话学学术史走过的二百年历程，我们会发现，神话学学术史不仅是不断累积的认识神话现象的经验综合史，更是从神话现象不断反思—还原地回溯到神话本身的超验综合史，但这同时也就是神话本身的历史：从逻辑上自相矛盾的神话现象不断回溯到逻辑上不自相矛盾的神话现象，从自然神话现象不断回溯到道德神话现象，从神话现象不断回溯到神话原型的逻辑历史。而我们今天之所以能达成如此认识，端在于神话学家们运用了康德式“化学”的分析+超验综合的方法，从理论神话学的“神话”概念的经典定义“格林定义”规定的神话现象“开始”，启动了实践神话学回溯神话原型“发源”之地的反思—还原之路：

（1）搁置理论神话学亚里士多德式“神话”概念的经典定义“格林定义”——据此定义，神话被感性直观地表象为经验现象——双重标准的前项指标即神话现象的故事题材内容质料规定性而分析地还原到后项指标即信仰体裁形式界限规定性（博尔尼、博厄斯）；

（2）搁置神话现象的信仰体裁形式而分析地还原出内在于信仰体裁形式的非理性信仰心理态度的意向形式（马林诺夫斯基、巴斯科姆）；

（3）搁置神话现象的非理性信仰心理态度的意向形式而还原到共同体主观任意约定地“实践命名”的“本族体裁分类体系”叙事制度的理性信仰意向形式（顾颉刚、茅盾、阿默思）；

（4）搁置“本族体裁分类体系”的理性信仰意向形式而分析地还原出内在于本族体裁的表演框架的普遍交流伦理责任意向形式；

（5）搁置表演框架的比较普遍性—主观相对性意向责任形式而分析地还原出内在于伦理责任意向形式（作为主观准则—文化规则）的普遍形式（客观法则—道德原则）的纯粹理性信仰意向形式；

（6）通过纯粹理性信仰意向形式而超验综合地还原出神圣意志的纯粹理性情感意向形式。

这样，在一路分析与超验综合的反思基础上，神话学家最终还原出人的本原性（实践的道德神圣性）、本真性（信仰的超验真实性）的存在方式，即人的纯粹理性 + 任意的善良意志出于敬重情感的理性信仰的超验综合反思与纯粹理性情感神圣意志对人的纯粹理性 + 任意的先验综合规定的双向意向形式，亦即“起源神话”的神话原型。

> 当我们以看之看的眼光回望学术史的时候，确实发现前辈学者在不自觉地朝神话本身不断回归。这条回归之路漫长而艰辛，但毕竟让我们看到了希望和光明。……列维－布留尔、马林诺夫斯基和卡西尔在不同的层次上讨论神话，但他们都不约而同地表现出向神话自身不断还原或回归的自觉或不自觉倾向。他们得出的结论不尽相同，但他们这种共同的取向也足以启示我们：向神话自身的回归或还原就是注视神话的纯粹存在本身，只有回到神话的实事本身，神话才能向我们开显本真的面目。……返回神话自身是研究神话的

一个“不二法门”。①

这样，神话学学术史就是一部与神话史在逻辑上同步——并不一定在时间上同步——的现象学—先验论实践目的论—方法论的神话现象→神话原型的反思—还原史。因此，神话学学术史上对神话现象的理论研究向神话本体的实践认识的还原，就再现了神话史上逻辑上自相矛盾的神话现象向逻辑上不自相矛盾的神话现象——大体上也就是自然神话、启示神话向道德神话、理性神话——的“永恒回归”。前者（神话学史）的最终目的（方法）是为了认识且认领人本身，而后者（神话史）的最终目的（方法）也是为了实践且实现人自身。认识以实践为条件，实践也以认识为条件。② 于是，神话史和神话学史才不是偶然或或然的现实性而是必然的可能性，即人的本原性、本真性神话原型存在方式以及实践地认识人的本原性、本真性神话原型存在方式的“严格的科学”的必然可能性。否则，在时间上“开始于”格林兄弟，历经博尔尼、博厄斯、马林诺夫斯基、顾颉刚、茅盾、马伯乐、汤普森、普罗普、列维-斯特劳斯、巴斯科姆、阿默思、埃利亚德、卡西尔、鲍曼……的神话学学术史逻辑就是难以理解的；同时，这些伟大的神话学家们在学术史上的逻辑位置（不是学术地位）也就是不可解释的。当然，这也就意味着，神话学史和神话史并不仅仅是分析的还原史，神话学史和神话史都依赖于神话学者与神话人在“人类理性的边界”，当“一切［理论］知识在这个［实践］理念的边界上都终止了”，理性就会用与相异

① 户晓辉：《返回爱与自由的生活世界——纯粹民间文学关键词的哲学阐释》，江苏人民出版社2010年版，第209、258、266页。

② “纯粹理性的认识在这里构成了实践应用的基础。”［德］康德：《实践理性批判》，韩水法译，商务印书馆1999年版，S. 16，第14页。“一种法则，若事物的此在依赖于以它为根据的认识，就是实践的。”同上引书，S. 43，第45—46页。“这种认识能够自己成为对象实存的根据，通过这种认识理性在理性存在者之中具有因果性。”同上引书，S. 46，第49页。“与自由的无上原则相关联的先天实践概念立即成了认识，而毋需期待直观以获得意义。”同上引书，S. 66，第71页。“实践理性与思辨理性，就两者都是纯粹理性而言，是以同样的认识能力为基础的。”同上引书，S. 89，第97页。“实践理性并不处理对象以求认识它们，而是处理它自己（根据关于这些对象的认识）现实地实现这些对象的能力。”同上引书，S. 89，第97页。“通过纯粹实践理性所能已经具有的认识的内容。”同上引书，S. 91，第99页。“经验的内容总是以理论意识为媒介的”。张志刚：《宗教学是什么?》，北京大学出版社2002年版，第203页。

于理性自身的信仰来支持道德普遍立法的纯粹理性情感，“扩张到所想到的那些［理性］界限之外”“跨越这一［理性］边界”到“人之外的一个有权威的道德立法者的理念”即“架起一座……桥来到达最高存在者”亦即“通过形而上学以可靠推论的［理念演绎］方式从这个世界的认识达到上帝的概念及其实存的证明”“使［反思的］综合成为超验的”[①] 还原。“这种决定从理论的目的来看会是超验的（逾界的）［即超越、逾越经验界限的］，而从实践的目的来看则是内在的”，[②] 换句话说，“［纯粹理性情感神圣意志］必然的存在者当被认识到是在我们［的理性］之外被给予的”，但“自由概念允许我们无需逾出我们［的理性意向形式界限］之外而为有条件者和感性的东西寻得无条件者和理智［—情感分析地同一性］的东西”，[③] 而这正是人的存在在最深（神话原型）层面的理性悖论。

世界民间文（艺）学—民俗学神话学的现象学—先验论革命的主流“开始于”理论神话学对“神话”概念的亚里士多德式先验综合规定性定义方式的认识论反思，即，搁置其内容质料规定性而分析地还原出内在的、本质的形式界限规定性。因此，神话学革命的初衷是重建理论神话学的普遍有效性。但是，由于“神话”概念的客观性理论定义本身就起源于（至少部分地起源于）主观性“实践命名”，所以，“神话”概念形式界限规定性作为反思—还原剩余物，在方法上必然会转换为对主观性观念的现象学直观，实践神话学由此而生。回顾以茅盾、杨宽、程憬、袁珂……为代表的几代中国神话学家，从来不曾质疑“神话”概念的内容质料规定性的理论正当性，而是相信从“神话”概念的内容质料规定性入手，能够移步于中国古代叙事制度的非信仰叙事体裁形式，发掘神话故事题材“先行的材料”或“最初的材料”，以重构中国古代神话系统。这尽管看起来维护了“神话”理论的普遍有效性，却脱离了世界神话学革命的主流，而生成为现代文化语境条件下一般实践理性意义的“实践神话学”——而非纯粹实践理性价值而作为“严格的科学”的实践神话学——即茅盾、杨宽、程憬、袁珂……一脉相承的

---

① ［德］康德：《实践理性批判》，韩水法译，商务印书馆 1999 年版，S. 104，第 114 页。

② ［德］康德：《实践理性批判》，韩水法译，商务印书馆 1999 年版，S. 105，第 115 页。

③ ［德］康德：《实践理性批判》，韩水法译，商务印书馆 1999 年版，S. 105，第 115 页。

"实践神话学"，自有其现代文化语境条件的用法价值，因而其实践的正当性最终还是要根据其复原后的神话现象系统或体系与神话原型之间在道德上的逻辑关系予以价值或意义评估。

世界神话学革命的主流同样一波三折。欧美神话学家（如阿默思）倒是知晓"神话"概念原本就是一个从"实践命名"转换而来的用信仰意向形式规定叙事意向内容的"混血"或"混合"式理论定义。但是，当他们跨文化地遭遇了"神话"定义的形式界限规定性与内容质料规定性的综合统一性在不同文化语境中的理论瓦解之后，或者希望通过神话实践的非理性信仰心理态度意向形式（博尔尼、博厄斯、马林诺夫斯基、巴斯科姆）、或者希望通过神话文化实践的理性信仰意向形式（阿默思、鲍曼，顾颉刚也属于此阵营），以及神话跨文化实践（无论理性或非理性）信仰的"齐一"意向形式（卡西尔、埃里亚德），重建用神话意向形式界限规定性的实践定义的比较普遍性理论有效性。这就是说，欧美神话学的现象学革命主流，尽管正确地把神话学革命的切入点确定在神话实践的意向形式上，但与此同时，由于他们总是把神话实践的本质性条件限制在主观偶然或或然现实的意向形式上，或者是原始心理信仰态度的意向形式，或者是文化实践理性信仰的意向形式，或者是无论理性还是非理性信仰而"齐一"的意向形式，都满足于对神话信仰意向形式"世间的"（胡塞尔）[①] 规定性——即便该意向形式指向的是道德神圣性或超自然神圣性的意向对象——而没有尝试设想一种纯粹理性情感意向形式，并将其赋予神话信仰的意向主体及其意向对象，从而反思地还原出既"无需逾出我们之外"又"在我们之外被给予"的纯粹理性情感的双向意向形式的必然可能性。现代各国的神话学家们之所以在这方面甚至没能达到历史上启示宗教的思想高度和思想深度，就方法论而言端在于，神话学家们"在缺乏数学［直观］的情况下"却仍然留恋于做一名"单单从事于客观表象［即感性经验直观及现象

① "mundan（weltlich）世间的（世界的）：在胡赛尔现象学中，'世间的'是一个与'先验的'相对应的概念，它标志着在自然观点之内，在素朴的经验和实践中以及在科学的理论化中得以展开的人对世界的理解和人的自身理解。"倪梁康：《胡塞尔现象学概念通释》，生活·读书·新知三联书店2007年第2版，第304—305页。

学经验直观的主观表象］中的综合统一的数学范畴”[①]的数学家，宁可自甘为直观的神秘主义（卡西尔、罗洛·梅……）。也没有尝试做一名“分析范畴”——当代民俗学家们说的“分析范畴”仍然是理论概念即“伪实践概念”——的化学家。但唯有坚持做一名掌握了分析方法的化学家，神话学者才有可能从针对观念直观的分析方法过渡到超验综合的理念演绎方法，以还原出神话信仰意向形式的原型理想——纯粹理想情感的神圣意志——并将其设想、设定为道德法则普遍立法的绝对主体，进而在更高的层次上，用数学方法直观神圣意志纯粹理性情感分析的同一性（对于我们人类来说，“理智的情感会是一个矛盾”）。这样，中国神话学家就通过化学分析方法与超验综合方法的“理性的实验”而还原出“纯粹实践理性情感信仰的事实”的神话理想，即人的纯粹理性善良意志和任意对纯粹理性情感神圣意志出于敬重情感的超验综合反思，与纯粹理性情感神圣意志“以爱命令人的法则”对人的纯粹理性善良意志和任意的先验综合规定的双向意向形式，亦即人（类）的本原性（实践道德神圣性）、本真性（信仰的超验真实性）存在方式的神话原型。于是，在经历且经受了神话学的民间文（艺）学—民俗学的现象学—先验论革命全部洗礼之后，神话学家们就可以重新接纳邓迪斯关于“神话可以构成真实的最高形式”的经典论断了。

> 神话是关于世界和人怎样产生并成为今天这个样子的神圣的叙事性解释……其中决定性的形容词“神圣的”把神话与其他叙事性形式，如民间故事这一通常是世俗的和虚构的叙事形式区别开来……神话的意味是神圣的，因为所有形式的宗教都以某些方式与神话结合，而且这不是对“神话”这两个字眼的贬损。“神话”这

---

① ［德］康德：《实践理性批判》，韩水法译，商务印书馆 1999 年版，S. 104，第 113 页。“在先验分析论中，我们曾在各种知性的原理中把力学性的原理，即直观的仅仅是调节性的原则，与数学性的原理，即在直观上是构成性的原则区分开来了。尽管有这种区分，但所设想的力学性的法则就经验而言还是构成性的，因为这些法则使得任何经验的发生都缺少不了的那些概念成为先天可能的。”［德］康德：《纯粹理性批判》，邓晓芒译，人民出版社 2003 年版，A664/B692，第 520 页。“数学无可争辩地证明空间的无穷可分性。”［德］康德：《实践理性批判》，韩水法译，商务印书馆 1999 年版，S. 13，第 11 页。“数学命题反而全是综合的。”同上引书，S. 52，第 55 页。“因此在这里必须借助于直观，只有凭借直观这一综合才是可能的。”［德］康德：《纯粹理性批判》，邓晓芒译，人民出版社 2003 年版，B16，第 13 页。

一术语原意是词语或故事。只有在现代用法里，“神话”一词才具有“荒诞”这一否定性含义。照通常的说法，“神话”这个词常被当作“荒诞”或“谬论”的同义词……但是……不真实的陈述并非是“神话”合适的含义，而且神话也不是非真实陈述，因为神话可以构成真实的最高形式［the highest form of truth］，虽然是伪装在隐喻之中。①

多年以来，对邓迪斯“神话可以构成真实的最高形式”这句话，笔者一直希望有更真实的更高形式的同情理解和解释。但是，邓迪斯始终是在理论认识（例如象征）的意义上使用“真实”一词以规定神话，因为在邓迪斯那里，尽管神话并非“不真实的”（untrue），但却是“隐喻”（metaphorical guise）的真实，② 因此，神话学的理论任务就是解读神话的隐喻和象征（邓迪斯本人以持精神分析学立场的神话学家而著名③）的真实性，而不是认识神话在实践上的真实性（authenticity）④ 即实践的客观实在性。解读“神话”能指之荒诞、荒谬、荒唐的字面意义背后所隐含的真实所指（进化论对神话的社会、历史背景解读、功能论对神话的心理背景解读……），使之“合理化”似乎是自古以来东、西方共同的神话学学术—思想传统，⑤ 近代自缪勒“神话—语言疾病说”以来，更是愈演愈烈。但是，这种对神话的“合理主义”解读，正如陈寅恪所言，“其言论愈有条理统系，则去古人学说［也去今人体验］之真相愈远”。⑥ 20 世纪反对对神话作象征解读最有力的神话学家

① ［美］邓迪斯：《导言》，朝戈金译，载［美］邓迪斯编《西方神话学读本》，广西师范大学出版社 2006 年版，第 1 页；*Sacred Narrative*: *Readings in the Theory of Myth*, Edited by Alan Dundes, University of California Press, 1984, p. 1。

② *Sacred Narrative*: *Readings in the Theory of Myth*, Edited by Alan Dundes, University of California Press, 1984, p. 1.

③ ［美］邓迪斯：《民俗解析》，户晓辉译，广西师范大学出版社 2005 年版，“译者的话”，第 1 页。

④ 邓迪斯用 truth 和 true 表述神话的真实性，而本迪克丝用 authenticity 表述民俗的真实性，也许正反映了民间文（艺）学—民俗学家们从理论认识向实践认识范式转变的学术征兆。

⑤ 钟敬文、杨利慧：《中国古代神话研究史上的合理主义》，《中国神话与传说学术研讨会论文集》（上），（台北）汉学研究中心 1996 年版，第 33—60 页。

⑥ 陈寅恪：《冯友兰中国哲学史上册审查报告》，载陈寅恪《金明馆丛稿二编》，上海古籍出版社 1980 年版，第 247 页。

是马林诺夫斯基，在《原始心理与神话》中，马林诺夫斯基写道，神话叙事“不是解说的故事（a explanstory tale）”,① “任何意义之下的解说，都不是［神话］这种故事底使命（they never explain any sense of the word）”。②

神话底作用，不在解说，而在证实；不在满足好奇心，而在使人相信巫术底力量；不在闲话故事，而在证明信仰底真实。神话与信仰底深切关系，神话在加强信仰上的实用功能，太因偏重神话底解明说或原因说而被一致地忽略过去了。……根据我在蛮野人之间对于活的神话［living myths］之研究，原始人很少对于自然界有纯粹艺术的或理论科学的关心；蛮野人底思想与故事之中，很少象征主义的余地。……研究活着的神话，神话并不是象征的，而是题材底直接表现［Studied alive，myth……is not symbolic，but a direct expression of its subject-matter］；不是要满足科学的趣意而有的解说……不是理智的解说［intellectual explanation］或艺术的想象。……任何意义下的解说［explain］，都不是这种［神圣］故事底使命，它们底使命，永远都是举出先例［precedent］，当作理想标准［ideal］，当作这些仪式与风俗继续存在的保状［warrant］，有时更是要实际指导［directions］这等手续。……我们定然可以取消一切解明说［explanatory］与象征说［sybolic interpretations］，使它不来拨弄关于起源的神话。这类神话里面的人与物，外表甚么样就是甚么样，并不是本来的面目隐藏起来的象征。至于神话的解说［explanatory］作用一层，这里（神话）并没有问题要解答，没有好奇心要满足，没有理论要建设。……神话底性质，又在这里显示给我们，实在不只是理智的解说［intellectual explanation］。……神话所申述的题目，本身自明，用不着再加“解说［explain］”，神

---

① ［英］马林诺夫斯基：《巫术　科学　宗教与神话》，李安宅译，中国民间文艺出版社1986年版，第127页；Bronislaw Malinowski，*Myth in Primitive Psychology*，London，1926，p. 124。

② ［英］马林诺夫斯基：《巫术　科学　宗教与神话》，李安宅译，中国民间文艺出版社1986年版，第95页；Bronislaw Malinowski，*Myth in Primitive Psychology*，London，1926，p. 43。

话连一部分的这种使命也没有。[①]

“神话……是题材的直接表现”，是马林诺夫斯基的神话名言，正是这名言，将他与众多从事神话故事题材内容的史实解释和象征解释的理论神话学家区别开来。马林诺夫斯基研究神话，不是研究神话叙事的题材内容，而是研究神话信仰体裁形式的宪章目的—效果功能的原始心理意向形式，即神话主体的主观实践。我们无法想象，神话能够以隐喻、象征的形式被人们在心理上主观地信仰，并且发挥宪章功能的目的和效果。笔者并非一概反对对神话题材做史实解读和象征解读——正如笔者已反复地强调，神话学史上的诸多神话理论的命题、概念在神话学的现象学—先验论反思—还原史上自有其恰当、正当的逻辑位置（不是学术成就地位）——笔者认为，自缪勒（象征解读）和泰勒（史实解读）以来，西方现代神话学之于神话现象的理论假设—经验实证的学术范式取得了丰硕的成果甚至成就，对我们更深刻地理解神话实践贡献极大，特别是精神分析、心理分析的象征解读，于我们理解、解释神话表象的实践潜意识，多有启发作用。但是，史实解读和象征解读却无助于实践认识、实践研究的目的论与方法论，神话实践研究、实践认识的目的仅仅在于阐明：神话是否能够表象人的本原性、本真性存在方式，如果神话已经被表象为民族、文化共同体甚至个体的存在条件，但这种经验（或准先验）的存在条件必然不可能是存在的无条件条件。为此，悬置神话实践的符号能指的实质性所指甚至符号能指的纯粹形式化所指的意向对象（反映性对象和象征性对象）的字面意义，而还原神话实践的符号能指—所指的意向形式的用法价值，就是本书不得不选择的方法论。这是因为，唯其“开始于”又中止于“神话”概念的理论判断，神话实践主体主位主观间客观的严格普遍性、绝对必然性意向形式的“发源”之处——“一个适合人‘居住’的世界”即起源于纯粹理性情感神圣意志的人的本原性（实践的道德神圣性）、本真性（信仰的超验

---

① ［英］马林诺夫斯基：《巫术　科学　宗教与神话》，李安宅译，中国民间文艺出版社1986年版，第72、82页；Bronislaw Malinowski，*Myth in Primitive Psychology*，London，1926，p. 14。同上引书，中文版，第86页；英文版，p. 23。中文版，第95页；英文版，p. 43。中文版，第110页；英文版，p. 79。中文版，第116页；英文版，p. 94。中文版，第119页；英文版，p. 94。

真实性）存在的“本源世界”的神话理想——才必然可能在神话学家先验论客观性理念演绎的“显微镜”（埃利亚德）和望远镜中得以被数学地直观（理念直观）其“题材的直接表现”，同时也就证明了“那个艰难的范畴［理念］演绎，对于神学和道德学是如何极端的必要，如何的有益”。[①] 而在民间文（艺）学—民俗学的神话学革命目的论—方法论的显微镜和望远镜中最终显现的纯粹理性情感神圣意志的神话理想、神话原型（神话本体、神话本身、神话自身），尽管并不一定就是“神话……题材的直接表现”，但“我们能够完满地证明的东西对我们来说，是与我们亲眼目睹而确信的东西一样可靠的”。

> 莱布尼茨在用显微镜仔细地观察一个昆虫之后，将它怜惜地放回到树叶上去，因为他觉得自己由于这一回亲眼目睹得到教益，从它那里仿佛享受到了一种快事。[②]

---

① ［德］康德：《实践理性批判》，韩水法译，商务印书馆1999年版，S. 141，第154页。“特殊的、艰难的努力。”［德］康德：《道德形而上学奠基》，杨云飞译，邓晓芒校，人民出版社2013年版，S. 420，第51页。

② ［德］康德：《实践理性批判》，韩水法译，商务印书馆1999年版，S. 160，第175页。

附录一　柏拉图：muthos（神话）是好的假故事

保留下来的希腊古风时期（公元前8—前6世纪）和古典时期（公元前5—前4世纪）[①] 以前的希腊文字有两种，第一种是由克里特人使用的线形文字A；第二种是由迈锡尼（亚该亚）人在公元前1450—前1200年间使用的线形文字B。线形文字A至今未能解读，而在已经成功解读的线形文字B中，muthos一词已经出现。发动特洛伊战争（公元前1125年结束）的亚该亚人创造的迈锡尼文化在特洛伊战争以后灭亡，线形文字B也消失了，有关战争的记忆保存在希腊本土民间的口头传统比如荷马史诗中。从线形文字B消亡到希腊文出现之间长达三四百年没有文字的时代，史称希腊的黑暗时代（Dark Age）。但黑暗时代并没有中断希腊的文明与历史，很快，希腊人在借鉴腓尼基文字的基础上，结合本土民间的口头语言创造了希腊文。公元前7世纪Pesistraus僭主时期，在民间传说的基础上整理出第一部希腊文的荷马史诗。荷马（Homer，Hómēros）史诗（《伊利亚特》《奥德塞》）和稍后赫西俄德（Hesiod，Hesiodos，公元前8世纪）[②] 的《神谱》《工作与时日》以及其他人创作的诗篇构成了希腊古典时代来临之前（公元前8世纪）仅存的希腊文文献，分析这一时期的希腊文文献，可以了解muthos与logos等词语的字面意义与用法价值以及各种意义、价值之间的关系。

---

① 吴晓群：《古代希腊仪式文化研究》，上海社会科学院出版社2000年版，第40页。

② 关于赫西俄德的生卒年：一说，赫西俄德生活在公元前9世纪中叶；一说，不早于公元前7世纪；晚近学者更倾向于认为他生活在公元前8世纪上半叶。因此，说赫西俄德生活在公元前8世纪希腊黑暗时代与古风—古典时代之交大约是比较谨慎的说法。据文献记载的传说，赫西俄德曾在诗歌竞赛中取胜于荷马，因此赫西俄德可能是与荷马同时代的人，但学者多认为，赫西俄德略晚于荷马，赫西俄德《工作与时日》描写了公元前8世纪的希腊社会状况。［古希腊］赫西俄德：《工作与时日·神谱》，张竹明、蒋平译，商务印书馆1991年版，“译者序”，第1—12页。

从词源上看，muthos【神话】的词根有三个可能的来源：muo【封闭】、mueo【发明、编造】、mu【咦】（表达对神奇的东西莫可名状的感受时的感叹词），与 mutheomai【讲述、思忖】（已经见于荷马）和 muth-logeo【讲述故事】有相同的词干 muth-（意为“讲述”），由此可以说，muthos 的原意或基本词义亦是讲述故事，但专指一种特定类型的故事叙述，也许是编造出来的（mueo【发明、编造】），通常用来表达对事物的总体看法（令听者费神地思忖 = mutheomai），带有极高的神圣品位，自成一体（muo =【封闭】起来的），从而往往需要（寓意的或解析性的）解释，进而与另一类叙事（history）在形式和内容上都有分别。①

在线形文字 B 中，m 组的五个“字”是：ma、me、mi、mo、mu（my），线形文字 B 的 m 同公元前 900 年出现的希腊文 m 一样，也是闭嘴唇音。作为词根的 mu 就是神圣的闭嘴的意思（参见上文 mu，表达对神奇的东西莫可名状的感受时的感叹词“咦”）。也许，“迈锡尼”这个专名本身的第一个音节 mu 就有神秘、神圣的含义。从出土的希腊文物看，在祭祀时“闭嘴”（mu）表示庄严肃穆，敬畏神灵，不许高声喧闹，胡言乱语。

陈村富认为，musteri（“秘仪”，现代英语中有 mustery“神秘”、“秘密”一词是其后裔）和 muthos 都同上古时代的神灵崇拜密切相关。musteri 的词根为 mu，mu 主要出现在祭仪中，献祭者必须衣冠整洁，圣水洗手，身上涂油，庄严肃穆，在主祭人的指引下完成祭仪，从而获得神灵保佑，或与神交通。所以 musteri 不一定通过 logos（言语、文字表述，词语的聚结）。② 以 muth 为词根的 muthos，后来才获得现代词语“神话”的字面意义（指涉“神的故事”）。muthos 不是与 logos 对立的（当然在古典时代哲学产生后有对立的一面），将 muthos 与 logos 作为贯穿古今的对立项是缺乏根据的。③

---

① 参见刘小枫《凯若斯——古希腊语文教程》（上），华东师范大学出版社 2004 年版，第 429 页。

② “秘仪（Musterion）作为具有公开性的（希腊）城邦正统仪式的对立面，其词根（muein，意为‘紧闭双唇’）中就含有缄口不言、保守秘密的意思。”吴晓群：《古代希腊仪式文化研究》，上海社会科学院出版社 2000 年版，第 133 页。

③ 参见陈村富《迷狂与智慧，虚构的与真的》，杨适主编《希腊原创智慧》，社会科学文献出版社 2005 年版，第 91 页以下。

在希腊文中，muthos 的字面意义是“词语”或“情节”“故事”，既没有“诸神故事”也没有“起因故事”的现代字面意义。陈中梅指出：

> muthos（复数 muthoi）原是个不带褒贬色彩的名词。在荷马史诗里，muthos 一般表示“叙说”、“谈论”、“话语”等意思，有时亦可作“想法”、“思考”或“内心独白”解。[在亚里士多德]《诗学》中的 muthos 保留了该词的传统意思，即“故事”或“传说”。例如，亚氏认为，关于赫拉克勒斯的故事[muthos]不是一个整一的行动。他还告诫说，诗人可以和应该有所创新，但不宜改动家喻户晓的故事[muthos]。在多数情况下，《诗学》中的 muthos 指作品的“情节”。①

在《诗学》第 13 章中，亚里士多德提到“不幸遭受过或做过可怕之事的人的故事[muthos]”，这些故事是关于阿尔克迈恩、俄底浦斯、俄瑞斯忒斯、墨勒阿格罗斯、苏厄斯忒斯、忒勒福斯等人的故事，以及希腊喜剧里俄瑞斯忒斯和埃吉索斯等希腊英雄的传说[muthos]。在第 14 章中，亚里士多德写道：“对历史上流传下来的故事[muthos]，我指的是如俄瑞斯忒斯杀克鲁泰梅丝特拉或阿尔克迈恩杀厄里芙勒这样的事例，不宜作脱胎换骨式的变动。”陈中梅注：“因为这些都是家喻户晓的事——改动的幅度过大，就难以取信于人。”② 但是如果反过来说，那么这些故事原本都是可以“取信于人”的、被认为是真实的传统故事。

尽管 muthos 的字面意义没有大的改变，但是在从荷马（前 9—前 8 世纪）、赫西俄德（前 8 世纪）到品达（前 518—前 438）、希罗多德（前 484—前 425）、苏格拉底（前 468—前 399）再到柏拉图（前 427—前 347）、亚里士多德（前 384—前 322）的五百年间（古典时代），

① [古希腊]亚里士多德：《诗学》，陈中梅译注，商务印书馆 1996 年版，“附录（一）muthos”，第 197—198 页。

② [古希腊]亚里士多德：《诗学》，陈中梅译注，商务印书馆 1996 年版，第 98、105—106、109 页。

muthos 的用法价值（valeur）① 却经历了一个从“权威”的、“真实”的言辞到“虚假”的言论的演变过程。据李川统计：

> 在《荷马史诗》中，muthos 是一出现频率相当高的词汇，总共出现了 293 次之多。其中《伊利亚特》143 次，《奥德赛》150 次。就总诗行的出现概率而言，不到 100 行就会用一次 muthos。尽管在某些时候 muthos 可以暂时翻译为“神话”［“神的故事”］或“故事”，但荷马并不将其视为专门“术语”；另一方面，在指涉后世所谓的“故事”或“神话”时，荷马没有用到过 muthos。在荷马那里，该词的基本意思只是“言辞”，随语境临时赋予各种引申含义。②

Bruce Lincoln 引证 Richard Martin 之说，《伊利亚特》中，“秘索思”（muthos，陈中梅的译法）含有公共场合中强大的或权威者的长篇发言之义③，这一意义也同样适用于整部荷马史诗。史诗中“秘索思”大多用于神祇和英雄的身上（《伊利亚特》用于宙斯 14 次，阿伽门农 11 次，阿基里斯 15 次；《奥德赛》用于雅典娜 8 次，俄狄修斯 18 次，其子特勒马科斯 19 次），但是，荷马史诗笔下更多的展现了该词汇的多样用途，将其固定在某一意义，并不符合荷马的实际，只有在具体语境谈论词汇的用途方有意义……实则，该词只是泛指各种情况下的“言辞”，还不具备区分功能。④

李川注意到 muthos 的“用途”，并指出 muthos“只有在具体语境谈论词汇的用途方有意义”。李川实际上暗示了，正是不同的“用途”

---

① 索绪尔认为，词语的价值不同于每一个词语自身的意义，词语的价值是由不同的、相关的词语之间相互限制的关系所决定的。参见索绪尔《普通语言学教程》，高名凯译，商务印书馆 1982 年版，第 159 页。

② 李川：《“神话历史化”假说之再省察——以〈天问〉“多奇怪之事”为个案》，博士学位论文，中国社会科学院，2009 年。

③ Bruce Lincoln, *Theorizing Myth*, the University of Chicago Press, London, 1999, p. 17. 参见李川《“神话历史化”假说之再省察——以〈天问〉“多奇怪之事”为个案》，博士学位论文，中国社会科学院，2009 年。

④ 参见李川《“神话历史化”假说之再省察——以〈天问〉“多奇怪之事”为个案》，博士学位论文，中国社会科学院，2009 年。

（“用法”）才让 muthos 这一具有固定“（字面）意义”的“言辞”可能“具备区分功能”即拥有了不同的用法价值的可能性。

> 在后荷马传统中，例如我们在品达诗歌的句法中已经见到的例证那样，muthos［秘索思］确实已经成为 alethes［真实的］或 aletheia［事实］的对立项了。……在品达的诗歌句法中，muthos 实际上可以在“神话”这一词汇的现代意义上进行对译……在此过程中该词的稳固性发生了动摇。神话成为相对的，不被信任的，正如我们甚至在我们［今天］对该词的日常使用中所看到的那样。在我们的日常用法中，神话（myth）一词的通俗意义必须与该词的学术意义相并置，也就是依照人类学者的用法，将一个特定社会里的神话视同为对那个社会而言的事实。……神话的这种学理意义，与荷马句法中所折射的 muthos［秘索思］的早期意义是相匹配的……概言之，在希腊语 muthos［秘索思］的早期意义和后期意义之间出现的差异，恰如现代借词神话（myth）在通俗意义［虚构］与学术意义［信实］之间的区别，二者有着丝丝入扣的匹配性。[①]

希腊文 historia，意思是“调查”，这也是希罗多德为自己的著作（*Historiae*）选定的书名。[②] 在 *Historiae*（今译“历史”）中，希罗多德区分了可通过调查而证实的历史故事（historiae）与“超出正常调查界限”即无法通过调查而证实的神话故事（muthos）。希罗多德称他的 *Historiae* 是完整的论述即 logos，[③] 而 logos 不再是 muthos。“希罗多德暗中对神话与历史所作的区分，后来变得更加明确甚至有所夸大。”[④] 实际上，“就希罗多德公元前 5 世纪所写的《历史》而论，［仍然是］以口头传统为基础的历史，［同时也仍然］倾向于遵循民间故事的［叙事］模式”，[⑤]“某些地域性神话为众多的地方性的历史学家提供了丰富

---

① ［匈］纳吉：《荷马诸问题》，巴莫曲布嫫译，广西师范大学出版社 2008 年版，第 169、171、174 页。

② 在《历史》一书的开头处，希罗多德就用了 historia 一词，该词有“研究”“探索”之意。［古希腊］希罗多德：《历史》（上），王以铸译，商务印书馆 1985 年版，iii。

③ 芬利主编：《希腊的遗产》，张强等译，上海人民出版社 2004 年版，第 320—321 页。

④ 芬利主编：《希腊的遗产》，张强等译，上海人民出版社 2004 年版，第 323 页。

⑤ ［美］克雷默等：《世界古代神话》，魏庆征译，华夏出版社 1989 年版，第 216 页。

材料。"①

可见，muthos 的用法价值的变化是在与 logos（哲学）、historia（历史）等词语的"分工"约定中被逐步确定的。logos 和 historia 作为新兴的、独立的理性话语形式，都竭力彰显与 muthos 之间的断裂，似乎，如果不与 muthos 划清界线，logos 和 historia 就不足以发展成"哲学"和"历史"。但是，与此同时，在与 logos 和 historia 分裂之后，muthos 开始较之 logos 和 historia 更多地代表了"传统"。有学者注意到，一方面 logos、historia 刻意与 muthos 划清界线，而获得了自身的独立意义；另一方面，由于被 logos、historia 拒绝，muthos 也获得了以往"妾身未分明"的用法价值，成为"传统"的代名词。韦尔南特别提醒我们，在讨论古希腊的"神话"概念时，有必要区分古希腊人自己的"信仰—实践用法"的"神话"（muthos）与现代神话学家告诉我们的"理论—认识用法"的"神话"（myth）之间有什么不同。

> 在希腊问题上，有两个理由促使我们保持谨慎，要求我们在神话思维中区分不同的形态和不同的层面。"神话"（muthos）一词是希腊人传给我们的，但对于使用这个词的古代希腊人来讲，它的含义［应指"字面意义"——笔者注］与我们今天所说的神话［的字面意义］不同，指的是"讲话""叙述"。它最初并不与"逻各斯"（logos）对立，逻各斯最早的含义也是"讲话""话语"，后来才指称智性和理性。只是在公元前 5 世纪以后的哲学阐述和［希罗多德的］历史调查中，神话才与逻各斯对立起来，带上了贬义色彩，泛指一种没有严谨的论证或可信的证据支持的、虚妄的论断。从真实性的角度来讲，神话失去了信誉，与逻各斯形成对照。但即使在这种情况下，神话也不确指某一类有关神和英雄的神圣叙事。神话……涉及多种多样的事实，其中当然包括神谱和宇宙谱，但也包括传统中各种类型的传说、系谱、童话、谚语、寓言和格言，总之包括人们自发地口耳相传下来的一切［传统的东西］。因此，在

---

① ［美］克雷默等：《世界古代神话》，魏庆征译，华夏出版社 1989 年版，第 249 页。现代英语中的 history（历史）一词源于古希腊语 historia，history 和 story（故事）在词根上的联系也许正反映了古希腊人的历史—故事观。

希腊背景中，神话并不是一种特殊的思想形态，而是在随意的交往、见面或闲谈中被一种无形的、匿名的、无法捕捉的力量传递并散播开来的全部内容，这种力量被柏拉图称为“传言”(Pheme)。①

这就是说，如果我们相信“在希腊一开始就有神话，神话被视作个别、特殊和普遍思想的形式——神秘思想，然后，在一特定时刻就有了一种飞跃，[希腊思想从此]就处于理性——另一种完全不同的思想形式——之中”，② 那就是误解了希腊思想。韦尔南的意思是说，神话其实是理性发明出来、作为与理性自身相对立，并使理性自身得以确立的“他者”，就此而言，神话就是理性所要否定的“传统”的代名词，而理性自身原本也是来源于这个传统，所以韦尔南并非故作惊人之语地强调：

关于神话，我要说没有神话。因为，一方面，当我们综观muthos这个希腊文词的演变，就会发现事情并不那么简单：muthos只是指的言语（parole），从一开始起就不存在muthos和logos的对立。对立是在某个特定时刻出现的。人类学家已经指出过，如果可以谈论神秘思想或这类思想的形式的话，那时因为人们处于口头传统的文化之中，在这种传统中，通过一代一代口头流传下来的叙事形成了一种集体的知，一种同时构成被视为真理的文化的框架和内容的知，这就使上述的对立更加有价值。③

所谓“从一开始起就不存在muthos和logos的对立”，是说muthos和logos的字面意义始终都是“词语”“话语”等，二者之间的实质性对立首先不是发生在这些词语的字面意义中而是其用法价值中。就

---

① [法]韦尔南：《希腊思想的起源》，秦海鹰译，生活·读书·新知三联书店1996年版，第10—11页。

② [法]韦尔南：《古希腊的神话与宗教》，杜小真译，生活·读书·新知三联书店2001年版，第92页。

③ [法]韦尔南：《古希腊的神话与宗教》，杜小真译，生活·读书·新知三联书店2001年版，第93页。

muthos 和 logos 的不同用法价值而言，二者的确分别代表了“完全不同的思想形式”，因此，韦尔南认为最初“神话并不是一种特殊的思想形态”是不对的（韦尔南将 muthos 的字面意义与用法价值混为一谈，因此他对 muthos“文词的演变”的分析非常的不清晰），因为正是作为不同的思想形式，muthos 和 logos 的对立在“某个特定时刻”出现了。

对立的 muthos 和 logos 分别代表了传统的“神秘思想”的思想形式和“智性和理性”的思想形式。而就作为“传统”的 muthos“涉及多种多样的事实，其中当然包括神谱和宇宙谱，但也包括传统中各种类型的传说、系谱、童话、谚语、寓言和格言，总之包括人们自发地口耳相传下来的一切”来说，muthos 的字面意义的内容所指并不重要，重要的是 muthos 所代表的“传统”的“力量”，这种“力量”应该就是一种“被视为真理”（信仰）的“叙事”的“神秘思想或这类思想的形式”的实践力量。

在希腊古典时期（公元前 5—前 4 世纪）的柏拉图留下的一系列对话录中，muthos 的字面意义基本上是“故事”。“柏拉图大量赋予μῦθος（muthos）以‘故事’的含义，《理想国》共 19 次使用μῦθος（包含各种变格形式），[①] 英译者大多翻译为 tale/story/fable，[②] 都是故事的意思。虽然柏拉图笔下的μῦθος的字面涵义已经由荷马、赫西俄德等诗人的‘言辞’‘话语’等意义转向‘故事’‘传闻’，不过仍与后世神话学所说的‘神话’概念有相当距离，此时‘秘索思’（muthos）仍然不是一个专有概念，而只是具有泛指意义的‘故事’。”[③] 但是，在柏拉图的笔下，尽管 muthos 的字面意义没有大变，只是从“言辞”“话语”转变为“故事”，但是，由于柏拉图第一次赋予了 muthos 以极其矛盾的和极端

① Plato：330D. 8/350E. 4/376D. 4. /377A. 3. 5， B. 5.， C. 5. 8.， D. 4. /378. E. 6. /379A. 4. /381E. 3. /386B. 8/391E. 11. /398B. 8/415A. 2.， C. 8. /565D. 6. /621B. 8. 参见李川《“神话历史化”假说之再省察——以〈天问〉“多奇怪之事”为个案》，博士学位论文，中国社会科学院，2009 年。

② 如 330. D.8.μῦθοι περὶ τῶν ἐν Ἅιδου “关于哈德斯的故事”；350E. 4. ταῖς γραυσὶν ταῖς τοὺς μύθους λεγούσαις “老妇人的故事”；378E. 6. τίνες οἱ μύθοι “什么故事?”参见李川《“神话历史化”假说之再省察——以〈天问〉“多奇怪之事”为个案》，博士学位论文，中国社会科学院，2009 年。

③ 李川：《“神话历史化”假说之再省察——以〈天问〉“多奇怪之事”为个案》，博士学位论文，中国社会科学院，2009 年。

对立的“使用价值”，因此说柏拉图是赋予了 muthos 这个词语以神话学问题意识的历史上第一人，也就并不为过。

在人们的一般印象中，柏拉图有时是一个对神话的“使用价值”即用法价值“存而不论”的人，这种印象出自柏拉图“对话录”的《菲德罗篇》。在《菲德罗篇》中，有一段非常著名的柏拉图通过苏格拉底之口所发表的关于“赫西俄德和荷马以及其他诗人所讲的那些故事”的“敬而远之”的态度。当菲德罗提到北风神波瑞阿斯（Boreas）从河水里掠走雅典公主俄里蒂亚（Orithyia）并和她结婚生下儿女的故事之后，问苏格拉底：“你相信这个故事是真的吗?”苏格拉底答道：

> 如果我不相信这个故事，那么我倒是挺时尚的。我可以像那些有知识的人一样，提出一种科学的解释，说这位姑娘在与法马西娅（Pharmacia，俄里蒂亚的女伴）一道玩耍时被波瑞阿斯刮起的一阵狂风吹下山崖，她死后，人们说她是被波瑞阿斯掠走的……在我看来，诸如此类的理论无疑很诱人，但只是一些能人的虚构，我们不一定要羡慕这些勤奋的人，道理很简单，因为他们一开了头，就必须继续解释肯陶洛斯和喀迈拉，更不要提那一大群怪物了，戈耳工、帕伽索斯以及神话传说［此处王晓朝译为“神话传说”似不妥——笔者补注］中的无数其他怪物。我们的疑心再加上他那种有点残忍的科学，如果按这些传说是否可能的标准对这些怪物逐个进行考察，那就需要大量的时间。而我自己实际上肯定没时间干这件事。把原因告诉你，我的朋友。我还不能做到德尔菲神谕所告诫的“认识你自己”，只要我还处在对自己的无知的状态，要去研究那些不相关的事情那就太可笑了。所以我不去操心这些事，而是接受人们流行看法。①

《菲德罗篇》的这段话，除了说明柏拉图对传统的故事、传说采取了类似孔子“不语怪力乱神”“未知生焉知死”的“悬置”态度，认为这些故事是与人们的生活“不相关的事情”，也就是说，这些传统的故

---

① ［古希腊］柏拉图：《斐德罗篇》，《柏拉图全集》第 2 卷，王晓朝译，人民出版社 2003 年版，第 138—139 页。

事已经“没有任何说服力可以使人相信”[①]（按照马林诺夫斯基的说法就是：这些神话故事已失去了信仰的语境）；还说明了，当时许多“能人”或“有知识的”“勤奋的人”[②]对传统的故事、传说“提出科学的解释”——“按这些传说是否可能的标准对这些怪物逐个进行考察”——亦即进行类似希罗多德那样的“历史调查”，已经是一种“流行”的“时尚”，而这种被苏格拉底称之为“有点残忍的”“科学解释”和“考察”的“流行”“时尚”的确就已经是现代神话学的滥觞。

与时人褒扬 logos 而贬低 muthos 的理性思潮一样，柏拉图也经常将 muthos 与 logos 对比使用，在与 logos 对比使用时，muthos 多被用作“故事”的意思。比如在《理想国》第三卷中，当柏拉图将“lógous（语言）和 muthous（故事）”加以并置的时候，muthos 就是用作“故事”的意思（Shorey 英译作“speeches and tales”）。[③]再比如在《普罗泰戈拉篇》，柏拉图借普罗泰戈拉之口自问自答：“我现在应该以什么样的方式来解释呢？以一个老人给年轻人讲故事（muthos）的形式，还是以论证（logos）的形式？……我想，给你们讲故事可能比较轻松一些。”接着，普罗泰戈拉就讲述了希腊诸神（普罗米修斯、厄庇墨透斯、宙斯、赫尔墨斯）的故事。[④]根据上述《普罗泰戈拉篇》中 muthos 所包括的内容，李川认为，“也应该留意到，尽管它（μῦθος，拉丁转写‘muthos’，音译‘秘索思’，义译‘神话’）并非等于近现代以来的学术概念，《理想国》中某些具体的 μῦθος［内容］确实就是后世的所谓‘神话’。”[⑤]

---

① ［古希腊］柏拉图：《理想国》，郭斌和等译，商务印书馆 1986 年版，第 128 页。

② 按照卡西尔对《菲德罗篇》的解释，“有知识的人”的“科学解释”是指当时的“诡辩派”和“智者派”学者的神话解释。“这种神话解释，被当时的智者派和诡辩派奉为高深学问的精英、文明精神的巅峰；而在柏拉图看来，这种解释却恰恰是文明精神的反面。但是，尽管有柏拉图否定这类解释，斥之为‘粗鄙的学问’。他的判决却未能阻止得了其后几百年间学者们乐此不疲地玩弄这种智慧的把戏。”［德］卡西尔：《语言与神话》，于晓译，生活·读书·新知三联书店 1988 年版，第 30 页。

③ ［古希腊］柏拉图：《理想国》，郭斌和等译，商务印书馆 1986 年版，第 102 页；Plato, *The Republic*, with an English translation by Aul Shorey, Vol. Ⅱ, 398B, Harvard University Press, 1930, pp. 244 – 245.

④ ［古希腊］柏拉图：《普罗泰戈拉篇》，《柏拉图全集》第 1 卷，王晓朝译，人民出版社 2002 年版，第 441 页。

⑤ 李川：《“神话历史化”假说之再省察——以〈天问〉“多奇怪之事”为个案》，博士学位论文，中国社会科学院，2009 年。

李川认为，“《理想国》中某些具体的 μῦθος 确实就是后世的所谓‘神话’”，这可以从《理想国》第二卷柏拉图借阿得曼托斯之口说到“我们所知道的关于神的一切，也都是从故事（such discourses）和诗人们描述的神谱（pedigrees）里来的”① 得到证明。在这一卷对话录中，柏拉图还借苏格拉底之口说到所谓的“大的故事”（the greater stories，“故事”的希腊原文作“múthois”和“múthous”②），而所谓的“大故事”据苏格拉底说，就是“指赫西俄德和荷马③以及其他诗人所讲的那些故事”（that Hesiod and Homer and the other poets related to us）。④

因此，说柏拉图的“故事”（múthois 或 múthous）已经为现代神话学关于神话叙事的所指内容就是“诸神故事”或“起源故事”的基本理念（即“神话”概念的字面意义）奠定了最初的雏形，也就并非言过其实。当然，柏拉图对“赫西俄德和荷马以及其他诗人所讲的那些故事”印象非常不“好”，他继续通过援引苏格拉底的话写道：“须知，我们曾经听讲过、现在还在听讲他们所编的那些假故事（μῦθους，false stories）。”⑤

所谓“假故事”是包括在 logos（英译“tales”，汉译“故事”）之内的，logos 包括“真故事”和“假故事”，而“假故事”就是 muthos。用苏格拉底的话说就是“故事（希腊原文“logos”，英译“tales”，汉译“故事”）有两种，一种是真的（true），一种是假的

---

① ［古希腊］柏拉图：《理想国》，郭斌和等译，商务印书馆 1986 年版，第 54 页；Plato，*The Republic*，with an English translation by Aul Shorey，Vol. I，365E，p. 139，Harvard University Press，1930。

② Plato，*The Republic*，with an English translation by Aul Shorey，Vol. I，377D，Harvard University Press，1930，pp. 176，178.

③ 在《理想国》的此段话中，赫西俄德与荷马的希腊文名字拼作 Hsiodos 和 omeros，见 Plato，*The Republic*，with an English translation by Aul Shorey，Vol. I，377D，Harvard University Press，1930，p. 179.

④ ［古希腊］柏拉图：《理想国》，郭斌和等译，商务印书馆 1986 年版，第 72 页；Plato，*The Republic*，with an English translation by Aul Shorey，Vol. I，377D，Harvard University Press，1930，pp. 176－179.

⑤ ［古希腊］柏拉图：《理想国》，郭斌和等译，商务印书馆 1986 年版，第 72 页；Plato，*The Republic*，with an English translation by Aul Shorey，Vol. I，377D，Harvard University Press，1930，p. 179.

(false)”,[1] 假故事就是 muthos，因为当柏拉图引苏格拉底的话说到“假故事”的时候，他使用的词语正是“μῦθους”（muthos），英文译者译作“fables”。柏拉图认为，尽管“假故事”（muthos，fable）“从整体看是假的（false），但是其中也有真实（truth）”[2] 的内容，但是当柏拉图强调 muthos“从整体看是假的”的时候，“假”已经是 muthos 这个词语最基本的用法价值了。

柏拉图进而认为，荷马和赫西俄德等诗人讲述的故事不仅仅是假故事，而且是“丑恶的假故事”（the lie is not a pretty one），[3] 因为这些故事的大多数都是“诽谤诸神”[4] 的、“渎神”[5] 的“荒唐故事”，[6] 因此柏拉图断言，“我们就不能接受荷马或其他诗人关于诸神的那种错误说法”。[7]

> 最荒唐莫过于把最伟大的神描写得丑陋不堪。如赫西俄德描述的乌拉诺斯的行为，以及克罗诺斯对他的报复行为，还有描述克罗诺斯的所作所为和他的儿子对他的行为，这些故事都属此类。即使这些事是真的，我认为也不应该随便讲给天真单纯的年轻人听。这些故事最好闭口不谈。如果非讲不可的话，也只能许可少数人听，并须秘密宣誓，先行献牲，然后听讲……为的是使能够听到这种故事（tales）的人尽可能的少。[8]

---

① ［古希腊］柏拉图：《理想国》，郭斌和等译，商务印书馆 1986 年版，第 71 页；“tales are of two species，the one true and the other false”，Plato，*The Republic*，with an English translation by Aul Shorey，Vol. Ⅰ，376E—377A，Harvard University Press，1930，pp. 174 – 176.

② ［古希腊］柏拉图：《理想国》，郭斌和等译，商务印书馆 1986 年版，第 71 页；“the fable is，taken as a whole，false，but these is truth in it also”，Plato，*The Republic*，with an English translation by Aul Shorey，Vol. I，376E—377A，Harvard University Press，1930，pp. 174 – 176。

③ ［古希腊］柏拉图：《理想国》，郭斌和等译，商务印书馆 1986 年版，第 72 页；Plato，*The Republic*，with an English translation by Aul Shorey，Vol. Ⅰ，377D，Harvard University Press，1930，p. 179。

④ ［古希腊］柏拉图：《理想国》，郭斌和等译，商务印书馆 1986 年版，第 81 页。

⑤ ［古希腊］柏拉图：《理想国》，郭斌和等译，商务印书馆 1986 年版，第 76 页。

⑥ ［古希腊］柏拉图：《理想国》，郭斌和等译，商务印书馆 1986 年版，第 78 页。

⑦ ［古希腊］柏拉图：《理想国》，郭斌和等译，商务印书馆 1986 年版，第 75 页；Plato，*The Republic*，with an English translation by Aul Shorey，Vol. Ⅰ，379D，Harvard University Press，1930，p. 185。

⑧ ［古希腊］柏拉图：《理想国》，郭斌和等译，商务印书馆 1986 年版，第 72 页；Plato，*The Republic*，with an English translation by Aul Shorey，Vol. Ⅰ，378A，Harvard University Press，1930，p. 179。

因此，诗人们“现在所讲的故事的大多数（most of the stories they now tell）我们必须抛弃”，[①] “在我们城邦里不应该多讲这类故事”，[②] “荷马所描述的诸神之间的战争等等，作为寓言（allegory）来讲也罢，不作为寓言来讲也罢，无论如何不该让它们混进我们城邦里来”，[③] 因为这些故事都是彻头彻尾的“谎言”、“谎话”或“假话”。[④] 但是，值得注意的是，柏拉图并未因为muthos是“谎言”“谎话”“假话”就完全否定muthos的正面价值，也就是说，当柏拉图痛责“诽谤诸神”、“渎神”的“丑恶的假故事”的时候，他显然认为，还应该有一种真实地描述“最伟大的神”的“善的真故事”的muthos，尽管传世的传统故事，即诗人现在讲述的大多数故事，既不属于“真”的故事，也不属于“好”的故事。而柏拉图关于应该存在着一种理想的muthos，正是柏拉图的“神话”思想的最深刻之处。

柏拉图还区分了“嘴上讲的谎言”、[⑤] “语言上的谎言”[⑥] 和“真的谎言”，[⑦] 以及“高贵的假话”。[⑧] 这使得柏拉图关于muthos的想法更加复杂。柏拉图认为，“嘴上说的谎言”或者“语言上的谎言”并非“真的谎言”，所谓“真的谎言”指的是“心灵上的无知”，[⑨] “受骗者把心灵上的无知说成是非常真的谎言肯定是完全正确的”，[⑩] 柏拉图写道：“我的意思只是：上当受骗，对真相一无所知，在自己的心灵上一直保

---

① 柏拉图《理想国》，郭斌和等译，商务印书馆1986年版，第71页；Plato，*The Republic*，with an English translation by Aul Shorey，Vol. I，377B，Harvard University Press，1930，p. 177。

② ［古希腊］柏拉图：《理想国》，郭斌和等译，商务印书馆1986年版，第72页；Plato，*The Republic*，with an English translation by Aul Shorey，Vol. I，378B，Harvard University Press，1930，p. 179。

③ ［古希腊］柏拉图：《理想国》，郭斌和等译，商务印书馆1986年版，第73页；Plato，*The Republic*，with an English translation by Aul Shorey，Vol. I，378D，Harvard University Press，1930，pp. 181－183。

④ ［古希腊］柏拉图：《理想国》，郭斌和等译，商务印书馆1986年版，第76、78—81页。

⑤ ［古希腊］柏拉图：《理想国》，郭斌和等译，商务印书馆1986年版，第79页。

⑥ ［古希腊］柏拉图：《理想国》，郭斌和等译，商务印书馆1986年版，第80页。

⑦ ［古希腊］柏拉图：《理想国》，郭斌和等译，商务印书馆1986年版，第79页。

⑧ ［古希腊］柏拉图：《理想国》，郭斌和等译，商务印书馆1986年版，第127页。

⑨ ［古希腊］柏拉图：《理想国》，郭斌和等译，商务印书馆1986年版，第79页。

⑩ ［古希腊］柏拉图：《理想国》，郭斌和等译，商务印书馆1986年版，第79页。

留着假象。"[1] 这就是说，如果心灵不知道真相，并且保留着假象，就是"欺骗本身"，[2] 而"欺骗本身"就构成了"真的谎言"。因此，"嘴上讲的谎言只不过是心灵状态的一个摹本，是派生的，仅仅是形象而不是欺骗本身和真的谎言。"[3]

而"真的谎言"即"欺骗本身"只不过是：第一，"心灵的无知"；第二，"心灵上保留着假象"。但是，如果，尽管心灵只是无知，却并没有假象在心灵中保留，那么，我们能不能说这种"心灵状态"也是"欺骗本身"的"真的谎言"呢？柏拉图没有正面回答这个问题，而是侧面地承认，尽管"我们不知道古代事情的真相"[4]，即心灵处在无知的状态，但是，为了"达到训导［儿童和青年人］的目的"，[5] 我们可以"以假乱真"[6] 地"利用假的传说"。[7]

> 在我们刚才的讨论中所提到的故事里，我们尽量以假乱真，是由于我们不知道古代事情的真相，要利用假的传说达到训导［儿童和年轻人］的目的。……故事有两种，一种是真的，一种是假的。我们在教育中应该两种都用，先用假的。我们对儿童先讲故事——故事从整体看是假的，但是其中也有真实。在教体操之前，我们先用故事教育孩子们。……我们要特别注意，为了培养美德，儿童们最初听到的应该是最优美高尚的故事。[8]

那么，"最优美高尚的故事"是否包括"以假乱真"的"假的传说"呢？因为从"有用""可用"与否的角度看，柏拉图是承认"嘴上讲的谎言"或"语言上的谎言"并不一定就是坏的或"不相干"[9] 的故

---

① ［古希腊］柏拉图：《理想国》，郭斌和等译，商务印书馆 1986 年版，第 79 页。
② ［古希腊］柏拉图：《理想国》，郭斌和等译，商务印书馆 1986 年版，第 79 页。
③ ［古希腊］柏拉图：《理想国》，郭斌和等译，商务印书馆 1986 年版，第 79 页。
④ ［古希腊］柏拉图：《理想国》，郭斌和等译，商务印书馆 1986 年版，第 80 页。
⑤ ［古希腊］柏拉图：《理想国》，郭斌和等译，商务印书馆 1986 年版，第 80 页。
⑥ ［古希腊］柏拉图：《理想国》，郭斌和等译，商务印书馆 1986 年版，第 80 页。
⑦ ［古希腊］柏拉图：《理想国》，郭斌和等译，商务印书馆 1986 年版，第 80 页。
⑧ ［古希腊］柏拉图：《理想国》，郭斌和等译，商务印书馆 1986 年版，第 71、73、80 页。
⑨ ［古希腊］柏拉图：《理想国》，郭斌和等译，商务印书馆 1986 年版，第 71 页。

事，而是有着像“药物”一样“有用”的好的故事。

> 语言上的谎言怎么样？什么时候可以用，对谁可用，所以人家对它才不讨厌的？对敌人不是可用吗？在我们称为朋友的那些人中间，当他们有人得了疯病，或者胡闹，要做坏事，谎言作为一种药物不也变得有用了，可以用来防止他们作恶吗？……如果我们刚才所说不错：虚假对于神明毫无用处，但对于凡人作为一种药物，还是有用的。那么显然，我们应该把这种药物留给医生，一般人一概不准碰它。国家的统治者，为了国家的利益，有理由用它来应付敌人，甚至应付公民。其余的人一概不准和它发生任何关系。如果一般人对统治者说谎，我们以为这就象一个病人对医生说谎，一个运动员不把身体的真实情况告诉教练，就象一个水手欺骗舵手关于船只以及本人或其他水手的情况一样是有罪的，甚至罪过更大。……治理者为了被治理者的利益，有时不得不使用一些假话和欺骗。我以为我们说过，它们都是作为一种药物使用的。①

用“药物”比喻“有用”“可用”的谎言，“有用”“可用”的谎言就可以被视为“高贵的假话”。②

> 我们刚谈到过偶然使用假话的问题，现在我们或许可以用什么方法说一个那样的高贵的假话，使统治者自己相信（如果可能的话），或者至少使城邦里其他的人相信（如果不能使统治者相信的话）。③

柏拉图借苏格拉底之口所讲的是一个关于人类身份起源的“荒唐的故事”。④

---

① ［古希腊］柏拉图：《理想国》，郭斌和等译，商务印书馆1986年版，第80、88、193页。

② ［古希腊］柏拉图：《理想国》，郭斌和等译，商务印书馆1986年版，第127页。

③ ［古希腊］柏拉图：《理想国》，郭斌和等译，商务印书馆1986年版，第127页。

④ ［古希腊］柏拉图：《理想国》，郭斌和等译，商务印书馆1986年版，第128、129页。

> 他们虽然一土所生，彼此都是兄弟，但是老天铸造他们的时候，在有些人的身上加入了黄金，这些人因而是最可宝贵的，是统治者。在辅助者（军人）的身上加入了白银。在农民以及其他技工身上加入了铁和铜。但是又由于同属一类，虽则父子天赋相承，有时不免金父生银子，银子生金子，错综变化，不一而足。所以上天给统治者的命令最重要的就是要他们做后代的好护卫者，要他们极端注意在后代灵魂深处所混合的究竟是哪一种金属。如果他们的孩子心灵里混入了一些废铜烂铁，他们决不能稍存姑息，应当把他们放到恰如其分的位置上去，安置于农民工人之间；如果农民工人的后辈中间发现其天赋中有金有银者，他们就要重视他，把他提升到护卫者或辅助者中间去。须知，神谕曾经说过"铜铁当道，国破家亡"。①

在讲完这个故事后，苏格拉底问格老秀斯："你看你有没有办法使他们相信这个荒唐的故事?"格老秀斯答道："这些人是永远不会相信这个故事的。不过我看他们的下一代会相信的，后代的后代子子孙孙迟早会相信的。"最后，苏格拉底说道："就是说，这样［的故事］影响还是好的，可以使他们［指城邦公民——笔者注］倾向于爱护他们的国家和他们相互爱护。我想就这样口头相传让它流传下去吧!"② 或许正是因为这个人类身份起源的故事尽管荒唐，却有好的影响，即人们因相信这个故事而以其不同的天赋而各安其位，从而成就了苏格拉底心目中允许其流传的"高贵的假话"且应该就是让"儿童们最初听到的""最优美高尚的故事"吧!

从以上所引柏拉图借苏格拉底之口所表达的神话思想可以看出，尽管在柏拉图时代，由于古希腊人的理性能力的发展，muthos 已经"没有任何说服力可以使人相信"③ 其内容的真实性，更无论其神圣性，尽管"虚假"已经是 muthos 这个词语最基本的用法价值，但是，由于柏拉图对 muthos 的复杂态度，造成了 muthos 在具体使用情境中被赋予了不同

① ［古希腊］柏拉图：《理想国》，郭斌和等译，商务印书馆 1986 年版，第 128—129 页。
② ［古希腊］柏拉图：《理想国》，郭斌和等译，商务印书馆 1986 年版，第 129 页。
③ ［古希腊］柏拉图：《理想国》，郭斌和等译，商务印书馆 1986 年版，第 128 页。

的“使用价值”，而这些不同的“使用价值”即用法价值却并非源于muthos本身的字面意义，当然也不是缘于muthos被使用时的具体情境，而是先于语境甚至先于muthos这个词语本身的字面意义，而被赋予的源于柏拉图本人对待muthos的矛盾态度和对立的用法。一方面，柏拉图站在“科学的解释”的“理论（认识）”立场认为，muthos的叙事内容是“假”的故事；另一方面，柏拉图又从实用目的（用法价值）的角度出发，认为muthos是“好”的故事。这使得柏拉图陷入了一个必须讲述“好的假故事”——用柏拉图自己的话说就是“高贵的谎言”或者“优美高尚的荒唐故事”——即类似于“方的圆”或维柯所云“可信的不可能（impossibile credibile，credible impossibility）”[①]这样的表述窘境。

柏拉图陷入的窘境，可以说是有记录的神话学学术史上第一次发生的“神话”表述的“二论背反”，借用康德的话说，神话表述的“二论背反”是神话研究“所能陷入的最富裨益的困境”[②]即神话学的“进步”危机。但是，在苏格拉底—柏拉图那里，神话表述的“二论背反”却没有被克服的可能性，因为，柏拉图，至少是苏格拉底，混淆了“神话”这个词语的理论认识的用法价值——“真—假”和信仰实践的用法价值——“好—坏”。从理论认识的角度看，muthos的叙事内容固然是“假”的，但在信仰形式的（伦理训导—道德教育）实践目的和实践结果方面，muthos却可能且现实地是“好”的；反过来说，从信仰实践的角度看，从逻辑上说，即便muthos的叙事内容可能是“真”的，但于信仰形式，却未必就能够用于“好”的目的并且有着“好”的结果。

正因如此，“好的假故事”、“高贵的谎言”或“优美高尚的荒唐故事”才是苏格拉底—柏拉图的无奈之举。苏格拉底—柏拉图无法理解康德的问题，实践理性所信仰的“好”的标准并不以理论理性所认识的“真”的标准为前提，实践理性在实践（目的和结果）方面的“好”有

① ［意］维柯《新科学》，朱光潜译，人民文学出版社1986年版，第167页。G. Vico: *Scienza Nuova Seconda*, BARI GIUS LATERZA & FIGLI, 1942, XX. p. 150. G. Vico: *The New Science of Giambattista Vico*, Revised Translation by T. G. Bergin and M. H. Fish, Cornell University Press, 1968, p. 120.

② ［德］康德：《实践理性批判》，韩水法译，商务印书馆1999年版，S. 107，第118页。

其自身信仰上的“真”作基础。而且当柏拉图斥责荷马、赫西俄德等“把最伟大的神描写得丑陋不堪”时，尽管柏拉图本人并不认同muthos有认识论意义上的真实性，但他仍然对“最伟大的神”葆有一种“好”的理想标准，而这种“好”的理想标准恰恰就是神话叙事的信仰实践所追求的“真”（在神话实践的目的和结果中，“好”的信仰形式和“真”的叙事内容是一致的）。

这样，柏拉图实际上就从“神话”这个词语的不同用法价值，或者说理性的两种不同的运用方式——理论认识的运用方式和信仰实践的运用方式，进一步说，人的两种不同的存在方式——人作为存在现象的存在方式和人作为本体而存在的存在方式——介入了对muthos的理解，尽管柏拉图本人并不自觉。从人的不同的存在方式的立场和角度理解和解释神话，是日后康德的先验实践哲学才提供的思想和学术路线，而在柏拉图那里，还只是不自觉地触及了神话学（关于神话是人的本体存在方式）的这一最根本（基本）的问题。

附录二　神话信仰—叙事是人的本原的存在①

一

在“神话研究”这个总的题目下，我与杨利慧有许多一致的立场和观点。比如我那本《神话何为》的副标题是：“神圣叙事的传承与阐释”；② 而杨利慧的这本新著，原正标题也是：“现代口承神话的传承与变迁”。因此，无论传承意味着变迁，抑或阐释本身就是传承，至少，“传承”是我们共同选定的神话研究的关键词。当然，我们之间在神话观念上的差异也因长期的共事而彼此了然于心。我一贯坚持（经过重新阐释的）现代神话学的经典性表述：神话就是真实性、神圣性的信仰叙事；③ 而杨利慧则有《神话一定是“神圣的叙事”吗?》一文对此提出质疑和反思。④ 但是，尽管我们之间的观点有一定的差异，我仍然要承认，杨利慧言有所据。而且在经过了长时间的思考之后，我发现，我们之间的差异并没有我最初想象的那么大，而只是因为我们思考、认知神

---

① 本文是杨利慧等《现代口承神话的民族志研究——以四个汉族社区为个案》（陕西师范大学出版社 2011 年版）的“代序”，曾发表于《青海社会科学》2011 年第 1 期，其“内容提要”：经典的神话研究将神话叙事的真实性和神圣性建立在人的信仰心理的现象基础上，随着人类历史和社会的文化—生活条件的改变，神话叙事的真实性和神圣性丧失了人的信仰心理的支持。本文试图论证：神话信仰—叙事是人的超越（本原）性存在形式，因规定了人的人性统一性的本质和起源，而对每一个人的“永恒的当下”存在都客观、必然地有效，不会随着人的存在现象的时空条件的改变和人的心理现象的变化而丧失其真实性和神圣性规定。

② 吕微：《神话何为：神话叙事的传承与阐释》，社会科学文献出版社 2001 年版。

③ 祁连休、程蔷主编：《中华民间文学史》，河北教育出版社 1999 年版，“神话编”；祁连休、程蔷、吕微主编：《中国民间文学史》，河北教育出版社 2008 年版，“神话编”。

④ 杨利慧：《神话一定是“神圣的叙事”吗？——对神话界定的反思》，《民族文学研究》2006 年第 3 期。

话的维度不同（现象的经验实证维度和人的本原性存在的纯粹思想维度）而已，甚至，这些差异也是能够相互促进、相互补充的，并不构成实质上的对立。

摆在读者面前的这本《现代口承神话的民族志研究——以四个汉族社区的民族志考察为个案》是杨利慧主持的一项研究课题的最新成果。十年磨砺，铁杵成针（真），在本书即将付梓之际，杨利慧希望我能够为她（和她的学生共同完成）的这本新著写一篇序言。我想，明知我们之间的观点不同而仍然坚持于此，那么，杨利慧希望于我的一定不是单纯的赞美——尽管这样的赞美是必不可少也理所应当的，因为面对这样一本认真之作，首先就由不得你不心生敬意——更是中肯的学术回应，包括从不同的学术立场对同一个学术问题的相互辩难。

我之所以答应为眼前的这本新著撰写序言，还有一个难以推辞的理由，就是我曾经参加过本书的几名作者——杨利慧指导的北京师范大学民俗学专业的硕士研究生——当年的论文答辩会。从 2000 年到 2006 年，在攻读硕士学位期间，徐芳、张霞、李红武、仝云丽，追随她（他）们的导师，跟踪神话现象的现代传承，所到之处有：重庆、陕西、山西与河南。其间的甘苦，凡从事学术研究（尤其是田野研究）这个行当的人都能悉心领会，此处不必多言。然而，正如杨利慧对我说过的，对她（他）们这个学术团队十年来的努力与追求的前前后后，没有人比我更了解了。所以，我的确应该把我在第一时间的感想笔录下来，为本书的读者提供一个或可参考的阅读视角。

二

我已经说过，摆在我们面前的是一本认真之作，我之所以用“认真”二字说之，我的意思是：除了写作的态度，本书的作者还对神话学的一个学术方向（或学术领域），给出了自己深入的思考（没有认真的态度也是做不到的）。而这个学术方向的重要性，至今还没有得到世界各国的神话学者的普遍认同。退一步说，即便这个学术方向已经得到神话学者的普遍认同，该学术方向在理论上的合理性与合法性也还没有得到充分的论证。这个学术方向就是杨利慧在本书中所揭示的：现代口承神话。

在“现代口承神话”这个命题当中，“神话”当然是主词。所谓“主词”，按照亚里士多德的说法，“乃是其他一切东西的基础，而其他一切东西或者是被用来述说它们，或者是存在于它们里面”。[①] 与“神话”相比，“现代”和“口承”这两个词语，显然属于亚里士多德所说的，被用来述说主词（这里就是“神话”），并存在于主词（“神话”）里面的东西，我们可以暂时称之为“副词”。

但是，“现代”和“口承”这两个表面上看起来是副词的定语，实际上并不仅仅是副词，因为这两个词语特别是其中的“现代”二字（我们暂时搁置对“口承”的词性解读），从相反的方向关联着神话学自诞生以来的一个基本判断：神话是以人的原始思维或原始心理为基础的信仰—叙事的行为现象。[②] 于是，当杨利慧强调神话的现代存在时，她已在试图用“现代”这个词语参与对神话学的经典判断的修正。所以我说，“现代”这个词语在杨利慧的命题当中，已不仅仅是一个作为副词的定语，“现代”这个副词、定语实际上是与“神话”并列的主词，是“现代神话”这个合成的主词当中的一个须臾不可分离的成分。

然而，“现代神话”这个命题仍然可以包含多种可能的规定，至少包括：其一，神话作为传统的信仰—叙事行为现象，经过功能的转换而（仍然作为现象）存在于人们的现代生活语境当中；其二，神话信仰—叙事是人的本原的存在形式或实践方式，不受历史时间、社会—文化空间形式的生活语境的条件限定，但构成了任何时代的生活语境下神话现象的先验基础，[③] 而“现代神话”正是作为人的本原性存在的神话在特定时代的生活语境中的显象。因此，“现代神话”（以及任何时代的神话）就可以在两种不同的思路中得到阐释，但是，无论我们从哪条道路

---

① ［古希腊］亚里士多德：《范畴篇》，方春书译，商务印书馆1959年新1版，第13页。

② 将“原始”（甚至“野性”）与人的“思维”“心理”或者直接与“神话”联结起来的例证比比皆是，仅从两位法国人的书名《原始思维》《野性的思维》就可见一斑，马林诺夫斯基的名著《原始心理与神话》同样如此。［法］列维－布留尔：《原始思维》（La Mentalité primitive，1923），丁由译，商务印书馆1981年版；［法］列维－斯特劳斯：《野性的思维》（La Pensée sauvage，1962），李幼蒸译，商务印书馆1987年版；［英］马林诺夫斯基：《巫术 科学 宗教与神话》，下编“原始心理与神话”（Myth in Primitive Psychology，1926），李安宅译，中国民间文艺出版社1986年版。

③ “文化生存的基本形式起源于神话意识。”［德］卡西尔：《神话思维》，黄龙保、周振选译，柯礼文校，中国社会科学出版社1992年版，第3页。

接近神话，或者是作为人的存在现象的神话，或者是作为人的本原的存在形式或实践方式的神话，“现代神话”的命题都已经参与了神话学的基本问题（神话是什么）和神话概念的经典定义（什么是神话）的重新思考。

“现代神话”的命题，是我和杨利慧之间的公约数，我们都拒绝诸如“现代社会中的神话现象是已经丧失了社会—文化功能的历史遗物”的说法，而是坚持神话现象在现代人、当代人中间的多种功能性存在（尽管不一定都是信仰的功能性存在），进而坚持神话学可以成为一门现代学、当代学的立场，[①] 即希望神话学能够成为一门于人的历时（现时）性的存在现象，甚至共时性的存在方式有所言说的学科，而不仅仅是“发思古之幽情”的学问。“现代神话”的命题体现了中国神话学者对人的存在的现实关怀乃至终极关怀。而我们眼前的这本《现代口承神话的民族志研究》为表达中国神话学者的对于人的存在的深切关心，做出了自己的贡献。正如杨利慧在《总论》中所言，本书探讨了一些以往的神话研究很少关注的问题，这些问题是：

> 在当代中国，神话是怎样在一个个特定的社区中生存的？它们扮演着何种角色、担负着何种功能？是哪些人依然在讲述神话？那些保有和传承着神话传统的人们是如何看待和理解神话的？讲述神话对于他们的生活具有什么意义？神话如何在具体的讲述情境中发生变化？这种变化与讲述人的经历、记忆、喜好以及听众之间的关系是什么？中国现代社会的巨大变迁给神话的传承造成了怎样的影响？神话在社区文化的复兴与重建过程中扮演着哪些角色？……我希望通过对这些基本事实的考察和初步的理论分析，进一步打破神话研究领域存在的时间区隔，深化对现代口承神话的研究，充实中国神话研究的薄弱环节，填补其中的空白，并对世界神话学作出新的贡献，同时，也使中国神话研究摆脱总是“向后看”，与“古老”、“遥远”、“逝去的传统”相联结的羁绊，转而关注当下的社

① 作为晚年钟敬文的学生，杨利慧显然继承了钟敬文关于民俗学是现代学、当代学的思考；而我本人也通过高丙中《民俗文化与民俗生活》（中国社会科学出版社 1994 年版）一书受到钟敬文先生的思想启发。

会和文化生活，并从神话学的独特视角，积极参与到与当代更多学科的对话当中。（第 12 页）①

三

除了“现代神话”的命题，《现代口承神话的民族志研究》全书还建立在一个对“神话”概念的内涵和外延的基本限定的基础上，即：“神话”——就其叙事内容而言——与“起源故事”大致上是同义词。在“总论”伊始，杨利慧就指出：

在大多数研究者看来，作为人类口头艺术（spoken art）的诸文类之一，神话通常具有这样的一些特点：它是有关神祇、始祖、文化英雄或神圣动物及其活动的叙事（narrative），通过叙述一个或者一系列有关创造时刻（the moment of creation）以及这一时刻之前的故事，神话解释着宇宙、人类（包括神祇与特定族群）和文化的最初起源，以及现时世间秩序的最初奠定。（第 1 页）

而在此之前（2006 年）的《神话一定是“神圣的叙事”吗？——对神话界定的反思》一文中，杨利慧更是提出了一个“最低限度”的“神话”概念的定义标准：

---

① 如果“民俗学主义”意味着“某种民俗文化事象脱离其原来的生存空间，以新的功能，为新的目的而施行”（岳永逸：《灵验·磕头·传说——民众信仰的阴面与阳面》，生活·读书·新知三联书店 2010 年版，第 88 页），那么，杨利慧对“现代口承神话”的研究与世界民俗学自 20 世纪 60 年代兴起的“民俗学主义”（folklorism）思潮有逻辑上的内在联系。关于“民俗学主义”思潮，参见西村真志叶、岳永逸《民俗学主义的兴起、普及以及影响》，《民间文化论坛》2004 年第 6 期。但是，就中国民俗学理论的具体发展历程而言，与“民俗学主义”在逻辑上同步的学术思潮应始于 1994 年高丙中《民俗文化与民俗生活》（中国社会科学出版社 1994 年版）的出版。高丙中通过引进胡塞尔“生活世界”的命题，主张民俗学应当关注民俗模式（文化）在日常语境（生活）中被使用的现场意义。参见吕微《民俗学的笛卡尔沉思——高丙中〈民俗文化与民俗生活〉申论》，《民俗研究》2010 年第 1 期，收入吕微《民俗学：一门伟大的学科——从学术反思到实践科学的历史与逻辑研究》，中国社会科学出版社 2015 年版，第八章，第 242—298 页。

> 对于一般的读者和研究者来说，汤普森在1955年提出的关于神话的“最低限度的定义”也许是实用的：“神话所涉及的是神祇及其活动，是创世以及宇宙和世界的普遍属性。”这样一个定义是比较宽泛的：它没有纠缠于神圣与否的问题，从而给探索……［各种］社会文化中的神话提供了广袤的空间；它也没有刻意区别神话的韵文和散文形式，从而为超越这一狭隘的形式上的界限、建立更加广阔的学术视野提供了可能性。但是，它又是有限定的，因而从某种程度上说，它又是狭义的——与我国著名神话学家袁珂先生提出的“广义神话”相比，它把神话的范畴限定在了“神祇及其活动，是创世以及宇宙和世界的普遍属性”，而这显然是自古至今大部分神话研究者所集中关注的对象。①

与数年前相比，在《现代口承神话的民族志研究》中，杨利慧对汤普森“最低限度的神话定义”已经有所修正，即神话并非如汤普森所言，只是讲述了诸神的创造活动。在起源故事中，创造者包括了“神祇、始祖、文化英雄或神圣动物”。在我看来，杨利慧的这一修正（尽管经典的神话学家对此并非没有认识②）在多数学者仍然坚持神话是关于“神的故事”的当下语境中，有着重要的学术含量。

很长时间里，我一直怀疑：神话是否就等同于单纯文本—内容视角下的“起源故事”？我的怀疑建立在对神话学的纯粹文本研究或单纯内容研究的不信任的基础上（这也是我与杨利慧之间的公约数）。③我个人深受马林诺夫斯基关于“神话是原始人类共同体的社会和文化‘宪

---

① 杨利慧：《神话一定是“神圣的叙事”吗？——对神话界定的反思》，《民族文学研究》2006年第3期。

② “这［神话］故事本身并非像人们可能设想的那样，涉及天神和英雄的行为，而只是叙述部落的历史和它漂泊的情况，以及它逐步从野蛮状态上升到较佳生活条件……但是他们怀着宗教的敬畏来看待那一段神秘的或称为阿尔哲令伽的时期”。［英］博尔尼：《民俗学手册》，程德祺等译，上海文艺出版社1995年版，第213页。

③ 在《神话何为——神圣叙事的传承与阐释》（社会科学文献出版社2001年版）中，我反复强调神话作为“权力话语”和“意识形态”的叙事—信仰功能，如第二章“鲧、禹神话：口头传统与权力话语”，第58页以下；第三章“息壤：农业文化的意识形态符号”，第95页以下。

章'（charter）"（大意）[①] 的观念影响，我认为，在马林诺夫斯基之后，任何神话学家都不再可能回避、绕开宪章功能这一神话现象的本质规定性。但是，如果宪章功能是神话现象的本质规定性，进而，如果一则叙事不再能够发挥宪章功能，那么对于该叙事，我们能否还称之为"神话"呢?

而在马林诺夫斯基之前，正是由于神话学家们只是关注了神话叙事文本的题材内容，并视之为神话的本质，而没有特别强调神话信仰功能的体裁形式（不光是文体形式），才仅仅发展了关于神话题材内容的文学—文字象征解读（以缪勒为代表）和历史背景解读（以泰勒为代表）的单一方法论，而最终与神话现象的"形式本质"失之交臂，如果一个事物的本质的确（如亚里士多德所言）是由该事物的形式所决定的。[②] 而马林诺夫斯基的伟大贡献，正是通过对特定生活语境下神话叙事的信仰功能形式的现象直观，直接达成了对神话的"形式本质"而不是"质料（内容）本质"的实证认识。在马林诺夫斯基之后，任何置神话叙事的信仰功能的"形式本质"于不顾的做法，都是神话研究在理论上的倒退，而在中国神话学学术史上，这样的"倒退"不乏例证。

四

当中国神话学家于 20 世纪初从西方神话学家手中接过"神话"——"神的故事"——这一学术理念，并且应用于本土神话的研究时，神话学家们（包括中国学者和研究中国文化的西方学者）立刻就发现了符合"神的叙说"（鲁迅）的内容标准的所谓"中国神话"，尽管按照"神的故事"的内容标准，中国神话（主要是指中国古代汉语神话）被认为是零散的、不成系统的。直到 20 世纪 20—30 年代，鲁

① 语出马林诺夫斯基《原始心理与神话》，Bronislaw Malinowski，*Myth in Primitive Psychology*，Psyche Miniatures General Series，London，1926。"宪章"，马林诺夫斯基英文原著使用的是 charter 一词，我认为也可以用一个汉语古典词汇"洪范"（"大法"之义）来翻译。

② 亚里士多德已经阐明：事物的形式，而不是该事物的质料（内容），决定了该事物的本质。比如一张桌子或一把椅子的质料，无论是木料、石料还是铁料，都无关乎桌子和椅子的本质，是桌子和椅子的形式（样式）规定性决定了桌子之为桌子、椅子之为椅子的各自本质。参见［英］罗素《西方哲学史》（上），何兆武，商务印书馆 1976 年版，第 215—217 页。

迅写作《中国小说史略》，给出了汉语学界关于“神话”的经典定义（“以神格为中心的叙说和信仰”），[①] 上述情况也没有根本的改变。那时，马林诺夫斯基关于神话叙事在特定生活语境下的信仰功能形式的“实地（田野）研究”（1914—1918年）已经完成（只是尚不为人所知），但是，即便后来马林诺夫斯基的神话思想被输入中国学界，在长时间里，中国神话学者中也少有试图根据信仰功能的形式标准以认识神话本质的学术冲动。[②]

正是由于很少顾及马林诺夫斯基所提出的神话叙事在特定生活语境下的信仰功能的形式标准，而仅仅根据神话叙事单纯文本的内容标准，像“精卫填海”这样的民间幻想故事总被学者列入“中国神话”的范围。但是，如果我们站在马林诺夫斯基的立场上，我们就有充分的理由反问：“精卫填海”的故事在中国历史上可曾发挥过些许社会、文化的宪章功能？如果答案是否定的，那么仅仅因为这个故事讲述了“精卫”鸟“其名自叫”的起因（《山海经·北次三经》），就视之为神话，那么神话与一般的幻想性民间故事又有什么区别呢（尽管我一直认为，“精卫填海”是我读过的最凄美的古典故事之一；亦如袁珂所言，“它永远感动着人们的心弦”[③]）？

但是，如果我们坚持马林诺夫斯基的神话信仰的宪章功能的形式标准，把“精卫填海”这样的幻想故事都排除在了神话的范围之外，中国文化是否就将与神话彻底绝缘了呢？恰恰相反，按照马林诺夫斯基的标准，在中国古代汉语文化中，神话不仅存在，而且是以非零散的、成

---

① “昔者初民，见天地万物，变异不常，其诸现象，又出于人力所能之上，则自造众说以解释之：凡所解释，今谓之神话。神话大抵以一‘神格’为中枢，又推演为叙说，而于所叙说之神，之事，又从而信仰敬畏之……故神话不特为宗教之萌芽，美术所由起，且实为文章之渊源……迨神话演进，则为中枢者渐近于人性，凡所叙述，今谓之传说。”鲁迅：《中国小说史略》，载《鲁迅全集》第8卷，人民文学出版社1957年版，第11—12页。关于《中国小说史略》的写作和出版年代，参见“第8卷说明”，《鲁迅全集》第8卷，第1页。

② 当然也有少数学者关注神话的宪章功能，如美籍华裔考古学家张光直提出了“挑选神话材料的（特征）标准”，其中第三个标准就是作为“日常生活社会行动仪式行为的基础”的“神话的宪章”功能。张光直：《商周神话之分类》，《“中央研究院”民族学研究所集刊》第14期，（台北）“中央研究院”民族学研究所1962年。张光直写道：“神话的功能在供给典章，与氏族团体的存在理由。”张光直：《中国青铜时代》，生活·读书·新知三联书店1983年版，第254—255、299、309页。中国大陆神话学家中叶舒宪较早使用charter概念研究中国神话，参见叶舒宪《中国神话哲学》，中国社会科学出版社1992年版，第214页。

③ 袁珂：《中国古代神话》，中华书局1960年新1版，第73页。

系统的方式存在的，这就是以顾颉刚为首的古史辨学派所力主的“三皇五帝”的古史传说。古史传说因讲述了“天赐大法（“洪范”-charter)”的系列故事，[1] 从而以其叙事—信仰的功能形式造就了最典型的本土神话形态。在中国古代汉语文化中，古史传说乃至纯正的“信史”都发挥了类似“大宪章”的信仰功能。因此，当顾颉刚把古史传说说成“假古史”和“真神话”的时候，顾氏可谓一语中的，乃至“‘古史是神话’这一命题在今天已经是不成其为问题的了。”[2]

于是，我们现在也就可以了然，杨利慧修正“起源故事”中“创造者”的“身份构成”的学术意义了。将创造者从单一的“神”，扩展为“神祇、始祖、文化英雄或神圣动物”，就为从信仰功能的纯粹形式立场定义“神话”拆除了经典的、仅仅根据叙事内容定义“神话”的最后壁垒，其理论后果必然是：只要符合“大宪章”这一信仰功能的形式标准，任何叙事（无论起源故事中的创造者是谁）都可以被纳入“神话”概念的指涉范围。

但是，我们看到，杨利慧的修正却并非为“神话”概念的纯粹形式的定义标准拆除因特定内容而被限定的观念壁垒，而是要质疑仅仅根据信仰功能的形式标准定义“神话”概念这种做法本身。当然，这种做法是要冒回到马林诺夫斯基之前的理论风险的，但杨利慧考虑的是，面对已发生了功能转换的神话现象，如若不考虑除信仰之外的其他功能，而是按照马林诺夫斯基当初的设想一味走下去，神话学者将从根本上丧失对“现代神话”的合理、合法的发言权。

五

从叙事文本内容和信仰功能形式的不同角度，规定神话本质的矛盾表述（起源故事不一定具有神圣信仰的宪章功能，而能够发挥神圣信仰的宪章功能的叙事文本却不一定就是起源故事），并非“神话”概念进

① 《尚书·洪范》：“鲧则殛死，禹则嗣兴，天乃锡禹洪范九畴。”“洪”者，“大”也；“范”者，“法”也；“九畴”，九种。用现代汉语转述就是：“鲧被流放死了，禹就继承兴起。天帝就把九种大法赐给了他，治国的常理因此定了下来。”江灏等：《今古文尚书全译》，贵州人民出版社1990年版，第233—234页。

② 张光直：《中国青铜时代》，生活·读书·新知三联书店1983年版，第251页。

入中国语境之后才发生的事情，对于西方文化来说，事情同样如此。马林诺夫斯基以后，用“信仰”“宪章”“功能”等形式标准而不是内容标准检验古代希腊神话，“荷马《伊利亚特》、《奥德赛》与赫西俄德《神谱》是否属于神话”同样也是问题。于是，才有古典学家如韦尔南、纳吉诸贤，或者用“王权神话”的概念解读希腊神话的功能性质，[①] 或者用民族志的方法说明荷马史诗的原初语境，[②] 以便让希腊神话符合功能论人类学的“形式本质”的定义标准（韦尔南和纳吉都承认用叙事的信仰功能的形式标准规定神话的本质在理论上是合理且合法的）。

但是，对于古典学家的努力前景，人类学家并不感到乐观，因为，由于“时过境迁（语境变迁）”，一则传统的起源故事完全可能且现实地丧失其“原初时空语境”[③] 下的信仰功能形式，而仅仅以起源故事的叙事内容的文本形态而残存下来。而这样一来，也许，我们也就永远无法判断该起源故事在曾经的语境中是否发挥过什么宪章功能。于是，站在马林诺夫斯基的田野立场看，一些古典叙事是否属于神话，实在是一个永远也无法破解的谜团。正如人类学家利奇所言：“对那些从原初时空语境中分离出来的书面文本是否能够作出民族志理解的可能性，我们确实十分怀疑。”[④]

对于马林诺夫斯基来说，神话作为能够发挥宪章功能的信仰叙事，是只能在特定的生活语境中被直观到的社会、文化现象，一旦丧失了能够直观到叙事的信仰—宪章功能的现实、具体的生活语境，那么，对于古典叙事是否属于神话的问题，也就只能继续沿用进化论人类学的假说，视之为丧失了信仰—宪章功能的“神话遗物”，如果我们必须将这

---

① ［法］韦尔南：《希腊思想的起源》，秦海鹰译，生活·读书·新知三联书店 1996 年版，第 90 页。

② ［匈］纳吉：《荷马诸问题》，巴莫曲布嫫译，广西师范大学出版社 2008 年版，第 162—163 页。

③ “原初语境”是人类学家利奇（1982 年）特别强调的，参见［匈］纳吉《荷马诸问题》，巴莫曲布嫫译，广西师范大学出版社 2008 年版，第 159—160 页。

④ 转引自［匈］纳吉《荷马诸问题》，巴莫曲布嫫译，广西师范大学出版社 2008 年版，第 159 页。

些古典叙事视为神话的话。马林诺夫斯基的本意是为了说明“神话遗物”在原初生活语境中的信仰宪章功能，但他却用自己对“当代的原始神话”的直观经验，从信仰功能的纯粹形式角度，将“神话遗物”的进化论假说以反证的方式固着下来，[①] 而这是马林诺夫斯基本人没有预料到的事情。

这就是说，无论西方的古典叙事，还是非西方的古典叙事，当我们运用马林诺夫斯基的“信仰”“宪章”“功能”等“形式”概念加以规定，却并不悬置“神话”概念的经典内容标准时，就会陷入“叙事的文本内容与信仰的功能形式何为神话本质”的表述张力甚至表述矛盾。[②] 也就是说，当我们经验地使用“神话”这一源于西方的知性概念来认识本土的神话现象的时候，文化壁垒其实并非障碍；真正造成认识障碍的原因——借用康德的话说——是我们将人的本原的存在（实践）“硬性”地规定为、认知为受社会、文化、历史条件制约的人的存在现象，由此造成了用人的本原存在的实践原理说明人的存在现象的（内容和形式同为“本质”的）“二论背反”。

神话的信仰—叙事（或叙事—信仰）原本就是人的本原性存在的实践行为，而在人的本原性存在的实践行为——这里指的就是神话的信仰—叙事行为——中，神话信仰—叙事的内容和形式是无以（也无需）区分的：神话叙事的内容就是其信仰的形式，而其信仰的形式也就是其叙事的内容。然而，一旦我们将人的本原性存在的实践行为认知为人的存在现象的内容与形式——这里就是神话的叙事内容和信仰的形式——并且同时视二者为神话现象的本质的时候，表述的悖论（“二论背反”）就会发生。因此，并非如我们以往所误解的那样：发生于西方的经验语境的理论概念不适用于认识非西方时空语境的社会、文化、历史现象；

---

① “至少从神话的产生来说，被认为是远古时代确曾存在和发生过的。对神圣存在的虔敬和信仰，使神话具有了神圣的性质，往往与世俗的生活范畴分开，而与人们的宗教紧密相连，甚至成为宗教信仰的有机组成部分。”杨利慧：《女娲的神话和信仰》，中国社会科学出版社 1997 年版，第 121 页。

② 当然，这是一种理论上的设想，在现实的学术研究中，一般来说神话学家们并不区分神话定义的质料标准和形式标准，比如张光直提出的“选择神话材料”的三个标准，其中，第一、第二两个标准涉及神话叙事的质料（内容），第三个标准涉及神话叙事的信仰功能形式，而这三个标准在张光直那里并行不悖，他并不为此而感到有什么矛盾。张光直：《中国青铜时代》，生活·读书·新知三联书店 1983 年版，第 254—255 页。

而是说，用来说明人的本原性存在（实践）的知性（理论）概念不适用于说明人的存在现象，进而产生康德所言之“理性在将其为一切有条件者设定无条件者的原理运用于现象时的自相冲突”。[①]

六

上文已经指出，神话除了作为人的存在现象，也可以被视为人的本原的存在方式或实践形式。一个显为人知的事实就是：在神话学将神话视为人的存在现象即神话学的研究对象（直观的表象）之前，神话就已经是人的一种实践行为（视神话这种人的实践行为为受人类社会、文化、历史等原因条件支配的、人的存在现象是神话学贡献的理论理性的知识成果）。换句话说，在神话学使用“神话”这个学术概念之前，[②] 以古希腊文 muthos 为词源的“神话”一词，作为日常语言已经有了两千多年的语用（实践）历史。作为日常语言，muthos 的本义只是“词语”或“故事”，指涉了人的存在—实践中的一种不同于 logos（逻各斯）、history（历史调查）的更传统、更基础（基本）的信仰—叙事的话语活动或话语行为，即对一种非理论性、非实证性（但并非是非理性）话语的“实践（存在）的命名”，[③] 我们今天所说的起源故事，正构成了 muthos—神话的话语实践的信仰—叙事对象的重要成分。

从人的本原性存在的角度看，muthos—神话作为一种基础（基本）的、传统的话语实践，与哲学、历史等其他类型的话语实践，以及文学的叙事“体裁”（传说、童话）的不同之处就在于：在 muthos—神话的信仰—叙事的话语实践，即人的本原性的存在—实践中，人通过自身的纯粹理性为“人自身”设定了一超越性存在的信仰—叙事对象（无论这个信仰对象是超越自然经验、感性经验的，还是超越世俗经验的），

---

① ［德］康德：《实践理性批判》，韩水法译，商务印书馆 1999 年版，S. 107，第 118 页。

② 这个“之前”还仅仅的历史的“之前”，而不是逻辑的“之前”；要之，作为“实践命名”的“神话”，在逻辑上先于作为理论概念的“神话”，才是“之前”的更实质性的意义。

③ 实践的“命名努力”。参见西村真志叶《日常叙事的体裁研究》，博士学位论文，北京师范大学，2007 年。

用以规定并维护人的存在统一性即人性统一性。[①] 无法想象，没有人通过纯粹理性自己为自己设定并讲述的超越性对象，人能够作为具有人性统一性的个人和社会共同（统一）体而存在，而这，正是神话在人的存在的现象世界中能够发挥社会、文化宪章功能的超越性—存在论根源。

从人的存在现象的角度看，muthos—神话的话语实践（如上文所述，将神话实践视为人的存在现象是神话学的理论成果）所给出的起源故事的叙事内容，或者是关于神灵的故事，或者是关于古代圣王的故事，而不同类型的超越者角色正规定了不同的共同体之间的文化差异（当然这只是一种简约的认识）。[②] 但是从人的本原性存在—实践的立场看，无论神灵还是圣王甚至神圣动物，都是人的本原性存在的信仰—叙事的实践结构所给出的超越性对象"极"。在 muthos—神话的超越性信仰—叙事的话语实践中，人性的存在的超越性统一性被归结为人的起源的超越性统一性。

这就是说，无论身处哪种文化共同体的社会、历史语境的现象世界中，人都首先在逻辑上以一种超越自身的文化规定性的普遍统一性的存在—实践方式而"出世"，即先于各种特殊规定的文化角色，首先将人自身规定为具有超越性（统一性、普遍性）人性的"人自身"。为此，人必然要为"人自身"的普遍统一性存在，设定并讲述一个对于共同

① "蒂利希说宗教体现了人的终极关怀，人只有通过深层的'意义'才能实现自我存在的真实性。唐君毅说宗教生活的核心就是要'寻找安身立命之所'，借助人心的修养以便使自己成为'真正的'人。"金泽：《宗教人类学学说史纲要》，中国社会科学出版社 2009 年版，第 396 页。

② "本土传统的文化秩序或价值结构与西方的差异，可以借用杜维明的一句话加以描述，这就是：自从古希腊和古希伯来时代以来，西方的文化秩序——价值结构及其超越途径一般表现为'存在（being，杜氏原译'存有'）的断裂'，即神圣世界与世俗世界的宗教性的空间划分，此岸世界的终极价值由彼岸世界（上帝）提供；而古代中国的文化秩序——价值结构及其超越途径表现为'存在的连续'，即神圣世界与世俗世界被置于历史性的时间两端，现代世界的终极价值是由古代世界（大同时代的先公、先王）所提供的（杜维明：《生存的连续性：中国人的自然观》，载《儒家思想新论——创造性转换的自我》，江苏人民出版社 1996 年版）。终极性的价值本体存在于历史长河之中，并由历史源头提供，即内在（于历史）的超越而不是外在（于此岸）的超越，祖先崇拜而不是上帝信仰构成了中国式准宗教的价值结构以及对于价值本体的'史学'式体认方式。"吕微：《现代性论争中的民间文学》，《文学评论》2000 年第 2 期，收入吕微《民俗学：一门伟大的学科——从学术反思到实践科学的历史与逻辑研究》，中国社会科学出版社 2015 年版，第一章，第 52 页。

体中的每一个人都客观有效的、具有超越性统一性的信仰—叙事对象，而这个超越性统一性的信仰—叙事对象对每一个人来说，具有绝对客观的真实性和先验的神圣性。

至于这个超越性统一性的信仰—叙事对象，在人们存在的现象世界——每个文化共同体的具体社会、历史语境——中被具体地表述为神还是人，并非本质的问题，神灵也好，圣王也好（当然，对于特定的文化共同体来说，神灵、圣王的区分并非无关紧要，而是具有胡塞尔所言“主观—相对”的“本质”性），都因其在人的本原世界中的超越性统一性存在地位，而在现象世界中负担起“大宪章”的普遍功能。[①] 反过来说，尽管具体的神灵或圣王等超越性统一性的信仰—叙事对象，只能在人的存在的现象世界、世俗世界中发挥宪章功能，但是归根结底，“大宪章”的功能基础在逻辑上却首先来源于人的本原性存在的超越性世界。

但是，当现代神话学家从神话现象的角度，而不是从人的本原性存在—实践的立场出发，将某个特定的文化共同体对超越性统一性的信仰—叙事对象的“主观—相对”的内容（质料，比如具体的某种神灵），抽象、归纳为一个能够以感性直观为经验性基础的、具有客观普遍性的“神话”理论概念，并以此“神话”（“神的故事”）的理论概念作为认识工具，规定各个文化共同体（包括西方文化共同体自身）的神话现象，那么，这样的“神话”（“神的故事”）概念就必然会遮蔽各个社会—文化共同体从本原的存在出发，所给出的信仰—叙事的超越性统一性的实践形式。

比如，在中国古代汉语文化中，明明存在着超越性统一性的信仰—叙事实践，早期的神话学家们却视而不见，坚持中国古代汉语文化中的神话现象——“神的故事”只是零散的、不成体系的（三皇五帝的古史传说恰恰是整体性且系统化的）存在，而这正是由于人的本原的存在

---

① “宗教人类学研究宗教的发生和发展，研究宗教所承载的社会功能与其所建构的文化秩序（意义）。透过宗教人类学的发展进程，我们看到具体的宗教都是在特定的历史背景中生存和延续的，无论宗教形态如何顺时而变或逆市而动，它总是将信仰者与一个超越他（或她）的神圣对象联结起来。这个神圣对象在不同的宗教中有不同的定位，在某些宗教中也许是人格化的上帝，在某些宗教中只是一种神圣的境界（或属神秘或属觉悟），或在最质朴的形态中只是那超越个体生命的不死的灵魂。”金泽：《宗教人类学学说史纲要》，中国社会科学出版社2009年版，第395页。

与实践，被用理论概念（“神的故事”）支配的神话现象、神话经验遮蔽的结果。反之，如果还原到中国古代汉语文化共同体本原性的存在与实践，且站在马林诺夫斯基的功能论立场上，我们似乎本不该将 myth 移译为“神话”（“神的故事”），因为中国古代汉语文化中原本就有可与 myth 的本原性存在论内涵更接近的、本土化的“实践命名”，比如作为历史叙事文体的“本纪”（或“故事”）。如果“本纪”的意思就是“本其事而记之……为后代纲纪”,[①] 那么，这不正是古代中国式的“大宪章”么？

就人的本原的存在—实践必然要求对于一个超越性存在者的信仰和叙事（否则人无法获得人性的统一性）而言，我赞同杨利慧关于“起源故事”是“神话”概念的“最低限度的定义”原则。当然，这不是为了照顾大多数研究者的学术观念的现实目的，而是从人的本原的存在—实践形式出发而做出的理论判断。这就是说：神话因“究天人之际”而指向超越性存在者的信仰和叙事，作为人的本原的存在—实践形式，是人把自己规定为具有超越自然规定性的人性（道德）统一性的“人自身”而先验地、必然地要求的。

神话—起源故事，由于讲述了人性统一性的超越性本原，使得神话的信仰—叙事不仅是人的本原性存在—实践本身，同时也是人的本原性存在—实践的客观性条件。由于人的本原性存在—实践的神话信仰—叙事，是“人自身”的纯粹理性的必然性要求，同时也是人的纯粹理性得以践行其自身的客观性条件，所以对于人的本原的存在—实践来说，神话信仰—叙事本身以及神话信仰—叙事所给出的超越性对象就具有了人的存在与实践的绝对真实性和神圣性。正如胡塞尔所言：

> 真正第一位的东西是对前科学的世界生活的“单纯主观的—相对的”直观。的确，在我们看来，这个“单纯”作为古老的遗产具有主观意见的轻蔑的色彩。当然，在前科学生活本身中这种直观丝毫没有这种东西；因为它是被充分证明的领域，因此，是被充分

① （汉）司马迁《史记·五帝本纪》（唐）司马贞《索隐》：“纪者，记也。本其事而记之，故曰本纪。又：纪，理也，丝缕有纪。而《帝王书》称：纪者，言为后代纲纪也。”（汉）司马迁：《史记》（一），中华书局 1959 年版，第 1 页。

> 证明的述谓性认识的领域，确切地说，是如同决定它们的意义的实际生活意图所要求的那样的可靠的真理的领域。①

这就是说，神话作为人的本原的存在—实践，不是以人们现实的、日常的生活语境（现象）为实现条件；人们现实的、日常的生活倒是以人的本原的存在—实践所提供的人性统一性为实现条件。进一步说，如果人必然通过自身的纯粹理性要求信仰—叙事的本原存在以作为日常生活的实现条件，那么，康德就有理由谈论一种“理性的信仰”至于作为人的本原的存在—实践的神话信仰—叙事自身的起源，或者说，神话自身的存在条件，换言之，人的本原性存在为什么会采用神话信仰—叙事的实践形式？以及人的本原性存在—实践为什么能够创造出超越性统一性的信仰—叙事对象？用康德的话说，这是我们人类理性所无法洞见的，因此，对于神话叙事本身，我们人类只能取信仰的敬重、敬仰甚至敬畏的态度。

七

从实现人性统一性的立场看，神话信仰—叙事一方面作为人的本原性存在—实践的必然性要求和客观性条件，另一方面又作为人的本原性存在—实践形式本身，其真实性和神圣性是无可置疑的。正因如此，即便在历史时间和社会、文化空间语境中现实地生活的人们在心理（现象）上不再信仰神话的叙事内容，神话作为人的本原性存在的实践要求和实现条件，同时又作为人的本原性存在与实践本身，亦即：神话既是人的本原的存在本身也是自己实现自己的无条件的条件，仍然具有绝对客观的真实性和先验必然的神圣性。

这就是说，神话—起源故事，作为真实性和神圣性的信仰—叙事，由于讲述并设定了一个对于“人自身”而言的超越性统一性的信仰—叙事对象，因而具有了对于每一个人、每一个共同体的本原性存在—实践都客观、必然的有效性。当然这不是说，在人们现实的日常生活的经

---

① ［德］胡塞尔：《欧洲科学的危机与超越论的现象学》，王炳文译，商务印书馆2001年版，第151—152页。

验世界或现象世界中，每一个人在其主观的心理（现象）上，都将认同神话的真实性和神圣性。事实上，正如杨利慧师生对田野现象的直观经验所揭示的，在日常生活中，人们并不总是在心理上信仰神话叙事内容的真实性和神圣性。但是，正如已经指出的，神话，这个讲述了人自身的本原性存在—实践的超越性起源的故事，为人性统一性原则即人的“存在的理想（应然的本体）”——马林诺夫斯基称之为 pedigree（“谱系”）[①] 的“先例”或“榜样”——而不是人的“存在的事实（实然的现象）”所树立的先验必然的和客观普遍的表象，始终是真实的、神圣的，以至于正如康德所比喻的：

> 尽管可能直到现在还没有过一个真诚的朋友，但每一个人还是有可能不折不扣地要求在友谊中要有纯粹的真诚，因为这一义务，作为一般的义务，先行于任何经验，而存在于一个通过先天根据来规定意志的理性的理念中。[②]

对于神话，我们也可以说同样的话：即便世界上已不再有人在心理（现象）上敬畏地信仰并真诚地讲述神话，但是，对于每一个人和每一个文化共同体的本原性存在与实践来说，神话的真实性和神圣性仍然是无可置疑的。因为，神话讲述了人作为人性统一性而存在并实践的超越性起源，即讲述了人作为“人自身”而自由（信仰和理性）地存在并实践的超越性原则。因此，只要人讲出了神话，讲述了人的超越的起源，人就已经（即使是朦胧地）将人与其他非理性、非信仰的存在者（比如动物）区别开来，从而表明了人与其他存在者不同的，即具有人性统一性，且必然显现为道德统一性的存在与实践。而神话最终作为人的道德性的存在和实践，作为人自身“应然”的存在与实践理想，其自身的理性化、伦理（道德）化即人们常说的“神话历史化”就并非作为现象世界的历史语境

---

① ［英］马林诺夫斯基：《巫术　科学　宗教与神话》，李安宅译，中国民间文艺出版社 1986 年版，第 71、123 页；Bronislaw Malinowski，*Myth in Primitive Psychology*，London，1926，p. 114。

② ［德］康德：《道德形而上学奠基》，杨云飞译，邓晓芒校，人民出版社 2013 年版，S. 408，第 33—34 页。“道德法则仿佛是作为一个我们先天地意识到而又必定确实的纯粹理性的事实被给予的，即便我们承认，人们不能够在经验中找到任何完全遵守道德法则的实例。”［德］康德：《实践理性批判》，韩水法译，商务印书馆 1999 年版，S. 47，第 50 页。

下的社会、文化作用的结果，而就是神话作为人的存在—实践本质——自由信仰和理性——的必然的自我显现或自我实现。[①]

八

对于神话，神话学者完全可以从不同的视角认识其本质和特征，神话学者既可以从现象的视角直观神话的特征，也可以从人的本原存在的实践立场思想神话的本质。在本书中，杨利慧提出了神话“综合研究”的议题，卓有见地，而我的补充是：综合研究还应该扩展到现象研究、经验研究之外，而将神话思想为人的本原性的存在与实践。当然，就每一位神话学者来说，综合现象研究与“实践认识”“实践研究”这两种学术立场和方法是不现实的，但是，对于一个神话学共同体而言，则完全可能且非常现实。

在人的存在现象的直观视野中，起源故事在人们的心理上，或者被信仰或者不被信仰为真实、神圣的叙事，但这并不妨碍在人的本原性存在与实践的思想视域中，神话是人的“永恒的当下”的真实性和神圣性的存在与实践。神话的现象研究与神话的本原性研究因此可以互补。神话的现象研究可以提供对神话现象的事实认知，而神话的本原性研究则可以提供对“理想型”神话的本质认识。

在神话的现象研究方面，杨利慧带领她的学生，继承了马林诺夫斯基开创的田野直观的民族志传统。马林诺夫斯基证明了，在全民信仰的语境条件下，起源故事被人们在心理上普遍地认知为真实性、神圣性的传统叙事，而杨利慧师生则证明了，在并非全民信仰的语境条件下，那些被称为“神话”的起源故事只是被人们在心理现象中偶然地认知为真实性和神圣性的传统叙事。[②] 但是，讲述起源故事的神话，尽管不再

---

① “人祖神话的讲述和一系列的朝祖活动充分体现了中国社会的‘敬祖’、‘讲孝道’等文化特点。在讲述人祖神话的过程中教化人们一心向善的渗透传统乡土社会的道德观念和行为规范，规训着人们的日常生活，促进了当时社会和文化秩序的稳定。”杨利慧等：《现代口承神话的民族志研究——以四个汉族社区为个案》，陕西师范大学出版社 2011 年版，第四章“民间传统的当代重建”（仝云丽），第 249 页。

② 参见该书介绍的多位“神话讲述人”不同的“神话观”：黄镇山认为“神话是人们对历史的曲解”，陈贵友认为“神话是真实的事件”，柯尊来认为“神话是神乎其神的故事”。杨利慧等：《现代口承神话的民族志研究——以四个汉族社区为个案》，陕西师范大学出版社 2011 年版，第三章“现代口承神话的演述人及其神话观研究”（李红武），第 145、157、167 页。

承担对全社会而言的宪章功能，却承担起其他一些社会—文化功能。[①] 将这些人们日常生活的公共和私人领域中神话的现象事实（现实），以经验直观的方式直接呈现在我们眼前，这是马林诺夫斯基之后，杨利慧师生的学术贡献，正如杨利慧所指出的：

> 现代口承神话的功能和意义十分复杂多样。首先，那些与信仰语境密切相关、通常在宗教仪式场合中被讲述的神话，依然扮演着信仰的“社会宪章”（sociological charter）的作用。通过对最初起源的追溯，神话阐明着信仰观念和行为存在的理由，确立着信仰的合理性和合法性，神话中叙述的主要角色和事件也成为神灵崇拜和祭祀仪式的基础。除此而外，现代口承神话还负担着其他多种功能和意义：它们是构成世界观的重要基础；是人们进行社会交流、建构社会生活的有效途径；是教育后代和消闲娱乐的方式；是凝聚群体、建构身份认同的重要力量；还是获取政治资本和商业利益的策略性资源。在不少情形下，现代口承神话的功能和意义可被概括为是“巩固和增强传统，通过追溯更高、更好、更超自然的最初事件，赋予传统更高的价值和威望”，[②] 是人们将当下与过去的权威性传统相联接的“传统化”（traditionalization）实践[③]的重要策略。对个体讲述者而言，神话的功能和意义则更具体和丰富得多。[④]

站在马林诺夫斯基的信仰功能现象的“形式本质”的理论立场看，杨利慧师生所直观到的那些非信仰功能的起源故事，很难再被称为“神话”。这就是说，如果我们站在马林诺夫斯基的“严酷”的理论立场

---

① 马林诺夫斯基认为“高等文明底神话材料，到了我们底手里已是孤立的文学记载，没有实际生活底背景，没有社会底上下文。这就是西洋古代民族与东方死文明中所有的神话”的结论至少是不全面的。[英] 马林诺夫斯基：《巫术　科学　宗教与神话》，李安宅译，中国民间文艺出版社 1986 年版，第 126 页。

② [英] 马林诺夫斯基：《巫术、科学与宗教》，转引自 [美] 邓迪斯《马林诺夫斯基〈神话在生活中的作用〉按语》，载 [美] 邓迪斯编《西方神话学读本》，朝戈金等译，广西师范大学出版社 2006 年版，第 238 页。

③ [英] 鲍曼：《民俗界定与研究中的“传统”观》，杨利慧、安德明译，《民族艺术》2006 年第 2 期。

④ 杨利慧等：《现代口承神话的民族志研究——以四个汉族社区为个案》，陕西师范大学出版社 2011 年版，第 18—19 页。

（当然，马林诺夫斯基本人的具体观点绝非如此“严酷”，“严酷”是根据他的理论立场严格推导出来的理论逻辑）上看，没有信仰心理（现象）支持的叙事绝非神话，神话的本质在其信仰的功能形式而非其叙事的文本内容。

> 神话底研究只限在章句上面，是很不利于神话底了解的。我们在西方的古籍、东方的经典以及旁的类似去处得到的神话形式，已经脱离了生活信仰底连带关系，无法再听到信徒们底意见，无法认识与它们同时的社会组织，道德行为，一般风俗——最少，也无法得到近代实地工作者容易得到的丰富材料。①

因此，在马林诺夫斯基看来，已经不再发挥信仰功能的起源故事只是传统的信仰叙事的“神话遗物”。而且，即便是马林诺夫斯基以前（进化论民俗学）的神话理论，也“宽容”地承认信仰的态度与程度，是辨别神话与非神话的体裁标准。② 杨利慧放弃了经典神话学关于神话的信仰功能的“形式本质”的基本预设，将神话的叙事内容重新设定为神话的本质，这在理论上将自己置于十分困难的境地，即面对从马林诺夫斯基“严格”甚至“严酷”的关于神话信仰—叙事功能的“形式本质”的理论立场所提出的质疑，尽管《原始心理与神话》当中的那个真实的、“宽厚”的马林诺夫斯基的确承认，残存于古典文献中的起源故事仍然是神话，但却是丧失了特定生活语境下信仰功能形式的“死神话”。

---

① ［英］马林诺夫斯基：《巫术　科学　宗教与神话》，李安宅译，中国民间文艺出版社1986年版，第85页。“信徒”，马林诺夫斯基又称之为“神话的作者”。［英］马林诺夫斯基：《神话在生活中的作用》，宋颖译，载［美］邓迪斯编《西方神话学读本》，广西师范大学出版社2006年版，第243页。“人类学家有神话制作人在肘腋之下。”同上引书，第85页。

② “神话是起因故事。这些故事尽管荒诞不经，但讲故事的人都相信它，真诚地用它来说明宇宙、生与死、人和动物、人种、物种的区分、男女的不同工作、神圣的典礼、古代的习俗以及其他神秘的自然现象。……因此传统的故事似乎自然而然地分为两类——当作真人真事而讲的故事（神话、传奇、英雄传奇）和为消遣解闷而讲的故事（各种各类的民间故事或märchen），但是不管这种分类对白人有多大方便，在土人的心目中它并不说明什么问题。对于土人来说，如果他脑子里想到分类的话，可能就是分为‘神圣的’和‘渎神的’两种。因为神话和传奇常常列为一个部落（或其他团体）最神圣的所有物。”［英］博尔尼：《民俗学手册》，程德祺等译，上海文艺出版社1995年版，第211—213页。

但是，我们能否在放弃了神话信仰—叙事现象功能的纯粹“形式本质”的定义标准之后，仍然坚持神话—起源故事作为真实性和神圣性的信仰叙事呢？根据上文已经提供的理由，答案是肯定的。

九

汤普森关于神话的“最低限度的定义”，虽然在时间上晚于马林诺夫斯基而提出，但在神话理论的发展逻辑上，却是从马林诺夫斯基对神话信仰功能形式的本质认识的倒退，回到了马林诺夫斯基之前仅仅关注神话叙事文本内容的经典做法，尽管汤普森本人并不对神话内容做文学象征（缪勒）和历史背景（泰勒）的解读。汤普森的做法固然有他的基于操作的实用理由，因为他本人的心血所倾注的领域正集中在神话叙事的文本内容方面，他最重要的学术贡献是编纂了民间故事内容“型式”的类型索引和母题索引，因此“最低限度”的神话内容定义出自汤普森之口就是顺理成章的事情，但与此同时，这种做法也让汤普森在理论上主动放弃了对神话本质的更深刻的把握机会。

但在这里，我倒是在理论上（不是在单纯的经验归纳方面）愿意支持杨利慧将“起源故事”作为“神话”概念的“最低限度定义”原则的主张。因为杨利慧并不是以神话现象的“纯文本”研究为鹄的，而是将神话现象置于人们现实的日常生活语境当中，以直观神话现象的功能变化。为此，杨利慧必须设定：无论发生怎样的功能性改变，神话之为神话仍然具有一种前功能的本质性规定。但是，为了规定神话的前功能性的本质，我们是否只能回到神话的叙事内容的本质规定性的理论立场呢？

我对杨利慧的理论支持是从神话作为人的本原性存在与实践的认识角度入手，而承认“起源故事”对“神话”概念的内涵与外延的限定作用的。从人的本原存在的实践立场看待神话：第一，起源故事所呈现的并非仅仅是神话叙事的具体内容（从现象的角度看，起源故事当然是神话叙事的主观—相对的具体内容），也呈现了（就人的本原性存在—实践而言）对于超越性对象的信仰—叙事结构，即人的真实性、神圣性的本原性存在与实践结构。第二，起源故事的真实性和神圣性也并非如马林诺夫斯基所认为的那样，仅仅存在于人的主观性、偶然性的信仰心理当中，而是存在于人的纯粹理性对自身的本原性存在所提出的实践要求当中，因而具有先验的必然性和绝对的客观性。

汤普森和马林诺夫斯基对“神话”概念的定义，无论是出于“最低限度”的叙事的文本内容的定义，还是出于信仰的功能形式的定义，都还只是关于神话现象的经验性归纳的理论性定义，即便马林诺夫斯基的神话信仰功能的“形式本质”，也仍然是神话现象的本质规定。面对神话在我们的感性直观中所呈现的经验表象——现象，汤普森和马林诺夫斯基所给出的不同的“神话”定义都具有经验的普遍性（尽管在理论上是相互冲突的，如果把两者都视为神话的本质）。汤普森着眼于神话叙事的文本内容，固然是现象，而马林诺夫斯基着眼于神话信仰的功能形式，也同样是现象，因为在马林诺夫斯基的直观中，神话的信仰功能完全建立在人的心理基础上，而人的信仰心理仍然是现象。因此，无论是基于对神话的叙事内容现象，还是对神话的信仰功能形式现象的经验归纳而给出的概念定义，都无法在理论的彻底性上，保证神话作为真实性叙事和神圣性信仰的客观普遍和先验必然的有效性。

于是，人们也就总是能够向汤普森和马林诺夫斯基提出如下问题：如果不是神的故事，那么其他类型的起源故事，是否也属于神话？如果不是人们在心理上信仰神话，起源故事是否还具有真实性和神圣性？这就是说，汤普森和马林诺夫斯基基于经验直观的实证归纳所给出的“神话”定义，尽管具有经验的普遍性，但是绝不会有先验的必然性和客观性。相反，如果我们从人的本原性存在与实践的立场思想神话的本质，那么列维－斯特劳斯关于“无论我们对产生神话的那种语言和那个民族的文化怎样缺少了解，神话依然被世界各地的读者体会到是神话”① 的说法也就仍然能够成立，当然，“世界各地的读者体会”一定建立在对人的本原性存在与实践本质的直接把握的基础上。

十

这就是说，如果我们不是执着于神话现象而是着眼于作为人的本原

---

① ［法］列维－斯特劳斯：《结构人类学》，谢维扬、俞宣孟译，上海译文出版社1995年版，226页。

性存在与实践的神话，那么，对神话现象的表述矛盾就能涣然冰释。人的本原的存在与实践，从根本上说，就是人的本原的信仰—叙事结构，即对于超越性信仰—叙事对象的设定与表述。而起源故事正是对这种信仰—叙事的存在与实践结构的复述和确认，我们甚至可以说，神话的信仰—叙事结构本身直接就是人的本原的存在与实践。就人的本原的存在与实践所呈现的、具有超越性指向的人性（自由理性所认定即自由信仰的道德）统一性而言，人的本原性（人性、道德性、纯粹理性的自由）存在与实践的真实性和神圣性是无可怀疑的。

神话信仰—叙事的真实性和神圣性不能到人的存在现象的直观经验中去寻找，而是要深入人的本原性存在与实践的信仰—叙事结构本身的思想中去发现。而一旦深入人的本原性存在与实践，我们根据现象直观而给予的，关于“神话”的叙事文本内容和信仰功能形式何为本质的概念定义之间的相互冲突就会消解。因为，在人的本原性存在与实践的信仰—叙事结构中，神话的叙事内容结构就是神话的信仰形式结构，二者是二而一、一而二的东西。我讲述一个对象和我认定一个对象，在人的本原存在的实践层面，不分伯仲，叙事就是信仰，而信仰也就是叙事。

因此，我才认为，无论你是否在口头上讲述了神话，是否在心理上相信了神话，神话对于我们每一个人、每一个共同体来说，在人的本原的存在与实践上，都具有同样有效的真实性和神圣性。神话的真实性和神圣性，并不依赖于神话叙事主观—相对的文本内容，也不依赖于神话在人们心理现象上信仰与否的功能形式。但是，在人的本原性存在与实践方式中，神话对于每一个人、每一个共同体来说，都仍然是真实性和神圣性的，而这就是神话的真实性和神圣性具有客观的普遍性和先验的必然性的最终理由。[①]

从人的本原性存在—实践的信仰—叙事结构看经典的神话学理论对

---

① 当然，对于这个“最终理由”即人的存在的无条件—必然性的条件，我们人类最终是无法理解的。“理性不知疲倦地寻求无条件必然的东西，并且发现自己被迫假定它，却没有任何办法使自己去理解它……这样，我们固然不理解道德命令的实践的无条件的必然性，但我们毕竟理解这命令不可理解性，这就是对一门力求在原则中达到人类理性边界的哲学所能公正地要求的一切。”［德］康德：《道德形而上学奠基》，杨云飞译，邓晓芒校，人民出版社 2013 年版，S. 463，第 114—115 页。

神话现象的悖论式表述——神话的本质或者是其叙事的内容，或者其信仰的形式，二者必据其一——借用康德的话说，是神话学“向来所能陷入的最富裨益的困境”，[①] 而这种困境乃由于神话学者将人的本原性存在与实践的结构原理（信仰叙事质料与信仰叙事形式的统一）“运用于［神话］现象时的自相冲突”[②] 的假象（即“叙事内容”和“信仰形式”同时作为神话的本质而产生的矛盾冲突的假象）。

> 这个假象自行暴露，倘非如此，它原本是决不会被人看出它的虚假的。不过理性被迫去追究这个假象的根源：它从什么地方产生，它如何能够被消除？……因为它最终驱使我们去寻求走出这个迷宫的线索，而这个线索一经发现，还会揭示出我们并不寻求却仍然需要的东西，也就是对于事物的一种更高而不变化的秩序的展望；我们现在已经处于这个秩序之中，而且我们从现在起能够受确定的规矩之命依照至上的理性决定在这个秩序之中继续我们的此在。[③]

所以，杨利慧为适应并非全民信仰的现代社会—文化语境下的神话研究，直观地把握现实生活中神话现象的多种功能（而非仅仅是信仰功能），以及大多数人在心理上丧失了神话信仰的情况下共同体的命运，却并不一定就要回避神话本原的真实性和神圣性问题。正如已经指出的，无论神话在人们的心理现象——包括集体记忆和个体信仰——中是否被认知为真实的和为神圣的，神话作为人的本原的存在—实践的信仰—叙事结构本身——即康德所说的“更高而不变化的秩序”——的真实性和神圣性仍然对于每一个人和每一个共同体都具有先验必然和客观普遍的有效性。但是，建立在对神话作为人的本原的存在与实践的理解条件下的、针对神话作为人的存在现象的经验研究也就因此获得了理论上的肯定和支持。

---

① ［德］康德：《实践理性批判》，韩水法译，商务印书馆 1999 年版，S. 107，第 118 页。
② ［德］康德：《实践理性批判》，韩水法译，商务印书馆 1999 年版，S. 107，第 118 页。
③ ［德］康德：《实践理性批判》，韩水法译，商务印书馆 1999 年版，S. 107—108，第 118—119 页。

我相信，一个以“呈现社会事实”[①] 为己任的现象实证的神话学，和一个以思想人的本原存在为根本目的的“实践认识”“实践研究”的神话学的互补互动，将会大大有助于神话学在理论关切与实践关怀的两个方面都得到深入的发展和广泛的扩展，因为神话学关联着人的存在的“应然”理想和“实然”现实，而杨利慧师生的这本新著将会激发读者对人的存在的上述两个方面的进一步思考，并最终走出神话现象的表述悖论之“二论背反”的迷宫。

---

① “呈现社会事实”，语出高丙中《中国社会科学需要培育扎实的民族志基本功》，原文是高丙中为他主编的“汉译人类学名著丛书”（商务印书馆 2006 年版）写的“总序”，载高丙中《民间文化与公民社会——中国现代历程的文化研究》，北京大学出版社 2008 年版，第 323 页。

附录三　神话作为方法

——再谈神话是人的本原的存在[1]

“什么是神话?”或者,“神话是什么?”是神话学者从来都要面对的终极难题。在一定意义上,我们甚至可以说,判断一个神话学者的合格标准,不是看他(她)发表了多少研究神话的论文、出版了多少神话学专作,而是听她(他)是否始终执着地追问:“什么是神话?”或者“神话是什么?”我和杨利慧对“神话”概念的定义(对神话本质的理解)有一定差距,简要(并不简单)说来,杨利慧主要是一个神话内容优先论即神话经验论者;而我则是一个神话形式优先论或神话先验论者。杨利慧的立场接近汤普森(汤普森的内容优先论主张主要源于其编纂故事类型和神话母题的工具论需要),而我的立场则与谢林乃至康德相近。[2] 当然,这只是“简而言之”。

所谓“神话内容优先论”是说,神话之所以是神话的判断标准,主要是神话的叙事内容。一则叙事,只要是讲述了大林太良总结的“世界、人类和文化三大起源故事”,就可以被判断为“是神话”。而一则叙事的内容,是否讲述了起源故事,是必须通过经验来判断的。所谓“神话形式优先论”是说,神话之所以是神话的判断标准,主要不是神

---

① 本文原载《民间文化论坛》2017 年第 5 期。

② “德国哲学家谢林(1775—1854)在《神话哲学》(1857)一书中,提出了引人注目的观点:对于神话必须要从其自身中去认识,而且,我们要研究的问题与其说是神话的内容,还比如说是神话被人们感受和相信的程度。”[日]大林太良:《神话学入门》,林相泰等译,中国民间文艺出版社 1989 年版,第 9 页。“[谢林指出,]此处所考虑的现象并非神话的内容本身,而是它对于人类意识所具有的意义以及它对意识的影响力。问题并不是神话的资料内容,而是体验它的深度、信仰它的程度。”[德]卡西尔:《神话思维》,黄龙保、周振选译,柯礼文校,中国社会科学出版社 1992 年版,第 6 页。谢林的观点也许起源于主张先验观念论的康德,例如:“宗教……的本质性的东西毕竟在于意向。”[德]康德:《判断力批判》,李秋零译,载《康德著作全集》第 5 卷,中国人民大学出版社 2007 年版,S. 481,第 504 页。

话的叙事内容而是神话的信仰形式。我在为杨利慧等著《现代口承神话的民族志研究——以四个汉族社区为个案》一书写的“序言”[①] 中指出“神话信仰—叙事是人的本原的存在”，就是我的神话形式优先论的初步表达。根据“神话形式优先论”，一则叙事，即便其讲述的内容不是起源故事，但只要实践了对道德性、超越性、神圣性对象的信仰关系（信仰形式+信仰对象），我们就可以基于其先验的信仰形式和同样是先验地被给予的信仰对象，判断这则叙事“是神话”。但这又有两种情况：其一，如果一则叙事的信仰形式，被认为是基于人的主观心理的功能条件，那么一则叙事是否具有信仰的功能，就仍然要通过经验来证明（经验论的神话形式优先论）。其二，如果一则叙事的信仰形式，被认为是基于人的主观间客观性的本原存在条件，那么一则叙事是否具有信仰的性质，就可以首先通过对叙事的本原性存在条件的现象学直观和先验演绎加以还原、阐明（先验论的神话形式优先论）。

神话内容优先论者对“神话”概念的经验论定义（对神话本质的经验性理解），经常会遇到的一个困难是：一则叙事的内容，在此文化中被视为神话，而在彼文化中则不被视为神话（博厄斯、列维-斯特劳斯）；或者，一则叙事的内容，在古代文化中被视为神话，而在现代文化中不再被视为神话。这样一来，根据内容判断一则叙事“被视为”和“不被视为”“是神话”的标准就会经常失效，于是神话家们转而诉诸叙事的信仰和非信仰之间的形式标准，以判断一则叙事是否“是神话”。正是基于信仰和非信仰形式在判断神话与非神话时所发挥的关键作用，格林兄弟和马林诺夫斯基以后，多数神话学者才更倾向于主张基于叙事内容和信仰形式的双重神话判断标准。[②] 这一双重判断标准（马林诺夫斯基曾声称这是人类学对“神话”概念的“最后见解”，现在看来还不完善），是从古希腊（将信仰的 muthos 与非信仰的哲学、历史叙事相分离）开始，经格林兄弟（将信仰的神话与半信仰的传说、非信仰的故事等叙事体裁相分离）的努力而逐步形成的神话学经典做法和学术传统，即“神话是什么”或者“什么是神话”这一终极难题的解决

---

① 见杨利慧等《现代口承神话的民族志研究——以四个汉族社区为个案》，陕西师范大学出版社 2011 年版，第 1—21 页。

② 吕微：《“神话”概念的内容规定性和形式规定性》，《长江大学学报》（社会科学版）2015 年第 11 期。

方式，并不仅仅取决于神话自身的故事题材内容，而是同时也取决于神话与其他叙事体裁之间信仰和非信仰的形式论关系。

当然，这并不是否定神话内容优先论或神话经验论的神话研究的正当性，神话学者当然可以研究一则古典神话的叙事内容在现代或后现代的“神话主义”挪用中，因语境条件的改变而发生的功能形式的变化，例如有相当多的讲述起源故事的古典神话在今天已丧失了信仰心理的功能形式，尽管人们仍然习惯地称之为“神话”，但严格说来，这已经不再是神话学研究，而是可以归入故事学的研究范围。这就是说，故事学之所以是故事学，正因为故事研究区分了叙事体裁的信仰和非信仰形式，即，唯当我们排除了叙事的体裁信仰形式，非信仰形式的叙事体裁即故事才能够向我们呈现出来。而神话研究之所以不同于故事研究，正在于神话研究将体裁信仰形式的神话从信仰—非信仰体裁形式的叙事连续体中提取出来作为对象，于是才形成了神话学的经典做法和学术传统。因此，作为神话学者，理应站在神话学先驱者的巨人肩膀上继续推进这一学术传统的独到之处，而不是轻易地从这一学术传统已取得的成就上后退；尽管我个人并不认为，神话学的经典做法就没有可商榷的余地了；相反，我坚持认为神话学独到的经典做法还有极大的可扩展空间，即神话学因特别关注神话的体裁信仰形式进而纯粹信仰形式，而指向了人的本原的存在方式的实践认识的可能性。

所谓“人的本原的存在方式”是说，人之作为人、人之成为人（区别于动物的）最根本的存在条件，就是：人对道德性存在的信仰方式。没有道德性的存在，人无以作为人、人无以成为人；而道德性的存在，对于人来说，无疑是一种超越（动物）性的存在。进而这种超越性的存在，对于（遗传了动物性的）人来说，也就是一种神圣性的存在。人的这种道德性、超越性、神圣性存在，对于人自身来说，既是最本原的存在，也是最本真的存在。只有在对人自身最本原、最本真的道德性、超越性、神圣性存在的信仰条件下，人才能因信仰而作为人、成为人。而神话所讲述的正是人如何能够作为人、成为人的信仰形式——并非信仰心理形式（心理学的信仰形式会随着语境条件的变化而变化，从而经验论的神话形式优先论也就面临着与内容优先论的经验论神话学同样的跨文化难题），而是信仰存在形式（信仰作为存在形式本身不会随着语境条件的变化而变化）——的故事（“神话”形式的单纯定义）。

人可以非宗教地存在，但不可能非信仰（非神话）地存在，在非信仰（非神话）的存在条件下，[1] 人不可能作为、成为有道德的人；而能够作为、成为有信仰的人、有道德的人，是人的先验的自由（权利和能力）。

在经验性视野中，即从我们一般称之为“神话”叙事的题材内容中，我们经常读不出人之为人的道德性、超越性、神圣性；相反，我们从一般所谓“神话”叙事的题材内容中读到的，多半是超自然神灵的非道德故事（例如古希腊神话中任意甚至恶意的神祇）；但是，如若我们沿着传统的、经典的神话学（关注信仰形式）的独到思路继续走下去（突破经典神话学传统），我们就会发现，一旦使用现象学直观和先验论演绎的还原的方法，悬置任何叙事（注意：是“任何叙事”）的内容，那么，就只剩下叙事的纯粹交往、交流形式即信仰存在形式了（不是叙事的体裁信仰形式，而是叙事的纯粹交往、交流形式，也就是叙事的信仰存在形式，因为若没有对他者的信仰，人与人之间的交往、交流就是不可能的），而这也就是人对自身道德性、超越性、神圣性存在的最本原、最本真的信仰存在方式。而一旦叙事的主体（人）自由地从自身的信仰存在形式中引导出道德性、超越性、神圣性的真实性（不仅仅是超验观念性甚至是超验实在性的）信仰对象，并自由地将这信仰对象“补充”给信仰存在形式，作为信仰体裁形式并与其他体裁形式相互区分开来的神话叙事就产生了。

因此，所谓“神话”，讲述的就是人对人自身最本原、最本真的道德性、超越性、神圣性存在的信仰形式和信仰对象的信仰故事（形式优先的“神话”形式—内容双重定义）。也就是说，神话所讲述的其实是人（现象）与人自身（本体）的存在论关系的信仰故事（神与圣、贤都只不过是人自身应然的超越性、神圣性即道德性存在的象征，故称“道德神话”）。而这就是神话的本质。神话的本质，并不必然（而是仅仅或然）地存在于神话叙事体裁的题材内容当中，但却必然地存在于任何叙事体裁的信仰存在形式当中（任何叙事体裁都包含信仰存在形式即

① “神圣叙事乃是人类社会赖以存在的基础之一”，“所谓神圣叙事，是指一种社会文化赖以存在的基本叙事形式”。陈连山：《论神圣叙事的概念》，《华中学术》第九辑，华中师范大学出版社 2014 年版，第 373—380 页。

纯粹交往、交流形式），而无论叙事的题材内容如何。叙事的信仰存在形式就是人最本原、最本真也最真实的存在方式或存在条件（动物不会信仰），因而叙事的信仰存在形式本身就已经是人的道德性、超越性、神圣性在客观上的可能存在了，但是，唯当叙事的主体（人）自由地从信仰存在形式中引导出信仰对象，并自由地把这信仰对象作为叙事内容补充给叙事的信仰存在形式，作为信仰形式的叙事体裁的神话才最终从主观上现实地与其他非信仰形式的叙事体裁（传说、故事）区别开来。

叙事的信仰存在形式（道德形式）与其道德性、超越性、神圣性、真实性信仰对象（道德对象）之间的纯粹（超验—先验）综合即人的信仰性（道德性）既构成了神话的本质，也构成了神话的判断标准。这是一个现象学、先验论形式优先论的判断标准，而不是经验论的内容优先论甚至经验论形式优先论的判断标准。据此标准，我们才得以判断不同时代、不同地域、不同民族、不同文化所讲述的不同内容的神话，哪些是本原、本真的神话（道德神话），哪些是非本原、非本真的神话（自然神话）。凡是叙事内容符合道德性、超越性、神圣性信仰形式及信仰对象的神话就是本原、本真的神话（内容和形式相互统一的神话），凡是叙事内容不符合道德性、超越性、神圣性信仰形式及信仰对象的神话就是非本原、非本真的神话（内容和形式自相矛盾的神话）——仅仅用起源故事作判断标准，无以给出这种先验的“事实”判断和价值判断——据此，人类在历史上创造出来的本原神话、本真神话（道德神话），大概只有《尚书·尧典》和《圣经·创世记》讲述的尧舜禹和上帝的少数故事庶几可许。进而，中国现代神话学学术史上关于“中国神话历史化”假说所假设的，实际上是中国古代汉语神话从非本原、非本真的自然神话向本原的、本真的道德神话的转换，而不是什么神话消亡的历史罪证，其在中国神话史乃至世界神话史上都意义重大。

在经验性认识中，非本原、非本真的自然神话可能在时间上先于本原、本真的道德神话，但时间上的“先”并不就是神话本质的证明条件，而仅仅是本原、本真的道德神话的“史前”（“预科”）形态。本原、本真的道德神话尽管在时间上可能晚于自然神话，但逻辑上却必然是自然神话的前提条件（因此，神话才是任何时代、地域、民族、文化的“第一叙事”)，因为，只有（自我统一的）道德神话才先验综合地实践了人与人自身存在的信仰关系，而信仰关系正是人也能够据以讲述（自我统一的）道德神话甚至（自我矛盾的）自然神话的存在论基础。进而神话所讲述的人与人自身存在的信仰关系，也就是神话学者能够通过神话学参与到人最本原、最本真的道德性、超越性、神圣性、真实性存在方式、存在条件的重新理解、重新建构的当下、现实实践途径。经验论的神话学和先验论现象学的神话学都能够通过神话学（前者已接近故事学）介入人们当下、现实的日常生活，但介入的方法（神话作为方法）有所不同：杨利慧更多地从内容优先论的角度，在当下、现实的日常生活中考察古典神话的叙事内容和功能形式的变化；而我则尝试从形式优先论的角度，在日常叙事的信仰体裁中发现本原、本真的现代神话。借此，神话学者或许能够与广大民众一起，重温人自身的道德性、超越性、神圣性的真实性存在，而这正是实践神话学的根本目的。

参考文献

中文古籍:

（清）阮元:《十三经注疏》，中华书局 1980 年版。

（清）孙星衍:《尚书今古文疏证》，中华书局 1986 年版。

江灏等:《今古文尚书全译》，贵州人民出版社 1990 年版。

袁珂:《山海经校注》，上海古籍出版社 1980 年版；巴蜀书社 1993 年版。

《国语》，上海古籍出版社 1978 年版。

杨伯峻:《论语译注》，中华书局 1980 年第 2 版。

杨伯峻:《孟子译注》，中华书局 1960 年版。

（宋）朱熹:《四书章句集注》，中华书局 1983 年版。

（清）王先谦:《荀子集解》，中华书局 1988 年版。

陈奇猷:《韩非子集释》，上海人民出版社 1974 年新 1 版。

陈奇猷:《吕氏春秋校释》，学林出版社 1984 年版。

（清）王聘珍:《大戴礼记解诂》，中华书局 1983 年版。

《世本八种》，（汉）宋衷注，（清）秦嘉谟等辑，中华书局 2008 年版。

（汉）司马迁:《史记》，中华书局 1982 年第 2 版。

（汉）班固:《汉书》，中华书局 1962 年版。

陈国庆编:《汉书艺文志注释汇编》，中华书局 1983 年版。

（宋）李昉:《太平御览》，中华书局 1960 年版。

汉译古籍:

《圣经》，中国基督教协会译，2002 年版。

［古希腊］赫西俄德:《工作与时日 · 神谱》，张竹明、蒋平译，商务印书馆 1991 年版。

[古希腊] 柏拉图:《理想国》, 郭斌和等译, 商务印书馆 1986 年版。
[古希腊]《柏拉图全集》第 2 卷, 王晓朝译, 人民出版社 2003 年版。
[古希腊] 亚里士多德:《诗学》, 陈中梅译, 商务印书馆 1996 年版。
[古希腊] 亚里士多德:《范畴篇》, 方春书译, 商务印书馆 1959 年新 1 版。
[古希腊] 希罗多德:《历史》, 王以铸译, 商务印书馆 1959 年版。

中文专著、译著(按作者名/译名音序排列):

[美] 阿伦特:《康德政治哲学讲稿》, 贝纳尔编, 曹明等译, 上海人民出版社 2013 年版。
[美] 阿利森:《康德的自由理论》, 陈虎平译, 辽宁教育出版社 2001 年版。
[美] 丹·本-阿默思:《民俗学概念与方法——丹·本-阿默思文集》, 张举文编译, 中国社会科学出版社 2018 年版。
安德明:《天人之际的非常对话——甘肃天水地区的农事禳灾研究》, 中国社会科学出版社 2003 年版。
[英] 奥斯汀:《如何以言行事——1955 年哈佛大学威廉·詹姆斯讲座》, 杨玉成、赵京超译, 商务印书馆 2013 年版。
鲍昌等:《鲁迅年谱 1881—1936》, 天津人民出版社 1979 年版。
[美] 鲍曼:《作为表演的口头艺术》, 杨利慧、安德明译, 广西师范大学出版社 2008 年版。
[英] 博尔尼:《民俗学手册》, 程德祺等译, 上海文艺出版社 1995 年版。
常金仓:《二十世纪古史研究反思录》, 中国社会科学出版社 2005 年版。
陈寅恪:《金明馆丛稿二编》, 上海古籍出版社 1980 年版。
陈嘉映:《语言哲学》, 北京大学出版社 2003 年版。
陈中梅:《言诗》, 北京大学出版社 2008 年版。
陈连山:《结构神话学——列维-斯特劳斯与神话学问题》, 外文出版社 1999 年版。
陈泳超:《背过身去的大娘娘——地方民间传说生息的动力学研究》,

北京大学出版社 2015 年版。
程憬：《中国古代神话研究》，顾颉刚整理，陈泳超编订，北京大学出版社 2011 年版。
［意］达瓦马尼：《宗教现象学》，高秉江译，人民出版社 2006 年版。
［日］大林太良：《神话学入门》，林相泰等译，中国民间文艺出版社 1989 年版。
邓晓芒：《康德哲学诸问题》，生活·读书·新知三联书店 2006 年版。
邓晓芒：《康德哲学讲演录》，广西师范大学出版社 2006 年版。
邓晓芒：《康德〈判断力批判〉释义》，生活·读书·新知三联书店 2008 年版。
邓晓芒：《康德〈纯粹理性批判〉句读》，人民出版社 2010 年版。
邓晓芒：《康德〈道德形而上学奠基〉句读》，人民出版社 2012 年版。
邓启耀：《中国神话的思维结构》，重庆出版社 1992 年版。
邓启耀：《巫蛊考察——中国巫蛊的文化心态》，（台北）中华发展基金管理委员会/汉忠文化事业股份有限公司 1998 年版。
［美］邓迪斯：《民俗解析》，户晓辉译，广西师范大学出版社 2005 年版。
［美］邓迪斯编：《西方神话学读本》，朝戈金等译，广西师范大学出版社 2006 年版。
［美］邓迪斯编：《洪水故事》，陈建宪等译，陕西师范大学出版社 2013 年版。
［法］笛卡尔：《第一哲学沉思集》，庞景仁译，商务印书馆 1986 年版。
杜维明：《儒家思想新论——创造性转换的自我》，江苏人民出版社 1996 年版。
方纪生编著：《民俗学概论》，北京师范大学史学研究所资料室 1980 年。
费孝通：《乡土中国》，生活·读书·新知三联书店 1985 年版。
费孝通：《全球化与文化自觉——费孝通晚年文选》，方李莉编，外语教学与研究出版社 2013 年版。
［英］芬利主编：《希腊的遗产》，张强等译，上海人民出版社 2004 年版。

［英］弗雷泽：《〈旧约〉中的民俗》，童炜钢译，复旦大学出版社 2010 年版。
［英］弗雷泽：《〈旧约〉中的民间传说——宗教、神话和律法的比较研究》，叶舒宪、户晓辉译，陕西师范大学出版社 2012 年版。
［奥］佛洛伊德：《图腾与禁忌》，杨庸一译，中国民间文艺出版社 1986 年翻印志文出版社版。
［奥］弗洛伊德：《文明及其缺憾》，傅雅芳、郝冬瑾译，苏晓离校，安徽文艺出版社 1987 年版。
［美］弗兰克尔：《活出生命的意义》，吕娜译，华夏出版社 2010 年版。
高丙中：《民俗文化与民俗生活》，中国社会科学出版社 1994 年版。
高丙中：《民间文化与公民社会——中国现代历程的文化研究》，北京大学出版社 2008 年版。
高丙中：《日常生活的文化与政治——见证公民性的成长》，社会科学文献出版社 2012 年版。
［美］格尔茨：《地方知识：阐释人类学论文集》，商务印书馆 2014 年版。
顾颉刚编著：《古史辨》第一册，上海古籍出版社 1982 年版。
顾颉刚：《中国上古史研究讲义》，中华书局 1988 年版。
［英］赫丽生：《古希腊宗教的社会起源》，谢世坚译，广西师范大学出版社 2004 年版。
［德］黑格尔：《自然哲学》，梁志学、薛华、钱广华、沈真译，商务印书馆 1980 年版。
［英］亨特：《宗教与日常生活》，王修晓、林宏译，中央编译出版社 2010 年版。
胡适：《白话文学史》，上海古籍出版社 2019 年版。
胡厚宣：《甲骨文商史论丛初集》，河北教育出版社 2002 年版。
［德］胡塞尔：《哲学作为严格的科学》，倪梁康译，商务印书馆 1999 年版。
［德］胡塞尔：《欧洲科学的危机与超越论的现象学》，王炳文译，商务印书馆 2001 年版。
户晓辉：《现代性与民间文学》，社会科学文献出版社 2004 年版。

户晓辉:《返回爱与自由的生活世界——纯粹民间文学关键词的哲学阐释》,江苏人民出版社 2010 年版。
户晓辉:《民间文学的自由叙事》,社会科学文献出版社 2014 年版。
黄石:《神话研究》,上海文艺出版社 1988 年影印(上海)开明书店 1927 年版。
黄裕生:《站在未来的立场上》,生活·读书·新知三联书店 2014 年版。
黄裕生:《摆渡在有—无之间的哲学——第一哲学问题研究》,清华大学出版社 2019 年版。
姜广辉:《中国经学思想史》,中国社会科学出版社 2003 年版。
金泽:《宗教人类学学说史纲要》,中国社会科学出版社 2009 年版。
[德] 卡西尔:《人论》,甘阳译,上海译文出版社 1985 年版。
[德] 卡西尔:《语言与神话》,于晓等译,生活·读书·新知三联书店 1988 年版。
[德] 卡西尔:《国家的神话》,张国忠译,熊伟校,浙江人民出版社 1988 年版。
[德] 卡西尔:《神话思维》,黄龙保、周振选译,柯礼文校,中国社会科学出版社 1992 年版。
[美] 卡勒:《索绪尔》,张景智译,中国社会科学出版社 1989 年版。
[美] 卡勒:《索绪尔》,宋珉译,昆仑出版社 1999 年版。
[德] 康德:《纯粹理性批判》,邓晓芒译,人民出版社 2004 年版。
[德] 康德:《道德形而上学奠基》,杨云飞译,邓晓芒校,人民出版社 2013 年版。
[德] 康德:《实践理性批判》,韩水法译,商务印书馆 1999 年版。
[德] 康德:《实践理性批判》,关文运译,广西师范大学出版社 2002 年版。
[德] 康德:《实践理性批判》,邓晓芒译,人民出版社 2003 年版。
[德] 康德:《判断力批判》,邓晓芒译,人民出版社 2002 年版。
[德] 康德:《判断力批判》,李秋零译,载《康德著作全集》第 5 卷,中国人民大学出版社 2007 年版。
[德] 康德:《道德形而上学》,张荣、李秋零译,载《康德著作全集》

第6卷，中国人民大学出版社2007年版。
［德］康德：《纯然理性界限内的宗教》，李秋零译，载《康德著作全集》第6卷，中国人民大学出版社2007年版。
［德］康德：《单纯理性限度内的宗教》，李秋零译，商务印书馆2012年版。
［德］康德：《历史理性批判文集》，何兆武译，商务印书馆1990年版。
［德］康德：《逻辑学讲义》，许景行译，杨一之校，商务印书馆2010年版。
［美］克雷默等：《世界古代神话》，魏庆征译，华夏出版社1989年版。
［法］勒维纳斯：《上帝·死亡和时间》，余中先译，生活·读书·新知三联书店1997年版。
冷德熙：《超越神话——纬书政治神话研究》，东方出版社1996年版。
李玄伯：《中国古代社会新研》，上海文艺出版社1988年影印（上海）开明书店1949年版。
李扬主编：《故事形态学研究的新进展》，中国社会科学出版社2019年版。
李川：《"神话历史化"假说之再省察——以〈天问〉"多奇怪之事"为个案》，博士论文，中国社会科学院2009年。
［美］里拉：《维柯：反现代的创生》，张小勇译，新星出版社2008年版。
［法］列维－布留尔：《原始思维》，丁由译，商务印书馆1981年版。
［法］列维－斯特劳斯：《野性的思维》，李幼蒸译，商务印书馆1987年版。
［法］列维－斯特劳斯：《结构人类学》，谢维扬、俞宣孟译，上海译文出版社1995年版。
［法］列维－斯特劳斯：《结构人类学》（第2卷），俞宣孟、谢维扬、白信才译，上海译文出版社1999年版。
林惠祥：《神话论》，（上海）商务印书馆1933年初版。
林惠祥：《林惠祥人类学论著》，福建人民出版社1981年版。
林达：《如彗星划过夜空——近距离看美国之四》，生活·读书·新知三联书店2006年版。

刘魁立：《刘魁立民俗学论集》，上海文艺出版社 1998 年版。
刘锡诚：《20 世纪中国民间文艺学学术史》，河南大学出版社 2006 年版。
刘晓春：《仪式与象征的秩序》，商务印书馆 2003 年版。
刘小枫：《这一代人的怕与爱》，生活·读书·新知三联书店 1996 年版。
刘小枫：《凯若斯——古希腊语文教程》，华东师范大学出版社 2004 年版。
刘禾：《跨语际实践——文学、民族文化与被译介的现代性（中国：1900—1937）》，宋伟杰等译，生活·读书·新知三联书店 2002 年版。
刘静：《正当与德性——康德理论的反思与重构》，中国社会科学出版社 2015 年版。
［法］卢梭：《社会契约论》，何兆武译，商务印书馆 1980 年第 2 版。
鲁迅：《中国小说的历史的变迁》，载《鲁迅全集》第 8 卷，人民文学出版社 1957 年版。
鲁迅：《中国小说史略》，载《鲁迅全集》第 8 卷，人民文学出版社 1957 年版。
鲁迅博物馆鲁迅研究室编：《鲁迅年谱》（增订本），人民文学出版社 1981 年版。
［英］罗素：《西方哲学史》，何兆武译，商务印书馆 1976 年版。
［英］罗斯特：《黄金法则》，赵稀方译，华夏出版社 2000 年版。
［美］洛德：《故事的歌手》，尹虎彬译，中华书局 2004 年版。
吕思勉、童书业编著：《古史辨》第七册，上海古籍出版社 1982 年版。
吕微：《神话何为——神圣叙事的传承与阐释》，社会科学文献出版社 2001 年版。
吕微：《民俗学：一门伟大的学科——从学术反思到实践科学的历史与逻辑研究》，中国社会科学出版社 2015 年版。
［法］马伯乐：《书经中的神话》，冯沅君译，（长沙）国立北平研究院史学研究会 1939 年初版。
［英］马林诺夫斯基：《巫术　科学　宗教与神话》，李安宅译，中国民

间文艺出版社1986年版。
[英]马林诺夫斯基：《文化论》，费孝通译，中国民间文艺出版社1987年版。
马昌仪编：《中国神话学文论选萃》，中国广播电视出版社1994年版。
[美]迈克尔：《同情的启蒙——18世纪与当代的正义和道德情感》，胡靖译，译林出版社2016年版。
茅盾：《神话杂论》，（上海）世界书局1929年初版，载茅盾《神话研究》，百花文艺出版社1981年版。
茅盾：《中国神话研究ABC》，上海书店1990年影印（上海）世界书局1929年版；更名《中国神话研究初探》，载茅盾《神话研究》，百花文艺出版社1981年版。
[美]罗洛·梅：《祈望神话》，王辉等译，中国人民大学出版社2012年版。
[英]缪勒：《比较神话学》，金泽译，上海文艺出版社1989年版。
[英]缪勒：《宗教学导论》，陈观胜等译，上海人民出版社1989年版。
[美]莫尔根：《理解功利主义》，谭志福译，山东人民出版社2012年版。
[匈]纳吉：《荷马诸问题》，巴莫曲布嫫译，广西师范大学出版社2008年版。
倪梁康：《现象学及其相应——胡塞尔与当代德国哲学》，生活·读书·新知三联书店1994年版。
倪梁康：《胡塞尔现象学概念通释》，生活·读书·新知三联书店2007年第2版。
[德]尼采：《古修辞学描述》，屠友祥译著，上海人民出版社2001年版。
[美]欧达伟：《中国民众思想史论——20世纪初期~1949年华北地区的民间文献及其思想观念研究》，董晓萍译，中央民族大学出版社1995年版。
[美]帕通：《论证分析》，载[德]康德《道德形而上学原理》，苗力田译，上海人民出版社2005年版。
[俄]普洛普：《故事形态学》，贾放译，中华书局2006年版。

［俄］普洛普：《神奇故事的历史根源》，贾放译，中华书局 2006 年版。
祁连休、程蔷主编：《中华民间文学史》，河北教育出版社 1999 年版。
祁连休、程蔷、吕微主编：《中国民间文学史》，河北教育出版社 2008 年版。
秦川编：《鲁迅出版系年》，黑龙江人民出版社 1984 年版。
饶宗颐：《梵学集》，上海古籍出版社 1993 年版。
［英］瑞爱德：《现代英国民俗与民俗学》，江绍原编译，上海文艺出版社 1989 年版。
［美］萨林斯：《文化与实践理性》，赵丙祥译，上海人民出版社 2002 年版。
［德］舍勒：《爱的秩序》，林克等译，生活·读书·新知三联书店 1995 年版。
［德］叔本华：《作为意志和表象的世界》，石冲白译，商务印书馆 1982 年版。
［德］叔本华：《伦理学的两个基本问题》，任立、孟庆时译，商务印书馆 1996 年版。
［美］斯特伦斯基：《二十世纪的四种神话理论——卡西尔、伊利亚德、列维－斯特劳斯与马林诺夫斯基》，李创同、张经纬译，生活·读书·新知三联书店 2012 年版。
孙向晨：《面对他者——莱维纳斯哲学思想研究》，上海三联书店 2008 年版。
［瑞士］索绪尔：《普通语言学教程》，高名凯译，岑祺祥等校注，商务印书馆 1980 年版。
［瑞士］索绪尔：《普通语言学教程》，裴文译，江苏教育出版社 2002 年版。
［瑞士］索绪尔：《1910—1911 索绪尔第三度讲授普通语言学教程》，小松·英辅编辑，张绍杰译，湖南教育出版社 2001 年版。
［瑞士］索绪尔：《索绪尔第三次普通语言学教程》，屠友祥译，上海人民出版社 2002 年版。
［英］泰勒：《原始文化——神话、哲学、宗教、语言、艺术和习俗发展之研究》，连树声译，谢继胜、尹虎彬、姜德顺校，上海文艺出版

社 1992 年版。
谭佳:《神话与古史——中国现代学术的建构与认同》,社会科学文献出版社 2016 年版。
谭佳主编:《神话中国——中国神话学的反思与开拓》,生活·读书·新知三联书店 2019 年版。
[美] 汤普森:《世界民间故事分类学》,郑海等译,上海文艺出版社 1991 年版。
[法] 涂尔干:《宗教生活的基本形式》,渠东等译,上海人民出版社 1999 年版。
王杰文:《表演理论:口头艺术的诗学与社会学》,学苑出版社 2016 年版。
[法] 韦尔南:《希腊思想的起源》,秦海鹰译,生活·读书·新知三联书店 1996 年版。
[法] 韦尔南:《古希腊的神话与宗教》,杜小真译,生活·读书·新知三联书店 2001 年版。
[法] 韦尔南:《神话与政治之间》,余中先译,生活·读书·新知三联书店 2005 年版。
[英] 威廉斯:《关键词:文化与社会的词汇》,刘建基译,生活·读书·新知三联书店 2005 年版。
[意] 维柯:《新科学》,朱光潜译,人民文学出版社 1986 年版。
[奥] 维特根斯坦:《论确实性》,张金言译,广西师范大学出版社 2002 年版。
[德] 沃尔夫:《中国人实践哲学讲演》,李娟译,华东师范大学出版社 2016 年版。
吴晓群:《古代希腊仪式文化研究》,上海社会科学院出版社 2000 年版。
[英] 希克:《多名的上帝》,王志成译,中国人民大学出版社 2005 年版。
西村真志叶:《日常叙事的体裁研究》,博士学位论文,北京师范大学,2007 年。
谢六逸:《神话学 ABC》,载《神话三家论》,上海文艺出版社 1989 年影印（上海）世界书局1928年版。
［美］谢克纳：《什么是人类表演学》，文化艺术出版社2010年版。
徐炳昶（旭生）：《中国古史的传说时代》，文物出版社1985年版。
许国璋：《论语言和语言学》，商务印书馆1997年版。
［德］雅斯贝斯：《历史的起源与目标》，魏楚雄、俞新天译，华夏出版社1989年版。
［日］盐谷温：《中国文学概论》，陈彬和译，朴社1926年版。
［日］盐谷温：《中国文学概论讲话》，孙俍工译，（上海）开明书店1929年版。
严平：《青草绿了又黄了：寻找战火中的父辈》，人民文学出版社2019年版。
杨祖陶、邓晓芒：《康德〈纯粹理性批判〉指要》，人民出版社2001年版。
杨庆堃：《中国社会中的宗教——宗教的现代社会功能与其历史因素之研究》，范丽珠译，四川人民出版社2016年版。
杨利慧：《女娲的神话和信仰》，中国社会科学出版社1997年版。
杨利慧等：《现代口承神话的民族志研究——以四个汉族社区为个案》，陕西师范大学出版社2011年版。
叶舒宪：《探索非理性的世界——原型批评的理论与方法》，四川人民出版社1988年版。
叶舒宪：《中国神话哲学》，中国社会科学出版社1992年版。
叶舒宪：《文学与人类学——知识全球化时代的文学研究》，社会科学文献出版社2003年版。
叶舒宪、唐启翠编：《儒家神话》，南方报社出版社2011年版。
［罗］埃利亚德：《神秘主义、巫术与文化风尚》，宋立道、鲁奇译，光明日报出版社1990年版。
［罗］伊利亚德：《神圣与世俗》，王建光译，华夏出版社2003年版。
［美］伊利亚德：《神圣的存在：比较宗教的范型》，晏可佳、姚蓓琴译，广西师范大学出版社2008年版。
［美］尤林：《理解文化——从人类学和社会理论视角》，何国强译，北京大学出版社2005年版。

俞可平:《社群主义》,中国社会科学出版社2005年版。
袁珂:《中国古代神话》,中华书局1960年新1版。
[德]约纳斯:《奥斯威辛之后的上帝观念》,张荣译,华夏出版社2002年版。
[丹麦]扎哈维:《胡塞尔现象学》,李忠伟译,上海译文出版社2007年版。
查国华:《茅盾年谱》,长江文艺出版社1985年版。
张光直:《中国青铜时代》,生活·读书·新知三联书店1983年版。
张志刚:《宗教学是什么》,北京大学出版社2002年版。
赵蓉晖编:《索绪尔研究在中国》,商务印书馆2005年版。
郑振铎:《中国俗文学史》,作家出版社1954年重印(长沙)商务印书馆1938年版。
钟少华:《词语的知惠》,贵州教育出版社2000年版。
鐘宗宪:《中国神话的基础研究》,(台北)洪叶文化事业有限公司2006年版。
《周予同经学史论著选集》,朱维铮编,上海人民出版社1983年版。
周伟驰:《彼此内外——宗教哲学的新齐物论》,宗教文化出版社2008年版。
周黄正蜜:《康德共通感理论研究》,商务印书馆2018年版。

中文论文、译文(按作者名/译名音序排列):

[英]鲍曼:《民俗界定与研究中的“传统”观》,杨利慧、安德明译,《民族艺术》2006年第2期。
[美]鲍曼:《“表演”新解》,杨利慧译,《民间文化论坛》2015年第1期。
[美]本迪克丝:《〈探求本真性:民俗研究的形成〉绪论》,李扬译,载李扬《西方民俗学译论集》,中国海洋大学出版社2003年版。
[日]柄谷行人:《民族主义与书写语言》,陈燕谷译,《学人》第9辑,江苏文艺出版社1996年版。
[美]杰克·波德:《中国的古代神话》,程蔷译,李少雍校,《民间文艺集刊》第二集,上海文艺出版社1982年版。

［美］D. 博德：《中国古代神话》，魏庆征译，载［美］克雷默主编《世界古代神话》，华夏出版社 1989 年版。

常金仓：《中国神话学的基本问题：神话的历史化还是历史的神话化》，《陕西师范大学学报》2000 年第 29 卷第 3 期。

陈村富：《迷狂与智慧，虚构的与真的》，载《希腊原创智慧》，社会科学文献出版社 2005 年版。

陈连山：《走出西方神话的阴影——论中国神话学界使用西方现代神话概念的成就与局限》，《长江大学学报》（社会科学版）2006 年第 29 卷第 6 期。

陈连山：《论神圣叙事的概念》，《华中学术》第九辑，华中师范大学出版社 2014 年版。

陈连山：《走出西方神话的阴影——兼论“神圣叙事”作为概念的可能性》，载谭佳主编《神话中国——中国神话学的反思与开拓》，生活·读书·新知三联书店 2019 年版。

陈连山：《从神话学立场看夏朝为什么是第一王朝》，载《“夏的神话历史”会议资料》，“神话中国”工作坊系列（2019），中国社会科学院文学研究所，2019 年 12 月 10 日。

程秀莉：《由黄帝神话的演变看神话历史化》，《中南民族学院学报》2001 年第 3 期。

樊婧：《在实录和虚构中找寻永恒的人文精神——先秦两汉史传中“神话历史化”之考察》，硕士学位论文，陕西师范大学 2007 年。

宫睿：《论舍勒对康德道德哲学“形式主义”的批评》，《中国现象学与哲学评论》第十五辑“现象学与实践哲学”，上海译文出版社 2014 年版。

顾颉刚：《我是怎样编写〈古史辨〉的?》，载顾颉刚编著《古史辨》第 1 册，上海古籍出版社 1982 年版。

关山：《神话历史化与悲剧大团圆模式》，《广西梧州师范高等专科学校学报》1999 年第 1 期。

关山：《神话历史化与中国文学品格——兼论神话教学的缺憾》，载《第一届全国高校中国古代文学科研与教学研讨会论文集》，上海三联书店 2000 年版。

关山：《神话历史化与中国文学功利主义品格的形成》，《广西梧州师范高等专科学校学报》2001年第3期。

何光沪：《宗教、道德与爱的维度》，载罗秉祥、万俊人编《宗教与道德之关系》，清华大学出版社2003年版。

户晓辉：《童话的生产：对格林兄弟的一个知识社会学研究》，载吕微、安德明编《民间叙事的多样性》，学苑出版社2006年版。

户晓辉：《内容与形式：再读汤普森和普罗普——"一个馒头引发的血案"：对吕微自我批评的阅读笔记》，《民间文化论坛》2007年第1期。

户晓辉：《神话与形式》，《中国社会科学院文学研究所学刊》（2008年），中国社会科学出版社2008年版。

户晓辉：《民间文学：转向文本实践的研究》，《中国社会科学》2014年第8期。

户晓辉：《神话与形式——重建神话学的阐释维度和伦理学价值》，载谭佳主编《神话中国——中国神话学的反思与开拓》，生活·读书·新知三联书店2019年版。

黄裕生：《论爱与自由——兼论基督教的普遍之爱》，《浙江学刊》2007年第4期。

黄裕生：《有第三条道路吗？——对自由主义和整体主义国家学说的质疑与修正》，《江苏行政学院学报》2014年第1期。

黄裕生：《一种"情感伦理学"是否可能？——论马克斯·舍勒的"情感伦理学"》，《云南大学学报》（社会科学版）2015年第14卷第5期。

黄忠顺：《历史神话化叙事的时间构成——〈九月寓言〉个案观察》，《海南师范学院学报》（社会科学版）2004年第4期。

黄冬群：《神话化的普罗米修斯和历史化的鲧——论普罗米修斯和鲧形象的演变》，《凯里学院学报》2014年第5期。

黄剑波：《人类学与中国宗教研究》，《思想战线》2017年第3期。

金荣权：《先秦时代的宗族观念是神话历史化的重要契机》，《中州学刊》2007年第2期。

金荣权：《中国神话历史化进程中神话人物被淘汰的原因分析》，《沙洋师范高等专科学校学报》2008 年第 1 期。
荆云波：《历史的神话化：谈祖先崇拜的原型意义》，《宁夏大学学报》2008 年第 3 期。
［德］康德：《论神义论中一切哲学尝试的失败》，载《康德著作全集》第 8 卷，李秋零译，中国人民大学出版社 2010 年版。
李少雍：《经学家对“怪”的态度——〈诗经〉神话脞议》，《文学评论》1993 年第 3 期。
李明辉：《康德的“道德情感”理论与席勒对康德伦理学的批判》，《揭谛》2004 年第 7 期。
李川：《“神话历史化”假说形成、不足及解决方案》，《民间文化论坛》2011 年第 2 期。
李进宁、左攀峰：《比干形象的历史神话化考略》，《新乡学院学报》2019 年第 1 期。
林玮生：《中国神话历史化的背景动因分析》，《青海师范大学学报》2008 年第 4 期。
林纬生：《神话历史化的“五化”概念析读——兼对茅盾 Euhemeize 译语涵义的质疑》，《西北第二民族学院学报》2008 年第 4 期。
刘魁立：《欧洲民间文学研究中的第一个学派——神话学派》，《民间文艺集刊》第三集，上海文艺出版社 1982 年版。
刘晓春：《从“民俗”到“语境中的民俗”——中国民俗学研究的范式转换》，《民俗研究》2009 年第 2 期。
刘晓春：《现代性的民间表述——当下民间造神运动的一种阐释》，《思想》第 7 辑，中国社会科学出版社 2001 年版。
刘平、孙旭红：《论先秦史官与神话历史化》，《乐山师范学院学报》2009 年第 6 期。
柳存仁：《神话与中国神话接受外来因素的限度和理由》，载《中国神话与传说学术研讨会论文集》（上），（台北）汉学研究中心 1996 年版。
鲁迅：《不是信》，载《鲁迅全集》第 3 卷，人民文学出版社 1956 年版。
吕微：《民间文学：现代中国民众的“道德－政治”反抗——〈中国民

众思想史论〉对〈定县秧歌选〉的研究之研究》,《民俗研究》2001年第2期。
吕微:《现代神话学与经今、古文说——〈尚书·吕刑〉阐释的案例研究》(节录本),载陈泳超主编《中国民间文化的学术史观照》,黑龙江人民出版社2004年版。
吕微:《顾颉刚:作为现象学者的神话学家》,《民间文化论坛》2005年第4期。
吕微:《从翻译看学术研究中的主体间关系——以索绪尔语言学思想为理论支点》,《民间文化论坛》2006年第4期。
吕微:《神话:出于爱而真的"第一叙事"——纳吉著、巴莫曲布嫫译〈荷马诸问题〉第四章之解读》,《中国社会科学院文学研究所学刊》(2008),中国社会科学出版社2008年版。
吕微:《"神话"概念的内容规定性和形式规定性》,《长江大学学报》(社科版)2015年第11期。
吕微:《神话信仰—叙事是人的本原的存在》,《青海社会科学》2011年第1期。
吕微:《神话信仰—叙事是人的本原的存在(代序)》,载杨利慧等《现代口承神话的民族志研究——以四个汉族社区为个案》,陕西师范大学出版社2011年版。
吕微:《实践公设的模态(价值)判断形式——"非遗"保护公约的文体病理学研究》,《文化遗产》2017年第1期。
吕微:《神话作为方法——再谈"神话是人的本原的存在"》,《民间文化论坛》2017年第5期。
吕微:《与陌生人打交道的心意与学问——在乡愁与大都市梦想之"前"的实践民俗学》,《民俗研究》2016年第4期。
吕微:《两种自由意志的实践民俗学——实践民俗学的知识谱系与概念间逻辑》(节录),《民俗研究》2018年第6期。
吕微:《"日常生活—民间信仰"自觉的相互启蒙者——对"罗兴振—陈泳超公案"的康德式道德图型论思考》,《民族文学研究》2019年第1期。
吕微:《回答陈连山的问题:单向启蒙还是相互启蒙?——纪念中国民

间文学学科 100 周年》，载北京大学中文系民间文学教研室编《从启蒙民众到对话民众——纪念中国民间文学学科 180 周年国际学术研讨会论文集》，北京大学，2018 年 10 月。

［德］马克思：《关于费尔巴哈的提纲》，载《马克思恩格斯选集》第 1 卷，人民出版社 1972 年版。

［德］马克思：《〈政治经济学批判〉导言》，载《马克思恩格斯选集》第 2 卷，人民出版社 1972 年版。

［英］马林诺夫斯基：《神话在生活中的作用》，宋颖译，载［美］邓迪斯编《西方神话学读本》，朝戈金等译，广西师范大学出版社 2006 年版。

茅盾：《商务印书馆编译所》，载《茅盾全集》第 34 卷，人民文学出版社 1997 年版。

彭牧：《Religion 与宗教：分析范畴与本土概念》，《中国民俗学》第一辑，广西师范大学出版社 2012 年版。

［美］齐普斯：《迈向文献童话的定义》，张举文译，《民间文化论坛》2019 年第 5 期。

王孝廉编译：《神话的定义问题》，《民俗曲艺》1983 年第 27 期。

金立江：《中国神话“历史化”的再思考》，《百色学院学报》2009 年第 1 期。

谭佳：《夏之虚实：以艾兰和陈梦家的夏商神话研究为考察中心》，未刊。

谭佳：《重勘中国神话学的起点与特点：以章太炎〈訄书〉为中心》，载谭佳主编《神话中国——中国神话学的反思与开拓》，生活·读书·新知三联书店 2019 年版。

谭德兴：《从后羿形象之演变看中国历史神话化》，《贵州教育学院学报》2009 年第 7 期。

唐迪：《从〈左传〉中的天命观看神话历史化》，《长治学院学报》2018 年第 3 期。

王国维：《殷周制度论》，载周予同主编《中国历史文选》（下），中华书局 1962 年版。

王杰文：《本土语文学与民间文学》，《民族艺术》2019 年第 6 期。

王杰文:《“表演研究”的思想起源》，载萧放、朱霞主编《民俗学前沿研究》，商务印书馆2018年版。

王青:《中国神话形成的主要途径——历史神话化》，《东南文化》1996年第4期。

吴燕真:《中国神话“历史化”之商榷——以“女娲”诠释史为例》，《民族民间文学论坛》第4辑，上海社会科学院出版社2012年版。

西村真志叶:《作为日常概念的体裁——体裁概念的共同理解及其运作》，《民俗研究》2006年第2期。

西村真志叶、岳永逸:《民俗学主义的兴起、普及以及影响》，《民间文化论坛》2004年第6期。

胥志强:《语境方法的解释学向度》，《民俗研究》2015年第5期。

胥志强:《作为元叙事的神话》，《文艺理论研究》2020年第2期。

许广平:《鲁迅回忆录·鲁迅的讲演与讲课》，载鲁迅博物馆鲁迅研究室编《鲁迅年谱》(增订本)，人民文学出版社1981年版。

许并生:《神话历史化的原因及其对小说的影响》，《明清小说研究》2001年第2期。

许国璋:《关于索绪尔的两本书》，《国外语言学》1983年第1期。

闫德亮:《神话历史化与历史神话化及其原因》，《南都学坛》2008年第6期。

杨宽:《〈古史辨〉第七册“杨序”》，载吕思勉、童书业编著《古史辨》第七册，上海古籍出版社1982年版。

杨伯峻:《试论孔子》，载杨伯峻《论语译注》，中华书局1980年第2版。

杨利慧:《神话一定是“神圣的叙事”吗?——对神话界定的反思》，《民族文学研究》2006年第3期。

杨利慧:《表演理论(Performance Theory)》，《民间文化论坛》2015年第1期。

杨利慧:《神话主义研究的追求及意义》，《民间文化论坛》2017年第5期。

叶舒宪:《海外中国神话学与现代中国学术：回顾与展望》，载陈平原主编《现代学术史上的俗文学》，湖北教育出版社2004年版。

叶舒宪：《儒家神话的再发现》，载叶舒宪等编《儒家神话》，南方报社出版社 2011 年版。
叶舒宪：《“神话中国” vs “轴心时代”：“哲学突破”说及“科学中国”说批判》，载谭佳主编《神话中国——中国神话学的反思与开拓》，生活·读书·新知三联书店 2019 年版。
叶庆兵：《论〈国语〉与历史神话化》，《忻州师范学院学报》2016 年第 6 期。
叶庆兵、郝瑞娟：《〈史记·三代世表〉与神话历史化和历史神话化》，《渭南师范学院学报》2016 年第 17 期。
叶庆兵：《〈史记·五帝本纪〉系列人物神化史化考论》，硕士学位论文，山东大学，2017 年。
袁珂：《孔子与神话及民间传说塑造的孔子形象》，《文学遗产》1995 年第 1 期。
原昊：《历史神话化的文本典范——〈世本·作篇〉所载发明创造类神话蠡测》，《古籍整理研究学刊》2011 年第 3 期。
章炳麟：《原学》，载徐复《訄书详注》，上海古籍出版社 2000 年版。
张光直：《商周神话之分类》，《“中央研究院”民族学研究所集刊》第 14 期，“中央研究院”民族学研究所 1962 年版。
张举文：《一位格物致知的民俗学家（代译序）》，《民间文化论坛》2018 年第 2 期，载《民俗学概念与方法——丹·本 - 阿默思文集》，张举文编译，中国社会科学出版社 2018 年版。
张义桂：《中国神话历史化的原因》，《文学教育》（中）2011 年第 4 期。
张雯佳：《东迁节：裕固族历史的神话化》，《河西学院学报》2019 年第 3 期。
赵沛霖：《论奴隶制时代历史神话化思潮》，《学习与探索》1991 年第 4 期。
赵沛霖：《神话历史化思潮出现的历史时期》，《贵州文史丛刊》1992 年第 2 期。
赵沛霖：《论神话历史化思潮》，《南开学报》1994 年第 2 期。
赵沛霖：《孔子发现和肯定神话历史化的重大意义》，《贵州社会科学》

1995 年第 3 期。

赵季、曾亚兰:《从屈原作品中体现的历史意识看神话历史化的思想历程》,《中国韵文学刊》1999 年第 1 期。

钟敬文、杨利慧:《中国古代神话研究史上的合理主义》,载《中国神话与传说学术研讨会论文集》,(台北)汉学研究中心 1996 年版。

钟少华:《试论民俗学科词语概念的近代阐述》,《民俗研究》2002 年第 4 期。

朱晓舟:《浅谈中国神话的历史化与中国历史的神话化》,《中华文化论坛》2012 年第 5 期。

西文论著(按作者名音序排列):

C. K. Barrett, *Myth and the New Testament*: *The Greek Word Mythos*, *R. A. Segal*: *Philosophy*, *Religious Studies*, *and Myth*, Garland Publishing, Inc. New York & London, 1996.

R. Bendix, *In Search of Authenticity*: *The Formation of Folklore Studies*, The University of Wisconsin Press, 1977.

Boas, *Race*, *Language and Culture*, The Macmillan Company, New York, 1940.

Alan Dundes, *Introduction*, *Sacred Narrative*: *Readings in the Theory of Myth*, Edited by Alan Dundes, University of California Press, 1984.

Immanuel Kant, *Kritik der praktischen Vernunft*, Leipzip Verlag von Felik Meiner, 1920.

Immanuel Kant, *Critique of Practical Reason*, Translated and Edited by Mary Gregor, Cammbridge University Press, 1977.

Immanuel Kant, *Groundwork of the Metaphysics of Morals*, A German – English Edition, Edited by Jens Timmermann, English Translation by Mary Gregor, Revised by Jens Timmermann, Permission of Cambridge University Press, First published 2001.

Bronislaw Malinowski, *Myth in Primitive Psychology*, London, 1926.

Malinowski and the Work of Myth, Selected and Introduced by Ivan Strenski, Priceton University press, New Jersey, 1992.

Moors, Martin (2005), *Kant on Religion in the Role of Moral Schematism*, In W. Desmond, E. Onnasch, and P. Cruysberghs (eds.), *Philosophy and Religion in German Idealism* (Dordrecht: Kluwer).

Plato, *The Republic*, with an English translation by Aul Shorey, Vol. II, 398B, Harvard University Press, 1930.

F. de Saussure, *Courss De Linguistique Generale*, Payot, Paris, 1949.

F. de Saussure, *Course in General Linguistics*, English translated by Harris, Duckworth, London, 1983.

William Graham Sumner, *Folkways: A Study of the Sociological Importance of Usages, Manners, Customs Mores, and Morals*, A New York Times Compary, New York, 1979.

G. Vico, *Scienza Nuova Seconda*, BARI GIUS LATERZA & FIGLI, 1942.

Di GiamBattisa Vico, *La Scienza Nuova*, Rizzoli, Milana, 1959.

G. Vico, *The New Science of Giambattista Vico*, Revised Translation by T. G. Bergin and M. H. Fish, Cornell University Press, 1968.

工具书：

贺学君、[日] 樱井龙彦：《中日学者中国神话研究论著目录总汇》，名古屋大学，1999 年。

贺学君、蔡大成、[日] 樱井龙彦：《中日学者中国神话研究论著目录总汇》，中国社会科学出版社 2012 年版。

Simon Blackburn：《牛津哲学词典》，上海外语教育出版社 2000 年版。

布宁、余纪元编著：《西方哲学英汉对照辞典》，人民出版社 2001 年版。

结　语

感谢你们，有心也用心的读者！你们耐心地与我一同经历了现代神话学的民间文（艺）学—民俗学现象学—先验论革命道路的全部里程，这道路的确漫长且艰深得总令人却步。

> 如果科学应当得到促进，那么一切困难就必须揭示出来，甚至那些尚隐藏在科学道路之中的困难也必须搜索出来；因为每一种困难都唤起一种辅助手段，而这种手段不可能被发现而不造成科学无论在规模方面还是在精确性方面的增长，这样一来，甚至连各种障碍都成了科学彻底性的促进手段。相反，如果困难被着意掩盖起来，或者只是用止痛剂消去，那么它们或迟或早要爆发为无可救药的祸害，后者使科学毁灭于彻底的怀疑主义。①

面对重重困难，我不是不希望自己能够深入浅出地予以化解，但那需要“看山还是山、看水还是水”的极高境界，这境界以我目前的学力，是无法达到的。

> 对理性能力本身的一种批判的体系以及所有只能经由对批判的这种规定来证明的东西……是把我们知识中感性的东西与超感性的、但仍然是理性职权范围内的东西［我们对纯粹理性情感神圣意志的信仰，就是这样的东西——笔者补注］区分开来所需要的。这一点绝不能通俗化，正如一般而言任何［关于主体内在的意向］形式的形而上学都绝不能通俗化一样；尽管它的结果对于健康理性而

① ［德］康德：《实践理性批判》，韩水法译，商务印书馆 1999 年版，S. 103，第 112—113 页。

> 言完全能够使之变得明白易懂。这里不要去想什么通俗性（大众语言），倒是必须坚决要求学究气的一丝不苟，哪怕这种一丝不苟被指责为吹毛求疵（因为这是学术语言），因为只有这样，才可能使鲁莽的理性达到在其独断的命题面前首先理解自己的地步。①

这算是我为自己尚未臻致“健康理性”的“学究气”（说好听一点是“一丝不苟”，说不好听则是“吹毛求疵”）做的一点辩护吧！因为我首先必做的功课是真诚而坚韧地抑制自己“鲁莽的理性”以避免“明白易懂”的“独断命题”。

神话学的民间文（艺）学—民俗学现象学—先验论革命最终并没有在理论上推翻民间文（艺）学—民俗学学科传统而提出一项新的“神话”定义，而是像巴斯科姆说的那样，现在应该是重新“激活”②“格林兄弟为达到对民间文学的一些基本理解而认定其［‘神话’］范畴”的“现代民俗学研究开端的一般公认的东西”即民间文（艺）学—民俗学理论神话学“神话”概念的经典定义即“格林定义”——根据亚里士多德式的“三段论”逻辑方法：神话是信仰体裁的文学叙事——的时候了。当然，这“古典新用”③ 并不是画地为牢的默守陈规，还是用巴斯科姆的话说就是：“用法已变化了！”即从理论神话学的“神话”用法转换为实践神话学的“神话”用法，因而是在经历了一步步现象学—先验论反思——即克服了神话现象的“神话”概念“混血”“混合”定义内部的内容质料规定性与形式界限规定性的理论理性与实践理性二论背反——而还原为神话原型“理念的构造”（衍用康德的说法），即神话本体的道德法则理想图型规定善良意志以及良知对法则图型敬重“反思地信仰”，亦即自由意志在本体论层次上“纯粹理性情感”的存

① ［德］康德：《道德形而上学》，张荣、李秋零译，载《康德著作全集》第6卷，中国人民大学出版社2007年版，S. 206，第214页。

② 高丙中：《日常生活的现代与后现代遭遇：中国民俗学发展的机遇与路向》，《民间文化论坛》2006年第3期，收入高丙中《日常生活的文化与政治——见证公民性的成长》，社会科学文献出版社2012年版，第43页。

③ 高丙中：《社团合作与中国公民社会的有机团结》，《中国社会科学》2006年第3期，收入高丙中《民间文化与公民社会——中国现代历程的文化研究》，北京大学出版社2008年版，第259页。“我有意识地选用一些很旧的概念，尝试让它们在中国当下的社会情境里获得解释的生命。”同上引书，“序言”，第5页。

在悖论（对神圣意志来说是分析的同一性）的基础上维护“神话”“格林定义”在神话现象的“实践认识”中使用的正当性。

本书最大的弊端，笔者自知，恐怕还是“增字解经”地引用康德的方式——用宋体字和［ ］括号表示——这肯定已遭到读者的诟病：不仅放任自己，同时也误导他人。而笔者在这里做的又一点并不十分合法的自我辩护是：本书不是研究康德的专论，因而我的问学目的不是为了确诂康德究竟为何说、如何说以及说了什么，而是（套用岩本通弥的话说）通过康德来研究，[①] 即，使用康德的分析与超验综合的反思方法重新解读康德的形而上学理论以助力于先验神话学。当然，笔者对康德的“增字解经”又绝非随意；相反，笔者坚持认为，唯有更准确地深入康德本意的细微之处，神话研究才会收获莫大的启发，因为康德本人就是一位有史以来最伟大的讲述神话“故事的歌手”。[②] 笔者自忖，修正康德“上帝工具论”或“上帝手段论”[③]（即“上帝是道德法则至善目的即道德+幸福的实现条件论”，《实践理性批判》“辩证论”“纯粹实践理性公设之二：上帝存在”有集中的阐述）的神学思想以为“神圣意志目的论”（即“神圣意志是道德法则的纯粹理性情感以人为目的的发生条件论”，而这正是神话原型即康德讲述的道德法则第三原则即自律原则的“目的王国”神话亦即人的本原性、本真性存在方式的无条件条件）的神话学观点张目，正得益于此。而且笔者发现，经过重新解读的康德“上帝手段—工具论”的大量论述完全能转用于表达笔者的“神圣意志目的论”。这是因为，“神圣意志目的论”就隐藏在“上帝工具论”的底层。笔者冒昧揣想，这原本未必不是康德自己的意思和意愿（这从《实践理性批判》“分析论”第三章“纯粹实践理性的动力”“要求敬重那条以爱命令人的法则”可窥一斑），只是康德为了维护“理性职权范围内的东西”且不逾越自己“纯然理性界限内的宗教”思

---

① ［日］岩本通弥：《以“民俗”为研究对象即为民俗学吗——为何民俗学疏离了“近代”》，宫岛琴美译，王晓葵校，《文化遗产》2008年第2期，收入王晓葵、何彬编《现代日本民俗学的理论与方法》，学苑出版社2010年版，第30—47页。

② ［美］洛德：《故事的歌手》，尹虎彬译，中华书局2004年版。

③ “把除自然因果性之外的另一种（手段的）因果性与我们的自由联结起来。”［德］康德：《判断力批判》，李秋零译，载《康德著作全集》第5卷，中国人民大学出版社2007年版，S. 450，第470页。

想的严密体系，没有将“神圣意志目的论”和盘托出，以免将道德立法的神圣权柄从必然可能是自律的人的意志手中，转移到可能是他律的神的“外在任意”[①] 的手里（事实证明康德是自作多虑了）。至于笔者修正康德之后而建构的实践神话学理论系统能否成立，则最终要依赖于读者诸君严肃且严厉的辩难。

2021 年 5 月，于文学研究所

① “引入一个至上存在者的外在任意的立法来取代理性内在必然的立法。”［德］康德：《判断力批判》，李秋零译，载《康德著作全集》第 5 卷，中国人民大学出版社 2007 年版，S. 460，第 480 页。

后　　记

本书是在《中国民间文学史·神话卷》(河北教育出版社 2019 年版)的绪论“历史化:中国神话研究的基本问题”的基础上扩充、修订而成的。在该书的后记中,笔者写道:“至于本书[《神话卷》]的‘绪论’,读者尽可弃之如弊屣。笔者将另发表《回到神话本身的神话学——神话学的民俗学现象学革命讲义》的专论,以全面阐发其新‘神话’思想。”

本书实际上在 2012 年就已经完成了主体框架,但一直拖延到 2020 年才申请出版,个中原因是:尽管我已经搭建好了神话学的现象学—先验论革命的历史与逻辑构架,但在其中的一个环节上,我还缺少一桩清晰的例证。这个环节就是从认识论的理论神话学的“叙事”概念还原到先验论的实践神话学“责任”理念之间的一个现象学神话学“本族体裁”“实践命名”的过渡条件。张举文先生主持编译的《民俗学概念与方法——丹·本-阿默思文集》(中国社会科学出版社 2018 年版)及时地为汉语学界提供了美国民俗学史上从巴斯科姆到鲍曼之间逻辑转折的完整的“阿默思案例”,有助于我充分地证明本书写作的这一重要的“索绪尔环节”,同时也让我据以进一步确证了“中国神话历史化”命题在神话学史暨神话学的现象学—先验论革命历程中的逻辑地位。

从 2019 年迄今,我又花了两年多时间,将初稿磨砺到能够付梓的程度,终于完成了恩师刘锡诚先生、马昌仪先生在二十多年前给我布置的民间文学作业。[1] 值此作业完成之际,我要首先感谢我的妻子钟晶晶

---

① “在我的记忆中,先生对已经到文学研究所民间文学研究室工作的我曾寄予了莫大的期望。当我一踏入研究所的大门,当我竟然也担任了研究室的负责人,先生给予我的唯一的一次嘱托就是:‘无论别人怎么做,你一定要坚持民间文学的研究方向!’”吕微:《中国民间文学的西西弗斯——刘锡诚〈20 世纪中国民间文学学术史〉读后》,收入吕微《让我们谈说文学这件纯洁的事情》,花山文艺出版社 2020 年版,第 57 页。

和女儿吕超，是你们的爱和信仰让我对纯粹理性情感神圣意志有了更深的感悟和理解！感谢吴晓东先生、杨利慧先生！你们对我的提醒和疑问一直是我完善自己的动力。感谢户晓辉先生、陈连山先生为本书赐序！你们对我的启发使本书皙然生辉。感谢我的学生李川协助校勘了本书的部分章节！感谢资助本书出版的中国社会科学院科研局！感谢本书的责任编辑王丽媛女士！再次感谢恩师刘锡诚先生、马昌仪先生！感谢为本书的出版贡献了你们各自的宽容与智慧的所有同人和朋友们！

2021 年 5 月 21 日（农历小满），于文学研究所